科学出版社“十三五”普通高等教育本科规划教材

大学生心理健康教育

（第三版）

杨小丽　孙宏伟　主编

科学出版社
北京

内 容 简 介

本书为第三版，较上版增加了很多新的研究成果和理论，对一些章节进行了必要的整合、删减，力图通过有计划、有系统的教育引导大学生主动参与、亲身实践、独立思考、善于质疑，以发展和提高大学生的创新能力；使大学生能以积极的心态、有效的方法正确应对学习、生活和交往中的各种变化，预防或矫正心理困扰和障碍。本书结构体系完整，涵盖了心理适应、自我发展、情绪管理、人际关系、恋爱婚姻、挫折应对、生涯规划等大学生心理健康教育中的共同问题；本书内容新颖实用，在广泛吸收国内外最新研究成果的基础上，提出了有助于促进大学生心理健康和心理疾病预防的策略；知识性与趣味性并重，书中穿插了大量案例和拓展学习的内容，具有较强的可读性。

本书既可作为高等学校大学生心理健康教育的配套教材，也可以作为大学生和青年朋友的自学参考书。

图书在版编目(CIP)数据

大学生心理健康教育/杨小丽，孙宏伟主编.—3版.—北京：科学出版社，2020.6 (2024.9重印)

ISBN 978-7-03-059724-3

Ⅰ.①大… Ⅱ.①杨… ②孙… Ⅲ.①大学生-心理健康-健康教育-高等学校-教材 Ⅳ.①G444

中国版本图书馆CIP数据核字(2020)第061411号

责任编辑：闵 捷 / 责任校对：谭宏宇
责任印制：黄晓鸣 / 封面设计：殷 靓

科学出版社 出版
北京东黄城根北街16号
邮政编码：100717
http：//www.sciencep.com
南京展望文化发展有限公司排版
广东虎彩云印刷有限公司印刷
科学出版社发行 各地新华书店经销

*

2014年9月第 一 版 开本：889×1194 1/16
2020年6月第 三 版 印张：14 1/2
2024年9月第二十六次印刷 字数：460 000

定价：60.00元

(如有印装质量问题，我社负责调换)

《大学生心理健康教育》
（第三版）
编委会

主　编

杨小丽　孙宏伟

副主编

姚莉华　马　珺　王艳郁

编　者

（按姓氏笔画排序）

马　珺（重庆医科大学）
王胜男（潍坊医学院）
王艳郁（潍坊医学院）
孙　琳（潍坊医学院）
孙宏伟（潍坊医学院）
杨小丽（重庆医科大学）
杨晶晶（重庆医科大学）
肖　宵（重庆医科大学）
邹　敏（潍坊医学院）
罗　婷（重庆医科大学）
赵　民（潍坊医学院）
赵海钧（重庆医科大学）
姜能志（潍坊医学院）
姚莉华（重庆医科大学）

学术秘书

彭荣荣

第三版前言

我国的心理健康教育理论研究和实践探索在20世纪80年代逐步开展。1982年北京师范大学率先成立心理测量与咨询服务中心，这标志着我国高校心理健康教育工作的开始。1994年中共中央颁布《中共中央关于进一步加强和改进学校德育工作的若干意见》第一次正式提出“心理健康教育”一词。次年，国家教育委员会在颁布的《中国普通高等学校德育大纲》，把心理健康教育列为德育内容。尤其是21世纪以后，教育部颁发了一系列的纲领性文件，对心理健康教育工作的重要性、主要任务和内容、原则、途径和方法、队伍建设、工作管理等方面做了具体指导。2016年10月，《“健康中国2030”规划纲要》要求加强心理健康服务体系建设和规范化管理。2016年12月，国家卫生和计划生育委员会等22个部门联合印发的《关于加强心理健康教育服务的指导意见》从深化健康中国建设、健全社会心理服务体系的战略高度，部署了心理健康服务体系工作。2017年10月，党的十九大报告明确提出加强社会心理服务体系建设，其核心是心理健康服务建设。2022年10月，党的二十大报告指出“教育、科技、人才是全面建设社会主义现代化国家的基础性、战略性支撑”。在国家政府及教育行政部门的大力支持和推动下，我国心理健康教育的政策体系逐渐完善。

我国心理健康教育经过三十多年的发展，已取得了很多可喜的成绩，然而，由于起步晚，发展还很不成熟，尤其是在理论研究方面较为薄弱。到目前为止，学术界还尚未建立起清晰、科学、规范的心理健康教育理论体系，对心理健康教育的内涵与外延还存在不同理解，对如何操作心理健康教育运行模式，如何提高心理健康教育工作效果，如何开展心理健康的干预与援助工作还尚未形成完整科学的体系。

应客观现实需要和时代发展的要求，在借鉴吸收国内外研究成果的基础上，我们对大学生心理健康教育进行了大胆的探索，并于2014年出版了第一版《大学生心理健康教育》，教材出版后，受到读者的广泛好评。2017年我们对教材进行了修订。三年来，大学生心理健康教育得到了快速的发展，新理论、新成果、新方法层出不穷，有特色、高水平、系列化、服务性的研究逐年增多，于是，我们再次启动了修订工作，在第三版教材中对这些新的研究成果进行总结和梳理，以充实和完善现有的心理健康教育教材体系。

这次修订，在保持十二章体例不变的基础上，第四章增加了获得较多共识和应用的人格发展的理论，即弗洛伊德的性心理发展理论、埃里克森的心理社会发展理论及皮亚杰的认知发展阶段理论；第五章增加了情绪管理的理论，即情绪的认知理论、积极心理学情绪理论、情绪智力理论和情绪的心理治疗理论，并增加了情绪管理的基本原则和情绪管理策略；第八章根据国内外新的研究成果重新改写了大学生网络心理问题的表现；第九章删掉了大学生压力管理,保留了大学生挫折心理,而把压力管理放到学习、就业、恋爱、人际交往等其余各章节中;第十章根据国际通用的《疾病和有关健康问题的统计分类》(第十一版),即ICD-11和《精神障碍诊断和统计手册》(第五版),即DSM-5,更新了异常心理的诊断标准;第十一章删掉了大学生生命教育的内容,增加了大学生自杀的预防与干预;第十二章增加了"大学生职业生涯规划及择业中常见的心理问题"一节。其余各章均做了一定的修改和完善。

本书的特色在于内容与体例新颖,知识性与趣味性并重,理论与实际相结合,学习与应用并举。本书以实际应用为目的、以心理素质培养为重点来建构教材内容体系,打破了以知识结构为逻辑体系来建构课程的传统做法,避免过分追求理论体系完善的"学科化"倾向。在编写过程中,在理论和知识的选用上,注重吸收国内外最新的研究成果,增加了拓展阅读内容,使本书能够反映时代特点,适合大学生的需要。在体例上,根据教学内容每一章我们选取了典型案例,以供教师们在课堂上进行案例教学,帮助学生学习和理解,以便自觉地调整心理状态。本书中,我们还设计了一些心理测验或心理训练活动,使教师在教学中能将心理体验与心理知识的讲授融为一体,使学生在自己领悟的基础上,学习心理学理论,使理论能转化为学生调节心理、提高心理素质的实际行动。

此次修订由重庆医科大学和潍坊医学院共同完成,杨小丽教授、孙宏伟教授担任主编,负责全书的策划和统稿,姚莉华、马珺、王艳郁任副主编,负责全书的审稿工作。

参加本书编著的人员有邹敏(潍坊医学院)、孙宏伟(潍坊医学院)(第一章),姜能志(潍坊医学院)(第二章),孙琳(潍坊医学院)(第三章),马珺(重庆医科大学)(第四章),赵海钧(重庆医科大学)(第五章),赵民(潍坊医学院)(第六章),肖宵(重庆医科大学)(第七章),杨晶晶(重庆医科大学)(第八章),罗婷(重庆医科大学)(第九章),姚莉华(重庆医科大学)、杨小丽(重庆医科大学)(第十章),王艳郁(潍坊医学院)、孙宏伟(潍坊医学院)(第十一章),王胜男(潍坊医学院)(第十二章)。

本书参阅并引用了大量的文献和资料,在此谨向原作者表示真诚的感谢。由于涉及面广、种类多,在所列参考文献中恐有个别遗漏,在此恳请作者谅解。由于编写者编写时间有限,书中如有不足之处,敬祈专家、学者及广大读者予以指正。

杨小丽　孙宏伟

2023年5月修订

目　录

第一章

大学生心理健康与自我发展

本章要点

掌握: 心理健康的概念。

熟悉: 大学生的心理特点,自我心理调适的策略。

了解: 健康的概念。

健康是个人需求,同时也是社会责任,是人生快乐、幸福与成功的前提和基础。随着社会发展,人们对健康尤其是心理健康的认识不断演变和深化。大学生的心理处于迅速发展又尚未完全成熟的阶段,因此,了解大学生心理发展特点、开展大学生心理健康教育可以提高大学生的整体心理素质,维护和增进大学生的心理健康水平。

第一节 健康与心理健康

健康是人类永恒的追求,现代健康观认为,健康是生理健康与心理健康的协调统一,且心理健康的重要性日益凸显。心理健康的评估标准往往受到文化背景与所处时代的制约,故应对其有全面的理解,从而达到消除认识偏差的目的。

一、健康的概述

成长过程中,每个人都在不断地追求着人生的价值与目标——金钱、名誉、权势、健康、成功。面对鱼与熊掌不可兼得的情形时,你会作何选择?有记者曾将2001年高考作文材料加以改编对大众进行采访。

“一个年轻人,在漫漫人生路上经过长途跋涉,到达一个渡口的时候,他身上已经有了七个背囊:美貌、金钱、荣誉、诚信、机敏、健康、才学。渡船开出的时候风平浪静,过了不知多久,风起浪涌,上下颠簸,险象环生。老艄公对年轻人说:‘船小,负载重,客官您只能留下一个背囊,才可安全到达对岸。’看年轻人不肯丢掉任何一个,老艄公又说:‘有弃有取,有失有得。’”

如果你是这位年轻人,你会留住哪一个?答案无疑是留住健康。健康,是人生中最宝贵的一个“背囊”。

曾有人演绎了一个“健康数论”:把健康比作1,其他都是紧随其后的0,每获得一个背囊(财富、权势、爱情……),等于在1后添加一个0,背囊越多,人生的资本就越多,有了前面的1,后面的0才有价值。一旦失去了健康,相当于人生资本中的1没有了,那么后面再多的0也只是0而已,又有什么意义呢?现今社会因过度劳累而积劳成疾、英年早逝的大企业家、名人屡见不鲜。38岁就英年早逝的全国政协委员、全国十大青年企业家之一的均瑶集团董事长王均瑶曾说过这样的话:“我为我的人生、我的事业、我的家庭、我的未来做了最好的规划,唯一没有规划的就是我的健康!如果再给我一次机会,我一定首先规划我的健康!”

健康是人生的第一财富。当我们拥有健康的时候,并不一定会拥有一切,但是,当我们失去健康的时候,我们就会失去生命中的所有。拥有健康的人,即使没有权杖作为道具,没有财富作为布景,依然可以站在人生的舞台上扮演好自己的角色。一旦失去健康,权杖有何用?病入膏肓,财富值几何?正所谓:金钱诚可贵,权势价更高,若与健康比,两者皆可抛。

(一)健康的概念

“您健康吗?”

“当然健康!”很多人回答得斩钉截铁。四肢发达,身板硬朗,这就是健康吗?身边没有朋友,稍不如意就寻死觅活,这算健康吗?嗜烟、嗜酒、嗜赌如命,这健康吗?心情总是阴云密布,悲观厌世,健康吗?那么,到底什么才是健康呢?一起来看一下甲方与乙方关于“健康”的概念之争。

甲方代表:筝,女,22岁。近期,筝进行了全身体检,结果显示各项指标均正常,身体状况良好,这使得她对自己的健康状况津津乐道,更对自己已有的生活方式坚信不疑。筝是典型的“夜猫子”,特别能熬夜,昼夜与电脑打交道,电脑屏幕一盯就是几个小时,每晚必到凌晨1点之后才睡觉,节假日更是昼夜颠倒。平时早上喜欢睡懒觉,宁可憋尿也要赖床,通常匆忙起床后来不及吃早餐,最多将就着喝杯奶茶,特别能忍饥挨饿,并以“忍耐力超常”而著称。筝由于睡眠不足,经常会犯困,能随处倒头就睡,对睡觉的地方并不挑剔。筝比较注重形象,每天都穿着紧身衣裤,饮食随心所欲却又热衷于减肥。有时故意饥一顿饱一顿甚至还吃减肥药。口味比较重,尤其喜欢盐腌、烟熏、烧烤食物,臭豆腐是她的最爱,吃冷饮不分季节。晚上熬夜时夜宵是必备品。她平时的三餐极不规律,她形容自己的三餐:早上吃的像乞丐,中午吃的像平民,晚上吃的像皇帝。筝认为,只要体检各项指标均正常,就是健康的。

乙方代表:堃,男,23岁。堃的生活极为规律,每天设定自己的作息时间与健身计划,晚上9~10点上床睡觉,早上5点左右起床,不抽烟也不喝酒,三餐定时定量,每天至少运动30 min。有些人笑他“太过认真”,但他不以为然。节假日并不会影响他的日常作息,他隔三岔五地骑车到郊区呼吸新鲜空气,有空闲的时候还会出去游山玩水,感受一下大自然的气息。堃有很多的朋友,有身边的,也有远方的,他们会经常走动或打电话,聊聊自己的过去、现在和未来。堃认为,现在没有生病并不代表就是健康的。健康并不局限于眼前的身体状况,它是一种全方位的、持久的、系统的、长期的状态。

你认为筝与堃谁更健康呢?

健康是人生的快乐之本。随着社会的发展与人们自我认识的深入,人们对健康的认识也在不断地变化。

传统的健康观认为“无病即健康”,即甲方所持有的观点。这种健康观长期左右着人们的健康意识,使得人们对健康的认识局限于躯体的生物学变化。在《现代汉语词典》中,健康被定义为:“(人体)发育良好,机理正常,有健全的心理和社会适应能力。”20世纪初,《简明不列颠百科全书》中将健康定义为“健康,使个体能长时期地适应环境的身体、情绪、精神及社交方面的能力。”我国《辞海》中将健康定义为“人体各器官系统发育良好、功能正常、体质健壮、精力充沛并具有良好劳动效能的状态。通常用人体测量、体格检查和各种生理指标来衡量。”时至今日,依然有很多人坚定不移地支持着罗马医生盖伦的传统健康观,即认为健康就是一种没有疾病的状态。

健康=没有疾病?乙方代表的现代健康观对此并不认同,它认为健康并不仅仅是传统所指的身体没有疾病而已。20世纪初甚至更早,人们的死亡大多是由传染性疾病引起的,人们相信个体对自身的疾病所负的责任甚微,因为大多数疾病是由体内生物化学上的不平衡、伤害性的物质或微生物侵入体内所致,要避免这种情况是不可能的。20世纪中后期,随着预防措施的普及和医疗手段的进步,死亡的主要原因从传染性疾病转向慢性疾病,而这些疾病恰恰与激烈的社会竞争、频繁的应激事件、快速的生活节奏、巨大的心理压力及不健康的生活方式密切相关。人们逐渐认识到心理与社会因素在健康与疾病转化过程中的重要作用。1948年世界卫生组织(World Health Organization,WHO)在成立宪章中将健康(health)定义为:“一种在身体上、心理上和社会适应上的完好状态,而不仅是没有疾病和虚弱的现象。”1989年世界卫生组织又对健康给出了新的定义:“健康不仅是没有疾病,而且包括躯体健康、心理健康、社会适应良好和道德健康。”现代健康的含义是多元的、广泛的、系统的、全面的,它肯定了健康是一种正向的状态,是一个多维度的概念,一个生理上有缺陷的人，其心理与社会适应层面却可能是健康的。

（二）健康的评估

做一个健康的人并不容易。依据科学而系统的健康新观念，一个健康的人需要达到躯体上、心理上、社会适应上的完好状态。为了加深人们对现代健康观念的认识，1978 年世界卫生组织提出了衡量健康的十大标准（表 1－1）。

表 1－1　1978 年世界卫生组织衡量健康的十大标准

1. 精力充沛，能从容不迫地应付日常生活和工作的压力而不感到过分紧张
2. 处世乐观，态度积极，乐于承担责任，事无大小，不挑剔
3. 善于休息，睡眠良好
4. 应变能力强，能适应外界环境的各种变化
5. 能够抵抗一般性的感冒和传染病
6. 体重适当，身材匀称，站立时头、肩、臂位置协调
7. 眼睛明亮，反应敏锐，眼肌轻松，眼睑不发炎
8. 牙齿清洁，无龋齿，无痛感，牙龈颜色正常，无出血现象
9. 头发有光泽，无头屑
10. 肌肉、皮肤富有弹性，走路轻松有力

1989 年，世界卫生组织在新界定的健康概念基础上，又提出了评估健康的八大标准，即“五快”＋“三良好”。

“五快”指的是食得快、便得快、睡得快、说得快、走得快。食得快，表明进食时胃口很好，对食物不挑剔，显示内脏功能正常；便得快，表明排泄轻松自如，显示胃肠功能良好；睡得快，表明入睡快且深，醒后精神饱满，头脑清醒，显示中枢神经系统功能协调，且内脏无病理信息干扰；说得快，表明头脑清楚，思维敏捷，说话流利，中气十足，显示心肺功能正常；走得快，表明行动自如，转变敏捷，显示精力充沛、旺盛。

“三良好”指的是良好的个性、良好的处世能力、良好的人际关系。良好的个性，即性格温和，意志坚强，感情丰富，乐观幽默，具有坦荡胸怀与达观心境；良好的处世能力，即看问题辩证客观，待人接物合情入理，自控能力强，能适应复杂的社会环境，保持社会外环境与机体内环境的平衡；具有良好的人际关系，即遇事不斤斤计较，大度和善，助人为乐，与人为善。

由上述标准可知，健康是生理健康与心理健康的和谐统一，二者相辅相成，缺一不可。无论采用何种衡量标准，必应遵循生理、心理、社会适应相整合的系统化评估原则。

（三）健康的解读

1. 全面性的健康观念　现代人的健康观强调整体健康，关注一个人在生理上、心理上和社会适应上的完好状态。衡量一个人是否健康，不仅要检验其有无器质性或功能性异常，还要考量其有无主观不适感，评价其有无社会公认的不健康行为。一个健康的人既要有健康的身体，又要有健康的心理，这就好比“人”字的一撇一捺，二者缺一不可，相互影响而又相互制约。生理健康是心理健康的基础和载体，心理健康是生理健康的条件和保证。

人的生理活动与心理活动是相互联系、相互制约的。研究表明，很多生理疾病与心理因素密切相关，其中，行为模式 ABC 理论就折射出了二者之间紧密的关联。美国医学家弗里德曼和罗森曼（M. Friedman & R.H. Rosenman）在研究心脏病的过程中注意到，心脏病候诊室里的椅子都有一个共同的特点，即椅子的前半部分总是磨损得异常严重，而椅子后部与靠背却依旧崭新。他们观察患者的行为，发现不少患者在候诊时间内显得焦躁不安，一会儿站起来一会儿又稍稍欠身坐到椅子边上。以此为契机，研究者逐渐发现特定性格或行为模式与疾病之间存在着紧密的联系。行为模式 ABC 理论中，A 型（Aggressive）行为模式的人急躁、没耐性、争强好胜、易激动、行动快、做事效率高、精力旺盛、忙忙碌碌、有被时间追赶的感觉、经常感到时间不够用；与 A 型行为模式相反，B 型（Balance）行为模式的人悠闲自得、不争强好胜、平静轻松、有耐心、没有时间紧迫感；C 型（Cancer）行为模式的人异常拘谨、委曲求全、挫折感强、内藏心事、很少公开表达情绪。研究表明，A 型行为模式的人患冠心病的概率是其他人的两倍以上，在排除了食物、年龄、吸烟等干扰因素的情况下，A 型行为者的冠心病发病率明显高于 B 型行为者，而且更容易复发，死亡率也较高；C 型行为模式的人负性情绪多且得不到宣泄,更容易引发癌细胞的增长。且不说到底是由生理疾病而引发的性格与行为变化,还是因行为模式而导致的生理疾病,大量研究均已证实了生理健康与心理健康之间的高度相关性。

生理健康是心理健康的基础和载体。生理功能的异常状态会导致相应心理或行为的变化,如心脏病患者常常惶惶不安;癌症患者会感到生活无趣,甚至产生死亡将至的强烈恐惧感。

心理健康是生理健康的条件与保证。不健康的心理状态更容易使人罹患各种生理疾病。《黄帝内经》中指出,怒伤肝,喜伤心,忧伤肺,思伤脾,恐伤肾,百病皆生于气。林黛玉多愁善感,吐血而死;范进中举,狂喜而疯。不良的心理状态可以引发失眠、便秘、消化不良、心绞痛、心律失常等症状。例如,现代医学研究表明,愤怒会使人呼吸急促,血液内红细胞数剧增,血液凝结加快,心动过速,这样不仅会损伤心血管系统,还会影响肝脏健康。美国耶鲁大学医学院门诊部统计发现,求诊患者中因情绪紧张而致病的占 76%。中国医学伦理中,对于"是否应将癌症实情告知病患"这一问题常有争论,纠结的根源就在于患者知晓实情后的恐惧心理可能对其生理造成的重大影响,现实生活中此类案例不胜枚举。

2. 系统化的健康模式 19 世纪到 20 世纪中期被大众广泛接受的健康模式是生物医学模式,迄今依然有不少人认同这一模式。生物医学模式强调运用生物与医学相联系的观点认识生命、健康与疾病,认为疾病或身体的病症是由受伤、生物化学上的不平衡、病原体和微生物感染或者诸如此类的生理方面的因素所造成的,大多数疾病是可以治愈的。生物医学模式促使了合成药物与医疗技术的飞速发展,在医学史上显现了巨大的价值。但是,这一模式对某些功能性和心因性疾病不能给予完整而科学的解释。

20 世纪后期,随着人类疾病谱和死因谱的改变(由感染性疾病转变为与不健康行为和生活方式相关的慢性疾病)、对健康认识的深化及对卫生保健需求的提高,一些医学家、心理学家与社会学家对原有的生物医学模式产生了质疑,提出了生物心理社会医学模式。生物因素包括源自双亲的遗传基因及个人的生理功能,如先天的生理缺陷、后天的功能损伤、对疾病的免疫力、对粉尘的敏感性等;心理因素涉及个体的认知、情绪、意志及其个性特征等方面;社会因素囊括了社会的各个层面,小到家庭、社区、学校,大至民族特征、社会文化、传统习俗等,远大于个体直接与其产生互动效应的他人或群体。生物心理社会医学模式认为生物、心理和社会三方共同影响了人们对疾病的易感性、疾病治疗的成败和健康维护的功效。

人,既是自然的人,又是社会的人。一个人是否健康,不仅要考虑其生物学变量,还要权衡其心理与社会状态的变量。生物医学模式只考虑到人的生物属性,忽视了心理、社会的潜在影响;生物心理社会医学模式则更强调生物、心理与社会因素的整合,要求从更广泛的联系上系统化地研究健康与疾病问题。

枫,男,22 岁,身高 1.76 米,体重 130 千克,他父母的体重都比较正常。家庭条件优越的他,小时候就拥有着比其他小朋友更多的糖果、更特别的零食。父母由于工作比较忙,常年不在身边,小时候的枫经常哭闹,为了弥补对孩子的亏欠,家人总是用好吃的零食对他进行安抚,这种方法非常有效。父母回来是枫最高兴的日子,因为每次父母都会带他去肯德基、麦当劳大吃一顿。枫的父母一直认为,胖胖的孩子才是健康的,只有孩子胖嘟嘟的,才表明父母不在身边的日子里他生活得很好。但他们却没有意识到枫已经太胖了,而且随着年龄的增长,这种趋势已势不可挡。枫非常容易疲倦,也不爱运动,偶尔出去走走,一会儿便气喘吁吁。他最喜欢倚在沙发上边玩电脑边吃零食,累了还可以直接打瞌睡,不需要耗费太多的体力。枫现在的饮食已经到了无肉不欢的地步,他经常会上网浏览美食网页,看到美食便不能自控,有时甚至可以为了一顿美食奔波数百里。枫也曾尝试过减肥,如控制饮食、增加运动量,但最终都因不能坚持而放弃。

枫的肥胖不能仅仅用生物学的因素加以解释,还有不容忽视的心理与社会因素的影响,如认知的偏差、意志力的薄弱、家庭教育的失误、社会媒体的误导等。正是生物、心理与社会因素相互影响、结合而成的动态系统导致了枫的健康问题。著名学者艾略特·乔斯林(Elliot Joslin)曾指出:"基因给枪上膛,是生活模式扣动了扳机!"显而易见,在这场生物医学模式与生物心理社会医学模式的对决中,后者更胜一筹。

二、心理健康概述

(一) 心理健康的概念

河北省阜城县吴家怪事频频发生:在瘫痪者吴桂英一个人住的屋子里总是有怪影神秘闪现;摆放在橱柜里的小食品经常无缘无故地就不见了踪影。事后发现,二十多年来一直瘫痪在床的吴桂英在无人的时候竟然可以自己站起来走路却不自知。

吴桂英从12岁至今一直瘫痪在床，二十多年来生活均不能自理，连翻身都需要人帮忙。兄弟姐妹八人中，她是年龄最小的一个，备受家人宠爱。小时候并无异常，父亲去世后，母亲担起家庭的全部重担，经常带着子女从事繁重的体力劳动。吴桂英12岁时突然开始闹病，经常呕吐，因此也不用下地干活。曾去医院检查过，但无器质性病变，治疗也未见成效。一次与哥哥吵架时，哥哥一气之下推了她一把，没想到她就此彻底瘫痪在床。一直以来，吴桂英都是由母亲无微不至地照顾，母亲去世后，大姐接管。虽然家庭并不富裕，但大姐却尽心尽力。一次偶然的机会，大姐外出返家时，竟然看到常年瘫痪在床的吴桂英，正在屋里由西往东走！正在行走的吴桂英看到大姐的那一刻一下子晕厥在地，等她醒来之后，却一脸茫然，对刚才发生过的事情一无所知。

经心理学专家分析，吴桂英在潜意识里根本就不想站起来，她瘫痪在床的目的就是想方设法获取别人的关爱。通过综合采用催眠、暗示、神经语言程序等技术，卧床二十多年的吴桂英终于在有意识的状态下奇迹般地站了起来。该治疗的有效性也印证了心理能量的巨大潜力。

重视心理健康已成为当今世界的大势所趋。那么，什么才是心理健康？国内外不少专家学者从不同的角度对心理健康的概念进行了研究和论述，目前尚无一致的看法。

美国心理学家奥尔波特(G.W. Allport)认为，心理健康的人不被无意识的冲动所驱使，他们的行为是在理性和有意识的水平上活动的；这样的人积极追求目标、希望和理想，并形成自我同一性。

精神病学家门林格尔(K.A. Menninger)认为，心理健康是人们对于环境及人们相互之间具有最高效率及快乐的适应情况。不只是要有效率，不只是要有满足感，也不只是能愉快地接受生活的规范，而是三者都要具备。心理健康的人应能保持平静的情绪、敏锐的智能、适应社会环境的行为和愉快的气质。

1946年，第三届国际心理卫生大会指出："心理健康是指在身体、智能以及情绪上能保持同他人的心理不相矛盾，并将个人心境发展成为最佳的状态。"

1958年，心理学家英格里士(H.B. English)提出，心理健康是一种持续的心理状态，当事者在这种状态下，能做出良好的适应，具有生命的活力，而且能充分发挥其身心潜能。这是一种积极的、丰富的体验，不只是免于心理疾病而已。

《简明不列颠百科全书》中将心理健康界定为个体心理在自身及环境条件许可范围内所能达到的最佳功能状态，而不是绝对的十全十美状态。

总而言之，心理健康(mental health)是一种持续良好的状态，在这种状态下，个体不仅没有心理疾病或变态，而且能够持续对环境做出良好的适应，并能保持旺盛的生命力，充分发挥身心的潜能。

(二) 心理健康的评估

人的生理健康有明显的生理指标，如脉搏、体温、血压等，同样，心理健康也可以通过一些特定的指标加以衡量。心理健康研究的角度、出发点和参照系不同，因此，关于心理健康的标准，国内外心理学家提出了众多的观点，但至今尚无一致的结论。

1946年，第三届国际心理卫生大会提出了心理健康的四条标准：① 身体、智力、情绪十分和谐；② 适应环境，在人际关系中能彼此谦让；③ 有幸福感；④ 在工作中，能充分发挥自己的能力，工作有效率。

1951年，美国人本主义心理学家马斯洛(A. Maslow)提出了心理健康的十条标准，曾被称为心理健康最经典的标准，这十条标准是：① 有充分的自我安全感，具有自尊心与价值感；② 能充分了解自己，并能恰当地评价自己的能力；③ 生活的目标与理想切合实际；④ 不脱离周围的现实环境，有自知之明；⑤ 能保持人格的完整与和谐；⑥ 具有从经验中学习的能力；⑦ 能保持良好的人际关系；⑧ 能适度地表达和控制情绪；⑨ 在符合集体要求的前提下，能较好地发挥自己的个性；⑩ 在不违背社会规范的条件下，能恰当地满足个人的基本需求，并具有满足这种需求的能力。

在国内，目前比较公认的心理健康有八大标准。

(1) 智力发育正常：智力是心理活动认知功能的表现，智力是否达到一定水平是衡量一个人心理健康的最重要的标志之一。正常的智力是心理健康必备的条件，智商水平在80以上者为智力正常，智商水平低于70为智能不足，即智力不正常。

(2) 情绪积极稳定：情绪和情感是心理活动明显的外部指标，情绪健康的重要标志是情绪积极而又稳定。情绪积极是指正向情绪多于负性情绪。心理健康者愉快、乐观、满意等积极的情绪状态总是占优势，但这并不等于说心理健康的人就没有悲伤、忧虑、愤怒等消极的情绪体验。正常的情绪反应总是与环境相适应，每个人都不可能生活在真空里，因而难免会产生喜、怒、忧、思、悲、恐、惊等情绪反应，这都是再正常不过的了，只不过心理健康者的负性情绪持续时间不会很长。

情绪稳定是指善于控制与调节自己的情绪，既有适度的情绪表现，又不为情绪所左右，能保持比较平静的心境。或许有人会认为，既然要保持积极的情绪，那么天天放声大笑岂不是更好？事实并非如此，无论是极端的积极情绪还是极端的消极情绪对健康都是不利的。心理健康的人具有较强的自控能力，对自身情绪既可以适度克制又能够合理宣泄，这种平和情绪的控制与保持才是最有意义的。

(3) 意志坚定自制：意志是对自身活动的控制力。心理健康的人具有良好的意志品质，意志健全的重要标志是坚定而又自制。意志健全者在行动的自觉性、果断性、顽强性和自制力等方面都表现出较高的水平，如在诱惑面前能克制自己、在困难面前能采取合理的反应方式、在挫折面前能持之以恒等。心理不健康者的意志水平常表现为两种极端状态，要么武断独行、顽固执拗，要么犹豫不决、畏惧退缩。

(4) 人格完善和谐：人格是个体比较稳定的心理特征的总和，是一个人的整体精神面貌，人格完善是指具有健全统一的人格。心理健康者所思、所言、所做均协调一致，需要、愿望、目标、行为统一，正直、热情、自信、勇敢；而心理不健康者所思、所言、所做均不协调，需要、愿望、目标、行为相互矛盾，冷漠、自卑、惧怕、自私。

(5) 自我意识正确：人贵有自知之明。心理健康者能恰如其分地认识自己，接纳自己，正视现实，对自己的长处不自傲、不夸大，对自己的缺点不自卑、不掩饰，努力完善自我，既不妄自尊大去做力所不能及之事，又不妄自菲薄而甘愿放弃可能的发展机会。心理健康者的生活目标与理想切合实际，不苛求自己，能摆正自己的位置，扬长避短。

(6) 人际关系协调：人是社会的人，不能脱离集体而存在，故而，良好的人际关系也是心理健康的重要标志。心理健康者乐于与人交往，既有广泛而深厚的人际关系，又有亲密的知心朋友；在人际交往中既能接受他人，认可他人存在的重要性和独特性，也能被他人理解和接受；既能在与挚友同聚之时共享欢乐，也能在独处沉思之时无孤独之感；与人相处时，友善、信任、尊重等积极的交往态度总是多于猜疑、妒忌、敌视等消极的态度，有充分的社会安全感，不卑不亢。

(7) 社会适应正常：个体应与客观现实环境保持良好的关系。心理健康者在环境改变时能面对现实，对环境做出客观的认识和评价，以有效的办法应对环境中的各种困难，不退缩，还可以根据环境的特点和自身的状况加以协调，或者改变环境以适应个体需要，或者改造自我以适应环境。

(8) 心理行为符合年龄特征：人在生命发展的不同年龄阶段，都有相应的心理与行为表现，从而形成了不同年龄阶段独特的心理行为模式，如少年的天真活泼，青年的朝气蓬勃，中年的成熟稳健，老年的沉着老练。心理健康者的认识、情感与言行举止都应符合其所处的年龄阶段的特征。如果一个人的心理与行为严重偏离自己所处年龄阶段的特征，一般都是不健康的表现。心理健康者的心理、社会、生理与实际年龄应基本一致，既不“少年老成”，又不“成人幼稚化”。

(三) 心理健康问题的解读

1. 问题一：心理正常就是心理健康，心理不健康就是心理不正常吗?

心理正常指具备正常的心理功能；心理不正常或心理异常是大脑的结构或功能失调或者人对客观现实反应的紊乱和歪曲，具有典型的精神障碍症状。“心理正常”与“心理异常”讨论的是“没有精神障碍”与“有精神障碍”这一对范畴，而“心理健康”与“心理不健康”针对的是另外一对范畴，即在正常的范围内，讨论正常心理水平高低及其程度。可见，“健康”与“不健康”均包含在“心理正常”这一概念中，心理不健康也属于心理正常，“不健康”和“病”是两类性质的问题，“不健康”并不代表心理不正常或有精神障碍。临床上鉴别心理正常和异常的标准与评估心理健康水平的标准是截然不同的。

2. 问题二：具有不健康的心理和行为就证明一个人的心理不健康吗?

一个人的心理是否健康与一个人是否有不健康的心理和行为并不是一回事，二者不能等同。心理健康与不健康都是指较长时间内的一种持续的心理状态，故而对一个人的心理健康状况进行评价时，要以较长一段时间内持续的心理状态为考察对象，而不能简单地根据一时、一事得出结论。

心理不健康是一种持续的不良状态，表现为某项指标在时间上有一定的持续性，在内容上有一定的深度，带有必然性；不健康的心理和行为则是一种现象，表现为在某一时间、某一场合下出现的情况，带有偶然性。一个人偶然出现的不健康的心理和行为，并不能说明他的心理不健康，更不能就此判定其心理异常。

心理健康是一种持续的良好状态，但心理健康者并非时刻能够保持这一状态，每个人在生活中难免会遇到困扰，心理健康的人只是能够以积极的心态有效应对而已。所以，具有不健康的心理和行为并不能证明一个人心理就不健康。

3. 问题三：一个人现在健康就永远健康，现在不健康就永远不健康吗？

心理健康既是一种状态，也是一个过程，它并非是静态的、一成不变的，而是动态的、处于发展变化之中的。心理健康与否只反映一个人在某一段时间内的特定的心理状态，这种状态是可以改变的，既可以从不健康状态转变为健康状态，也可以从健康状态转变为不健康状态。

我国心理学者岳晓东博士提出的"灰色区"理论认为，心理健康与否没有一个明确的界限，它是一个不断变化的过程。人的心理健康与不健康是相对而言的，心理健康与心理不健康之间只存在量的变化。岳晓东在"灰色区"理论中用纯白色与纯黑色作为一个连续体的两端，他认为人的心理状态在此连续体上呈正态分布，处于纯白区域的人是心理完全健康之人，处于纯黑区域的人具有精神障碍，在这两个区域之间存在着一个巨大的缓冲区域，即灰色区。灰色区域可以分为浅灰色与深灰色，各个区域之间没有明确的界线，既是一种连续的状态，也是一个渐进的演变过程。处于纯白与纯黑区域的人极少，大多数人的心理状况位于灰色区域内。不同区域的心理状态只是存在健康水平和程度上的差异，也就是说，不同的区域只是表明该心理状态对人们的正常生活和情绪状态干扰的程度有所不同而已。

心理健康不是一种静态的平衡，它并不代表永久性的无压力、无痛苦、无冲突。心理健康者要不断地在平衡与不平衡的交替中进行有效的自我调整，努力与现实环境保持动态的协调，才能达到维护心理健康的目的。

4. 问题四：通过观察一个人的行为就可以判断他的心理是否健康吗？

一男大学生，平时性格外向，活泼开朗，但最近几周他突然变得抑郁、孤僻、沉默、注意力分散、学习兴趣下降，而且经常在半夜里哭醒。他的精神失常了吗？如果告诉你，他的母亲刚刚去世，你会怎样认为呢？

一胖男生在商场与母亲走散，他焦急地问身旁的人："你有没有看见我妈妈？她的身边带着一个小胖子？"他的心理发育正常吗？如果告诉你，他只是一个懵懂的两岁孩子，你又会怎么想呢？

一男青年在站台上焦虑地徘徊着……列车进站，尚未停稳，只见一女青年急切地走下车，男青年不顾一切地跑上前去，抱住她狂吻，全然不顾站台上众多乘客的目光。他的心理健康吗？如果告诉你，这对青年男女是西方人，你又会得出什么样的结论呢？

一个人的心理是否健康，仅仅以某一种行为来判断是得不出正确结论的，还必须要考虑其所处的年代、年龄、环境、背景、文化等诸多因素。

心理健康状况是一个相对的概念。人与人之间存在着地域、民族、社会文化等方面的差异，这些个体差异都决定了心理健康的标准不能绝对化。心理发育是否正常，只有与同一年龄段的人相互比较才能显现出价值；在同一时期内，心理健康的标准也会由于社会文化标准的差异而有所不同。

5. 问题五：开展心理健康教育，是因为学生的心理不健康吗？

1999 年，《中共中央国务院关于深化教育改革，全面推进素质教育的决定》中明确指出：加强学生的心理健康教育，培养学生坚韧不拔的意志、艰苦奋斗的精神，增强适应社会生活的能力。我国著名心理学家林崇德教授认为，现在社会上有一种极不科学、极不严肃的对待学校心理健康教育的态度。他们认为之所以开展心理健康教育，是因为许多学生心理不健康，这是对心理健康教育认识的最大误区。开展心理健康教育的根本目的在于提高学生的整体心理素质，维护和增进学生的心理健康水平。

现实生活中，即使是心理健康的人也存在着健康水平高低的问题，就好比没有躯体疾病的人，他们的身体健康水平也并不完全相同。心理健康水平的高低或心理健康素质的好坏直接决定着一个人对心理疾病的

"免疫"能力。古人言：圣人不治已病治未病，不治已乱治未乱。"治未病"的思想至今仍是"指南针式"的重要智慧，依据此理论，我国高等学校心理健康教育的模式具有了导向，即致力于以补救性为主转变为发展性为主，将重点放在学生潜能的开发与心理素质的优化上，促进其人格的全面发展与完善。

第二节 大学生的心理特点

人的心理既包括一般的共性特征，又涉及独特的个性特征。就构成成分而言，人的心理可分为心理过程与个性心理两个方面，心理过程是指人的心理活动发生、发展、消失的动力过程，包括认知、情感和意志；个性心理是指个体在心理方面所表现出来的区别于其他个体的特殊品质，包括个性倾向性与个性心理特征，其中个性倾向性主要表现为需要、兴趣、理想、人生观等，个性心理特征主要表现为能力、气质、性格、自我等。大学生的心理发展是逐步走向成熟的过程，但各种心理的发展并不是同步的，而是呈现不平衡的状态，不仅有时间上的先后和程度上的强弱，而且也存在着较大的个体差异。

一、大学生心理发展的基本特征

从心理发展的整体来看，大学生正处于迅速走向成熟却又尚未完全成熟的阶段，其心理发展呈现出一系列显著的矛盾性特征。了解大学生心理发展的基本特征是帮助和促进大学生稳步走向成熟必不可少的前提条件。

（一）抽象思维迅速发展，但易有主观片面性

随着专业知识的积累、思维训练的强化与实践经验的丰富，大学生的认知能力基本达到成熟水平，其抽象思维能力也获得迅速发展。

大学生思维的独立性与批判性日益增强。随着辩证逻辑思维的发展与抽象概括能力的提高，大学生独立思考问题的能力迅速发展，并开始用怀疑和批判的眼光来看待周围的事物，喜欢怀疑、探索、争论，不盲从。

大学生思维的深度与广度得到进一步发展。随着能力的提高与视野的开阔，大学生逐渐对事物的因果规律产生浓厚的兴趣并热衷于开展比较系统的理论论证，已经能够对不同事物进行比较全面的认识、分析、比较，从而把握事物间固有的、内在的、本质的联系与规律。

大学生思维的灵活性与创造性明显提高。大学生能够运用所学知识采用发散性的思维方式对同一问题提出多种设想并从多个方面展开论证，对新事物与新问题有着较强的敏感性，思维活跃且富于想象，出现了更多的创造性成分。

不过，大学生的抽象思维水平还没有达到完全成熟的程度。美国的一项研究表明，只有 67％的大学生达到了形式逻辑思维的高级阶段，其余学生仍处于形式逻辑思维的幼稚阶段，可见大学生的逻辑思维仍处于不断的发展过程当中。因此，大学生看待问题时难免会带有强烈的主观性与片面性，评判问题时更易掺杂个人的好恶与情感因素，有时会在多渠道的信息交流中受到不正确的理论观点和不良价值观的诱导，模仿社会上的一些流行现象，良莠不分，真伪不辨，其识别能力有待于加强。

（二）社会情感日益丰富，但情绪波动性较大

随着文化层次的提高与生活空间的扩大，大学生的情感日益丰富，尤其是高级社会情感迅速发展，如学习过程中的理智感、集体生活中的道德感、人际交往中的正义感、政治生活中的责任感、文化熏陶中的美感等表现得更为成熟。

大学生对情绪和情感的调控能力由弱变强，情感表达有了间接性和内隐性的特点。他们可以依据具体的条件选择不同的情感表达方式，也学会了掩饰自己的内心体验，情感表达含蓄而隐蔽。

不过，大学生驾驭情绪和控制情感的能力还不够健全、不够稳定。无论从生理、心理还是从社会的角度来看，大学生均处于内在需要与外界环境相互矛盾的刺激之下，情绪带有强烈的可变性与多变性，波动性较大且两极性比较突出。不少大学生容易受到周围环境变化的影响，情绪起伏比较大，心境变化比较快，在短

时间内可以从高度兴奋变得无比消沉，也可以由非常冷漠突然转变为极度狂热。当情绪与理智不一致时，有时会表现出理智的一面，但更多时候不能冷静地控制自己的情绪。这种情绪的不稳定、不成熟是大学生心理发展过程中难以避免的特征，是心理发展的正常现象。大学生在学业、生活、人际关系等各方面的冲突变化，都会引起其情绪上的波动，提高自身的情绪与情感调控能力是大学生成长与发展旅程中的一大任务。

（三）意志水平明显提高，但不够平衡稳定

随着社会知识与实践经验的增多，大学生对社会与人生的意义有了更为深刻的认识，其世界观、人生观、价值观逐步确立，开始进行人生道路的规划、奋斗目标的确立、前进计划的制订与具体过程的实施。多数大学生在实现目标的过程中表现出坚强的毅力，其意志力已发展到较高的水平。

大学生的意志水平明显提高，在实际行动过程中表现为自觉的目的性、顽强的意志力、明显的社会性等特征。多数大学生能够意识到自己行为的目的并自觉地进行有意志的行动，能够以持之以恒的态度克服来自内外环境的障碍，意志品质获得了极大的发展。

不过，大学生意志的发展水平不够平衡、不够稳定。一般来说，大学生意志的自觉性与坚持性品质发展水平较高，而果断性与自制性品质发展相对缓慢一些。在处理关键问题或采取重大行动时，有时会优柔寡断、摇摆不定，有时会草率武断、盲目从众。大学生的意志水平往往会随着活动的类型与心境的变化而表现出巨大的差异，在不同活动中的意志表现不同，即便是同一活动，心境的好坏也会影响其意志水平。

（四）自我意识逐渐增强，但发展仍不成熟

自我意识是人对自己及自己与周围环境关系的认识，包括自我评价、自我体验、自我调控等。自我意识的发展不仅与年龄有关，而且与知识水平有关，大学生所处的年龄阶段与所具备的文化水准促进了其自省的发展与自我意识的增强。

大学生的自我评价比较客观，能够借助横向比较与纵向发展的方式对自我进行观察与分析，自我评价比较符合客观实际，高估与低估现象逐渐减少。

大学生的自我体验比较深刻，社会的要求与自身的发展促使他们经常进行自我反思，注重探求自己微妙的内心世界，极易产生强烈而深刻的内心体验。

大学生的自我调控水平较高，他们基本能够依据理想与追求规范自身的行为，并逐渐能以社会标准与要求调节自己的行动，自我控制能力大大提高。

不过，大学生自我意识的发展还不够成熟。由于社会知识经验与自身能力的欠缺，许多大学生在自我意识的形成与发展过程中面临着各种矛盾和问题，如现实我与理想我的矛盾、主观我与社会我的矛盾、自尊心与自卑感的矛盾、独立意识与依附心理的矛盾等。大学生的过度自我接受与过度自我拒绝、过强自尊心与过度自卑感、过分独立与过度依赖、“自我中心主义”及行为过于冲动等，都反映出他们的自我意识正逐步发展但尚未真正成熟的心理特点。

（五）性意识进一步觉醒，但应对能力不强

大学生是走向成熟的关键期，而生理成熟是最基本的物质基础。大学生的生理系统发育已基本完成，第二性征凸显并进入性成熟期，具备了成年人的体格及生理功能，性意识逐渐明朗化与进一步发展，这是正常的发展现象。

大学生的性意识处于进一步觉醒并趋于成熟和稳定的阶段。他们已经不再为第二性征感到尴尬与羞涩，开始出现性的自然表露与亲近行为。性意识的发展一方面引导大学生性别化的人格与形象塑造，另一方面也带来其对异性的倾慕与追求。大学生活为大学生提供了与同龄异性交往的环境与充分机会，性意识的发展以及随之而来的恋爱与性问题成为大学生活的一抹重彩。

不过，大学生对于恋爱与性问题的应对能力有待加强。大学生从具有较为强烈的性需求到能够通过社会认可的合法手段使其得到满足需要经历比较长的时间，有人形容这段时期为“性饥饿期”。大学生还不善于处理与异性之间的关系，他们的经济地位与心理成熟度还不足以应付此类问题，他们的行为往往具有冲动性，如果缺乏自制力与性道德，极易产生不良心理甚至酿成性罪错。

（六）社会需求日益迫切，但社会经验不足

大学生的校园生活期比同龄人要长，这使他们与社会有了一定的距离，也正因为如此，他们渴望融入社

会的愿望更为强烈。大学生独特的社会层次及较高的文化素质使得他们对社会现象有着自己独到的见解,希望可以按照自己的想法去改变令人不满意的社会现实,体现自身的价值,有一种"以天下为己任"的抱负。

不过,大学生的社会实践活动比较表面和肤浅,对真正的社会生活并没有直接的、深刻的了解,与社会生活存在着某种程度的隔离,社会经验较为欠缺。一方面,大学生抛开自身利益,以大视角来关心社会的发展,注重整个社会的进步;另一方面,由于有限的生活阅历及社会实践能力,他们在评价、思考社会现象时,往往带有理想的色彩,还不能深刻、准确、全面地认识社会现象,从而表现出一定的片面性和幼稚性。

(七) 人格发展基本成熟,但不够完善

人格是一个人相对稳定的、具有独特倾向性的心理特征的总和,它是在长期实践中形成与发展起来的,反映了一个人总的心理面貌。大学生处于身心急剧发展和自我意识逐渐统一的特殊阶段,这正是人格发展的重要时期。

当代大学生的人格发展既有成熟积极的一面,又不同程度地存在着缺陷与不完善。大学生能够正确地认识自我,可以较好地适应社会,具有一定的创造性与竞争意识等,但也常见自卑、懒惰、粗心、鲁莽、急躁、悲观、孤僻、多疑、抑郁、狭隘、冷漠、被动、虚荣、焦虑、敌对、冲动、脆弱、自我中心等不良特征。良好的人格是在不断地学习与实践中逐渐优化、完善的,大学生正处于人格初步定型的时期,教育者应引导其为自身人格的不断完善付出积极的努力。

二、大学生心理发展的阶段特征

从身体功能的角度来看,大学生正处于青年期,明显的生理疾病并不多见;从心理健康的角度分析,大学生处于生理、心理与社会的矛盾发展之中,不可避免地面临着适应与发展的严峻挑战。大学生在大学生活的不同阶段所关注的问题和发展的任务有所不同,加上环境与身份角色的变化,其心理发展也呈现出阶段性的特点。大学生一般会经历心理适应、稳定发展与趋于成熟三大成长阶段。

(一) 心理适应阶段

大学生对大学生活从不适应到适应的过程称为"准备发展阶段",这一阶段面临着从中学到大学生活一系列急剧的转折。随着生活环境、目标定位、学习方式、人际关系与生活适应等的变化,大学生原有的心理定式受到严重冲击,一时难以适应。对于大学新生来说,对环境的不适应与思想的不稳定是导致其心理失衡的主要原因。能否尽快适应大学生活对个人的发展至关重要。心理适应的时间长短因人而异,少则一两个月,多则需要半年甚至一年的调适时间。

1. 适应社会角色从中学到大学的转变　不少大学生在中学时是有一定知名度的学习尖子生,而在人才济济的大学校园里,大多数成为不再担任任何职务的普通学生,由高才生到一般学生的角色转变难免会带来失落与自卑的心理落差。大学生实现角色转换的最佳途径在于正确的自我评价、准确的自我定位与积极的自我发展。

2. 适应奋斗目标从考试到深造的转变　高中生有着众望所归的奋斗目标——考上大学。那么,大学生要为什么而奋斗呢? 某大学曾做过一项调查,结果发现,55.5%的大学新生认为"自己的目标不明确"。被称为高考"奇才"的张非于2003年和2005年先后被北大、清华两所高校录取,但由于入学后目标茫然,沉迷网络,均在一年之后因多门课程不合格而被迫退学。一般来说,从中学生到大学生的过渡过程中存在着短暂的"目标迷失期",这是正常的,但随着心态的调整与目标的确立,大多数学生逐渐会实现从考试到深造的积极转变,规划人生的长远目标,设计具体的阶段目标,并很快站在新的起点上为创造人生辉煌而付诸实践。

3. 适应学习方式从监督到自觉的转变　与中学相比,大学里的师生关系较为离散,学习氛围较为宽松,学生自我支配的时间增多,学习环境由"硬"变"软",很少有人主动监督、指导,也极少有人帮忙制订具体的学习目标与计划。与中学相比,大学里的课程内容很庞杂,课时却有限,很多知识在课堂上来不及消化,甚至需要课后查阅大量的资料,学生的学习自主性明显增强。这对于自制力与自律性较差的学生来说无疑是严峻的考验。大学生要实现学习方式的转变,必须意识到考试分数并不是衡量人的最重要的指标,单凭坐在教室里苦读诗书是难以适应的,综合能力的培养与全面素质的提高才是发展的关键。

4. 适应生活方式从依赖到独立的转变　中学时,有些生活琐事是由父母帮忙料理的,进入大学后,衣、

食、住、行等都得自己安排处理。我国大教育家陶行知曾说过："滴自己的汗，吃自己的饭，自己的事情自己干。靠人、靠天、靠祖上，不算是好汉。"主动适应大学生活是大学生自主、自立、自律的表现。大学新生应学会日常生活的打理，坚持自己动手，今日事今日毕；学会对财富的管理，依据客观实际进行日常消费；养成良好的生活习惯，合理安排作息时间。

5. *适应人际关系从旧友到新朋的转变*　与中学里的同学关系相比，大学班级和宿舍里的同学均来自不同的地域和家庭，每个人在思想观念、价值标准、生活方式、生活习惯等方面都存在着巨大的差异，难免会产生碰撞与摩擦。良好的人际关系对于拓展大学生的生存发展空间、促进成才必不可少。大学生在交往过程中一要主动，二要尊重，三要真诚，四要理解，五要宽容，六要互助。与人为善才是交往之道。

此外，饮食、气候、语言、风俗等环境变化也会对大学生的心理适应产生影响。

大学新生的不适应与其心理发展尚未完全成熟直接相关，同时也是进入新环境的一种特殊心理反应。多数学生是能够逐步适应的，教育者应加强对适应不良学生的帮助与指导。

（二）稳定发展阶段

经过入学阶段的适应与调整之后，大学生基本建立了新的心理平衡，开始步入相对稳定的发展阶段，这一时期无论从哪个方面而言都是大学生发展的主体部分，也是大学生全面成长与深化发展的关键阶段，这一时期大致从大二开始至毕业前一年或半年止。促进大学生成才的四大拼图——广深的知识、实用的技能、独立的人格与同学的友情，也正是在这一时期获得了极大的发展。稳定发展阶段是大学生的思想、学习、生活开始走向分化的阶段，无论怎样分化，大学生在发展阶段的表现都可聚焦于求知识、求能力、求思维、求情感的目标追求。

1. *寻求知识的深度与广度*　是这一阶段发展的基础目标。随着对专业的了解与学习的深入，大学生的专业思想逐步稳定，发展方向逐渐明朗，知识的贫乏感越来越强，学习的目的性也越来越明确。日益重视知识的深度与广度，逐渐发展出主动钻研的兴趣，并积极扩展学习领域。大学生不再满足于课堂学习与理论探讨，而更加热衷于博览群书，涉猎旁系，深刻践行"多读点杂书，天文地理生物，历史经济管理，哲学小说诗歌，比读任何'成功学'更有用"的学习观点。更加注重自学，重视学习方式与效率，已然接纳"比起考试，学会自学更重要"的发展与教育理念。

2. *寻求能力的内化与实践*　是这一阶段发展的技术目标。大学生的求知欲望非常强烈，"知识饥饿感"使他们如饥似渴地汲取丰富的知识养分，但是，他们已不再满足于知识的存储，更希望释放自身的能量。在中学阶段，学生习惯伏案学习；在大学里，学生需要站起来，四面观望。大学生越来越注重有用技能的学习与自身能力的培养，更加重视社会经验的积累与应用技能的践行。从事社会兼职、组织学团活动、参与公开竞演、拜访名校名师、发表科研论文等是大学生提高自身社会交往能力、组织管理能力、语言表达能力、问题解决能力、实际操作能力与科研能力的常见途径。

3. *寻求思维的理性与进步*　是这一阶段发展的思想目标。大学生对社会责任与个人前途有了更加深入的认识与体验，他们勤于思考、勇于探索、富于进取、敢于开拓，对人生重大问题的认识和处理不再单纯和盲目，而是有了自己的理智与主见，思维由"非成人化"向"成人化"转变，开始认真思考人生之路，向往个体的全面发展，并为之确立自己的奋斗目标。但有时候会由于不够成熟出现偏激的言论甚至盲从的行为。

4. *寻求情感的亲密与稳定*　是这一阶段发展的生活目标。随着自我意识的进一步增强，大学生对自尊、爱与归属的需要更加凸显，他们努力寻求着广泛、可靠而亲密的关系。这一时期既是友谊关系的稳步发展期，又是恋爱关系的高发期。大学生通过巩固稳定的友谊建立可靠的人际关系，为排忧解难提供帮助；通过扩大社交圈发展广泛的人际关系，为知识面的拓展与经验的积累创造条件；通过发展恋爱关系感受亲密的异性交往，为独行的心灵寻找同行者。恋爱与性问题在这一阶段表现得尤为突出，而性教育是目前我国素质教育的一大缺失，尤其是在性意识进一步觉醒的大学阶段，教育者应给予学生性心理足够的重视。在这一阶段进行基本性知识的普及、正确性观念的引导及不当性行为的控制对大学生性心理的发展与整体素质的提高有着不容忽视的价值。

总之，稳定发展阶段是大学生发展知情意、塑造独特个性、完成教育目标的重要时期。这一阶段持续时间长久、情况复杂、问题隐蔽，因而教育的重点任务应落脚于关注微妙的变化、引导正确的取向与促进全面的发展。

(三) 趋于成熟阶段

由于校园文化的塑造与心理策略的掌控，毕业季大学生的心理发展趋于成熟。但是，面临着又一次环境的变迁与角色的转变，大学生的心理难免再起波澜，毕业季也成为大学生心理最为复杂、冲突最为激烈、负担最为沉重的时期。多方的心理冲突与两难抉择是毕业季大学生心理失衡的主要原因，其中以发展、择业、恋爱问题居多，而自我同一性的确立与价值观的稳定是应对压力的最佳策略。

1. 深造还是就业　这是毕业季大学生考量发展取向的一大抉择。在竞争日益激烈的社会环境下，很多大学生陷入了是否考研的两难境地。在考研大军中，有些人是为了获得更好的专业发展，有些人是为了躲避就业竞争的压力，有些人是为了不甘落人后而随大流，有些人则是为了遵从父母之命而被动参与。但是，很多学生在放手一搏的同时也会显得迟疑。随着考研队伍的不断壮大，学生面临着更为激烈的竞争，艰辛的努力能否带来预期的结果以及日后就业的现状能否有所改观等问题犹未可知，这就使得很多学生在这一人生重大抉择上变得犹豫不决，甚至产生强烈的心理冲突。

2. 重薪还是重工　这是毕业季大学生面对就业选择的一大难题。"工轻薪低"与"工重薪高"的纠结以及理想与现实的巨大落差是这一时期大学生产生心理波动的重要原因。毕业季对于大多数学生而言意味着从不承担社会责任到以社会角色出现并承担社会责任的时期，这一过程复杂而艰难。对于大学生而言，社会给予了他们暂缓履行成人责任和义务的机会，称为"延缓偿付期"，大学生在这一时期通过实践、检验、树立、再检验的循环过程，逐渐形成和确立自我同一性，即对关于个体是谁、个体的价值观和个体的理想是什么的一种稳定的意识。毕业季大学生大多已基本确立了自我同一性，明确了自己的人生观与价值观，并能够在理性权衡自我、社会、职业的基础上确定对未来职业与社会生活的选择。

3. 放弃还是坚守　这是毕业季大学生处理恋人关系的一大困扰。毕业季堪称大学生活的"多事之秋"，不安定的情绪是此时学生心理的重要特征，其中的一大情绪诱因就在于恋人间分与合的纠结。爱情是美好的，它满足了一个人对亲密的需求；但也是残忍的，它可能变成一把利刃杀人于无形。不管如何抉择，千万别让爱成为一种伤害。

毕业季是大学生实现角色转换的阶段，也是完成一系列重大抉择的阶段。对于多方冲突的心理调适归根结底还是要靠自己，学会更多的生活智慧与心理调适的策略、把握自身的社会定位是一个成熟毕业生的基本素质。

总体而言，大学生的三大发展阶段由低到高依次递进，但个体之间呈现出一定的差异：一部分大学生始终停留在最初的心理适应阶段，无法适应"新"的生活；一部分大学生在发展阶段出现自身无法排解的心理问题，致使其潜能得不到发挥，个性受到压抑；一部分大学生在毕业季产生过于强烈的矛盾与冲突，甚至造成不可弥补的伤害与罪错。大学生各方面的心理发展也呈现出不平衡的状态，单方面的优势并不能代表全部。一个人不可能任何方面都独占鳌头，但一定要保持积极向上与全面发展的动力。

【案例 1-1】

一个自我离解的大学生

润，男，24 岁。

高中时的润聪明好学，出类拔萃，高考成绩优异，最终却因家境贫寒"屈就"某师范大学，看到成绩不如他的同学纷纷上了各色名校，他的心理极度失衡。大学时的润重整旗鼓，勤奋刻苦，多方面表现突出，最终被保送本校研究生，但他并不开心，本想报考名校研究生的他因为担心交不起昂贵的学费而不得不放弃，转而选择可以免交学费的本校研究生，看到与他一起奋斗的好友考上了名校研究生，他的心理再度失衡。他说贫困始终是他心底最深的痛。他似乎比周围任何一个同学都辛苦，但上天并没有眷顾他，他终究因贫困而无法脱离"师范大学"的掌控。为此，他痛苦得无法自拔。

忙碌的大学生活里，润在学习之余还从事多种社会兼职。由于阅历丰富、话题新奇，平时的他十分开朗，几乎可以与周围的每个人融洽相处。在男同学的眼里，他是一个坚强而有头脑的人，但他自己却不这样认为。他说这不是他，这只是一种无奈的选择。他不敢与人谈家庭、谈学校、谈奔波的辛苦，因为这些都是心底最隐秘的部分，想改变却又是徒劳的。他认为这个隐秘的“我”才是真正的“我”，而那个外在的“我”不过是个假象而已，不曾真实地存在过。在女同学的眼里，他一表人才，成熟深沉，不乏幽默感，且极具吸引力。曾有不少女孩对他暗示好感，但他总是将爱情的火苗扼杀在萌芽状态，不敢与之深交，不曾开始便已结束。为此，他恨透了自己。

润所要解决的问题其实是大学生发展过程中的重大课题——自我同一性。自我同一性最常见的误区之一就是自我离解，而润的痛苦之源就在于此，他总是戴着面具生活，怎么也找不到真正的自己。“内在我”与“外在我”之所以不能够整合，是因为他存在着强烈的自卑情结，不愿相信也不敢承认自己优秀的一面，拒绝将那个勇敢、独立、坚强、勤奋、深沉的“外在我”融入自我体系。

[资料来源] 王敬群，邵秀巧.2005.心理卫生学.天津：南开大学出版社.

第三节　提高心理素质，培养健康人格

健康本身其实也是一种责任！荷兰学者斯宾诺莎(Benedictus Spinoza)早有论述：保持健康是做人的责任。一个人的健康不仅关系到个人幸福，而且关系到家庭、集体和社会的利益。从这个意义上说，健康不仅是一种个人需求，更是一种社会责任。那么这种责任应该如何来承担呢？

世界卫生组织曾指出，一个人的健康与寿命，15%取决于遗传因素，10%取决于社会因素，8%取决于医疗条件，7%取决于气候影响，而60%取决于自己。对于大学生而言，其心理健康不仅受到神经系统类型、内分泌活动、性生理发育、疾病与营养等生物因素的影响，而且受到诸如家庭结构、教养方式、父母榜样、学校教育、社会风气等环境因素的影响，更受到大学生自我心理调节能力的显著影响。

影响健康的因素有很多，其中个人主观因素的主导效应最大，社会环境因素的可塑效应次之。总之，一个人素质的提高、健康的维护与人格的塑造必须依靠两大主方向的协作，即“行个人之能”与“尽社会之职”。

一、自我心理调适的策略

一个人的健康与寿命，60%取决于自己，也就是说，对一个人的健康负有最大责任的就是他自己。“内因是变化的根据，外因是变化的条件，外因总要通过内因起作用”。无论是客观的生理还是外在的环境，都必须通过自我而对健康产生效应。以此看来，自我心理调节能力的提高才是增进心理健康的根本途径。有有钱有势的家庭也好，天生丽质的外表也罢，一个人要健康、要长寿，靠自己才是硬道理。这种心态会促使一个人积极成长，也会让他明白自己应担负的责任。

从“行个人之能”的角度来看，一个人要为自己的心理健康负责，就必须掌握自我心理调适的策略、学会自我心理调适的方法、提高自我心理调适的技能。

(一) 问题解决取向的策略

问题解决取向的策略包括指向环境改造的应对与指向个体发展的应对，指向环境改造的应对是指通过改变环境达到解决问题的目的，而指向个体发展的应对则是指通过提高自身的技能，如学习新行为、新技术，达到解决问题的目的。

1. 指向环境改造的应对　德国心理学家黑克豪斯(Jutta Heckhausen)在控制理论中指出，控制是人类发展的中心主题，人的控制系统分为初级控制与次级控制两类。初级控制是指人类通过改造环境而控制环境的企图，次级控制是指人类通过改变自己以顺应环境的企图。就实质而言，初级控制属于创造性适应环境的行为系统，而次级控制则属于被动适应环境的行为系统。

从个体的发展来说，初级控制是人的根本愿望。因为初级控制指向外在世界，能使个体通过改变环境来

满足个人的需要、发展自我的创造潜能、展现自己的生存价值,其功能相当强大。

有人说:伟人改变环境,能人利用环境,常人适应环境,庸人不适应环境。每个人都生活在特定的环境中,但大多数都是常人,在很多时候是无法控制环境的。如果不能改变环境,那就改变自己去适应环境,无论是自然环境还是人文环境。生活在沙漠,就得学会节约水源,忍受风沙肆虐;生活在高原,就得适应高原反应,放慢生活步调;生活在荒郊,就得学会自我生存,忍受荒凉寂寞;生活在闹市,就得学会与人相处,习惯嘈杂拥挤……

2. 指向个体发展的应对　柏拉图曾告诉弟子说自己能够“移山”,于是弟子们纷纷请教移山之法。如果让你来“移山”,你会怎样做呢?是秉承“愚公移山”的精神去改造环境,还是尝试改变自己去适应环境?柏拉图笑谈:“山若不过来,我就过去。”如果不能改变环境,那就改变自己。

但改变自己并不意味着被动地无所作为,即便是改变自己来“移山”依然需要自身充沛的体力与顽强的意志力去跨越这座山,这就是个体在解决“移山”问题的过程中所应具备或发展的自我素质。只有通过不断获得新行为与新技能以促进自我发展与自我提升,才是解决实际问题的明智之举。傅雷在《约翰·克利斯朵夫》的译者献词中曾说过:“真正的光明绝不是永远没有黑暗的时候,只是永不被黑暗掩蔽罢了;真正的英雄绝不是永远没有卑下的情操,只是永不向卑下的情操屈服罢了。所以在你要战胜外来的敌人之前,先得战胜你内在的敌人;你不必害怕沉沦堕落,只要你能不断地自拔与更新。”

个体发展与环境改造是相辅相成的,随着自我能力的提升,一个人改造环境的能力也日渐增强。

大学男生319宿舍住着一名“臭气远播”的学生小泉。小泉的宿舍是六人间,他住在上铺,常年不洗脚,却经常在床上“干搓”,美其名曰足底按摩,搞得宿舍里臭气熏天。舍友曾一度轮番上阵,多次劝说,策略从“要求”到“请求”再到“哀求”,却始终无果,小泉依然我行我素。试想,小泉如果恰好是住在你上铺的舍友,你会做何反应呢?

是动之以情、晓之以理?是把小泉逐出宿舍?是自己坚决调换宿舍?还是被动忍受……

如果你把小泉孤立地逐出宿舍,你会心安理得吗?如果你坚决要调换宿舍,你会如愿以偿吗?如果你成功地换了宿舍,你会心想事成吗?如果不能调换宿舍依然要被动地忍受多年的“熏陶”,你会心甘情愿吗?

这一问题之所以难以解决,其根源就在于大学生人际沟通的技巧问题。我国著名心理学者杨凤池教授曾对此现象做了现场的演示与指导。以下对话摘自CCTV-12《心理访谈》栏目。

杨教授:“咦?你怎么老搓脚啊?”

小泉:“足底按摩,舒筋活血……”

杨教授:“那你这个手老摸脚,脚上好多细菌,一会儿你拿吃的东西,就容易得病。”

小泉:“再洗手嘛。”

杨教授:“脚上的细菌可厉害了,你想它不透风,不见光,也没多少营养,还能活,那细菌不容易杀,而且脚气感染,你老挠,挠破了,指甲里也有细菌,挠进去以后脚气感染,肿胀,蜂窝织炎,然后坏疽,有可能截肢呢……”

杨教授:“好多同学为什么跟你老有距离,你脚上还散发着味儿呢。我听说你对‘她’还挺有意思的,就这脚味儿,你往前凑,人家就得捂着鼻子,多被动啊。”

杨教授:“跟你说吧,原来我也是不洗脚的人,你可知道,刚才我说的那些事,全在我身上发生过……”

杨教授总结:“通常我们想说什么话的时候,经常想起的是我想说什么,但是我们忘记了一件事,就是我为什么要说这些话。为了让他洗脚,那么我就一定要想出最能动员他洗脚的办法,而不是最能表达我愤怒的办法。”

通过新技能的学习,大学生可以在促进自我发展的同时增强自身改造环境的能力。在现实生活中,如果大学生运用沟通的技巧与对方沟而通了,就可以改变对方不适当的现状,进而改造所生活的环境。但是,有时会出现沟而不通的现象,那么我们也要学会接受一些不能改变的现实,因为大千世界,无奇不有。

(二)认知改变取向的策略

认知改变取向的策略是指以合理的认知取代不合理的认知,从而改善情绪、调控行为,达到心理调适的目的。

斯多葛学派哲学家爱比克泰德(Epictetus)曾说过:“困惑人们的不是事物,而是看待事物的方式。”一般而言,客观事物本身并不必然影响一个人的情绪和行为,人们对客观事物的认知才是决定性的因素。人们对事物所持有的观点或态度不同,故而对同一事物可能会产生不同的甚至相反的情绪及行为表现。

认知对情绪与行为的影响可以从下面这个故事中窥见一斑。有位秀才进京赶考,住在一个旅店里。考试前两天他做了两个梦,一个是梦到自己在墙上种白菜,另一个是梦见自己下雨天出门,戴着斗笠还打着伞。秀才觉得这两个梦颇有深意,于是请算命先生来解梦。算命先生听后对他说:“我劝你还是回家吧。你想想,高墙上种白菜,那不是白费劲吗？戴斗笠还打伞,这不是多此一举吗?”秀才一听,心灰意冷,回店收拾包袱准备回家。店主奇怪地问:“怎么还没考就准备回去了?”秀才如此这般说了一番,店主笑道:“我也会解梦,我倒觉得你应该留下来。你想想,高墙上种菜,那不是要高种(高中)吗？出门戴斗笠还打伞,那不是说有备无患吗?”秀才一听,深受鼓舞,精神振奋地参加了考试,居然中了探花。同一件事,思考的方向不同,结果就大相径庭。有时思想决定命运,有什么样的思想,就有什么样的未来。

20世纪50年代中期,美国临床心理学家阿尔伯特·艾利斯(Albert Ellis)提出了著名的ABC理论,并指出:“人在很大程度上感受的是自己的思想,如果能改变思想,就可以改变感受。”他认为情绪及行为的结果(consequence)并非由导致结果发生的诱发事件(activating event)直接引起的,而是通过人们对事件的认识或信念(belief)所引起的。对事件合理的认知或信念一般会产生适当的情绪和行为反应,而不合理的认知或信念往往是导致不良情绪和行为的直接原因。ABC理论认为,如果改变不合理的认知或信念,建立合理的观念,那么就会产生积极的情绪和行为反应,即可以通过对引起不良结果的不合理信念进行纠正,从而达到改善不良情绪和行为的目的。基于此,艾利斯将ABC理论扩展为ABCDEF模型,即认知转变取向的心理调适(表1-2),诱发事件A是以认知或信念B为核心引发情绪与行为C的,要想改变不良的情绪或行为,就要与不合理的信念进行辩论(dispute),获得效果(effect),从而产生积极的情感(feeling)。

【拓展学习1-1】

ABC理论

美国临床心理学家艾利斯提出了ABC理论。该理论认为,激发事件(activating event, A)只是引发情绪和行为结果(consequences, C)的间接原因,而引起行为结果C的直接原因则是个体对激发事件A的认知和评价而产生的信念(belief, B),即人的消极情绪和行为障碍结果(C),不是由于某一激发事件(A)直接引发的,而是由经受这一事件的个体对它不正确的认知和评价所产生的不合理信念(B)直接引起。不合理信念也称为非理性信念。

人们通常以为是激发事件(A)引起了结果(C)。ABC理论以认知心理学的观点来看待挫折情绪和行为的产生,揭示了内部信念和认知系统对挫折产生的作用。根据这一观点,要改变人的挫折情绪体验最重要的是要调节或改变人的挫折认知。

表1-2　认知转变取向的心理调适

诱发事件(A)	我虽然很努力,但在这件事上做得还是不如别人
不合理信念(B)	我做任何事都不如别人 我绝不会比别人强 我是一个处处不如人的人
结果(C)	产生抑郁与自卑的不良情绪
辩论不合理信念,建立合理信念(D)	有什么证据证明我做事不如所有人 这件事没做好不代表所有的事情都做不好 我并非一无是处,这件事虽然没有做好,但是我可以把别的事情做好
效果(E)与情感(F)	只是轻微的烦恼与失望

人们通常所持有的不合理信念(表1-3)有三个共同的特征,即绝对化要求、过分概括化与糟糕至极论。

绝对化要求是指认为某件事的发生或某个人的态度行为应符合自己的预期,通常与“必须”“应该”联系在一起,如“我必须获得成功”“我没法忍受这种事发生在我身上,这是根本不应该发生的事”;过分概括化是指用以偏概全的方式看待周围的人或事,通常以一句话、一件事来评价整个人或整件事,如“这件事我没有做好,我是个没用的人”“我晕血,所以我以后不可能当医生”;糟糕至极论是指某件事一旦发生,便认为是非常可怕的、无法接受的,通常与绝对化要求相联系,如“这种事要是发生在我身上,我这一辈子就完了”。

表 1-3 不合理的信念与认知转变的方向

不合理的信念	合理的信念
犯错是一件很可怕的事,所以我千万不可以犯错	人非圣贤,偶尔都会有犯错的时候,知错能改、下不为例就好了
没有比我更倒霉的了	对于任何一件事来说,都有比它更坏的情形发生,没有什么事是百分之百糟透了的
我真不是读书的料	考得不好不是什么大不了的事,如果考前能够充分准备,下次就会考好了
我对别人好,别人就一定会对我好	人与人之间差异很大,我对别人好,但不强求别人一定要对我好

积极乐观的认知有利于减轻心理压力,消极悲观的认知则有害于心理健康。在实际生活中,要注意改变片面的、绝对的、无限夸大负面后果的思维方式,学会用全面的、发展的观点看待问题。

(三) 情绪宣泄取向的策略

情绪宣泄取向的策略是指通过正确地表达各类情绪、合理地宣泄不良情绪,以求在短时间内缓解极端的情绪,避免恶劣后果的发生。

1. 正确地表达各类情绪 遇事该喜则喜,该怒则怒是一个心理健康的人最基本的表现。健康并不代表没有情绪,若该喜而不喜,该怒而不怒,那就不是正常的表现,长期压抑甚至会使人产生无法弥补的后果。意大利失业妇女玛利亚曾别出心裁地刊登了这样一则广告:“您若需要眼泪或笑声,本人可以大量供应,表情逼真,形象感人,价格公道,令君满意。”从此,她生意兴隆,收入颇丰。当参加客户的送葬队伍时,她身穿黑色丧服,哭得泪水滂沱,死去活来;不到两个小时,她又换上华丽的礼服参加客户的喜宴,笑容满面,彬彬有礼。几年后,这种情绪反常的繁忙业务致使玛利亚患上了严重的精神疾病,她去世时还不足 50 岁。

2. 合理地宣泄不良情绪 无论是喜是怒都要控制在一定的程度和范围之内。如果喜则狂喜,怒则盛怒,那就是失去理智的前兆,极端的情绪更容易产生负面的效应。美国生理学家在实验中发现,一个人平和时呼出的气体冷却后变成的水无杂质无颜色;悲痛时呼出的气体变成的水有白色沉淀;生气时呼出的气体变成的水则有紫色沉淀,将“生气水”注入大白鼠体内,大白鼠于几分钟后死亡。过度的情绪冲击不仅会对一个人的生理造成极大的伤害,还会损害其正常的认知,诱发极端的行为。它会抑制大脑皮层的高级心理活动,使人的意识范围变得狭窄,判断力减弱,甚至导致精神错乱、神志不清与行为失常。现今社会中因极端的情绪冲击而引发的血案(包括自杀与杀人)已数不胜数。

我国古代医学家曾指出:为人处世,不以物喜,不以己悲。稳定与平和才是情绪健康的关键。就调节情绪的方式而言,通过认知的改变来缓解情绪固然是一种有效的策略,但是情绪过于强烈或极端往往会蒙蔽一个人的认知,而且极端的情绪危险性极强,一般需要在短时间内及时处理,这时,认知改变取向的策略并不适用,而合理的宣泄便成为最佳的调适方式。

疏泄情绪的方法多种多样,常见的七字方针为“哭、笑、喊、说、听、写、动”。痛哭,让眼泪迸发,冲刷忧伤;大笑,让肌肉放松,消除紧张;怒吼,让怨气宣泄,抒发愤慨;倾诉,让烦闷出窍,疏解郁结;倾听,让音乐绕耳,转移注意;涂鸦,让图文并茂,表达情感;运动,让躯体发泄,释放能量。

也有学者对疏泄情绪的调适方法进行总结后,提出了自我训练的策略,简称 TRAIN,“TRAIN”这一单词的每个字母分别代表一种情绪宣泄的方式。T(talking)代表倾诉,意在鼓励寻求可靠的社会支持来倾诉烦闷;R(relaxing)代表放松,意在提倡依靠自由的想象与舒缓的音乐来放松身心;A(action)代表活动,意在倡导采用体育运动与公益活动的方式来缓解压力;I(interests)代表兴趣,意在主张通过发展纯粹的兴趣爱好来陶冶情操;N(nourishing)代表营养,意在建议凭借有针对性的合理膳食来改善情绪。

需要注意的是,采取宣泄法调节不良情绪时,必须增强自制力,切忌随便发泄不满或者不愉快的情绪,宣泄要选择适当的场合、正确的方式与合理的对象。

（四）行为塑造取向的策略

行为塑造取向的策略是指将良好的生活行为习惯化，通过坚持健康、文明的生活方式，达到维护身心健康的目的。

著名学者艾略特·乔斯林曾指出："基因给枪上膛，是生活模式扣动了扳机！"生活模式是指人们在日常生活中遵循的行为规范，即习惯化了的生活方式与行为。一个人的生活模式与身心健康有非常密切的关系。良好的生活模式使人精力充沛，延年益寿，认知成熟，情绪稳定；不良的生活模式不仅使人身体亏损，而且可能造成认知偏差与情绪不良。

常有人说："我的生活没什么规律，但我的身体很健康！"事实上，这种观点是非常错误的。生活模式的影响具有极强的"隐蔽性"，其效应是潜移默化的。"病来如山倒，病去如抽丝"。现如今，"预防重于治疗"的理念逐渐深入人心，其实古人早已将"治未病"的思想作为重要的健康指南。古人问扁鹊，先生兄弟三人，皆以医为业，何以独先生扬名于世？扁鹊叹曰：长兄治未病者也，教导邻里，顺四时，调寒暄，节喜怒，和五味，故其乡邻无病，亦不知长兄为医；仲兄为医，走千家，访邻里，凡病之初起即治之，随手而瘥，无人知其能。唯扁鹊无能，游诸国以医为业，治验之例由世人等下愚传扬，致使黄钟毁弃，瓦釜雷鸣，哀哉！圣人不治已病治未病，不治已乱治未乱。

要想保持健康，就要持有正确的健康观念与良好的生活习惯。俄罗斯学者兹马诺夫斯基曾提出一个健康公式：健康＝（情绪稳定＋运动适量＋饮食合理）/（懒惰＋嗜烟＋嗜酒）。以英国为首的一些西方国家将"维多利亚宣言"中提出的"合理膳食、适量运动、戒烟限酒、心理平衡"作为健康的四大基石。我国俗语所称的"若要身体安，三分饥与寒""吃饭七八分饱，上楼走路慢跑""管住嘴，迈开腿"等都是生活保健的方式。

综合来看，健康的生活方式主要包括合理作息、平衡膳食、积极休闲、适量运动、节制烟酒等。

1. 合理作息　起居有常，早睡早起，劳逸结合，睡眠充足，保持良好的作息习惯和有规律的睡眠。

2. 平衡膳食　坚持吃早餐，体重保持正常水平，饮食营养要均衡，不但要吃多种谷物和粗粮，还要适量吃一些新鲜的水果和蔬菜，注意少油、低盐、无糖。

3. 积极休闲　选择文明、高雅的休闲娱乐方式，愉悦身心。2000 多年前，希腊医学之父希波克拉底曾指出："阳光、空气、水和运动，是生命和健康的源泉。"要多进行户外运动，接受自然阳光的照射（要防止暴晒），多到大自然中呼吸新鲜空气。

4. 适量运动　积极参加体育锻炼，坚持安全、适量的有氧运动或参加以耐力性为主的运动项目，如跑步、球类、登山等。在奥运会发源地奥林匹斯山的一块岩石上，刻着这样的字句：你想变得健康吗？那就跑步吧！你想变得聪明吗？那就跑步吧！你想变得美丽吗？那就跑步吧！运动可以使人变得更加健康、美好。

5. 节制烟酒　不吸烟，少喝酒。烟酒对人的身心健康危害极大。吸烟是引发疾病的行为，被称为"20 世纪的鼠疫"。酗酒是危险的放纵行为，李时珍曾指出：过饮不节，杀人顷刻。节制不良的嗜好对人的身心健康百利而无一害，虽难为却并非不可为。

我们处于竞争激烈、生活节奏快速的现代社会中，保持健康要忌六"硬熬"：身体疲劳时不可硬熬；身体患病时不可硬熬；如厕时不可硬熬；起居上不可硬熬；口渴时不可硬熬；腹饥时不可硬熬。

总之，一个人要为自己负责，"行个人之能"，学会选择适当的自我调适策略来应对问题。现实生活中，有些人笑对人生，有些人怨天尤人。其实，心态才是真正的主人。哲学家威廉·詹姆斯（William James）曾说过："我们这一代最伟大的发现是，人类可以通过改变态度而改变自己的命运。"要么你去驾驭生命，要么生命驾驭你。你的心态决定谁是坐骑，谁是骑士。如果将英文字母表中的 26 个字母 A、B、C…X、Y、Z 分别赋予相应的数值 1%、2%、3%…24%、25%、26%，那么就会得出一个有趣的结论。"KNOWLEDGE"（知识）：11%＋14%＋15%＋23%＋12%＋5%＋4%＋7%＋5%＝96%；"LOVE"（爱情）：12%＋15%＋22%＋5%＝54%；"MONEY"（财富）：13%＋15%＋14%＋5%＋25%＝72%；"POWER"（权势）：16%＋15%＋23%＋5%＋18%＝77%。这些我们努力追求的目标虽然重要，却并不完美。那么，究竟什么才能让我们的生活变得圆满呢？"ATTITUDE"（态度）：1%＋20%＋20%＋9%＋20%＋21%＋4%＋5%＝100%。正是良好的心态才能使我们的生活达到 100%的圆满。

【拓展学习 1-2】

拥有阳光般的心态

俄国作家契诃夫在《生活是美好的》一文中谈道：生活是极不愉快的玩笑，不过要使它美好却也不是很难。为了不断地感到幸福，甚至在苦恼和愁闷的时候也感到幸福，那就需要善于满足现状；很高兴地感到“事情原来可能更糟”呢。

要是火柴在你的衣袋里燃了起来，那你应该高兴：多亏你的衣袋不是火药库。

……

要是你的手指头扎了一根刺，那你应该高兴：多亏这根刺不是扎在眼睛里。

……

要是你有一颗牙疼了起来，那你应该高兴：幸亏不是满嘴的牙疼起来。

以此类推……

当一个人觉得事情糟透了的时候，往往意味着对他来说这是最坏的事情，百分之百地糟透了。事实上，对于任何一件事情来说，都可能有比它更坏的情形发生，没有任何一件事情可以定义为“百分之百地糟透了”。所以，当悲伤沮丧时，转向思考“还有比这更糟糕的吗”；同样，当骄傲自大时，转向思考“还有比这更精彩的吗”。

感受幸福是一种能力。如果你能拥有阳光般的心态，难道还会缺乏感受幸福的能力吗?

二、社会保健网络的构建

一个人素质的提高、健康的维护与人格的塑造必须依靠两大主方向的协作，即“行个人之能”与“尽社会之职”。

对自己负责，“行个人之能”，加强自我调节的能力固然重要，但是，人是社会的人，从“尽社会之职”的角度来看，社会理应为人们的健康提供积极的防护。2016 年，国家卫生计生委、中宣部等 22 个部门联合印发了《关于加强心理健康服务的指导意见》，该指导意见中明确提出：“高等院校要积极开设心理健康教育课程，开展心理健康教育活动；重视提升大学生的心理调适能力，保持良好的适应能力，重视自杀预防，开展心理危机干预。”高校是一个小型的社会，建立心理卫生三级保健网可以在人力有限、经费不足的情况下取得良好的效果。

(一) 初级保健网

初级保健针对的是当前心理健康的群体，其主要任务在于由心理健康教育工作者普及心理健康知识，预防心理疾病。

曾有人说过：“你可以什么都不学，但有一门课必须要学，那就是心理学；你可以什么都学，但有一门课还要继续学，那也是心理学!”心理学是给人们带来健康和幸福的学科！大学生心理素质的提高离不开心理学知识的学习与掌握。心理健康知识传播的主要途径包括心理健康教育课程的开设(课堂或网络)、心理健康专题讲座的举办、心理学书籍的阅读等。开设心理健康教育课程可以帮助学生获得系统而科学的心理健康知识，了解常见问题产生的原因与表现，更重要的是，学会一些心理调适的策略与方法；举办心理健康专题讲座可以帮助学生获得对某一心理现象或问题更为具体、更为深入的理解；阅读有关的心理学书籍可以帮助学生开阔眼界，培养自我发展的能力，从理论上提升自己。

(二) 系级保健网

系级保健网关注的是存在心理困扰的群体，其主要任务在于由与大学生联系密切的管理者、辅导员及时发现心理问题，使之能及时得以解决。

高校所有教职员工都负有教育引导大学生健康成长的责任。心理健康的学生必有心理健康的引导者。引导者的心理不健康势必会影响人格尚未定型的大学生。各系部管理者与辅导员与学生接触较多，应提高他们自身的心理健康水平与心理教育意识。可通过举办面向管理者与辅导员的心理教育与咨询培训，提高教育者的心理健康水平，增强其心理教育意识。

教育者要关注学生的思想动态与心理状况，有意识、有针对性地做好教育引导工作。管理者与辅导员应尽可能减少自身对学生健康的不利影响，全面地关注学生群体的心理健康，若发现问题，应及时帮助学生解决问题，或者及时推荐学生进行咨询，以确保问题得到有效解决。

教育者应为学生营造一个积极向上、和谐的心理教育氛围。开展丰富多彩的系列教育活动，是对大学生进行心理健康教育行之有效的方法。知识竞赛、朋辈辅助、心理沙龙等系列活动，不仅有助于学生之间扩大交往、加强沟通、体验自信、表达情感，更重要的是，教育者可以借此发现学生的问题及有问题的学生。总之，校园文化活动是学生培养和提高自身综合素质的一个平台，教育者应积极为学生的心理健康提供必需的精神与文化环境。

（三）校级保健网

校级保健网关注的是存在心理异常的群体，其主要任务在于由专业人员普查大学生的心理健康状况，建立心理健康档案，有针对性地开展重点教育与预防，防患于未然，并及时对一些严重的心理问题进行处理。

心理咨询中心负责对大学生提供心理测试、心理咨询、心理训练等服务。心理咨询正日益被大众接受，但是，由于对心理咨询缺乏充分的了解，很多大学生遇到无法解决的心理问题时，要么不曾有向专业咨询机构求助的意识，要么宁愿忍受痛苦也不愿接受专业咨询师的帮助等。这就需要心理教育工作者普及心理咨询的知识，改变学生对心理咨询的错误认识，使其了解心理咨询的目的、意义、过程与效果，鼓励其积极寻求专业的帮助，以达到解决实际问题与促进自我发展的目的。

【推荐读物】

郝宁.2009.积极心理学.北京：北京大学出版社.

岳晓东.2008.登天的感觉.上海：上海人民出版社.

斯科特·普劳斯.2004.决策与判断.施俊琦译.北京：人民邮电出版社.

（邹　敏，孙宏伟）

第二章

大学生的自我意识

本章要点

掌握：自我意识的概念与结构，大学生自我意识发展的特点，大学生良好自我意识的标准，大学生自我意识完善的途径。

熟悉：自我意识的性质与作用，大学生的自我意识矛盾与冲突的表现。

了解：自我意识的产生与发展，大学生自我意识发展的过程。

正确认识自我是走好人生的第一步。对自己的认识越准确，选择正确道路的可能性也就越大，进而取得成功的可能性就越大。但是在大学阶段，许多大学生并没有形成自我的稳固形象，对"我是谁？我是怎样的人？我想做什么？我能做什么？我应该成为怎样的人"等问题常常感到困惑。因此，大学生的健康成长，应该首先从正确认识自我开始，在正确的自我意识基础上充分发挥自身优势，不断完善人格。

第一节　自我意识与大学生人格发展

【案例 2-1】

新生的困惑

小明以优异的成绩考入大学，且选择了热门的医学专业。但学了以后才发现自己的兴趣根本不在于此，完全没有学习的热情，成绩也不尽如人意。原以为自己有很强的管理协调能力，但是在组织班级、社团活动时，总有部分同学不配合，小明渐渐对自己失去了信心，觉得自己做什么都失败，未来也没有方向。其实他学习非常刻苦，只是成绩达不到自己的要求。他做事认真、负责，人际交往能力也不错，但却没有实现他当优秀干部的愿望，对于同学、老师的劝解、忠告他也听不进去，陷入沮丧、痛苦之中难以自拔。

【分析】从上述案例可以看出，对自己的兴趣和能力缺乏正确的认识使小明在学习和生活中都不如意；他缺乏积极的自我认识，导致他遇到挫折时一蹶不振，看不到自己的优势和前途。因此，正确而积极地认识自我，在大学生的成长和发展中至关重要。

自我意识是个体意识发展的高级阶段，是一个人心理成熟的重要标志，也是人的心理区别于动物心理的一大特征。大学生自我意识的发展状况，既是大学生心理健康的基础，又是大学生今后心理健康的起点。积极的自我意识对心理健康具有良好的促进作用，而消极的或矛盾的自我意识，则常常会危害大学生的心理健康。大学生只有比较客观准确地认识和了解自我，并对自我持一种接纳的态度才有可能发掘自己的潜能，快乐幸福地生活，才有可能保持心理健康，从而健康成长。

一、自我意识的概念

自我意识(self-consciousness)也称自我概念或自我，指个体对自己存在的一切的认识。自我意识包括三个层次的认识：生理状况(如身高、身材、外貌、健康等)、心理特征(如能力、气质、性格、兴趣等)及人际关系(如地位、影响力等)。平时我们说："我觉得我观察问题有点粗心大意""我觉得我是一个急性子人""我认为我能完成这项工作""我觉得我对某某的感情发生了变化"等。这些对自己感知觉、情感、意志等心理活动的意识，对自己与客观世界的关系，尤其是人际关系的意识，以及对自身机体的状态的意识，都属于自我意识的内容。

二、自我意识的结构

自我意识的结构是指自我意识包含的成分，它是一个多维度、多层次的复杂心理系统。

(一) 内容角度

从内容上看，自我意识可分为生理自我、社会自我和心理自我。

1. 生理自我(physical self)　是指个人对自己身体(身高、体重、容貌、身材、性别等)的认识及温饱饥饿、劳累疲乏的感受，包括占有感、支配感和爱护感。这一部分有形的自我可以说是每个人对自我的最直接感受。如果一个人不能接纳生理自我，嫌自己个子不高、身材不好、脸不漂亮、皮肤太黑，就会对自己不满意而产生自卑心理；如果认为自己容貌姣好、身材标准，就会对自己比较满意从而自信满满。

2. 社会自我(social self)　是指个人对自己在社会关系、人际关系中的角色、地位的意识，对自己所承担的社会义务和权利的意识等。人是要在一定的社会环境中生存的，每一个人都有一定的社会属性，这些社会属性也成为个体不可分割的一部分。例如，我是学校学生会主席，又是班上的班长，我应该在各方面表现出更强的能力，争取老师和同学的信任。

3. 心理自我(mental self)　是指对自己心理状态如智力、兴趣、气质、性格、理想等方面的认识。这是个体自我意识的核心部分，它使个体根据需要调节控制自己的心理与行为，修正自己的经验与观念。例如，最近因为找工作的压力太大我的心情一直不好，我觉得自己专业知识学得不好，综合素质也不理想，很难找到满意的工作。我暂时不想急着找工作，再学习提高一些再说。

(二) 形式角度

从形式上看，自我意识可以分为自我认识、自我体验和自我调控，它们分别反映了自我意识的认知、情感和意志三种成分。

1. 自我认识(self-knowledge)　是指一个人对自己及自己与周围关系的认识，它包括自我感觉、自我观察、自我分析和自我评价等。自我认识解决的是"我是一个什么样的人"的问题，对此问题进行客观、正确的自我评价是复杂、毕生的过程，人的自我发展也是一个连续、终生的过程，对自我的认识将是人类永恒的话题。"认识我自己"也将是一个终生课题。

【拓展学习 2-1】

WAI 技法(二十问法)

WAI 技法也称"你是谁测验"(Who Are You Test)。

指导语："现在，我问你 20 次'你是谁'，请你把想到的答案一一写在纸上，每个问题只有 20 s 左右的时间供思考并写下答案。例如，当我问'你是谁'时，你们可以这样回答：'我是××大学的一年级学生。'如果当我问'你是谁'时，你们有时可能一下子想不出答案，这种情况下可以不写，当我再问下一个'你是谁'时，再继续往下写。请只写下自己想到的答案，不要参考周围其他人的答案。当我问完 20 个问题又

20 s之后,你们要停笔不再作答。"

结果分析:

(1) 自我压抑感分析:回答问题数大于12个,无压抑感;8～12个,可能存在一定的压抑感;少于8个,可能过分地压抑自我。

(2) 自我肯定感分析:全部肯定——接纳自我,自信心较强,但可能显得自负,自尊心太强,不易认识到自己的缺点而固执己见;基本或全部否定——严重自我否定感,自卑;肯定和否定都有——自我认识较客观。

(3) 自我意识内容完整性分析:物质自我多——注意锻炼身体,关注自身疾病,占有欲较强;心理自我多——关注心理健康或心理发展较成熟;精神自我多——对自我的角色、责任、义务较了解,能按社会规范行动或具有相当程度的社会交往能力。

(4) 未来感的分析:未提未来的事情——现实感较强烈或缺乏生活目标;有一个以上未来事情——有一定的理想或生活目标;未来的事情大于或等于3个——未来感较强,但也可能存在空想。

2. 自我体验(self-experience) 指一个人对自己的一种情感体验,它是在自我认识的基础上产生的,反映个体对自己所持的态度,包括自尊、自信、自卑、自豪感、自我效能感等。其中,自尊是自我体验中最主要的方面,它主要解决"我对自己是否满意""我是否悦纳自己"等主题。

3. 自我调控(self-regulation) 是个体对自己的心理活动和行为的自我调节和控制,包括自立自强、自制自卫、自我监督、自我调节和自我教育等内容。具体表现为两个方面:一是发动作用,二是制止作用,也就是支配某一行为,或抑制与该行为无关或有碍于该行为进行的行为。例如,学生克服贪睡的欲望,晨起跑步早读,以及身患感冒的学生,在上课时强行压制自己避免咳嗽。它主要解决"我能否控制自己""我如何控制自己"等主题,表现为个体在达到目的的过程中,如何克服外部障碍与内部困难,采取什么手段实现自己的决定,集中体现了人的能动性(表2-1)。

表2-1 自我意识的分类

	自我认识	自我体验	自我调控
生理自我	对自己身体、外貌、衣着、风度、家属、所有物等的认识	英俊、漂亮、有吸引力、潇洒、自我悦纳	追求身体的外表、欲望的满足,维持家庭的利益等
社会自我	对自己的名望、地位、角色、性别、义务、责任、力量的认识	自尊、自信、自爱、自豪、自卑、自怜、自恋	追求名誉地位,与他人竞争,争取得到他人的好感等
心理自我	对自己的智力、性格、气质、兴趣、能力、记忆、思维等特点的认识	有能力、聪明、优雅、敏感、迟钝、感情丰富、细腻、豁达	追求信仰,注意行为符合社会规范,要求智慧与能力的发展

(三) 自我观念角度

从自我观念的角度或自我意识的存在方式上看,自我意识可以分为现实自我、投射自我和理想自我。

1. 现实自我(real self) 是个体从自己的立场出发对现实的自我的看法,也就是对实在的我的认识,是个体对自己的现实状况的情感和体验。例如,认为自己是个优秀的大学生,觉得自己的家庭经济比较窘迫等。现实自我又称个人自我,纯属个体对自己的看法,是自我概念中最重要的内容。

2. 投射自我(mirror self) 是个体想象中别人对自己的看法(大家都很希望了解别人对自己是怎么看的),一般人总是要想象自己在他人心目中的形象,想象他人对自己的评价,并由此产生自我的感觉。投射自我与现实自我之间往往存在着距离。当距离加大时,个体就会感到自己不为别人所了解。例如,"我觉得如果我不和他们一起去吃饭,他们一定会认为我不愿意和他们一起玩""我觉得因为我家庭条件不好,身体又差,别人一定会看不起我"等。

3. 理想自我(ideal self) 就是个体从自己的立场出发对自己未来的希望,也就是我们常说的希望自己能够成为一个什么样的人。理想自我是个体想要达到的完美的形象,也是自己所要追求的人生目标。例如,

“大学毕业后，我希望自己走自主创业的路，成为一个成功的老板”。理想自我未必与现实自我一致，但它对个人的认识、情绪和行为都会有很大的影响，是个人行为的动力和参照系。

三、自我意识的性质与作用

（一）自我意识的性质

1. 社会性　自我意识形成和发展的过程，实际上就是个体社会化的过程。一个人只有处于人类的社会环境中，才能发育成长，并在成长的过程中，逐渐产生对周围世界的认识。与此同时也产生对自己的认识，即形成自我意识。所以，一个人通过社会化形成了“自我”，认识到自己是什么人，有什么特点，自己在与他人的关系中处于什么样的地位和有什么样的作用等。

2. 形象性　自我意识是个体在周围人们的期待中，以及周围人们的评价过程中，通过自己的主观体验而逐渐发展起来的。当个体觉察到对方的态度和言语中所包含的内容时，自我意识的内容也就得到了丰富。所以，个体的自我形象和自我情感体验依存于个体与他人的接触之中，它是在想象他人对自己的判断和评价中形成的。

心理学家库利(Cooley)曾经指出：人与人之间可以相互作为镜子，都能照出他面前的人的形象。就像我们可以在镜子中看到自己的面孔、体态和服装一样，人们之所以引起我们的兴趣，是因为他们与我们自己有关……我们在自己的影像中，设想自己的外貌、风度、目的、行为、性格、友谊等在他人的思想中是怎样反映的，从而会在一定程度上影响我们自己。

3. 能动性　是指个人不仅能够根据客观评价和自我实践形成对自己的意识，而且能根据自我意识来控制和调整自身的心理活动和行为，也就是指人能自觉、主动地认识、调节和控制自己。

个体的能动性使个体不仅能够自觉积极地认识自我，而且能够自觉地进行自我监督、自我批评、自我鼓励、自我教育。例如，同在大学校园中的学生，有的人能够客观地评价自我，谦虚好学，不断进取；而有的人则不能正确地评价自我，自高自大或不思进取。

4. 同一性　指自我意识的协调统一性。研究表明，个体自我意识的形成与发展受社会、文化等环境因素影响，但这些影响又是通过个体具体的生理、心理实现的。自我意识的发展一般到青年后期才比较稳定、成熟。虽然这种自我意识有可能因个体实践的成败和他人评价的改变而发生变化，但到青年后期以后，个体对自己的基本认识和态度保持同一性。自我意识的同一性使个体表现出前后一致的心理面貌。

（二）自我意识的作用

1. 提高认识水平　由于主、客观条件的制约，理想自我的实现常常会遇到各种障碍，从而致使个体产生不同程度的挫折感。这时，自我意识能使人把自己的心理活动也作为客体加以反映，人就会对自己的认识、情感、意志、行为等进行反省，找到受挫的主客观原因，并重新调整认识，形成新的理想自我，使其与现实自我趋于统一，这就大大提高了人认识活动的效能。人不仅能对外部世界的对象有感觉、知觉、记忆、想象和思维上的认识，还能对自己的这些认识过程本身进行认知，即对这些过程加以分析、监督和调整。通过对自身认识过程的认知，人就有可能发现原有认识活动的不足，选择和运用更好的认知策略，从而使认识活动更加完善、更加有效。

2. 丰富感情世界　对于儿童来说，他们所意识到的现实只是外部世界，还不能意识到自己的内心世界。只有进入青少年期，他们的自我意识发展逐渐成熟，心中“自我”概念逐渐明晰和稳定，青年人可发现自己的新的情感世界。他们意识到“自我”的独一无二、与众不同，才会逐渐产生“孤独感”；他们体验到自尊的需要，才会产生与自尊感相联系的“羞耻感”和“腼腆感”。由于他们发现了一个自己的内部世界，他们才时常感到“内在自我”和“外在行为”的种种不符或冲突，从而产生“苦闷”“彷徨”等新的情感。青年人能把感情世界作为自己意识的客体，才忽然发现大自然的美丽，发现人类创造的艺术品(音乐、绘画等)的美丽，从而体验种种美感。总之，自我意识的存在和发展使得人的情绪生活变得日益丰富、细致而复杂。

3. 发展意志品质　一个人要获得发展、取得成就，光有目标是不行的，还必须具有自制的意识，对自己的情感、行动加以调节和控制。自我的实现需要个人监督，需要意志的力量，离不开自我意识的作用，离不开在意识中对自我和环境的明确区分。自我意识健全的人，在对自我做出正确认识、合理规划的基础上，能够对自己的注意力、情感、行为等加以控制,以实现自己的目标。缺乏自我控制意识的人,将是一个情绪化、缺乏毅力的人,终将一事无成。一个能够控制自我的人,往往能与环境相适应,并能规范自己的情绪和行为,因此容易实现自己的目标。

4. 促进道德形成　自我意识不仅包含现实自我,还包含着理想自我的方面。亦当个体被问到"我是谁"时,不仅要回答"我现在是谁",还要回答:"我将是谁"和"我应当是谁"的问题。由于人不是游离于社会之外的抽象的个体,他的自我概念就不能不受到他生活于其中的社会规范的制约。每个个体都在社会体系中处于一定的角色地位,社会对他有着一定的角色期望,这些角色期望承载着社会规范,要求、约束着个体的心理和行为。因此,社会道德就在个人的自我意识中找到了可以存在的处所,也找到了可以调节、激发(或抑制)个体心理与行为的杠杆。就个体方面来说,一个人的自我意识包含了道德、信念和道德体验,以及与之相联系的诸如责任、义务、使命、荣誉等价值观念的内容。

5. 保障心理健康　个体具备良好心理素质的最重要的标志是对自我的接受和认可,即有成熟的自我意识和健康的自我形象。许多西方和东方的心理学家在界定心理健康标准时,不约而同地将自我认识作为主要的指标。可见,心理健康的人必然对自己有客观认知,能够接纳自我,有很强的自尊。但那不是自以为是或自我陶醉。人必须首先去爱和尊重自己,才能真正地爱其他人。心理健康的人可以清楚地认识自己,尤其是在自己的感觉和意图方面,自我觉察力特别强。只有客观、准确地认识和了解自我,并对自己的经验持一种接受和开放的态度,才有可能保持心理健康,才有可能快乐幸福地生活,才有可能充分发掘自己的潜能以助成才。如果对自己认识不清,或对与自己不一致的经验持否认、回避、拒绝的态度,就会影响到身心健康和个人发展。

四、自我意识的产生与发展

(一) 奥尔波特的自我意识发展理论

奥尔波特(G.W. Allport)把自我意识的发展过程分为三个阶段:自我意识的产生、自我意识的发展、自我意识的成熟,即从生理的自我到社会的自我,最后发展到心理的自我。

1. 自我意识的产生　人对生理自我认识是自我意识发展的第一阶段。这一阶段的自我意识,是以躯体需要为基础的生理自我。这个时期表现出来的行为是以自我为中心的,以自己的想法来解释外界的现象,认为外部世界是为他而存在,以他为中心的。所以这个时期又称为"自我中心期"。这一阶段开始于儿童出生后的第8个月左右,至3岁左右结束。

2. 自我意识的发展　3～14岁,人的自我意识的发展进入第二阶段。通过在幼儿园参加反映成人社会生活的游戏活动,扮演各种角色,以及随后度过学校生活,承担相应的社会义务和责任,个体在社会化过程中产生了自我实现的需要与欲望,特别是在成就动机的推动下,个体努力学习,表现出符合社会要求的行为,以实现符合社会期望的社会自我。这一以"社会自我"为主要内容的自我意识发展阶段,称为"客观化时期"。

3. 自我意识的成熟　从青春期开始到青年后期,是自我意识发展的第三阶段。这一时期个体开始清晰地意识到自己的内心世界,关注自己的内在体验。喜欢用自己的立场和观点去认识外部世界,开始有明确的价值探索和追求,强烈要求独立,产生了自我塑造、自我教育的紧迫感和实现自我目标的驱动力。这是自我意识"主观化时期"。

(二) 埃里克森的人格发展阶段理论

埃里克森(E.H. Erikson)对心理的发展做了广泛的研究,他指出个体自我意识的形成和发展是由贯穿一生的八个相互联系的阶段组成的。在人生的八个阶段中,每一阶段都有一个特定的发展任务需要解决,每个人都要去适应社会为他准备好的社会任务。阶段与阶段之间是相互存储的,其构建具有累积性,同时,每个阶段又各自形成人格中的独特的品质。在发展过程中,青少年时期形成的自我同一性是一个核心概念。形成同一性必须整合先前的经验,并为今后的发展打下基础。如果每个阶段心理、社会发展课题得以完成,危机得以解决,就会产生积极的品质,反之,就会产生消极的品质。

下面是埃里克森对人的一生发展八个阶段的划分。

1. 信任与不信任(0～1岁)　埃里克森认为,信任是健康人格的基础,它是安全感的主要成分,并且是以后各个时期的基础。信任感表现一个人对于他的周围世界，特别是他的社会环境的基本态度，是出生后的头一两年发展起来的。而这种信任感和安全感可以通过父母、长者在抚育婴儿过程中以关心和爱护婴儿的需要而培养出来，因此母亲养育婴儿的态度和与婴儿的情感交流很重要。当一个婴儿的生理需要经常得到满足时，就会形成对别人和周围世界的信任。当父母的信念与权威信念发生矛盾时，或父母在照料儿童的方式上显出不一致时，儿童将以不信任的态度把这些模棱两可的情况反映出来。这样会使儿童在恐惧和不安中成长，产生一种不信任感。

2. 自主与羞怯、疑虑(1～3 岁)　这个阶段的儿童可以比较独立地探索周围世界，表现出一种自主感，“让我来做”变成了第二个发展时期的占统治地位的话题。儿童渴望自己独立地吃饭、穿衣、走路、说话和探索外部世界，试图去扩展他的世界，安排他自己的活动范围，按照他自己的想法去做事情。因此，在可能的条件下，父母应允许儿童自由活动，并以各种形式对他们的自主性和独立性表示认可和赞扬，使儿童逐渐产生自信和自主之感。如果这个时期父母对儿童的行为干涉过多，甚至支配儿童的一切活动，儿童将对自己的行为或自身产生羞怯感，影响身心的发展。

3. 主动与内疚(4～6 岁)　随着年龄的增长，儿童接触外面的世界日趋广泛，他们日益增多的语言和运动能力也使他们有可能把活动范围扩展到他的家庭环境之外，如与小朋友交往可以充分地发挥自己的主动性和积极性。在与教师和父母的交往过程中，得到鼓励和表扬将会激励他们的主动精神。如果教师或家长对儿童的活动要求过严、指责过多、评价不公正，就会挫伤他们的积极性，使他们失去信心，产生自卑、羞耻感，甚至经常产生内疚心理。

4. 勤奋与自卑(6～11 岁)　6 岁是儿童入学的年龄，学龄儿童与学前儿童有着本质的区别。前者将接受一系列的要求和教导，进入集体，产生各种竞争。儿童为了在同学、家长、教师面前争取荣耀，就会勤奋地学习。这个时期如果教师和家长能利用儿童的这种精神，为他们提供一个良好的环境，并热心地指导和鼓励他们，儿童就会更加勤奋努力，各方面都会受到良好的锻炼。如果儿童在这个阶段里学习屡遭失败，他所从事的活动不受欢迎和重视，就会失去信心，产生自卑感。因此，在这个时期里，同伴在衡量儿童本身的成功或失败中具有相当重要的作用，成功地应付这个时期的挑战会避免自卑的产生，并获得一种“勤奋感”。

5. 自我同一性与角色混乱(12～18 岁)　在青少年时期，人们经历了一系列急剧的身体变化。在这一时期，不管人们是否准备好了，他们都将从儿童转变为成年人，这可能是人生中特别困难的一个时期。埃里克森特别关注这一时期，并把获得同一性作为发展中最重要的目标。自我同一性又称自我认同感，是一种关于自己是谁、在社会上应占什么样的地位、将来准备成为什么样的人及怎样努力成为理想中的人等一系列感觉和认知的整合。青少年期是建立自我同一性的关键时期，它体现着个体对自我的一种探求。达成自我同一性的人具有以下特点：① 有独立感、独特感；② 自我本身是整合的、统一的；③ 主我与客我及他人眼中的我是一致的。一些青少年在寻求自我同一性的过程中可能会遭遇困难，出现“角色混乱”的现象——迷失自我、角色混乱，不知道自己是怎样的人、想要成为怎样的人，自我认识割裂。寻求自我同一性可能是一个艰难甚至痛苦的过程，但自我同一性的建立是健康人格形成的一个前提。

【拓展学习 2-2】

测测你的自我认同感

根据埃里克森的看法，大多数青少年和年轻人都是通过努力抗争来形成自我认同感的。正如同其他发展阶段的情况一样，这一危机解决得如何为我们今后人格发展和调整确立了一个模式。奥克斯(Ochse)和普拉格(Plug)编制了一个量表，用来测量成人是否能成功地通过埃里克森提出的八个发展阶段。你可以用下面的一些题目来检验一下自己，看这些问题是否适用于你，并根据下列标准给自己打分：

1＝完全不适用；2＝偶尔适用或基本不适用；3＝常常适用；4＝非常适用。

1. 我不知道自己是怎样的人。
2. 别人总是改变他们对我的看法。

3. 我知道自己应该怎样生活。
4. 我不能肯定某些东西在道义上是否正确。
5. 大多数人对我是哪类人的看法一致。
6. 我感到自己的生活方式很适合我。
7. 我的价值为他人所承认。
8. 当周围没有熟人时,我感到能更自由地成为真正的我自己。
9. 我感到自己生活中所做的事并不真正值得。
10. 我感到我对集体的适应良好。
11. 我为自己成为这样的人感到骄傲。
12. 人们对我的看法与我对自己的看法差别很大。
13. 我感到被忽略。
14. 人们好像不接纳我。
15. 我改变了自己想要从生活中得到什么的想法。
16. 我不太清楚别人怎么看我。
17. 我对自己的感觉改变了。
18. 我感到自己是为了功利的考虑而行动或做事。
19. 我为自己是我生活于其中的社会一分子而感到骄傲。

记分时,先把 1、2、4、8、9、12、13、14、15、16、17、18 题的回答结果反向转换,如选择的是 1,就打 4 分;选择 2,打 3 分;选择 3,打 2 分;选择 4,打 1 分。其他问题则保持不变。然后把 19 个问题回答的得分相加。

奥克斯和普拉格发现,用这个量表对南部非洲 15～60 岁的人进行测试时,他们的平均得分为 56～58,标准差为 7～8。这表明,大多数人的得分在平均得分的正负 7 或 8 的范围内,得分明显高于该数字的人,表明他的自我认同感发展良好;得分明显低于该数字者,表明他的自我认同感还处在发展和形成阶段。

[资料来源] Jerry M B. 2000.人格心理学.陈会昌译.北京:中国轻工业出版社:84.

【拓展学习 2-3】

同一性的四种状态

形成同一性的过程是怎样的呢?詹姆斯·马西亚(James Marcia)发展出了分析这一问题的方法。根据马西亚的观点,在形成同一性的过程中,个体会经历危机和承诺的阶段。危机(crisis)是个体探索其他可能性的同一性发展阶段(大部分研究者使用"探索"这一名词而不是危机,尽管在马西亚的阐述中使用的是"危机")。承诺(commitment)是同一性发展的一部分,表现为个体对他们要做的事的个人投资。

四种状态个体危机和承诺的程度被用来区分个体在同一性发展过程中所处的位置,即个体的同一性状态。同一性的四种状态是同一性混乱、同一性拒斥、同一性探索和同一性实现(表 2-2)。

表 2-2 马西亚的同一性的四种状态

		承诺	
		是	否
探索	是	同一性实现	同一性探索
	否	同一性拒斥	同一性混乱

同一性混乱是当青少年还没有经历过危机(也就是他们没有探索有意义的其他选择)或做出任何承诺时所处的状态。他们不仅没有考虑过职业和意识形态上的选择,对此也不感兴趣。

同一性拒斥是当青少年做出承诺但没有经历危机时所处的状态。当家长以一种权威的方式将承诺强加于青少年时,通常会发生这种情况。在这样的环境下,青少年没有足够的机会去自己探索不同的道路、意识形态和职业。

同一性探索是当青少年处于危机之中,却没有承诺或只是模糊地承诺时的状态。

同一性实现是当青少年已经经历了危机并做出承诺时的状态。

6. 亲密与孤独(18～25 岁)　当亲密关系的发展成为最根本、最重要的关系的时候,青少年就步入了埃里克森模式中的下一个阶段:发展亲密关系。年轻人开始寻求一种特殊的关系,通过这种关系来发展亲密感,并在情感方面得到成长,亲密感发展的结果一般是结婚,或是对另一人的爱的承诺,但也可能有别的结局。例如,两人一起分享亲密感而不结婚,也可能很不幸与人结婚却没有亲密感。在这一阶段不能形成良好的亲密感的人,就会面临孤独感。他们可能经历了多次肤浅的关系,但从来没有在真正的密切关系中获得情感满足。有些人甚至回避他们需要的情感承诺。独身生活方式可能有其方便之处,在一段时间里其可令人愉快,但假若一个人不能超越这种生活方式,就会导致情绪和个人满足感的发展严重滞后。

7. 繁衍与停滞(25～65 岁)　进入中年,人们开始关心下一代。父母们发现,他们通过对孩子的教育,丰富了自己的生活。没有子女的成年人通过与年轻人的接触也会感到这种生活的丰富。例如,我们常常看到一些人志愿去帮助青年团体,或者照料兄弟姐妹的孩子,没有形成这种繁衍感的成年人会陷入一种停滞感中,它表现为一种空虚感和对人生目标的怀疑,我们都看到父母在抚养孩子的过程中,生活充满了丰富多彩的有意义和有趣的事情。遗憾的是,还有些父母,他们从教育孩子中很少获得快乐,而是充满了厌烦,对生活感到不满。在孩子发展中不能展示自己的潜力,这对父母和孩子来说都是可悲的。

8. 自我整合与失望(65 岁以上)　在最后一个发展阶段中,人们将度过或圆满完成自己的一生。当意识到死亡临近时,他们是绝望还是害怕?是张开双臂迎接死神的到来,还是认识到大千世界中自己仅此一次的生命的秩序与意义?按照埃里克森的理论,只有回顾一生感到满足和幸福的人才不会惧怕死亡。这种人具有一种自我整合感,即对自己的一生具有一种圆满感和满足感,包括长期锻炼出来的智慧感和人生哲学。相反,那些一生充满挫折和失败的人在回顾一生时,则体验到失望和沮丧,产生失落感,对人生感到厌恶和失望。如果自我整合感超过失望感,就会形成智慧的美德。智者们懂得生命的现实性,并接受这样一个现实:人的一生必须按其既定的轨道运行,根本不存在"假如"的结局。

埃里克森的人格终生发展论,为不同年龄段的教育提供了理论依据和教育内容,任何年龄段的教育失误,都会给一个人的终生发展造成障碍。它也告诉每个人你为什么会成为现在这个样子,你的心理品质哪些是积极的,哪些是消极的,各在哪个年龄段形成的,给你以反思的依据。

第二节　大学生自我意识的特点

进入大学以后,随着学习、环境等的改变和心理的发展,大学生的自我意识有了明显的变化。大学生开始重新评估世界、重新塑造自己,并且迅速发展。大学生开始注意到自己以往不曾留意的许多方面,但由于心理尚未成熟,大学生自我意识的发展也不是一帆风顺的,于是矛盾冲突日益明显。

一、大学生自我意识发展的过程

在个体的发展过程中,童年期是人格开始形成的时期,少年期和青年期则是人格初步形成并定型的时期,成年期是人格成熟时期。自我意识是人格发展的核心要素,在自我认知、自我体验与自我控制三者相互影响、相互作用的过程中，自我意识逐步成熟，其间经历了分化—矛盾与冲突—整合的过程。

（一）分化

青年期自我意识的发展是从明显的自我分化开始的。原来完整笼统的我被打破了，出现了两个我：主观我(I)和客观我(me)，即大学生既是观察者又是被观察者。伴随着主观我和客观我的分化，理想我和现实我开始分化。自我意识分化是自我意识开始走向成熟的标志。自我明显的分化，使大学生主动、迅速地关注自己的内心世界和行为，产生了新的认识、体验，同时，由此而来的种种激动不安、焦虑、喜悦增加，自我沉思增多起来，要求有属于自己的一片空间和世界，渴望被理解、被关怀。

（二）矛盾与冲突

自我意识的分化，一方面，使青年开始意识到自己不曾注意的许多“我”的方面和细节，发现理想我与现实我的差距；另一方面，由于处于发展阶段，自我形象不能很快确立，自我概念不能明确形成，因而自我冲突加剧，表现为内心冲突，甚至有很大的内心痛苦和强烈的不安感。归纳起来，当代大学生自我意识的矛盾冲突主要表现在以下六个方面。

1. 主观我与客观我　大学生中主观我与客观我之间的矛盾是比较突出的。这主要是由于作为同龄人中能够接受高等教育的人，他们对自我有较高的积极评价，但由于远离社会，缺乏社会经验，在校园浓郁的学术与文化氛围中成长，对社会的了解缺乏深刻的体验与客观的评价。随着高等教育大众化进程的推进，适龄青年接受高等教育机会的增加，社会对大学生的评价更趋客观。大学生如果不能放眼社会，主动去适应社会，那就不可避免地会产生这些矛盾。近年来常有大学生到新单位难以适应的报道，这固然有客观上的原因，但大学生躲在自己的小圈子里，不能放眼社会，不能把自己视为大千世界中的一分子，等待社会去适应自己，而不是自己主动去适应、服务、改造社会，这是大学生不能适应社会的重要因素。

2. 理想我与现实我　可以说这是大学生自我意识矛盾最突出、最集中的表现。大学生对未来充满信心，抱负水平较高，成就欲望较强，但由于他们生活范围相对狭窄，社会交往比较单一，缺乏社会阅历，对自我认识的参照点较少，因此，不能很好地将理想与现实结合起来，从而使理想我与现实我之间产生了较大的差距。值得重视的两个方面：一是理想我与现实我有一定距离是正常的，它可以激励大学生奋发图强、积极向上，朝着梦想的方向努力；二是当现实我距离理想我太遥远时，大学生会产生各种各样的心理不适甚至自暴自弃，变得平庸无为、无所事事，没有动力。当理想我与现实我发生冲突，积极的自我调适便非常必要。这时，大学生需要重新调整和评估自己的理想，直到通过努力可以达到为止。

3. 独立与依附　一方面，大学生生理与心理的成熟使他们渴望独立，独立地面对生活、学习与工作中遇到的问题，但由于长期的校园生活使他们应有的社会阅历与经验相对匮乏，当应激事件出现时，却又盼望亲人、老师、同学能够替自己分忧。另一方面，大学生心理上的独立与经济上的不独立也形成了明显的反差。在他们迫切希望摆脱约束、追求自立的同时，却又不可能真正摆脱家长、老师的支持和帮助。特别是对于某些独生子女来说，他们由于长期受到父母的溺爱，这种独立与依赖的矛盾就表现得非常突出。

事实上，任何心理成熟的独立的现代人，都需要他人的帮助，广泛的社会支持是个体心理健康不可或缺的。大学生面对复杂的生活和许多实际问题有时束手无策，加之他们缺乏独立解决这些问题的能力，因此无法摆脱对家长、老师等的心理依赖。这种无法做到人格上独立的现实，使大学生心理上产生了主观要求独立和客观上依附他人的心理冲突，这种心理冲突也是大学生常见问题之一。

4. 自负与自卑　自信是一种健康的心理，是一种健全自我意识与成熟人格的标志。但是，大学生的自我意识尚在发展过程中，心理尚未完全成熟，不可能对自己有正确的认知，因而对自己的认知往往会出现自信的偏差：即自卑或自负。很多大学生身上存在着不同程度的自卑心理，他们身上常常伴随着一些特殊的情绪体验，如害羞、不安、内疚、忧伤、失望等，并出现自卑、自怨、自馁、自弃等心理现象。这种心理状态很容易使青年学生产生孤独压抑的情感，给自己的情绪和学习带来严重的影响，更甚者还会产生消极的态度，从而对前途失去信心。自卑的另一个极端是自负，也称为自满。前者是不满意自己，觉得自己处处低人一等，后者则是自鸣得意，觉得自己事事高人一等。自负与自卑是紧密相连的，自负表现强烈的人往往也是极度自卑的人。与其他群体相比，大学生体现出较高的自尊与自信，他们渴望成功，不甘落后，对成功的渴望与预期高，特别是当小小的成就来到身边时，很容易表现出骄傲自大、唯我独尊、自我中心，相当自负，好像世界尽在掌握。当遭遇失败与挫折时，有时甚至是小小的失利，如考试失败、恋爱失败等，他们便开始怀疑自己的能力，进而产生自我否定、自我怀疑甚至自暴自弃的情绪，陷入强烈的自卑之中。这些都与大学生自我认知不良、自我定位不准确有关。

5. 渴望交往与心灵闭锁　大学生在人际交往中有追求爱与归属的需要，更加渴望同辈群体的认同与归属感，渴望从异性朋友中获取爱情，他们愿与朋友分享快乐，分担痛苦，沟通信息和交流情感。然而，在完全陌生的环境中，大学生在面对不习惯的集体生活、更复杂的人际关系、更自主的学习方式时会感到无所适从，内心会产生各种压力和矛盾。他们为了自我保护，在人际交往中存有戒备心理。“逢人且说三分话，未可全抛一片心”。常常把自己内心世界的真实想法自我封闭起来，与他人保持一定的心理距离，不能完全敞开心扉交流与沟通思想，这也是大学生常常感到的“交往不如中学那么自如真诚”的原因。这种渴望交往与自我封闭的冲突是大学生人际交往中的普遍问题。

6. 理智与情感　大学生随着身心趋于成熟和知识能力的提高，一般都有较强的理智感，能够敏锐地观察社会、理解社会现象和他人的要求与期待。但由于他们的感情容易冲动，自我控制能力较差，往往理智让位于感情，成为感情的俘虏，导致做一些错事。但随着身心的发展与认知水平的提高，大学生渐渐成熟，在遇到客观问题时，既想满足自己情绪与情感的要求，又想服从于社会及他人的需求。特别是当遇到失恋等打击时，往往理智上能够理解，感情上却难以接受。

（三）整合

在自我意识的矛盾冲突中，大学生的自我意识也在不断调整和发展。他们极易寻求新的支点，寻找自我意识的统一点，整合自我意识。由于自我意识具有复杂性与多维性，大学生逐渐在多向角度中审视自我、调整自我，向理想自我靠近。这也是我们常说的自我同一性的建立。从自我意识的性质看，大学生自我意识的整合结果表现为以下三个方面。

1. 积极自我的建立——自我肯定　自我肯定即对自我的认识比较清晰、客观、全面、深刻。这种积极自我的特点是在经过痛苦的选择与调整之后，使自己的理想我与现实我趋于统一，主观我与客观我趋于一致，对自我的认识更加深刻、客观、理性。积极的自我不仅了解自己的长处与优势，也了解自己的不足与劣势，能够分析哪些是通过努力可以达到的，哪些是自己无法企及的，从而进行积极的自我肯定，向着理想自我迈进。

2. 消极自我的建立——自我否定　消极的自我意识分为两个方面：自我贬损型与自我夸大型。自我贬损型的人由于总在经历失败与挫折，对现实自我的评价较低，并时常伴有缺乏价值感、自我排斥、自我否定。他们不但不接纳自己，甚至自我拒绝、自我放弃，表现为没有朝气、随波逐流、缺少激情、生活没有目标，往往导致更加自卑，从而失去进取的动力。自我夸大型的人正好相反，他们对自我的评价非常高，往往脱离客观实际，常常以理想自我代替现实自我，盲目自尊，虚荣心强，心理防御意识强。其行为结果要么表现为缺乏理智，情绪冲动，忘记现实自我而沉浸于虚无缥缈的自我设计中；要么自吹自擂、自我陶醉，却不去为实现自我做出努力。自我贬损型与自我夸大型的共同特点是对自我评估不正确、理想自我不健全，缺乏实现理想自我的方法，是一种不健康的自我整合。

3. 自我冲突　自我冲突是难以达到整合的自我意识，它表现为自我评价始终在真实自我上下徘徊，自我认知或高或低，自我体验或好或坏，自我控制时强时弱，心理发展极不平衡，有时显得自信而成熟；有时又表现出自卑而不成熟，让人无法评估。自我冲突的人表现为两种类型：自我矛盾型与自我萎缩型。自我矛盾型的大学生，内心冲突激烈，持续时间长，自我认识、自我体验、自我控制不稳定，新的自我无法整合。例如，有的大学生可能既是一个自信的人，也可能是一个自卑的人；既是一个诚实的人，也可能是一个骗子；既是一个性格孤僻的人，也是一个善于交际的人。自我萎缩型的大学生缺乏理想自我，但又对现实自我深感不满，他们消极放任、自怨自艾，甚至麻木、自卑，以至于越来越消沉、对自己丧失信心。因此，自我冲突的大学生要逐渐调整自我认知，客观认识自己与他人，客观看待成功与挫折，这样才能使自我意识在良性轨道上发展。

二、大学生自我意识发展的特点

大学生自我意识发展的特点主要体现在自我认知、自我体验、自我调控三个方面，具体来说表现为以下特点。

(一)自我认知方面

1. 自我认知不断深化　处于青年中期的大学生其自我认知明显不同于青春期,在自我认知的深度和广度上都有较大提高。这时,他们不仅关注自己的外表、行为举止等外在特征,其自我认知还涉及自己的气质、风度和性格等内在因素,甚至还涉及自己的社会地位、社会责任、自我的价值等问题。通过对这些问题的分析和思考,大学生自我认知达到了新的广度和深度。

2. 自我认知更具主动性　进入高校的大学生,刚刚摆脱了中学时期沉重的学习压力,便开始围绕个人发展、个人与社会的关系积极主动地探索着自我。他们经常反省这样一些问题:“我聪明吗?”“我是一个什么样的人?”“我的性格怎么样?”这些问题都涉及大学生的自我认知问题。为了认识自我、发展自我,大学生主动而自觉地把自己与周围的同学、老师、英雄人物进行比较,并把他们作为自己学习的榜样,力图将社会的期望内化为自我的品质。

3. 自我评价趋于客观、全面　自我评价也是一个认识过程,大学生通过对自己进行分析评价,客观地认识现实自我,找到自我的优势,发现自我的不足,然后扬长避短,修正自我,使现实自我趋向于理想自我。研究发现,大学生理想自我与现实自我之间的相关比较密切。并且,大学生的自我评价与他人对大学生的评价结果基本一致,二者之间显著相关。可见,心理健康大学生的自我评价比较符合自己的实际情况,自我评价的客观性有了明显的发展。值得注意的是,大学生也存在自我评价的偏差,他们要么高估自己,要么低估自己,但高估自己更为普遍。

(二)自我体验方面

1. 自我体验的丰富性　大学生的自我体验既丰富又复杂,大学多彩的学习生活为他们发展自我体验的丰富性提供了有利条件。随着自我认识的发展,大学生意识到自身的成长而产生成人感;意识到自己是一名当代的大学生而产生义务感及爱国主义和集体主义的体验;意识到自己的能力和品德状况而产生自豪或自卑等体验。

2. 自我体验的敏感性　大学生对外部世界和自己内心世界的许多方面都比较敏感,尤其是与他们相关的事物,很容易迅速引起情绪上的反应,对凡是涉及“我”及“与我相关的事物或事情”都很敏感。学生开始重视自己在集体中的地位和威信,对他人的言行和态度十分敏感,对涉及自己的名誉、地位、前途、理想及异性交往等方面的问题,更易引起强烈的自我情绪体验。

3. 自我体验的深刻性　大学生的自我体验是深刻的。他们的自我体验不仅与自己的个性特点相联系,而且还与自己的生活信念和人格倾向相联系。当自我的生活信念和人格倾向为别人悦纳,或客观事物符合自己的生活信念和人格倾向时,他们就产生愉快的情感体验,否则就产生消极、不愉快的体验。

4. 自我体验的波动性　大学生的自我体验仍有一定程度的波动性。例如,取得成绩时,容易产生积极的情绪体验,甚至高傲自大,目空一切;而遇到困难时,则容易产生消极的情绪体验,甚至悲观失望、自暴自弃。大学生自我体验有波动性是正常的现象,应该使大学生正确对待这一特点,胜不骄,败不馁,在困难和挫折面前丰富自我,塑造自我。

(三)自我调控方面

1. 自我控制能力明显提高　在成年人眼中,青年人精力旺盛、富有朝气,但也极为冲动、多变。这是因为青年人的自我控制能力还较差。处于低年级的大学生,冲动性还较明显。进入中年级,特别是进入高年级后,随着知识积累、生活阅历的增加,大学生自我认知和自我评价水平增强,他们能够根据别人的评价和自己的行动结果进行反省,及时调整自己的行为和目标。这说明大学生行为的自觉性和自我控制能力明显增强,而盲目性和冲动性则逐渐减少。

大学生自我控制能力的明显提高,还表现在他们的行为和目标能以社会期望和社会要求为转移。例如,在我国市场经济初步建立的今天,社会对大学生的要求越来越高,不单看文凭,更看重大学生的真才实学和竞争意识。面对社会的期望和要求,大部分大学生能对自己的目标进行及时调整,在掌握专业知识的同时,注重外语水平和计算机水平的提高,注重各种能力的培养,以便能更好地适应社会。

2. 自我设计的愿望强烈　大学生有设计自我、完善自我的强烈愿望。他们根据自我设计的“最佳自我形象”而不断地学习知识充实自我,培养自己的能力,形成自己良好的性格与品德。大学生的成就动机是最强的,他们不愿做一个庸庸碌碌的人,都想干出一番事业,能对社会、对祖国有贡献,以实现自己的人生价值。

大学生的自我设计常会产生与社会要求不一致的矛盾。主要表现在：一方面，大学生都支持改革开放，希望有一个公平、民主、自由的社会，强烈反对腐败行为；另一方面在涉及自己的利益时，大学生又会对合理的利己主义、享乐主义、拜金主义等表示认同，甚至有人为了所谓的自我实现而损人利己。不过，研究表明，我国大学生的自我设计、自我完善的基本倾向是奋发向上的、积极的。

3. 强烈的独立意识和自信心　随着自我评价能力的提高和知识经验的积累，大学生表现出强烈的独立意识和自信心。大学生在生理发育上已完全具备了成人的特点，心理成熟和社会成熟也已达到较高的水平。通过对自我的认识、体验和控制、调节，他们的心目中已逐渐确立一个新的成人式的自我，成人感特别强烈。另外，大学生有体力充沛、精力旺盛、思维灵活、记忆力强、优越感比较明显的特点。这充分表现出大学生的自信心是十分强烈的，他们不仅对自己的才华、学识充满信心，而且对自己的风度、能力也充满信心。但由于知识、经验不足，他们易产生过分的自信，而且容易因一时的挫折而降低自信。

大学生的独立意识和自信心十分宝贵，它是蓬勃向上、积极进取等优良品质的心理基础，因此要加以适当的保护和引导，而不要因为有一时的偏差而冷眼看之。一般来说，随着自我评价能力的提高和知识经验的积累，大学生的独立意识和自信心会逐渐表现得更加客观和稳定。

三、大学生常见自我意识的偏差及其调适

（一）自我中心

随着自我意识的发展，大学生越来越感到自己内心世界的千变万化、独一无二，他们越来越多地把关注的重心投向自我，尤其是那些有较强自信心、自尊心、优越感、独立感的学生就更容易出现自我中心倾向。自我中心倾向是指在个体与他人或社会的关系上只从自我立场出发，而不能从他人或社会位置去思考问题或处理问题的认知方式。这种自我中心观是影响个体客观认知他人与正确把握社会规范的一个心理问题。自我中心者对待自己表现为过分关注自己的感受，他们认为他人也应该如此关注自己。例如，在人际交往中，人们会发现在相互交谈时，有些人不顾别人的喜好和需要，长时间地喋喋不休地高谈阔论，自我感觉良好；在交谈已改变话题后，仍按照自己的思路不断地阐述，完全没有意识到谈话的情境。由此，在处理利害关系的问题时，自然也只会从自己的安危、得失出发，按自己的意愿行事，不会考虑到他人的利益。

克服过度自我中心的途径包括：第一，树立健康的人生观，自觉地将自己和他人、集体结合起来，走出自己的小天地；第二，要实事求是、恰如其分地评估自己，既不自高自大，也不妄自菲薄；第三，尊重他人，只有尊重和信任才能获得友谊；第四，设身处地地从他人的角度思考问题，将心比心，真诚地关爱他人，从而做到“我爱人人，人人爱我”。

【案例 2－2】

自我中心的大学生

小阳是独生子，自幼父母离异。他认为学习知识是最重要的，看不惯学习不努力的同学，常常以自己的标准要求同学，说话不考虑别人的感受，常常得罪别人。他不屑于和同学处好关系，喜欢独来独往，始终认为自己生活安排是最优的。进入大学后，他遇到三个典型的问题。

（1）宿舍关系紧张，被其他同学驱赶：一天，小阳的舍友找到辅导员，说“请老师把小阳调离我们宿舍，小阳和我们处不来，他在宿舍很少说话，常常因为小事闹得不愉快，最近又在班级微信群里骂我们不爱学习，像猪一样睡懒觉等，严重伤害我们的自尊心，我们很讨厌他。他有时无端生气，做出过激的事情，我们都很害怕他。”后来小阳辩解：“宿舍同学显富又不爱学习，没有共同语言，他们有时故意找麻烦，我看不惯他们，在群里没有说骂谁，不知道为什么他们有这么大的反应。”

（2）没拿到奖学金，认为不公平：一次综合测评分数出来后公示，小阳气呼呼地过来找到辅导员，说：“我的考试成绩这么好，为什么拿不到奖学金，他们成绩没有我好却怎么拿到奖学金。素质加分不公平，学生干部做了多少事，要给他们加这么多分。我的德育基础分为什么不是最高的，我犯什么错误了扣

我的分,老师你做事公平吗?"

(3)助学金没给到,认为同学有偏见:新学期,要对贫困建档的同学进行民主评议,决定其是否可以拿助学金。小阳在民主评议中,票数排名末尾,只有区区几票,按照贫困补助的比例,小阳拿不到助学金。小阳得知情况,过来找到辅导员,说:"母亲已经下岗在家做小本生意,学费有时都是亲戚朋友那儿借的,票数末尾是因为同学对我有偏见,不能因为偏见就不给补助,班级里还有条件比我好的同学都拿到了助学金,为什么我不能拿,老师你有没有去了解情况?"

【分析】"自我中心"是一切以自我为中心,只看到和想到自己的利益和感受,很少考虑别人甚至不考虑别人的利益和感受;只希望别人关心、关照自己,而很少想到自己要去关心、关照别人;等等。"自我中心"是小阳个性中的突出问题。

(二)苛求完美

苛求完美主要表现为大学生对自己要求过高,期望自己完美无缺,却不顾自己的实际状况。他们不能容忍自己"不完美"的表现,对自己"不完美"的地方过分看重,甚至把人人都会出现的、人人都会遇到的问题看成是自己"不完美"的表现,总对自己不满意,从而严重影响了自己的情绪和自信心。他们对自己十分苛刻,只接受自己理想中"完美"的自己,不肯接纳现实中平凡的、有缺点的自我。"人皆有爱美之心",也有"追求完美之心",这虽然是人类健康向上的本能,但过分追求完美则易引起自我适应障碍。产生这种现象的原因是不真正了解自己、过分受他人期望的影响等。

改善过分追求完美的状态,要做到:第一,树立正确的认知观念。人不可能十全十美,每个人都有优缺点。一个人应该接纳自己,包括接纳自己的不足,同时肯定自己的价值,不自以为是,也不妄自菲薄。第二,确立合理的评价参照体系和立足点。以弱者为参照会自大;以强者为标准会自卑。因而人应该选择合适的标准,更重要的是以自己为标准,按照自己的条件评定自己的价值。第三,目标合理恰当。在充分了解自己的基础上树立恰当的目标,目标应符合自己的实际能力,不苛求自己,不被他人的要求左右。第四,接纳自己的不完美。人各有所长,各有所短,每个人都是独特的,与众不同的。欣赏自己的独特性,不断地进行自我激励。个体越能不关注周围人的期望,其自我意识的独立性就越强,所遭遇的冲突就越少。大学生必须明确自己的期望是什么以及这种期望是来自自我本身的能力和需要,还是从满足他人的期望出发。只有明确这一点,才可能真正地认清自己,规划自己的发展方向,最终建立独立的自我。

(三)过度自卑

自卑感是对自己不满、否定的情感,往往是自尊心屡屡受挫的结果。这类人自我认知不客观,往往只看到自己的缺点而忽略了自己的长处,不喜欢自己、不能容忍自己的缺点和弱点,否定、抱怨、指责自己,看不到自己的价值,或夸大自己的不足,感到自己什么都不如他人,处处低人一等,丧失信心,因此而产生消极心理。这种心理状态很容易使青年学生产生孤独压抑的情绪,给青年学生的情绪和学习带来严重的影响,更有甚者还会产生消极的态度,从而对前途失去信心。

大学生中的自卑心理主要表现为自我评价过低,表现在对自己的生理条件(如身高、外貌、健康等)、学习成绩、各种实践活动、交往能力等的过低评价,认为自己明显不如别人。大学里,在各种成绩评定或校内外的各类活动中,人与人之间比赛、竞争的情况是无法避免的。而且,如果从能力、成绩、特长及身体、容貌、家世、地位等所有方面相比,很少有人是永远胜利的。每个人在不同层面上都有自己的成败经验,己不如人的失败感受人皆有之,只是程度不同而已。大学校园是人才济济之地,有些人在某方面曾有自卑的倾向和感受,亦很正常。但如果过度自卑,把因某种原因造成的自卑情绪泛化到其他方面,就会导致自己的心理胆怯,凡是具有挑战性的场合自己就会选择退缩,或对他人的言行过分敏感,常把别人与自己无关的言行看成是对自己的轻视。同时,担心自己的缺陷被别人知道,因而又常常加以掩饰和否定,有时会表现出强烈的虚荣感。具有自卑心理的大学生往往采用回避与别人交往的方法来避免别人对其做负面评价。他们常常把自己禁锢起来,把自己封闭在个人的小圈子里,过分保护自我,但其捍卫的是虚假的、脆弱的、不健康的自我。

为了改变过度自卑,第一,应对其危害有清醒的认识,有勇气和决心改变自己;第二,应客观、正确、自觉地认识自己、无条件接受自己,欣赏自己所长,接纳自己所短,做到扬长避短;第三,正确地表现自己,对自己的经验持开放态度,同化自我但有限度;第四,根据经验,调整对自己的期望、确立合适的抱负水平,区分长期目标和近期目标,区分潜能和现在表现;第五,对外界影响相对独立,正确对待得失,勇于坚持正确的,改正错误的。同时,还应保持一定程度的容忍。

【案例2-3】

自卑的大学生

王同学,身高155 cm,体型偏胖,是一位来自农村的女孩。因家庭贫困,从小生活节俭,学习成绩一直名列前茅,是老师夸奖、同学们羡慕的对象。进入大学后,看见身边的同学能歌善舞,时髦靓丽,而自己什么都不会,感到自卑,自己的身高和体型也不如同学,经常自惭形秽,不愿与人交往。她本想通过努力学习,用优异的成绩来找回自我,但一个学期下来,考试成绩并没有如她所愿的名列前茅,处于中上等水平。第二学期开学后,王同学老觉得在同学面前抬不起头来,上课时注意力难以集中,不愿参加集体活动,经常独来独往,连宿舍同学也不愿交流,整天愁眉苦脸,寝食不安。

【分析】本案例中,王同学主要是因为家庭经济困难和自身生理条件欠缺等因素造成的自卑心理。从人格上来说,人们都是平等的,没有高低贵贱之分,个人条件、经济条件与人们的修养、知识、能力没有内在的、必然的、绝对的联系。一个学生本来有足够的能力去完成学业,但由于自卑,感觉自己处处不如别人难免最终完不成学业。这种自卑感,很容易导致学生消极被动,无所作为,于是自暴自弃,远远地躲在自己编织的网中,不能自拔,对自身发展和成长造成负面的影响。

(四)过度的自我接纳

自我接纳是指自己认可自己、肯定自己的价值,对自己的才能和局限、长处和短处都能客观评价、坦然接受,不会过多地抱怨和谴责自己。对自我的接受是心理健康的表现。研究表明,适度的自尊心和自信心是个人健康成长不可或缺的心理品质,同时也是自我意识发展的主要表现。大学生大都有强烈的自尊心和荣誉感,好强、好胜、不甘人后,但有的同学为了追求人际交往中他人对自己言行和人格的尊重,千方百计掩饰自己的缺点和短处,不惜一切手段维护自己的"面子",使自己的自尊心转化成为虚荣心。还有的同学拿放大镜看自己的优点,用显微镜看别人的缺点,目中无人、自以为是、孤芳自赏,甚至把自己的短处看成优点,盲目乐观,导致过度自我接纳。他们的人际交往模式是"我好,你不好""我行,你不行"。他们对自己评价过高,容易骄傲,听不进别人的意见和建议,又不容许别人有意见,不易处理好人际关系,遭遇挫折后通常不能很好地反省自己,总是抱怨别人和周围的因素,较难适应社会生活。

克服过度自我接纳的途径包括:第一,眼中要有他人,学会欣赏别人。每个人身上都有优点,人与人之间要取长补短。学会欣赏别人,是与人平等和谐相处的心理基础。第二,建立客观的自我评价。全面地了解自己不是件容易的事,我们能够认识到的自己常常是浮在水面上的冰山一角,经常仔细聆听别人对自己的看法,有助于深入地了解自己。第三,学会承受挫折。过度自我接纳的人从小到大往往比较一帆风顺,正因为路走得太顺,滋生了优越感。一旦遇到挫折和失败,情绪会一落千丈。其实挫折对于过度自我接纳的个体未必是坏事,恰当的自我认识就是个人成长的契机。

第三节 大学生自我意识的完善

自我意识在大学生人格形成与发展中占有重要的地位。大学生的认知、情感、意志都受自我意识的影响。健康的自我意识是人们依据周围环境的发展而形成的有关自己的正确认识及积极的情感和态度。健康的自我意识对人的心理健康起着很重要的作用,它制约着人格的形成与发展。因此,大学生要注意多角度、全方位地培养健康的自我意识。

一、大学生良好自我意识的标准

在自我意识的发展和完善过程中,当自我意识出现偏差时,个体的心理状态就会发生相应的变化。在心理健康与心理健康标准的研究中,几乎所有的研究者都把自我意识的健康程度作为研究的重要内容之一。但怎样知道一个人的自我意识是否健全,是一个比较难以回答的问题,正像什么是心理健康一样,它没有绝对的标准,在此提供几条参考标准。

(一)正确认识自我、真实地接纳自我

正确的自我意识、真实的自我接纳可以使个体的活动具有同一性。自我是个体活动的觉察者、调解者和发动者,它会制约个体的活动范围和活动强度。有着消极的自我概念的个体表现为低自尊。低自尊在某种程度上可以被描述为对自我的低度肯定。研究表明,当要求高自尊和低自尊个体在许多特质维度上对自己进行评定时,低自尊个体对自己各方面的评价普遍较低。然而,当要求被测试者还要对他们的评价划出上下限时,低自尊个体的波动幅度更大。和高自尊个体相比,他们的自我感知准确度较差。因此,低自尊的某些表现,更多地给人以对自己了解不多、认识不够、有条件接纳的感觉。

(二)积极的自我体验、勇敢的自我开放

能积极自我体验的人有较高的自尊心。自尊心对个体有强大的影响力,自尊者在交往活动中,既能尊重自己的人格与荣誉,不卑躬屈膝,不容别人歧视侮辱,又会约束自己尊重别人;既不为个人目的奉承别人,又不需要别人奉承自己,能自爱而爱人,并表现出有"自知之明"。

美国心理学家纳撒尼尔·布兰登(Nathaniel Branden)长期研究自尊问题,他的著作《自尊心》中深刻地论述了自尊对人的影响。布兰登认为,自尊高低对我们生活的每一个层面都存在着巨大的影响。例如,工作关系的处理,恋人的选择,与配偶、子女、朋友的互动等。许多直接影响我们成就和快乐的因素与健康的自尊都有正面关系。健康的自尊与理性、直觉、创造力、独立性、心理弹性、应变能力、仁慈及合作存在显著的相关性,而低自尊则与非理性、抗拒、霸道、反抗等存在显著的相关性。这些心理特征间的关联是合乎逻辑的,自尊支持我们的生活,也提升了我们的生活。

(三)恰当的自我控制、持续的自我发展

每个人的理想自我总是根据实际自我,参照他人眼中的自我和自己心中崇拜的偶像来确立的。理想自我确立以后,个体便对实际自我提出行动准则和要求,以实现理想自我。自我意识据此对自我进行监督,不断地进行反馈调节,使自己朝着这个理想目标去行动。在此过程中,自我意识与个体行为实现了统一。歌德(Johann Wolfgang von Goethe)有一句名言:"一切开创性或先发性的行动都蕴含着一个基本真理,当真心去做之时,上天的祝福也就随之而到。"

二、大学生自我意识完善的途径

良好的自我意识在大学生人格形成与发展中具有决定性的作用:一个缺乏自知之明的人很难自我发展与自我完善,因此我们要学会培养与塑造自己良好的自我意识。

那么,怎样培养与塑造良好的自我意识呢?不妨从以下几个方面入手。

(一)正确认识自我

"认识你自己"是篆刻在古希腊德尔斐神庙石碑上的一句话,它表达了千年来人类对自己的思考。人对自己要有一个正确的认识,正确认识自我是建立健全的自我意识的基础。大学生对自己的价值观、愿望、动机、个性等特征要有正确全面的认识和评价,才能根据自己的实际情况,为自己制订一个合理的目标并为之努力奋斗。因此,大学生只有打破自我封闭,拓宽生活范围,增加生活阅历,扩展交往空间,积极参加活动,扩大社会实践,才能找到多种参考系。才能凭借参考系多方面、多角度地认识自我,做到不自卑也不过于自信,不骄傲也不过于谦虚,这样才能充分发挥自己的聪明才智,实现自己的人生价值。正确认识自我通常有以下四种方法。

1. *内省法——从自己以往的经验中认识自我* 孔子曰:"吾日三省吾身"。通过自省,经常检查自己行为和动机正确与否,行为过程中有什么不足,结果如何,有哪些收获和缺憾,从中发现长短得失,就可以形成对

自己比较客观、全面的认识。首先，从自己眼中的“我”认识自己，即对作为客观我的认识。例如，自己是有能力的吗？自己是性格随和的人吗？其次，从别人眼中的“我”来认识自己，在人际交往过程中，从他人表现出来的态度和情感中可以觉知自己。而且，我们与不同的人交往时，反应和态度并不完全相同，在不同的关系中可以反映出自己的不同侧面。例如，自己是亲和的人吗？自己乐于助人吗？再次，从自己心目中的“我”认识自己，理想自我反映出个体对自己的期望。例如，我对自己满意吗？

2. *比较法——从与他人比较中认识自己*　唐太宗有句名言：“以铜为鉴，可以正衣冠；以古为鉴，可知兴替；以人为鉴，可明得失。”他人是自己的一面镜子，通过与他人比较来认识自己是个人获得自我观念的主要来源。大学生自我意识发生偏差的重要原因之一，就是不能与其他人作客观的比较。合理运用社会比较策略，确立合适的参照体系对于正确认识自我是极为重要的。

人们在缺乏客观评价标准的情况下，可以通过与他人的比较来评估自己。与他人比较，并非是随意地与他人无序地进行比较。与他人比较应注意下列几点：一是比较对象的选择。比较的对象应与“我”有同质性和相似性。一个平庸的人如果选择比较的对象是一个出类拔萃的人，其结果使自己感到一无是处，自惭形秽，走向自卑；相反，如果他选择的是一个层次极低的人，其结果则可能使自己夜郎自大，沾沾自喜。二是可比性。用他人的优点和自己的缺点相比，或用他人的缺点和自己的优点相比，或以年龄、性别、家庭出身等不可变因素相比，所获得的自我认知是毫无意义和不可信的。三是注意对结果的比较。在与他人比较时重视过程很可能引起自我认知的偏差，相反重视比较结果所形成的自我认知才是有实际意义的。

3. *经验法——从做事中认识自我*　个体在做事情的过程中可以获得有关自己能力、意志和兴趣等方面的认识。但做事的经验，无论成败，其价值视个体差异而有很大的不同。例如，有些人可以从成功中获得经验，从失败中吸取教训，他们善于从各种经验中学习，不断增长自己的才干，有些人遇到挫折后一蹶不振，不敢面对现实和迎接挑战；还有一些人获得成功后就沾沾自喜、狂妄自大，以后做事时变得自不量力等。因此，只有对成败经验仔细分析、深入思考，才会有益于个体的成长和发展。

4. *交流法——通过与他人交流认识自己*　运用这种方法关键在于如实表现自己，坦率地征求他人对自己的意见，闻过则改。在交流中，由于交流双方对希望交流的认识不同，因而对交流者自我意识确立的作用也不同。通常有以下四种情况。

(1) 自己和别人都认识到的(优点或缺点)，有利于形成正确的自我意识。

(2) 别人未认识到而自己认识到的，较易形成肯定的自我意识。

(3) 别人已认识到自己未认识到的，这时自我意识确立的情况要视其对交流者信任度的不同而不同，与自己信任的人交流较易形成明确的自我意识，反之则较难形成确定的自我意识。

(4) 若自己和别人都未认识到，则难以形成正确的自我意识。

总之，在认识自我时，应从多方面入手，整合多方面的信息，恰当评价自己。当你敏感于他人的评价，如别人说你有没有某方面能力的时候，从学习和工作的实践中看看自己到底是不是这样。当你一直为达不到设定的目标而闷闷不乐，认为自己水平不佳的时候，比较一下身边的人，或许他们目前还不如你出色，这样你会重新找到自信。只有对自己有正确的认识，才有可能根据自己的实际情况选择相应的奋斗目标，使自己不断发展和完善。

【拓展学习 2-4】

乔哈里窗口理论

美国心理学家乔(Jone)和哈里(Hary)提出关于人自我认识的窗口理论(表 2-3)，被称为乔哈里窗口理论，他们认为人对自己的认识是一个不断探索的过程，因为每个人的自我都有四部分：公开的自我，也就是透明真实的自我，这部分自己很了解，别人也很了解；盲目的自我，别人看得很清楚，自己却不了解；秘密的自我，是自己了解但别人不了解的部分；未知的自我，是别人和自己都不了解的潜在部分，通过一些契机可以激发出来。

一个人公开的自我部分越大，自我认识就越客观，个体可以通过不断扩大公开的自我，获得正确的自我意识。盲目的自我部分较大,表示对自我的认识存在偏差,可能夸大了自己的优点或缺点,盲目自负或自卑;相反,个体可以通过他人的反馈减少盲目的自我,使得对自己的了解更准确。秘密的自我部分较大,暗示怕别人看清自己,进而否定自己,总是按照别人对自己的预期评价来表现自己,善于压抑自我。未知的自我部分的存在是我们的盲区,我们无法全面地认识自己,精神分析工作者常常在此部分工作。因此,通过与他人分享秘密的自我,通过他人的反馈减少盲目的自我,人对自己的了解就会更多更客观(表2-3)。

表2-3 乔哈里窗口理论

	自 知	自 不 知
他知	公开的自我	盲目的自我
他不知	秘密的自我	未知的自我

(二)无条件的悦纳自我

【案例2-4】

动物的比赛

有一天,一群动物聚在一起,彼此羡慕对方的优点,抱怨自己的缺点。于是它们决定成立一所学校,希望通过训练,使自己成为一个通才。它们设计了一套课程,包括奔跑、游泳、飞翔和攀登。所有动物都报名选修了所有的科目。最后的结果是小白兔在奔跑方面名列前茅,但是一到游泳课的时候就浑身发抖;小鸭子在游泳方面成绩优异,飞翔也还差强人意,但是奔跑与攀登的成绩却糟糕透顶;小麻雀在飞翔方面轻松愉快,但就是不能正确地奔跑,尤其碰到水就几乎精神崩溃;至于小松鼠,固然爬树的本领高,奔跑的成绩也还不错,却在飞翔课中学会了翘课。

大家越学越迷惑,越学越痛苦,终于决定停止盲目学习别人,好好发挥自己的长处。它们不再抱怨自己、羡慕别人,因此又恢复了往日的活泼和快乐。

每个人都知道自己是最重要的,可总有人不懂得尊重自己、爱惜自己。实际上,悦纳自我是发展、健全自我的关键。悦纳自我就是要无条件地接受自己的一切,好的和坏的,成功的和失败的。要让自己体会到价值感、自豪感、满足感。

积极愉快地悦纳自我是发展健康的自我意识的关键和核心。孔子说,"君子坦荡荡,小人长戚戚。"从心理健康的观点看,就是君子能自我悦纳,因此心情开朗;而小人不能正确评价自己,故总是自危、自惭、自卑、自惑,以致自毁。其实每个人都有优点和弱点,不必苛求自己做个十全十美的人,但有人发现自己的弱点和缺陷后,就将其当作包袱背起来,老是挂在心上,连自己的优点和长处也看不到了,于是自己的精神就被缺点、弱点所压垮,自己的聪明才智、潜在能力就无从发挥了。那么,如何才能悦纳自己呢?

1. 发现、喜欢有潜能的自己 林铁成在《人的潜能有多大》中谈到,脑科学研究表明,如果一个人的大脑全部开发,那么他将学会40种语言,拿14个博士学位,将百科全书从头到尾一字不漏地背下来,他的阅读量可以达到1 000万册的50倍。

心理学家威廉·詹姆斯(William James)认为:"普通人只用了潜力的极小部分,与我们应该成为的人相比,我们只苏醒了一半。我们的热情受到打击,我们的蓝图没能展开,我们只运用了我们头脑和身体资源的极小一部分。"所以,悦纳自我不但要看到、喜欢有闪光点的自己,还要善于发现、喜欢目前平凡但潜藏着巨大潜能的自己,在此基础上,去体验价值感、幸福感、愉悦感与满足感。

2. 接纳、善待不完美的自己 常言道:金无足赤,人无完人。没有人是十全十美的,每个人都有优缺点。人既不会事事行,也不会事事不行。一事行不能说明事事行,一事不行也不代表事事不行。因此,要接纳、善待不完美的自己,这是自信的表现,也是完善自我的起点。

3. *正确对待挫折和失败* 有的大学生由于对自己期望很高，总希望自己能够表现得很完美，事实上聪明人不是不失败，而是能够从失败中吸取教训。古人云：失之东隅，收之桑榆。失败对于成功具有重要价值，可以使人获得更丰富的经验，这也是悦纳自我的表现，更是成长自我的契机。

（三）合理调控自我

调控自我是人主动定向地改变自我的心理品质、特征和行为的心理过程。有效调控自我是健全自我意识、完善自我的根本途径。要想积极有效地自我调控，应注意以下三个方面。

1. *合理定位理想自我* 理想自我是个人将来要实现的目标，在确立其内容时，要立足现实，从自身实际出发。如果目标定得过高，容易使自我失去信心，失去斗志；定得太低，则容易使自我失去动力，止步不前。

2. *培养健全的意志品质* 意志健全的人，在行动的自觉性、果断性、自制力和顽强性等方面都表现出较高的水平。对自我的有效监督和控制离不开意志的力量。只有意志健全的个体，才会做到对自我的有效控制，从而最终实现理想自我。因此，每个人都应从培养自我健全的意志品质做起，增强挫折承受力，提高自控能力。

3. *注重培养辩证思维方法* 学会用乐观的情绪和积极的心态去对待问题，客观公正地看待事物，增加自我意识中的理性成分，消除偏激和肤浅的方面。要学会用理智战胜私欲和偏激，用冷静战胜冲动，学会控制自己。当遇到荣誉、待遇时，尽管内心也有羡慕之意，但应考虑到别人可能比自己更好，从而克服自己的欲望；听到别人对自己的赞扬时，心里也许非常满意和激动，但不能得意忘形；遇到不公正的批评和责备，尽管心中觉得委屈、愤慨，但不以消极情绪或激烈行为去发泄内心的不满；遇到挫折、不幸的时候，尽管内心也感到悲伤，但不是灰心丧气，而是能继续奋发向上。

4. *培养自信心* 自信心是一种自我肯定的信念。自信心在自我意识中往往以“我行”“我能行”“我是不错的”“我比很多人都强”等观念得以存在与表现，并会有意无意地体现在他的行为之中。所以，有无自信心对个体来说是非常重要的。例如，自傲的人应当有意地控制自己。而自卑的人更应当有效地调控自我，时常进行积极的自我暗示，当面临某种事情感到自己信心不足时，不妨自己给自己壮胆：“你一定会成功！一定会的。”或者自问：“人人都能干，我为什么不能干？我同样的不也是人吗？”

【拓展学习 2-5】

增强自信的方法

美国作家爱默生说：“自信是成功的第一秘诀。”可以说，拥有自信就拥有无限机会。那么如何增强自信呢？

1. 关注自己的优点 在纸上列下十个优点，不论是哪方面（细心、眼睛好看等，多多益善），在从事各种活动时，想想这些优点，并告诉自己有什么优点。这样有助你提升从事这些活动的自信，称为“自信的蔓延效应”。这一效应对提升自信效果很好。

2. 与自信的人多接触 “近朱者赤，近墨者黑”，这一点对增强自信同样有效。

3. 自我心理暗示 不断对自己进行正面心理强化，避免对自己进行负面强化。一旦自己有所进步（不论多小）就对自己说：“我能行！”“我很棒！”“我能做得更好！”等，这将不断提升自己的信心。

4. 树立自信的外部形象 首先，保持整洁、得体的仪表，有利于增强一个人的自信；其次，举止自信，如行路目视前方等，刚开始可能不习惯，但过一段时间后就会有发自内心的自信；另外，注意锻炼、保持健美的体形对增强自信也很有帮助。

5. 不可谦虚过度 谦虚是必要的，但不可过度，过分贬低自己对自信心的培养是极为不利的。

6. 扬长避短 在学习、生活、工作中，抓住机会展现自己的优势、特长，同时注意弥补自己的不足，不断进步，肯定能增强自信。

7. 进行积极的心理暗示 心理暗示是指人接受外界或他人的愿望、观念、情绪、态度影响的心理特征。积极的心理暗示可以强化良好的自我意识。例如，要改变自卑心理，应该积极发现自己的优点，努力总结自己的优点并将它们写在卡片上。当心情不好的时候，随时拿出来阅读，做积极的自我暗示，久而久之，优点卡片越积越多，自己对事物的看法也会逐渐变得积极起来。

【案例2-5】

九头牛的故事

在很久以前的一个部落,有一个传统:那里的青年想结婚,先要学会捕捉牛的技术。捉了足够的牛,作为聘礼,送给女家,才可以成家立室。最少的聘礼是一头牛,最高是九头牛。这个部落酋长有两个女儿。有一天,一个青年走到酋长的面前,说爱上他的大女儿,愿意以九头牛作为聘礼迎娶她。酋长听了之后,大吃一惊,忙说:“九头牛的价格太高了,大女儿不值,不如改娶小女儿吧,小女儿值九头牛。”可是这位青年坚持要娶酋长的大女儿,酋长终于答应了他,这件事轰动了整个部落。

一年后的一天,酋长经过这位青年的家,看见他家正举行晚会,一大群人围成圆圈,正欣赏一位美丽的女郎载歌载舞。酋长十分奇怪,去问那位青年这个女郎是什么人?“怎么您会不认识呢?”青年回答:“她就是酋长您的大女儿啊!”

青年以“九头牛”的价值对待他迎娶回来的妻子,同时酋长的大女儿也确信自己的价值是最高的“九头牛”的时候,她便发生了脱胎换骨的变化。

(四)不断完善和超越自我

在正确认识自我、无条件悦纳自我及合理调控自我的基础上,不断完善自我和超越自我,是个体一生发展的目标。自我完善是个体在认识自我、认可自我的基础上,自觉规划行为目标,主动调节自身行为,积极改造自己的个性,使个性全面发展,以适应社会要求的过程。人本主义心理学家马斯洛认为,人具有不断完善自我、趋于自我实现的内在动力,自我实现是人最高层次的需求,是一种令人神往的理想的生活状态。而自我完善、自我实现不是一蹴而就的,它是一个点点滴滴长期积累的过程。

超越自我是对自身能力或素质的突破,这不仅仅是心理潜能的激发,更多的是人性的完善、境界的提高和智慧的凝结。超越自我需要人积极不懈地努力。坚持和积累比素质和技巧都重要得多。水滴石穿的道理是通用的。效率也可以通过学习改善。对于大多数人来说,智力和能力的差距并不大,知识和技巧也差不多,所以自我超越的重点,更应该倾向于坚持和积累。

大学生社会磨炼不足,人生观和价值观没有完全确立,很容易受到社会上各种思潮与其他外部环境的影响,对待问题容易偏激和情绪化,对自己的长处和短处往往估计不足。顺境时容易自视过高,受挫折时又容易自暴自弃。时而充满希望,时而极度烦恼。所以,大学生应加强自我修养,不断塑造自己,勇于超越自己、完善自我,这是健全自我意识的终极目标。

经验告诉我们,自我认识不易,自我控制更难,那么期望自我完善、超越,更是难上加难。但每个大学生都有自己的理想和抱负,所以,塑造自己、超越自己、实现自己应成为终生努力的目标,要先“修身”,才能“齐家、治国、平天下”。应从点滴小事做起,积极行动,勇于超越自我。

总而言之,自我意识的完善和超越需要付出艰辛的努力,它是每个追求卓越的人的终生课题。

【推荐读物】

张永华.2008.大学生自我超越.北京:中国戏剧出版社.

朱合理.2013.大学生个体自我管理研究.武汉:武汉大学出版社.

蔡鸣.2006.大学生自我保健.北京:金盾出版社.

马桂新,刘智,赵美艳.2008.掌控自我大学生道德人格的自我完善.沈阳:辽宁人民出版社.

(姜能志)

第三章

大学生的人际交往与调适

本章要点

掌握：人际交往的功能与原则，克服人际交往中的心理障碍。
熟悉：大学生人际交往的特点，大学生人际交往中存在的问题。
了解：影响大学生人际交往的因素。

人际交往是人与人之间为实现一定的目的，借助一定的手段进行的联系和接触，从而在心理上发生相互影响的过程。大学生的人际交往具有迫切性、广泛性、平等性等特点，人际交往对大学生的身心健康、社会化发展、职业发展有重要的影响。发展良好的人际关系，需要了解人际关系的影响因素，识别人际交往中存在的各种心理问题并及早调适，以培养良好的人际关系。

第一节 人际交往概述

人际交往是人类社会存在的方式，是人类实践活动的一个要素。人类实践活动需要借助多种形式才得以实现，人际交往则是最基本、最重要的一种形式。从某种意义上说，人际交往直接影响与推进着社会的和谐发展。对任何人而言，正常的人际交往和良好的人际关系都是其心理正常发展、个性保持健康和生活具有幸福感的必要前提。

一、人际交往的概念及功能

（一）人际交往的概念

人际交往是指人们在社会生活中交流信息、沟通感情、相互作用和相互知觉的过程，它表现为人与人之间的心理距离，反映着人们寻求满足需要的心理状态。

人际交往包含两方面的含义。从动态的角度说，人际交往是指人与人之间的信息沟通和物品交换。人与人之间的一切直接或间接的相互作用，都超不出这个范围。当人们用语言、眼神、表情或者其他身体动作表达意见、情感或态度时，就是在与他人进行信息沟通；当人们买东西、送礼或者进行其他物质交换时，人们之间的相互关系既有物质交换，也有信息沟通。从静态的角度说，人际交往指人与人之间已经形成起来的关系，即通常所有的人际关系。这种关系是通过直接交往所产生的情感积淀，是人与人之间相对稳定的情感纽带，它所反映的是人与人之间的心理关系和心理距离。人际关系不同于人们常说的社会性角色关系、政治关系和劳资关系等，因为情感是不能强迫的，任何外加的力量都不能左右已经产生的具有倾向性的情感，情感的产生、保持、改变和消亡都由个人自己把握，仅仅遵循人的心理规律。所以，就本质而言，人际关系是一种非规范性的关系,它与社会角色关系、政治关系、劳资关系等不同,后者都是具有强制性的、规范性的人际联系,卷入关系的双方拥有的影响力往往不均衡,且关系的存在不会简单地以卷入者的情感好恶而改变。各种社会性人际联系尽管也受心理规律的影响,但它首先受社会习俗、伦理、政治和法律规范的制约。

动态的相互作用与静态的人际关系是相互影响、相互依赖、相互转化的。动态的相互作用直接导致静态的人际关系的形成。前一时期动态交往所激发的情感会积淀成后一时期的静态的人际关系。而人际关系一经形成,就会作为一个相对稳定的导向系统,引导以后的动态交往。积极的交往会转化成积极的人际关系,积极的人际关系又会引导出进一步的积极交往,这是二者的良性循环。当二者处于恶性循环状态时,则是消极的交往导致消极的人际关系,而消极的人际关系又会使交往进一步恶化。

(二)人际交往的功能

1. 信息交流功能　21世纪是信息技术的时代,信息技术和互联网技术的迅速发展不断地改变着人们的生产、生活方式。随着信息时代的到来,信息量正呈几何级数地增长。即使是皓首穷经、学富五车,与浩瀚的知识海洋相比,也只不过是沧海一粟而已,这需要人们以更迅速的方法直接获取信息。

相比从书本获得的信息,人际交往有着内容更广泛、渠道更直接、速度更快捷等特点。一个人的学识很大一部分是从社会交往中学到的。通过交流,双方拥有的知识、信息得以传播,交往的双方互通有无,使双方的知识面都得到扩展,即信息可以增值。现代科学技术的发展使我们越来越依靠群体的力量,人与人之间的情感沟通和智力交往使某些工作出现质的飞跃,这种"群体效应"已经越来越成为各项工作的推动力。而这种效应的出现,主要是在人际互动和交往中实现的。在交往过程中,彼此互相学习,共同提高,可产生"1+1>2"的放大效应。通过交往人们可以相互交流和传递信息,达到开阔视野、丰富经验、增长见识、启迪思想的目的。

2. 自知、知人功能　老子曾说:"知人者智,自知者明。"在当下,人们也常说"知人难"。就是说,要真正认识一个人,深入了解其长处和短处,并非易事。毫无疑问,"知人"是为人处世的头等大事。无论是帝王将相,还是贩夫走卒,都不能不"知人",否则就可能寸步难行。"知人"是每个人都必须掌握的基本生存技巧,人和人的区别只在于"知人"水平的高低,善于"知人"的人是智者。"自知者明"就是说能清醒地认识自己、对待自己。我们每个人都在一定的社会关系中生活,总要与他人结成某种社会关系。"自知"的人,即有成熟自我意识的人,才能在人际交往中游刃有余。

无论是"自知"还是"知人",都是在人际交往中逐渐成熟起来的。人际交往可以帮助人们提高对自己的认识,同时也能帮助人们增强对他人的认识。在人际交往中,聪明的人善于以"他人为镜",通过他人对自己的态度和评价,以及自己与他人关系的远近来认识自己。同时,通过自己对他人优缺点的比较来认识他人。

3. 促进社会化的功能　社会化(socialization)是指个体在特定的社会文化环境中,学习和掌握知识、技能、语言、规范、价值观等社会行为方式和人格特征,适应社会并积极作用于社会、创造新文化的过程。它是人和社会相互作用的结果。通过社会化,个体学习社会中的标准、规范、价值和所期望的行为。

人际交往是个人社会化的起点和必经之路,人们通过与家人、同伴及他人的交往,学习社会生活所必需的知识、技能、态度、伦理道德规范,积累生活经验,并逐步摆脱以自我为中心的倾向,树立集体意识,明确自我在社会中的地位和责任,学会与人平等相处和竞争,养成遵守法律及道德规范的习惯,从而自立于社会,取得社会认可,成为一个成熟、社会化的人。

4. 确立自我价值感、表现自我的功能　人们只有将自己置身于社会背景之中,在与人交往中通过将自己与别人进行对比才能准确地找到自我价值。人需要了解别人,也需要通过别人了解自己。每个人必须不断地通过社会与别人进行比较从而获得充分的信息,自己相信自己是有价值的,才能保持稳定的自我价值评判。若人际交往的机会被长期剥夺,则会使人因缺乏自我状况的社会反馈而导致个人价值感的危机。同样,也只有扩大交际范围,才可能让他人了解自己的能力、才干、特长、学识以及自己的为人、品格、性格,才可能得到更多人的赏识,并可能在更大范围内表现自己,从而获得更多发展的机遇。

5. 人际协调功能　人际交往也是人类在改造自然中相互协作的产物,个人在自然面前是软弱的,而集体的力量则是无穷的,正是通过人际间的社会交往,才使单个的、孤立无援的个体,结成一个强有力的集体来共同征服自然。

在社会分工越来越细化的今天，任何人要完成一项事业都离不开社会、群体和他人的支持与协作。而要真正发挥团体的力量，人际协调是不可或缺的手段。所以，作为一个现代人，要想取得事业的成功，就要学会善于与人合作，善于组织、协调各种力量，调动各方智慧来达成共同的目标。

6. *身心保健功能* 人作为社会成员，有着强烈的合群需要。交往中通过相互倾诉个人喜怒哀乐、爱憎恐悲，使彼此产生情感共鸣，从而在心理上获得归属感和安全感。生活中那些交际空间大、朋友多的人，往往精神生活更丰富，身心更健康；相反那些孤僻、不合群的人，往往有更多的烦恼和难以排遣的忧愁，因而也会有更多的身心健康问题。如何与人建立良好的人际关系，是大学生必不可少的学习内容。首先，大学生应使自己具有正直诚实、克制忍让、宽容待人的良好的个性品质。其次，大学生应掌握人际交往中必备的一些相关知识。例如，与人交往中接触的密切程度、客观条件的近似程度、交往双方心理特点和心理倾向的类似程度、观点和态度的一致程度、双方需要的互补程度和情感的相悦程度等。再次，大学生应学习一些交往技能，与人保持一定的交往频率，交往中真诚关心他人，善于聆听并注意谈话技巧和非言语技巧，合理运用褒贬技巧，保持人格完整；最后，大学生还应善于克服影响交往的不健康心理，如恐惧心理、自卑心理、封闭心理、嫉妒心理、自傲心理、逆反心理、猜疑心理和敌意心理等。简而言之，交往中像你希望别人如何对待你那样去对待别人。

二、人际交往的原则

卡耐基(D. Carnegie)曾说过：一个成功者，专业知识所起的作用是15%，而交际能力却占85%。也就是说，交际能力的强弱及人际关系是否和谐是决定一个人成功与否的重要因素。而要让人际关系真正发挥积极作用，需要掌握必要的人际交往原则，并能将这些原则合理地应用到日常的学习和生活之中。

（一）诚实信用原则

中国传统文化十分推崇诚信原则，认为诚信可以产生巨大的感召力量。孟子说过："诚者，天之道也；思诚者，人之道也；至诚而不动者，未之有也；不诚，未有能动者也。"意思是说：天是真实不欺骗人的，做人也应该诚信不欺。至诚能感动人，不诚则不能感动人。孔子说："民无信不立。"荀子也说道："不诚则不能化万民。"可见，先哲们都将诚信看作教育、感化百姓的力量。孔子更是把诚信视为做人的根本，他提出，朋友之间要"言而有信"，还说"人而无信，不知其可也"。意思是说，人如果不讲信用，那就不知道他还可以做什么。人是否遵从诚信原则，在人际关系的形成与发展中是至关重要的。

将诚实守信纳入科学范畴进行研究的重要人物之一是心理学家诺尔曼·安德森(N. Anderson)。安德森曾经列出555个描写人的个性品质的形容词，让大学生看后指出哪些个性品质是他们最喜欢的。结果表明，大学生评价最高的品质就是真诚，而评价最低的是说谎和虚伪。待人真诚、言而有信的个性品质促进人际吸引，有利于良好人际关系的建立、维系和发展；而自私自利、虚伪狡诈、言而无信的个性品质则阻碍人际吸引，不利于人际关系的建立和融洽。可见，诚实守信是建立和协调人际关系的根本要求。

（二）公正平等原则

公正是指对人对事要出于公心，一视同仁，不存在任何偏见，在人际交往中不为一己私利左右。平等就是人们在交往中，不因性别、年龄、民族、职业、文化的不同而有高低贵贱之分，人与人之间应一律平等。交往中的平等原则表现为交往各方平等相待、相互尊重、相互爱护，而非自视甚高、以大欺小、恃强凌弱。

现实生活中的每个人，无论性别、年龄、身体条件、职务、贫富和知识储备有何不同，在人格上都是平等的。英国著名作家萧伯纳(G. Bernard Shaw)在苏联考察时，在大街上认识了一个可爱的小女孩，并开心地跟小女孩聊天。分别时，萧伯纳问孩子："小姑娘，你知道今天同你玩的是谁吗？"小姑娘回答："不知道。"萧伯纳说："小姑娘，回家告诉你妈妈，今天同你玩的是英国著名作家萧伯纳！"小姑娘听了有点不高兴，回答说："你回家也告诉你的妈妈，今天同你玩的是苏联小姑娘玛莎。"听了小姑娘的话，萧伯纳内心一震。他为自己不经意间流露出的以名人自居的不平等态度而深感内疚。为此，回国后他专门写了一篇文章反省自己，并提醒世人与他人交往时一定要互相尊重，平等待人。

（三）互相尊重的原则

尊重被看作维持人类社会和谐关系和创造公正社会最为重要的因素。在汉语中，"尊重"一词古义是指将对方视为比自己地位高而必须重视的心态及其言行,现在已逐渐引申为平等相待的心态及其言行。

一些西方思想家从自己的角度对尊重进行了界定。霍布斯认为,“高度评价一个人就是尊重(respect)”;康德在大多数场合把尊重定义为一种特殊情感,把它视为“意志直接为法则所规定以及对此的意识”;而在罗尔斯看来,尊重意味着“我们愿意从别人的观点或别人的观念来理解他们的处境;每当我们的行为实际上影响了其他人的利益时,我们准备提出一些能解释自己行为的理由”。近年来,国内学者陈会昌教授通过一系列研究和探索,提出了尊重的基本含义,即把自己和他人看成是一个独立、自由、完整的以及具有独特天性、人格和尊严的人。

从这些思想家提出的概念中可以发现,尊重的内涵非常丰富,不同的思想家对其存在不同的理解和不同的表述。尊重是对他人存在价值和发展价值的肯定,客观上这也要求他人对自身存在价值和发展价值给予肯定。可见,尊重是一种相互肯定的心理和行为,它要求人们在社会生活中应做到相互尊重,尊重对方的人格、能力、才华、行为习惯和兴趣爱好等。每个人都希望别人尊重自己,都不愿和一个看不起自己、挖苦讥讽、贬损侮辱自己的人相处,更谈不上找这样的人作为朋友了。

在大学生的学习和生活中,一方的尊重行为往往会使交往或相处的对方产生喜欢、愉悦、亲近的心理体验,并对此做出相应的尊重行为;而一方不尊重的行为则往往会使对方产生不喜欢、不愉悦、疏远、厌恶等心理倾向,并由此导致对方做出对自己不尊重的行为反应。因此,尊重他人也就是尊重自己,不尊重他人也就是不尊重自己。“敬人者人恒敬之”及“以其人之道还治其人之身”,便是这种尊重相互性的正、反两方面的写照。因此,要使交往双方的人际关系得以维持、和谐和发展,必须注重尊重的相互性。

(四) 互利互补原则

人际交往是一种双向行为,仅仅单方获利的人际关系是不会得以维持的。因此,在人际交往中要考虑双方共同的价值和利益,满足双方共同的心理需求,让彼此都能从交往中得到实惠。所以在获取的同时,都要有相应程度的给予,这样才能使人际交往得以延续和发展。

美国心理学家霍曼斯(G.C. Homans)的“社会交换理论”认为:任何人际关系,其本质上都是交换关系。只有这种人与人之间的精神和物质交换过程达到互惠平衡时,人际关系才能和谐,而且也只有在互惠平衡的条件下,人际关系才能维持。一般情况下,对于得大于失的人际关系,人们倾向于建立和维持;反之,人们则倾向于逃避、疏远或终止。

生活中可以发现,不仅特征相似的人会相互吸引,成为好友,即使彼此之间存在较大差异的人也可以建立起非常亲密的关系。那些在兴趣、性格、专长、观点等方面存在差异的人,当他们的需要和满足途径正好构成互补关系时,会像磁铁的正负极一样,产生强烈的相互吸引关系。这就是人际关系中的“互补定律”。

例如,口若悬河的人和沉默寡言的人成了亲密的朋友,脾气暴虐的人与温顺柔和的人和睦相处,能当机立断者对易优柔寡断的人有更大的吸引力,大大咧咧的人与谨小慎微的人成了莫逆之交。特别在恋人和夫妻之间,这种“一阴一阳、一刚一柔”的互补性表现得更为明显。男人的威武雄壮可以让女人感觉很安全,女人的温柔细腻可以给男人带来愉悦感。此外,有些性情相异的男女也会因为性格互补而走到一起。支配型的人往往和服从型的人成为秦晋之好,热情健谈的人与忧郁沉静的人坠入爱河,脾气暴躁的人与稳重恬静的人举案齐眉。

对于这些现象,心理学家的解释是,男女间的互补关系源于人类寻求完整自我的心理。心理学大师杨格(Young)认为,每个人都具有“显性”与“隐性”(或称“影子”)两种不同的人格。也就是说,一个很活泼的人实际潜藏着很抑郁的一面,而另一个很安静的人很可能在另一种陌生环境下,变得躁动不安。因此,当遇见一位身具自己“影子人格”的异性时,我们心中常会有欢喜雀跃的感觉,因为对方彰显出自己所缺乏(或已被压抑)的人格特质。例如,一个沉默的人遇到一个活泼的人,犹如他的“影子人格”受到了阳光的感召,整个人也变得活泼开朗起来。

(五) 宽容谦让原则

谦让,就是谦虚礼让,在处理人际关系上,谦让是化解矛盾的良方。在非原则问题上,是非难分要谦让,即使有理也要让人三分,决不能得理不让人,处处占上风。交往中不仅要善于理解他人,而且还要尽可能理解他人对我们的不理解,凡事以和为贵。

清朝康熙年间有个文华殿大学士兼礼部尚书张英，刚直不阿，廉洁清正，他在处理家庭邻里关系上，颇得后人赞扬。有一年他的老家修治府第，因地界不清与邻居发生矛盾，告到当地桐城官府，因两家都是高官望族，县令不敢决断，张的家人写信到京城给张英，要他出面干预，张英看罢家书，写了一首诗代信，寄回家中："千里修书只为墙，让他三尺又何妨，长城万里今犹在，不见当年秦始皇。"家人接信后，主动让出三尺地界，以示不再相争。邻居深为感动，同样也让出三尺，于是形成一条象征睦邻友好的"六尺巷道"，为后人传为佳话。在无关大原则的情形下，与人宽容，不但可以优化交际环境，而且还能提高交际质量，何乐而不为呢？

三、常见的人际交往理论

（一）社会交换理论

霍曼斯采用经济学的概念来解释人的社会行为，提出了社会交换理论。他认为人和动物都有寻求奖赏、获得快乐并尽可能少地付出代价的倾向，在社会互动过程中，人的社会行为实际上就是一种商品交换。人们的行为总是为了获得某种收获，或者逃避某种惩罚，并且希望能够以最小的代价来获得最大的收益。人们的行为服从社会交换规律，某一特定行为获得的奖赏越多，个体就越会表现这种行为；而若个体为某一行为付出的代价很大，但获得的收益却较小，则个体将不会再继续这种行为，这就是社会交换。

霍曼斯指出，社会交换不仅是物质的交换，而且还包括了赞许、荣誉、地位、声望等非物质的交换和心理财富的交换。个体在进行社会交换时，付出的是代价，得到的是报偿，利润就是报偿与代价的差值。个体在社会交往中，如果给予别人的多，他就会试图从双方的交往中多得到回报，以达到平衡；如果个体付出很多，但得到的回报却很少，就会产生不公平感，从而会终止这种社会交往。相反，如果一个人在社会交往中，总是付出的少，得到的却多，他就会希望这种社会交往继续保持，但同时也会产生内疚感。只有当个体感到自己的付出与收益达到平衡时，或者自己在与他人进行社会交往时，自己的报偿与代价之比相对于对方的报偿与代价之比是同等的时候，个体才会产生满意感，并希望双方的社会交往能继续保持下去。

当然，个体在进行社会交往时，对报偿和代价的认识并不是固定不变的，也不一定是根据物质的绝对价值来估算的，里面包含着与心理效价有关的内容，所以当个体对自己的报偿与代价之比的认识大于他人的报偿与代价之比时，也许会被别人不理解或不认可。这就是为什么在人们的社会交往过程中，有时会出现在有些人看来根本不值得做的事情，却被当事人做得很有趣，而有些时候在别人看来是值得做的事情，却被另一些人所不齿。可见，社会交换过程中，包含了深层的心理估价的问题。

（二）人际需要的三维理论

社会心理学家舒茨(W. Schutz)提出人际需要三维理论，该理论分为两个方面，第一个方面是三种基本的人际需要，第二个方面是根据三种基本的人际需要，以及个体在表现这三种基本人际需要时的主动性和被动性，将人的社会行为划分为六种人际关系的行为模式。三种基本的人际需要分别是包容需要、支配需要和情感需要。这三种基本的人际需要决定了个体在人际交往中所采用的行为，以及如何描述、解释和预测他人行为。

1. *包容需要*　指个体想要与人接触、交往、隶属于某个群体，与他人建立并维持一种满意的相互关系的需要。在个体的成长过程中，若是社会交往的经历过少，父母与孩子之间缺乏正常的交往，或者儿童与同龄伙伴缺乏适量的交往，那么儿童的包容需要就没有得到满足，他们就会与他人形成否定的相互关系，产生焦虑，于是就倾向于形成低社会行为，在行为表现上倾向于内部言语，倾向于摆脱相互作用而与人保持距离，拒绝参加群体活动。

2. *支配需要*　指个体控制别人或被别人控制的需要，是个体在权力关系上与他人建立或维持满意人际关系的需要。个体在早期生活经历中，若是成长于既有要求又有自由度的民主气氛环境里，个体就会形成既乐于顺从又可以支配的民主型行为倾向，能够顺利解决人际关系中与控制有关的问题，能够根据实际情况适当地确定自己的地位和权力范围；而若个体早期生活在高度控制或控制不充分的情境里，则倾向于形成专制型的或是服从型的行为方式。

3. *情感需要*　指个体爱别人或被别人爱的需要，是个体在人际交往中建立并维持与他人亲密情感联系的需要。若个体在早期经验中没有获得爱的满足，就会倾向于形成低个人行为。

舒茨认为这三种基本需要是人类成长的关键,必须同时被满足,其中若任一种需要不能得到满足都会造成个体心理上的创伤,且可能促使个体去虚拟的网络世界寻求满足。例如,若儿童时期包容需要没有得到满足,长大之后则可能去网络中寻找、接触或者隶属于某个群体;若个体在早期生活中的权利需要被过度压制,则可能促使个体去虚拟世界寻找平衡;若个体童年生活不能和别人建立合适的情感联系,情感需要未能得到必要的满足,长大后则可能去网络中寻求情感慰藉。

(三) 柏恩的PAC理论

物质和精神方面的需要固然是人际交往的驱动力,但人们的心理状态对交往进程和结果的影响是很大的。加拿大精神科医生柏恩(T.A. Berne)博士在1964年在《人们玩的游戏》一书中从心理上分析人际交往这一复杂现象,提出了PAC分析方法。这种分析理论认为,个体的个性是由三种比重不同的心理状态构成,这就是"父母""成人""儿童"状态。取这三个词的第一个英文字母,父母(parent)、成人(adult)、儿童(child),所以简称人格结构的PAC分析。

"父母"状态以权威和优越感为标志,通常表现为统治、训斥、责骂等家长制作风。当一个人的人格结构中P成分占优势时,这种人的行为表现为凭主观印象办事,独断独行,滥用权威,这种人讲起话来总是"你应该……""你不能……""你必须……"。"成人"状态表现为注重事实根据和善于进行客观理智的分析。这种人能从过去存储的经验中,估计各种可能性,然后做出决策。当一个人的人格结构中A成分占优势时,这种人的行为表现为待人接物冷静,慎思明断,尊重别人。这种人讲起话来总是"我个人的想法是……"。"儿童"状态像婴幼儿的冲动,表现为服从和任人摆布。一会儿逗人可爱,一会儿乱发脾气。当一个人的人格结构中C成分占优势时,其行为表现为遇事畏缩,感情用事,喜怒无常,不加考虑。这种人讲起话来总是"我猜想……""我不知道……"。

根据PAC分析,人与人相互作用时的心理状态有时是平行的,如父母——父母,成人——成人,儿童——儿童。在这种情况下,对话会无限制地继续下去。如果遇到相互交叉作用,出现父母——成人,父母——儿童,成人——儿童状态,人际交流就会受到影响,信息沟通就会出现中断。最理想的相互作用是成人刺激——成人反应。

根据PAC分析理论,人际交往存在着以下十种类型:

1. PP对PP型　在这种类型中,甲乙双方都表现出一种颐指气使的武断。例如,甲方说:"你把这任务完成一下。"乙方却说:"你不见我正忙着吗? 找别人干去吧!"

2. AA对AA型　在这种交流类型中,双方都能以理智的态度对待对方。例如,甲问:"你能把这项任务完成吗?"乙说:"如果没有什么干扰,我想是能够的。"

3. CC对CC型　在这种类型中,甲乙双方都易诉之于感情。例如,甲说:"过不到一起干脆离婚。"乙答:"离就离,谁离不开谁呢!"

4. PC对CP型　在这种交流类型中,甲乙双方表现出权威和服从的行为,即甲方以长者自居对待乙方,乙方亦能服服帖帖、不以为然。例如,甲作为上级对乙说:"这件事完不成要受批评。"乙作为下级回答:"真完不成,我甘愿接受批评。"

5. CA对AC型　在这种交流类型中,一方表现为小孩子脾气,而另一方则表现为有理智的行为,这在同事之间、夫妻之间经常会发生。

6. PA对AP型　在这种交流类型中,甲方表现为有理智,但又担心自己控制不住自己。为此,甲方经常要求乙方担任P的角色,起到对甲方的监督和防范作用。这在上下级、同事、夫妻之间经常会发生和利用这种类型的相互作用。

7. PC对AA型　在这种交流类型中,甲方要求乙方以理智对待他,但乙方则以高压方式对待甲方,这在上下级、同事之间经常发生。

8. CP对AA型　在这种交流类型中,甲方讲理智,而乙方却易感情用事,这种现象也经常发生在不同人之间的交流中。

9. PC对PC型　在这种交流类型中,一方采取命令式而另一方不服,也采取同样方式回敬。这种交流方式必然会引起矛盾冲突。这经常表现在上下级、家长和子女之间。

10. CP对CP型　在这种交流型中，甲乙双方都把对方作为权威看待而表现出一种服从的意向，这在同事和朋友之间经常发生。

（四）符号相互作用论

符号相互作用论的倡导者是20世纪初的美国社会心理学家米德(G.H. Mead)，他去世之后出版的论文和讲稿集《精神、社会与自我》(1934年出版)对这一理论的形成产生了重要影响。

符号相互作用论旨在分析社会的多元性和冲突性、社会生活的相对开放性、社会结构的不稳定性、主观解释的重要性、道德和社会规则的文化相对性及自我的社会结构性。米德把个体看作相互作用的基本分析单元，强调在人类意义上符号和语言的作用。他最感兴趣的是研究个体、群体、社会是如何发出信息、传递信息及对方对此的反应。从人的心理特点出发，受行为主义心理学思想的启发，米德提出了一个公式：刺激——符号的意义——反应。

米德认为人与人在交往中的相互影响，可以用模式图表示(图3-1)。

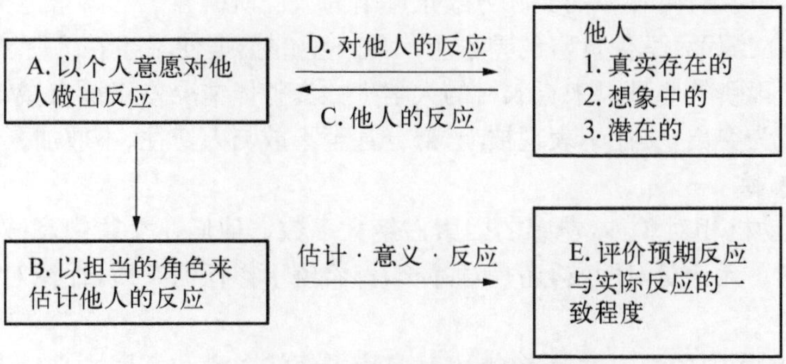

图3-1　人际交往中的相互影响

符号相互作用论重视语言符号在交往中的作用，强调对他人行为倾向的预测、估计，要求人们按照自己在交往活动中所担任的角色来行事，并注重行为效果的反馈，认为客观现实是心理反应产生的源泉和内容，所有这些都是有积极意义的。

第二节　大学生的人际交往

当代大学生人际交往质量及形成的人际关系直接影响其在校期间的学习、生活、身心健康乃至未来的发展。解析当代大学生在人际交往方面表现出的具体特点，探究影响人际关系建立和发展的种种心理障碍，对于有效寻找对策，消除大学生人际关系问题，促进大学生选择恰当的交往策略，提高人际交往质量具有积极的意义。

一、大学生人际交往的特点

随着社会的发展、科技的进步和高校教育体制改革的深化，正处在生理和心理日趋成熟的当代大学生人际交往出现了一些新的特点。

（一）迫切性与开放性

迫切性是指大学生在人际交往的需求方面具有急切性的特征，处于青春期的大学生思想活跃、精力充沛，对人际交往的需要极为强烈。开放性主要表现在与异性的交往上。随着生理的成熟，大学生对于爱情特别关心和敏感。他们对在校园里与异性交往大多持认同态度，并呈现出明显的开放性特点。

（二）广泛性与时代性

广泛性是就大学生交往的内容和范围而言的。市场经济的发展使封闭、半封闭的自然经济和产品经济解体，“鸡犬之声相闻，老死不相往来”及因循守旧、安步当车等传统观念和行为习惯被代之以信息观念和竞争意识。这种适应市场经济发展的信息观念、竞争意识已然渗透、延伸到校园人际交往之中。在信息时代,几乎每一个人都是一个信息载体。人们只有在与他人的广泛交往中,才能捕捉、筛选到对学习有价值的新信息,更新自己的知识储存,打破自己的思维定式,变革陈旧的思想观念,改变过时的行为规范,在实践中完善、再造自己,提高与他人竞争的能力。大学生在广泛的人际交往中除了寻求友谊、交流学习体会外,还常常在一起探讨人生、开发智力和获得新技能等。

时代性特点主要通过交往方式的改变体现出来。大部分的大学生不再抱有狭隘的交友观念,转而追求建立更加广泛多样的人际关系。例如,网络交往现已成为大学生们广泛使用的人际交往方式。

(三) 平等性与不平衡性

大学生的交往对象主要是同龄人,人际关系主要是同学关系。随着时代的发展,当代大学生不但要求政治上平等、民主,而且要求交际中平等、民主。他们期待交往的双方彼此尊重,相互接纳。大学生交际的平等、民主观念,使交际双方冲破等级观念的羁绊和心理障碍,使交际方式的单向"辐射"转变为双向"交流",那种"我是老师你是学生,我说话你得听"的交际方式正逐渐为人们所摒弃。

不平衡性主要体现在当代大学生贫富的差别上。经济上的拮据使学生在人际交往中较被动,个别学生甚至还会由此产生自卑、孤僻等心理。来自农村的大学生社交整体情况差于源自城镇的同学,部分农村大学生自卑、自闭心理问题较为突出,交往中表现被动,部分甚至不敢与人交往、不敢加入学生社团等。

(四) 理想性和实惠性

大学生人际交往的动机相对单纯,情感的因素占绝大多数。他们在交往中真诚、坦率,注重精神层面的满足,较少带有功利色彩。无论是对朋友,还是对师长,都希望不掺任何杂质,往往对人际交往抱有较高的期望值,并较为理想化。

近些年由于受社会环境中各种因素的影响,尤其是市场经济大潮和实用主义至上等思潮的影响,人际交往中互惠互利的功利需求已变得较为突出,理想化有淡化的趋势。

(五) 情感浓烈但不稳定性

当代大学生在交往中感情色彩浓厚,讲求情投意合。但是,由于大学生的心理发育尚未完全成熟,情绪经常处于不稳定状态。当情感需要得到满足时,即会欢呼雀跃;而一旦情感表露未获得同样热烈的回馈或遭遇婉拒时,则情绪低落,整日垂头丧气。大学生这种情绪上的不稳定性,也直接造成了人际交往中关系的不稳定。

二、影响大学生人际交往的因素

大学生人际交往的障碍是影响大学生心理与行为健康的主要问题之一,仅次于学业问题。正确地认识和把握影响交往的各种因素,有助于帮助大学生分析产生人际交往阻碍的缘由,从而有针对性地调整和改变自己的交往态度,改善人际关系。

(一) 心理因素

1. 认知偏差因素　在人际交往过程中,个体本身的主观性会产生某些认知偏差,这些认知偏差是人在交往过程中产生的带有规律性的认知误差或心理效应,而这些心理效应是影响大学生人际交往的常见因素。

(1) 晕轮效应:是指人们在看问题时,受到某一突出特征的影响而产生的以点代面、以偏概全的社会心理效应。实质上,晕轮效应是一种先入为主、凭第一印象一锤定音的认知偏差。对第一次交往的两人而言,若对方长得眉清目秀,衣着整洁庄重,举止彬彬有礼,则会给人留下好的印象,得到积极肯定的评价。例如,此人有教养、有才能,工作一定不错,并可能预言他前程似锦;相反,如果对方衣着不整、举止不当、讲话粗俗,则会给人留下不好的印象,还会被给予消极否定的评价,如知识浅薄、缺乏才干,甚至被认为是一个不可信赖的人,将来可能难有什么作为,这就是常常发生在生活中的晕轮效应。人们常说:"情人眼里出西施""爱屋及乌""一好百好""一俊遮百丑",就是典型的晕轮效应。

美国心理学家戴恩(K. Dion)曾做过这样的实验,让一些大学生分别去看两个不同容貌的七岁女孩的照片。照片下面都写有完全相同的一段描写女童过失行为的文字。然后要求大学生推测女童平时的行为。结果发现：对容貌美的女孩的评语偏向于有礼貌、肯合作，纵然有行为过失，那也只是偶然的，可以原谅的；而对容颜丑的女孩的评语，多推测她是个相当严重的"问题儿童"。

可见，晕轮效应所产生的认知偏见是一种明显的从已知推及未知，由片面看全面的认知现象，往往会歪曲一个人的形象，导致不正确的评价。因此，应尽量避免晕轮效应在人际交往中的不良影响，坚信人人都有优点和缺点，应在交往中多了解对方，避免以点代面，以偏概全；同时，在交往中也可利用晕轮效应，给对方留下良好的印象，有利于良好人际关系的建立。

(2) 首因效应与近因效应：一位心理学家曾做过这样一个实验，他让两个学生都做对30道题中的一半，但是让学生A做对的题目尽量出现在前15题，而让学生B做对的题目尽量出现在后15道题，然后让一些被试对两个学生进行评价：两相比较，谁更聪明一些？结果发现，多数被试都认为学生A更聪明。这就是首因效应。

首因效应又称第一印象效应，是指最初接触到的信息所形成的印象对我们以后的行为活动和评价的影响，实际上指的就是"第一印象"的影响。初次印象包括谈吐、相貌、服饰、举止、神态，对于感知者来说都是新的信息，它对感官的刺激也比较强烈，有一种新鲜感，这就如同在一张白纸上，第一笔抹上的色彩总是十分清晰、深刻一样。与晕轮效应不同，它不存在"以偏概全"的特征表现，只是"所见即所感"。第一印象效应是一个妇孺皆知的道理，为官者总是很注意烧好上任之初的"三把火"，平民百姓也深知"下马威"的妙用，每个人都力图给别人留下良好的"第一印象"。

首因效应是一种直观的感觉，所形成的第一印象往往不太可靠。例如，某些青年往往凭第一次见面时，对对方是否有好感，作为能否进一步深交下去的标准。印象好的就交往，印象不好的就不屑交往，导致陷入人际交往的误区当中。但首因效应是一种客观存在的心理现象，是不可回避的，它决定交往是否继续，并影响今后的交往质量和结果。所以，应该重视人际交往中的首因效应，力求在人际交往中给人留下良好的第一印象。例如，在交友、招聘、求职等社交活动中，可以合理地利用这种效应，给人展示一种极好的形象，为以后的交流打下良好的基础。

近因效应是指最近的信息对人的认知具有强烈的影响，最后留下的印象比较深刻，这就是心理学上的所谓"后摄"作用。近因效应在人际交往中普遍存在，如某人平时表现很好，可一旦做了一件错事，就容易给别人留下很深的负面影响。特别是平时两人关系很好的同学，因为一件小事，就闹矛盾，甚至反目为仇，根本不考虑平时两人的深厚友谊。因此，大学生在人际交往中应该注意克服近因效应带来的认知偏差，学会用动态、发展、历史、全面的眼光看待他人，与他人建立良好的人际关系。

一般来说，在与陌生人的交往中，首因效应所起的作用较大；而在与熟人或分别很久的人的交往时，近因效应所起的作用则更为明显。首因效应和近因效应告诉我们，在与他人交往时，我们既要利用首因效应和近因效应给人留下好的印象，但同时也要注意避免在与人交往时因首因效应和近因效应而带来的消极影响。

(3) 投射效应：也称自我投射效应。自我投射指内在心理的外在化，即以己度人，把自己的情感、意志特征投射到他人身上，强加于人，以为他人也应如此，结果往往对他人的情感、意向做出错误评价，歪曲他人愿望，造成人际交往障碍。典型的投射效应就是人们常说的"以小人之心，度君子之腹"，认为别人和自己一样有着相同的好恶、相似的观点。投射效应在人际交往中的表现形式多种多样。例如，有的人对别人有成见，总以为别人对他怀有敌意，甚至觉得对方的一举一动都带有挑衅色彩；自己感兴趣的东西，也以为别人同样感兴趣，便高谈阔论地讲个没完；自己喜欢议论别人，就总认为别人也在背后议论他；还有的男生或女生暗恋上自己喜欢的异性时，总认为对方也喜欢自己，在观察对方时，总觉得对方对自己有意，对方一个眼神、一个动作、一个友好的表示，甚至一句玩笑话，都会被他(她)误认为是爱的信号。

投射效应是一种自我防御的反应，有时会有利于人们相互理解，有利于进行自我心理调节，但在人际交往中由于主观猜测，也常常会造成误会和矛盾。

(4) 刻板印象：指的是人们对某一类人或事物产生的比较固定、概括而笼统的看法，是在认识他人时经常出现的一种相当普遍的现象。

刻板印象的形成，主要是由于人们在人际交往过程中，没有时间和精力去和某个群体中的每一成员都进行深入的交往,而只能与其中的一部分成员交往。因此,人们只能"由部分推知全部",由所接触到的部分,去推知这个群体的"全部"。

"物以类聚,人以群分",居住在同一个地区、从事同一种职业、属于同一个种族的人总会有一些共同的特征,因此,刻板印象一般说来都还是有一定道理的。但"人心不同,各如其面",刻板印象毕竟只是一种概括而笼统的看法,并不能代替活生生的个体,因而"以偏概全"的错误总是在所难免。如果不明白这一点,在与人交往时,"唯刻板印象是瞻",像"削足适履"的郑人,宁可相信作为"尺寸"的刻板印象,也不相信自己的切身经验,这样就会出现错误,导致人际交往的失败。

2. 情感因素　包括对交往的情绪反应、人与人的情感关系及心理距离。情绪反应是人际交往中的一个重要特征,对人的好恶决定着交往双方的行为、相互间的情感关系和心理距离。尤其是大学生心境易变,对人和事过于敏感,特别容易凭一时好恶改变对人的看法,使人际交往缺乏稳定性。另外,情绪反应还有一个度的问题,情绪反应过分强烈会给人以轻浮不实的感觉,反之则给人麻木冷漠的感觉。

(二) 外貌因素

有文学家说:美是介绍信,是通行证。外貌因素虽然是一种外在因素,但在人际交往中起着不可小视的作用。外貌是指个体的容貌、体态、服饰、举止、风度等。俗话说,"人不可貌相,海水不可斗量",就是告诫人们不能以貌取人。尽管人们懂得这个道理,但在日常交往中却难以完全摆脱"以貌取人"的倾向。

事实上,外貌是引发第一印象的"窗口",其所起的微妙作用是不可否认的,外貌可以影响人们对认识对象的评价。在一项实验中,给大学生们看3个大学生的照片:三者分别是有外貌吸引力、相貌一般和无吸引力,让大学生在27种个性特征上对三者做出评价,并要求他们估计这3个人未来是否幸福。结果表明,最合人心意的、最幸福的预言都安在了外貌有吸引力的人身上。无论男性评价男性,男性评价女性,女性评价男性,还是女性评价女性,结果都是如此。这说明,人们喜爱漂亮、英俊的人胜过相貌不好看的人,而且往往把一切好的特性都安在外貌有吸引力的人身上。

虽说外貌对人际关系有着重要影响,但不能夸大外表和容貌的作用。在人际交往中,随着相互认识的加深,外貌的作用在不断降低,而人格品质等诸多内在的特性所起的作用却越来越重要。

(三) 个性因素

个性也可称为人格,著名心理专家郝滨先生认为:"个性可界定为个体思想、情绪、价值观、信念、感知、行为与态度之总称,它确定了我们如何审视自己及周围的环境。它是不断进化和改变的,是人从降生开始,生活中所经历的一切总和。"简单地说,个性就是个体独有的并与其他个体区别开来的整体特性,即具有一定倾向性的、稳定的、本质的心理特征的总和,是一个人共性中所凸显出的一部分。

个性包含了一个人的整体精神面貌,如能力、气质、性格、需要、动机、兴趣、价值观等。这其中,能力高低是人际交往中的重要因素,主要指个体交往中的技巧和方法等内容。聪明能干的人可以给人以智慧和帮助,能帮助他人解决问题,想出办法,让生活更有趣、更容易。但这并不意味着个人能力强的人,人际关系就一定好。国外心理学家曾经做过这样一个实验,让被试者听四个人的讲话录音,这四个人中,A是能力超凡的人,B是犯过小错但能力超凡的人,C是平庸的人,D犯过错误且平庸的人。然后要求被试者对四个人的可接受程度进行评价。结果表明,B被认为最具吸引力,D最无吸引力。而A排在第二位。这个实验说明,人们最喜欢的是能力高但出了点小错的人,最不喜欢能力低又出错的人。A太完美,反而让人感觉高不可攀,给人造成压力;而B则显示出他有平凡可亲的一面,让人感觉更易接近。

除能力外,一个人的性格品质对人际交往也起着重要作用。社会心理学家认为,良好的性格品质是人际关系的基础。那些不尊重他人、以自我为中心、过分自卑的性格品质容易阻碍人与人之间的吸引,不利于人们的团结与协作。而在群体中,一个性格开朗、活泼,心胸开阔、坦荡,性情和善、宽厚,富有同情心,能体谅他人的人,易受到其他成员的欢迎,因而也易同他人建立良好的人际关系;相反,一个性格孤僻、古怪、固执、自高自大、目空一切,或敏感多疑,或感情贫乏、麻木不仁的人,则难以与人相处,难以形成良好的人际关系。

1968年,心理学家安德森(J.R. Anderson)研究了人际关系中最积极和最消极的个性特质,结果如表3-1所示。

表 3-1　影响人际关系的主要个性品质

最积极的品质	中间品质	最消极品质
真诚	固执	古怪
诚实	循规蹈矩	不友好
理解	大胆	敌意
忠诚	谨慎	饶舌
真实	追求友善	自私
信得过	易激动	粗鲁
智慧	文静	自负
有理想	冲动	贪婪
体贴	好斗	不真诚
可依赖	腼腆	不善良
热情	好动感情	不可信
友善	害羞	恶毒
友好	天真	虚假
快乐	好动	令人讨厌
不自私	空想	不老实
幽默	追求物欲	冷酷
负责任	反叛	邪恶
开朗	孤独	装假
信任别人	依赖性	说谎

(四) 时空接近性与熟悉性因素

俗话说,“近水楼台先得月”“远亲不如近邻”。这说明时空距离是形成密切的人际关系的一个重要条件。因接近机会多而相识,因相识而彼此吸引,最终建立友谊,甚至彼此相爱,是最寻常的事。这种由空间上的接近而影响人际吸引的现象称为接近性。费斯汀格(L. Festinger)等曾以麻省理工学院已婚学生眷属宿舍的居民为对象,研究他们之间的邻居友谊与空间远近的关系。结果发现,他们从互不相识到入住一段时间后所结交的新朋友,几乎离不开四个接近性特征:他们是邻居,他们是同楼层的人,他们信箱靠近,他们走同一个楼道。由此看来,经常见面是友谊形成的一个重要因素。在大学里常见的情况是,由于是同学,或同住一个寝室,或同在一个学习小组,或同属某个活动团体,或是同乡等原因,经常接触,交往频繁,容易具有共同的经验、共同的话题,从而建立起较为密切的人际关系。

当然,人与人空间上彼此接近,未必一定彼此吸引,反而可能日久生厌。因此,时空接近性仅是密切人际关系的一个必要条件,不能看作充分条件。就大学生而言,它也仅是在大学新生中起主要作用。1988 年,黄希庭和徐凤姝的研究表明,相似性吸引和补偿性吸引在年级上没有差别,而接近性吸引与年级差别则有着密切的关系。一年级的小团体的形成以接近性吸引为主,随着年级的升高,接近性吸引的小团体明显减少。在接近的条件下要想进一步与人建立良好的人际关系,则彼此能否相互接纳,无疑是另一个重要因素。所谓接纳,是指接纳对方的态度与意见、观念与思想,对对方的为人处世不但感兴趣,而且表示适度的赞许。只有在接近的条件上彼此接纳,才会继续来往沟通;有沟通,才会彼此相知;彼此相知,才会成为心意相契的莫逆之交。

此外,熟悉可以减少人们的不确定性,有利于产生认可、增加交往机会,还能增加喜欢的程度。心理学家的实验证明,在某种场合下,同样是未曾交往的陌生人,你会喜欢出现次数多的那一个。1968 年,扎琼克(R. Zajonc)进行了这方面的实验。他将 12 张陌生人的照片,随机分成为 6 组,每组 2 张,按以下方式出示给五组被试者:第一组看一次,第二组看两次,第三组看五次,第四组看十次,第五组看二十五次。当被试者看完全部 10 张照片以后,实验者又把最后两张陌生照片编为第六组,与前五组照片混合给被试者看,并要求他们按照喜欢程度将照片由喜欢到厌恶进行排序。结果发现,照片被看的次数越多,排在最前面的机会也越大。但是,这仅限于个体所认为的正面人物和中性人物,对反面人物,见得再多也难以增加喜欢的程度。

(五) 相似性和互补性因素

有两个成语“惺惺相惜”与“刚柔相济”,前者指才智相似的人会彼此爱怜,后者指两个性情极端不同的人,却能和谐相处。这两种人际间彼此吸引的原因,就分别称为相似性和互补性。

先说相似性。正所谓"物以类聚,人以群分",对某种事物或事件具有相同或相似的态度,具有共同的理想、信念和价值观,感情上就容易产生共鸣,形成密切的人际关系。1961年,纽科姆(Newcomb)曾用实验法研究过这个问题。他向自愿参加研究的大学新生提供免费住宿。在住进宿舍前,研究者先给这些彼此不认识的被试者实施态度、价值观和个性特征等的测验,将态度、价值观和个性特征相似或不相似的安排在一间房子里住。然后,定期测验他们对一些事情的态度、看法,以及他们对同房室友的喜欢程度。住宿初期,空间距离是决定彼此交往较多的重要因素;但到了后期,彼此间态度、价值观和个性特征的相似性,超过了空间距离的重要性而成为密切的人际关系的基础。在研究的最后阶段,让这些大学生自由选择住同一个房间时,结果表明,相同意见和态度者均喜欢选择住同一个房间。态度相似性之所以能密切人际关系,可能是由于彼此观点一致,争辩机会较少,互相支持,从而使友谊得到发展。正如大学生在评价自己的这种友谊时所说:"我们性格志趣相投,谈得拢。"又说:"我们有共同的语言,在情感和信仰上没有隔阂和矛盾。"

再说互补性。除两性之间男刚女柔的自然互补之外,在个人兴趣、专业、特殊才能等方面,多数人都会有期望他人弥补自身缺陷的心理倾向。因为人在成长的过程中,不可能发展得面面俱到。因此,遇到自身所缺而对方所擅长的某种特征时,就会自然而然地对其表示好感。例如,学理工的人可能爱好文艺但失去学习文艺的机会,如交到擅长文艺的朋友,分享其在文艺上的心得与快乐,就可使他对失去的缺憾得到某种补偿,自然也密切了彼此的关系。事实上,大学生们在评价他们的友谊时,也往往说,"他成绩好,知识面广,可以带动我""我们在一起,经常在思想上、学习上互相帮助"。

相似与互补看似矛盾,其实是针对不同的方面。前者多含有价值取向的意味,后者则多表现为现实的需求。总之,大学生们长期在一起生活、学习和工作,不可避免地会产生这样或那样的矛盾。但是,如果一方所表现出来的行为,正好能满足另一方的心理需求,则彼此间将产生强烈的吸引力,从而能密切他们之间的人际关系。相反,如果其中一方对另一方表示不友好或不利于另一方的时候,就会引起另一方的不安,双方的友好关系可能中断,甚至会使矛盾加剧。

三、大学生人际交往中存在的问题

当代大学生具有思想活跃、崇尚自由、兴趣广泛、勇于接受挑战、竞争意识和独立意识较强的特点,在生活中希望被人接纳和认可。当代大学生的亲密人群以同学和朋友为主体,愿意与同学和朋友分享情绪,倾诉交流。但同时他们自我中心感强烈,不会控制负面情绪,追求独立却难以摆脱对家庭的依赖,张扬个性有时却显得叛逆,乐于助人但又常常显得缺乏责任心。大学生在人际交往中,常常表现出不敢交往、不愿交往、不善交往、缺乏技巧等现象。

(一) 自卑

自卑是指由于一些条件的限制和认识上的偏差,认为自己在某个方面或某几个方面都不如别人,从而产生的轻视自己、失去自信、畏缩的一种情绪体验。

据调查,有52.43%的同学曾因自卑而不愿与之交往。在平时的咨询过程中也有一半以上的同学因为自卑而使人际关系失谐。自卑有多种表现形式,退缩或过分地争强好胜是其中最明显的两种。自卑会妨碍一个人积极而恰如其分地与他人交往,尤其是过分畏怯、退缩。

大量调查表明,自卑心理一般多见于新入学的大学生宿舍人际关系中。由于学习、生活环境的变迁,他们在这人才荟萃的新"家庭"中,出现一种重新分化的格局。中学时期学习上的名列前茅现在可能排在了后面;在生活上,也由中学时代的父母"包办"变成了"自理"。家庭经济状况、社会地位及自身的某些生理缺陷等主、客观原因,都会促使他们感到自卑和脆弱。自卑感一经形成便具有很强的感染性和扩散力,会给他们之间的相互交往带来不良的影响。在大学生中还存在另一种自卑心理,即掩藏于"自傲""清高"表象之下的一种自卑心理。有这种自卑心理的人十分渴望与别人交往,渴望得到别人的关心和帮助,但是由于其在某一方面的优势,而不肯放下"架子"与他人主动交往,给人造成一种拒人于千里之外的错觉。

一般来说,自卑的人容易消极地、过低地评价自己,总觉得自己在容貌、身材、知识、能力、口才,甚至衣着

(这一点特困生表现明显)等各方面不如别人,低人一等,害怕与人交往。

(二) 嫉妒

嫉妒是一个人由于嫉贤妒能,对才能、名誉、地位等比自己强的人所产生的不愉快和怨恨的情绪体验。当身边的同学在学习成绩、活动能力、生活条件、外貌形象等方面优于自己时,就可能引起个体产生嫉妒心理。调查表明,大约有 58.25%的同学承认自己在与人交往中产生过嫉妒心理。从心理学角度来看,嫉妒是对超过自己的人感到恐惧和愤恨的混合心理,是个人思想世界里唯我独尊的一种异常心理表现。嫉妒者其实比其他人更为痛苦,别人的幸福和自己的不幸都将使他痛苦万分。他们因心灵巨大的创伤或某种无法补偿的缺陷,无力或不敢与强者竞争;或因为怕吃苦而不想与别人竞争,但又容不下别人的优点与长处,害怕别人超过自己,心理上发生矛盾,失去平衡,便自觉或不自觉地贬损别人以求得心理上的平衡。嫉妒者时刻在寻找对他人实施"报复"的时机,经常处于精神紧张的"高度戒备"状态。嫉妒心理同自傲、自卑心理一样,是良好人际关系的大敌。

嫉妒者由于把别人的优势视为对自己的威胁,从而感到恐惧和愤怒,怕别人的优势突显出自己的低下。但他们并不是通过自己的努力去弥补已经存在的差距,而是借助贬低、诽谤、中伤等手段攻击对方,拉对方后腿,以求心理上的平衡,似乎这样就可以缩短自己与对方的差距。培根(Francis Bacon)说:"每一个埋头沉入自己事业的人是没有工夫去嫉妒别人的,能拥有它的只能是闲人。"

(三) 害羞

害羞又称社交焦虑,是指面对新环境的交往活动,却羞于同别人交往的一种心理反应。表现为腼腆、胆怯、拘谨、动作忸怩、不好意思、脸色绯红、说话的声音又低又小,有时还动作颤颤抖抖,很不自然。害羞是人际交往中普遍存在的心理现象,尤其发生在与异性的交往中,其产生原因主要是个体对安全感的过分追求。美国心理学家巴赫调查发现,有 40%的美国人都认为自己有怕羞的心理弱点,其中还包括卡特总统及夫人,还有 40%～50%的人认为自己曾经在某种特定的场所感到羞怯。2000 年,李晓萍和孟祥昕的调查显示,承认自己因为害羞而不敢与人交往的大学生占 49.7%。而另一项调查发现,在大学生的人际交往中,首要的阻碍因素就是羞怯心理,且在大多数情况下,男女羞怯心理差异不显著。

按产生原因可将害羞分为三类:一是气质型害羞,即生来就有的性格沉静内向,遇到人或事就胆小退缩,思前想后,举棋不定。二是认知型害羞,过分注意自我,注意自己的举手投足,患得患失,所以易受他人的支配,羞于与人交往,缺乏交往的主动性。三是创伤型害羞,由于生活、学业上的挫折和失败经历,而变得小心谨慎,消极被动地接受周围的一切。随着年龄增长、交往的频繁,害羞心理会逐步减弱与消失。但如果过度害羞,就会使人在交往活动中过分约束自己的言行,无法充分表达自己的愿望和情感,也无法与人沟通,阻碍良好人际关系的形成。

害羞心理往往是在家庭、学校等环境下,在接触朋友、同学等特殊条件时逐步形成的。害羞者真正缺少的是自信,是不相信自己能给别人留下好印象,担心自己说错话,干脆不说。此外,缺少交往活动也是害羞心理产生的重要因素。

(四) 猜疑

猜疑是指没有事实依据而抓住"皮毛",凭想象进行判断推测,只相信自己,总怀疑他人、挑剔他人的一种不良心理。猜疑心理过重的大学生在人际关系中常表现为生性孤僻、敏感多疑、小心谨慎、戒备心强、对人冷淡,完全处在一个自我封闭的圈子中,无端地怀疑别人在威胁自己的名誉、声望、形象,把别人的一举一动都与自己联系起来并看成是自己的阻碍。还有不少学生疑心太重,"逢人只说三分话,不可全抛一片心",一旦遇到一些意外或不顺心的事,不是首先从自身找原因,而是怀疑别人在背后做了手脚。猜疑产生的心理原因主要是受到不恰当的他人暗示或自我暗示。疑心者给人的感觉是心胸狭窄、气度狭小、过分注意自己的得失,他们希望别人相信自己,又怀疑别人看不起自己、不相信自己。猜疑者自身也常常体验到巨大的心理压力,在这种心理状态下,很难与别人进行正常的人际交往,既影响个人潜能的发挥,又影响朋友关系的建立和发展。

猜疑是大学生正常人际交往的拦路虎,如果一个人猜疑心重,并形成稳定的心理状态,就会令人厌恶,导致人际关系紧张,甚至会使同学间的亲密关系产生裂痕。

(五) 孤独

孤独是因缺乏人际交往而产生的寂寞感与失落感,是宁可独处也不与别人交往所产生的一种心理。孤独是一种主观的心理感受,而不一定与外在行为表现相一致。1995 年,袁庆濮调查表明,由于在学习、生活中遇到的矛盾、困难、困惑,以及所关心的问题没有得到及时的解决,有 65.85%的大学生存在不同程度的孤独感,4.19%的有较深的孤独感。

孤独也是大学新生中普遍存在的心理问题。满怀愁绪无可倾诉的时候会感到孤独;生活困难求助无门时会感到孤独;失学、失业、失恋后缺少社会关怀时也会感到孤独。在这些情况下孤独的心态是难免的,也可以说是正常的。若在多人参与的生活环境下,或在众皆欢乐的热闹场合里,仍然深深感到寂寞,那就是孤独了。

大学生感情上的满足,一般来源于恋爱、家庭、朋友和社会等几方面,如果在这些方面的关系出现裂痕,难免会感到孤独和苦闷。没有人永远不寂寞,但却有人长期寂寞。孤独与独处不同,孤独是心理上的寂寞感与痛苦感,孤独的人是不快乐的,也是不情愿的;独处只是身体上离开别人,而在心理上却未必不快乐,甚至有人甘愿独处,享受宁静中的喜悦。具有高傲、冷僻性格的大学生容易产生孤独感,他们自命不凡,看不上旁人,感觉别人"庸俗""不懂人情",于是索性不愿与人交往,不想依靠别人,也不想别人求助于他。孤独会使人丧失社会交往,丧失青春活力,丧失才智和健全的人格。

孤独过甚者,有的试图到神那里去寻求精神寄托,有的酗酒、纵欲、轻生,甚至与社会作对。据社会心理学家分析,孤独产生的原因大致包括缺乏社交技巧,不能在与人接触时体察别人,并适度表现自己;过度自我的立即满足,忽略别人的权益与需求;对人缺乏同情心与同理心,无法获得别人的感情回应;自责过重,与人交往时过分患得患失,因恐惧失败心理的影响而导致对社会活动的退缩与逃避;个性悲观,对人无信心,与人交往不能坦诚相对,不能表露自己的特点,因而无从获得对方的欣赏与尊重。孤独的人一般缺少人际关系,或者说,不能建立亲密的人际关系。

【拓展学习 3-1】

哲理小故事

伦敦有位小伙子,是一所大学里的学生,租住在一家公寓。在他租住后不久,来了一位年轻的姑娘,就租住在他隔壁。那姑娘长得很美,有着天使一般的容颜,深深地打动了小伙子的心。他每次上楼下楼都能遇见她,在不知不觉中,他爱上了那姑娘,可他一直找不到借口与她相识,因而他觉得很痛苦,郁郁寡欢。圣诞节到了,小伙子一个人待在房间里,举目无亲,寂寞难挨。忽然,他听见隔壁房间传来了咯吱咯吱声和阵阵喘息声,连续很长时间。小伙子想到自己正在孤独悲伤,而那姑娘却在男欢女爱,这深深地刺伤了他那颗沉浸在沮丧之中的心,使他感到人生彻底地绝望了。最后,他找了一根绳索,自悬于梁上,告别了人世。

第二天,人们发现,就在那个圣诞节之夜,不仅那个小伙子,那个姑娘也自杀了,是吃砒霜死的。小伙子听到的那些响声,是砒霜毒性发作姑娘挣扎时发出的,他完全误解了那些声响的性质。姑娘的桌子上有一份遗书,遗书上说,她实在忍受不了这份孤独,在这个世界上,没有人关心她,尤其是在那个美丽的圣诞之夜。

第三节　大学生人际交往的调适

我国老一辈心理学家丁瓒曾说过:人类的心理适应,最主要的就是人际关系的适应。所以人类的心理病态,主要是由于人际关系的失败而来。对于处在学习、成长过程中的大学生来说,良好的人际关系不仅是大学生活的需要，也是将来迈向社会的需要。大量的调查研究显示，大学生在生活和学习中面临着不同程度的人际关系不适应。在这种状态下，他们既无心学习又感到大学生活乏味无聊，更为严重的还导致心理和行为异常。因此，大学生十分需要了解人际交往中各种心理问题的自我调适措施。

一、矫正人际交往中的认知偏差

大学生人际交往过程中，一些常见的社会认知偏差，如首因效应、近因效应、晕轮效应、刻板印象、投射效应等广泛存在，并在一定程度上给交往造成了消极影响。大学生应充分重视社会认知偏差对自身人际交往带来的消极影响，并采取有效应对措施，纠正这些社会认知偏差。

（一）用联系、发展的观点看待交往对象及其行为

社会认知偏差广泛存在于大学生人际交往活动中，而且形式多种多样，每一种认知偏差产生的情境和条件不同，对大学生人际交往所产生的影响也各不相同。如前所述，首因效应是由学生根据交往对象的最初信息（如相貌、言谈、举止等）而形成的第一印象所产生的；与首因效应不同，近因效应是由最后印象引起的。在这些效应的作用下，学生有可能对交往对象本人及其最新表现做出草率判断，从而得出一种静止的、机械的判断结果和结论。

因此，在大学生人际交往过程中，应把首因效应和近因效应结合起来对人、对事进行感知。首先，要预防两种效应的消极影响，既不能"先入为主"，也不能不看过去，只看现在，而应该用动态的、历史的、发展的眼光看待交往对象与其行为，把对人、对事的每一次感知，都当作认知事物过程中的一个阶段，避免形而上学的片面性。其次，要在一定条件下，发挥两种效应的积极作用，做事要善始善终，俗语说得好，"路遥知马力，日久见人心"。

（二）用全面的观点来观察交往对象及其行为

许多社会认知偏差最显著的特点就是看待人或事不够全面。例如，晕轮效应是一种明显的从已知推及未知，由片面看全面的认知现象，往往会歪曲一个人的形象，导致不正确的评价。在它的影响下，大学生在人际交往中往往只抓住了交往对象个别特征，而忽略其他，习惯于由个别推及一般，由部分推及整体。

大学生在人际交往中应克服晕轮效应带来的负面影响，应多了解对方，防止以一当十，以偏概全，自觉消除这类认知偏差的消极影响，做到公正、合理、全面地评价及对待每一位交往对象及其行为。同时，还应该利用该效应的影响，如通过优化自己的言谈举止，培养好的外在形象，充分展示自己的优势等方法，使自己在交往中获得更多的成功。

（三）坚持共性与个性统一的原则，尤其是重视个性的原则

如前所述，社会刻板印象有两种作用，积极作用是使认识他人的过程简单化，有助于对某一个人、某一群人做出概括性的反应，借助某一类人的共性，人们可以推测某一个人可能会有的共性，但刻板印象并不一定合乎实际，即使在同一类人中，每个人除了具有类的共性，还有自己的个性，两者是有差异的。

在社会刻板印象的影响下，大学生往往会根据已有的经验或知识体系对不同的人群分类，再将其交往对象及其行为对号入座，这种只重视共性、忽略个性的交往方式严重影响了大学生的人际交往，因此应坚持共性和个性统一的原则，尤其是重视个性的原则，在认识他人时，要做具体观察，尽量避免"贴标签"、模式化，避免用"有色眼镜"去看人。

（四）坚持理智原则，不能感情用事

坚持理智克服非理智心理，就是在大学生人际交往中，克服社会认知偏差对人际交往发生负面作用。理智是指一个人辨别是非、利害关系和控制自己感情、支配自己行为的能力。而种种社会认知偏差的产生往往跟认知者的非理智判断心理有关。大学生身心处于不成熟到成熟的过渡期，感情丰富、易冲动，因此在人际交往过程中，大学生容易感情用事，往往会从个人爱好、喜恶等出发来认知他人，从而出现不同程度的认知偏差。例如，在首因效应影响下，大学生非常看重第一印象在人际交往中的作用。在第一印象中，交往对象的容貌、言谈举止是否良好在一定程度上决定未来交往能否进行。又如，在投射作用的影响下，将个人情绪加到别人身上，认为自己喜欢的，别人也肯定喜欢，自己讨厌的，别人也肯定讨厌。这些都是非理智的心理状态及行为表现。大学生一定要克服非理智的心理，理智地对待交往对象及其行为。

(五) 克服主观心理因素对社会认知偏差产生的影响

“从勒温开始,社会心理学家已认定,决定社会行为的主要因素是人们对世界的主观知觉,而不是对刺激环境的客观描述”。人总是在一定的心理倾向和一定的方法原则下,加工整理外部输入的他人的信息,形成对他人的印象,然后把这个印象加到认知对象身上,认为这就是此人的实际特征。可见,人的认知具有浓厚的主观色彩,因此不可避免地在认知他人时产生认知偏差。主观因素对人际认知主体的影响,尤其是在大学生中作用更大。认识到主观心理因素对他人的作用、规律,就能在人际交往中发挥其积极作用,克服其消极影响,消除由此而产生的一系列人际交往障碍,正确地认识他人,正确地看待他人、对待他人,处理好人际关系。

二、克服人际交往中的心理障碍

处于青年期的大学生,思想活跃,精力充沛,兴趣广泛,人际交往的需要极为强烈,但每个人在交往中都或多或少地出现这样或那样的问题。克服交往中存在的自卑、嫉妒、害羞、猜疑、孤独等心理问题,改善人际关系,加强人际交往,对大学生的学习、生活和心理健康都有重大意义。

(一) 克服自卑心理

心理学家阿德勒(A. Adler)认为,自卑也有积极意义。人人都有自卑感,自卑是每个人在追求更加优越地位和完美人生过程中必然要出现的心理反应,是人前进的动力。大学生要克服自卑心理,让自卑真正成为自身前进的动力,应从认识、情绪、行为三个方面同时入手。

1. *树立“天生我材必有用”的信念* 心理学研究表明,成功者与失意者在智力上并没有显著差别,并不是智商高的人就一定能成功。他们之间最主要的差异在自我评价上。

2. *调节自己交往时的情绪* 学会积极的自我心理暗示,自我激励,可以暗地里用语言对自己说“我能行”“我对未来充满信心”“再试试”。

3. *树立自信,马上行动* 正确认识自己,善于根据自己各方面的条件、特长,发挥自己的优势,在发展中增强自信心;积极参加群体活动,在活动中发现和发展自己的能力,唤起自信心,在积极的心理状态下不断克服自卑心理。真正的自信还需要用行为来表现,故可以从容易处入手,如说话训练,先在朋友、熟人面前演练,有把握后再扩大听众群。

(二) 克服嫉妒心理

嫉妒心理源于病态的竞争,其本质是个体不能很好地接纳自己,也不能很好地接纳别人。大学生要消除嫉妒心理,通常可用以下调适方法。

1. *加强思想意识修养,树立正确的人生观* 因为嫉妒心理受人的理想、信念等个性倾向性的制约,只有逐步树立起高尚的道德情操和献身于社会的崇高理想,自私自利、唯我独尊的个性缺陷才能克服。

2. *解放狭隘的“自我”* 嫉妒的病根在于自私,如果能克服私心杂念,严于律己,宽以待人,“心底无私”,把别人的进步和优越看作自己的一样,见贤思齐,凭自己的奋斗迎头赶上,那么嫉妒心理就无法滋生。

3. *积极克服自己性格上的弱点* 一般而言,虚荣心强、心胸狭窄、敏感多疑的人容易产生嫉妒心理。加强自己的性格塑造,逐渐形成不图虚名、心胸开阔、坚毅自信的性格特征,对消除嫉妒心理至关重要。

4. *正确评价自己,增强竞争意识* 承认自己某方面与别人的差距,欢迎竞争,积极参与竞争,努力实现自己潜在的价值,同时注意与他人的竞争应该有所选择和侧重,避免分散精力和进行无谓的竞争。

(三) 克服害羞心理

1. *树立自信* 相信自己有能力以恰当的方式讲述任何事,并能给别人留下良好的印象;相信自己能在交朋友方面比现在做得更好。

2. *加强交往实践活动* 性格懦弱、十分害羞的人,若从事服务业、教育、商业、行政等常需与别人打交道的职业,其害羞心理能在实践中逐步消失。故有害羞心理的大学生也应该在自己的生活中勇于去交朋友,多与他人交谈,多参加自己感兴趣的集体活动,让害羞心理在实践中不知不觉消失。

3. *加强自律性训练* 心理的自我暗示可以使自己沉住气,落落大方,不卑不亢地走向交往场合。交往伊始,要多运用自我暗示的方法,多告诫自己,如“没什么可怕的”“勇敢些,没什么大不了”。

4. 善于模仿 善于学习有关的学问,注意观察与模仿一些坦然自若、善于交际、活泼开朗的人的言行举止和风度。了解更多交往的具体方法,张嘴就不会"丢丑",不会助长害羞心理,进而一步步走出害羞。

（四）克服猜疑心理

1. 培养良好的性格 猜疑者的一般表现是与朋友相处时不坦率,不暴露思想,唯恐真实动机被别人察觉到。故需培养正直、诚实、实事求是的性格,养成根据客观事实来进行推理、判断的思维习惯,克服主观武断地下结论、轻易怀疑别人的习惯。

2. 树立远大的目标 猜疑往往和一个人抱负水平低、过分拘泥于生活琐事有关。提高自己的抱负水平,在远大目标的追求中开阔个人的胸怀,倾心于自己所追求的事业,就不会为人际关系中的琐事而分心了。

3. 注重提高自信心 只有自己相信自己,才能以乐观的态度看待现实,不会遇事总往坏处想。"谁人背后无人论,谁人背后不论人",即使别人议论自己也不必在意,别人的议论未必正确,但也未必就是恶意。每位同学都应当看到自己的长处,培养自信心,当我们充满信心地投入学习和生活时,就不用担心自己的行为,也不会随便怀疑别人是否会挑剔、为难自己了。

（五）克服孤独心理

1. 融入集体之中,多参与社会活动 心中包容整个世界,把个人永远融于集体之中,这样才能正确处理好个人与社会的关系,发挥个人的才智,这也是战胜孤独的根本。只要有参与的动机,不必要求立即获得回报,多学习社会能力,并借此机会让别人认识、了解你。

2. 改正不良性格 具有高傲、冷僻、尖酸、刻薄等性格特征的人往往会让人感到厌烦,经常会被疏远,从而陷入孤独的人际环境中。这种的人际环境必然对个人心理造成消极影响,应该加以克服和矫正。

3. 培养独处的能力 失意与独处是人生所无法避免的,应培养自己具有慎独的功夫,以期在个人独处时也不致会有太大的孤独、寂寞之苦。

4. 勇于自我袒露 交往是一个互动互酬的过程,当你主动亲近别人、关心别人时,别人也会对你坦诚相待,这样才能扩大社交面,促进人际关系融洽。

三、掌握人际交往中的艺术

交往是一门艺术,需要掌握其中的技巧。迈进大学校园的学生,因刚从紧张、繁重的高中学习生活中走出来,没有时间和机会深入社会,大脑中对人际关系的理解几乎是一片空白。而大学生活又恰恰需要交往,需要沟通。如何打开自身人际交往的局面,为自己赢得一个良好和谐的人际关系,是大学生群体普遍要解决的问题。

（一）要掌握语言艺术

俗话说,"良言一句三冬暖,恶语伤人六月寒"。这句话告诉我们交往时要注意运用语言的艺术。语言艺术运用得好,就能优化人际交往。相反,如果不注意语言艺术,往往在无意间就出口伤人,产生矛盾。

1. 称呼得体 称呼反映出人们之间心理关系的密切程度。恰当得体的称呼,使人能获得一种心理满足,使对方感到亲切,交往便有了良好的心理气氛;称呼不得体,往往会引起对方的不快甚至愤怒,使交往受阻或中断。所以,在交往过程中,要根据对方的年龄、身份、职业等具体情况及交往的场合、双方关系的亲疏远近来决定对方的称呼。对长辈的称呼要尊敬,对同辈的称呼要亲切、友好,对关系密切的人可直呼其名,对不熟悉的要用全称。

2. 说话注意礼貌

(1) 准确运用语言:表达清楚、生动、准确、有感染力、逻辑性强,少用土语和方言,切忌平平淡淡、滥用辞藻、含含糊糊、干巴枯燥。

(2) 语音、语调、语速要恰当:要根据谈话的内容和场合,采取相应的语音、语调和语速。

(3) 讲笑话要注意对象、场合、分寸:以免笑话讲得不得体,伤害他人的自尊心。

(4) 适度地称赞对方:每个人都希望别人赞美自己的优点。如果我们能够发掘对方的优点,进行赞美,他会很乐意与你多交往。但是赞美要适度,要有具体内容,绝不能曲意逢迎。真诚的赞美往往能获得出乎意料的效果。

(5) 避免争论：青年大学生喜欢争论，但争论往往是在互不服输、面红耳赤、不愉快甚至演化成直接的人身攻击或严重的敌意中结束。这对人际关系的影响是显而易见的。因此大学生要尽量避免争论，而要通过讨论、协商的途径解决分歧。

语言艺术运用得好，就能吸引和抓住对方，从内容到形式适应对方的心理需要、知识经验、双方关系及交往场合，使交往关系密切起来。

(二) 恰当运用非语言艺术

一般包括眼神、手势、面部表情、身体动作、位置距离等，甚至衣着服饰等也能传递出特定信息。掌握和运用好这种交往艺术，对大学生搞好人际交往是不可少的。

1. 注意识别和运用面部表情　传播学界有一条公式，人类的全部信息＝7％的言语＋38％的声音＋55％的面部表情。“眼睛是心灵的窗户”“眼睛像嘴一样会说话”。有研究认为，人际交往中眼睛对视一般只会停留 0.3 s 左右。注视时间过短表示对方没有交往动机；而注视时间较长，则意味着引起了兴趣和交往动机。

面部表情是内心情绪的外在表现，它们均能表达人的态度和情感，如眉飞色舞表示内心高兴，怒目圆睁表示愤怒等。交往中还可用人体动作来表达思想。大学生在人际交往中根据谈话的内容和场合，正确运用非语言艺术，巧妙地表达自己的思想感情，有时能起到“此时无声胜有声”的作用。但非语言艺术要运用得恰到好处，不可过于频繁和夸张，以免给人手舞足蹈之感。

2. 注意手势的运用　手势往往是人们交往中使用最多的一种动作，如懊悔时拍脑门、赞扬时竖起大拇指、拒绝时摆手等。通过观察对方反复搓手，我们可以发现其内心的焦虑，那些在胸前交叉双手的人可能正在掩饰内心的虚弱，而不时摸鼻子的人可能因为撒谎而做徒劳掩饰。在交往中，通过观察对方的手势，我们能发现交往中诸多的信息，洞察人的内心。通过手势配合语言的表达，往往有更强的感染力，达到更好的交流效果。

3. 恰当地运用空间距离　交往双方距离的远近往往能表明双方的亲近程度和心理距离的远近。美国人类学家爱德华·霍尔(E. Hall)关于人际空间研究显示，现代社会绝大多数人都在四种空间距离内交往。

(1) 亲密距离：在 45 cm 以内，属于私下情境。亲密距离多用于情侣，也可以用于父母与子女之间或知心朋友间。两位成年男子一般不采用此距离，但两位女性知己间往往喜欢以这种距离交往。亲密距离属于很敏感的领域，交往时要特别注意不能轻易采用这种距离。

(2) 私人距离：一般在 45～120 cm，表现为伸手可以握到对方的手，但不易接触到对方身体，这一距离对讨论个人问题是很合适的，一般的朋友交谈多采用这一距离。

(3) 社交距离：在 120～360 cm，属于礼节上较为正式的交往关系。一般工作场合人们多采用这种距离交谈，在小型招待会上，与没有过多交往的人打招呼可采用此距离。

(4) 公共距离：指大于 360 cm 的空间距离，一般适用于演讲者与听众、彼此极为生硬的交谈及非正式的场合。在商务活动中，根据其活动的对象和目的，选择和保持合适的距离是极为重要的。

4. 合理利用服饰　在社交场合中，人们非常重视着装，但很多人却不懂得如何搭配服装和选择服装种类，以致因着装不当陷入尴尬境地。人们往往从第一眼看到对方的服饰时，就开始形成对他人的判断。重视社交场合中的着装，是每个人都必须做到的事情，这是一个人社交礼仪的体现，不管以什么身份活动于社会上，必须符合仪容仪表方面的要求，穿着得体合理，给人们留下好的印象。大学生要在服饰的整体性、和谐性的基础上，根据自身的气质特点来突出个性，学会根据时间、地点和交际对象合理选择服饰。

此外，大学生还要学会有效地聆听。人际关系学者认为“倾听”是维持人际关系的有效法宝，所以，大学生要学会有效地聆听。在沟通时，作为听者要少讲多听，不要打断对方的谈话，最好不要插话，要等别人讲完之后再发表自己的见解；要尽量表现出聆听的兴趣，听别人讲话时要正视对方，切忌小动作，以免对方认为你不耐烦；力求在对方的角色上设身处地地考虑问题，对对方表示关心、理解和同情；不要轻易地与对方争论或妄加评论。

【心理测验3-1】

人际关系综合诊断量表

这是一份人际关系行为困扰的诊断量表，共28个问题，每个问题做“是”(打“√”)或“非”(打“×”)两种回答。请你认真完成，然后参看后面的评分计分办法，对测验结果做出解释。

【题目】

1. 关于自己的烦恼有口难言。(　　)
2. 和生人见面感觉不自然。(　　)
3. 过分地羡慕和妒忌别人。(　　)
4. 与异性交往太少。(　　)
5. 对连续不断的会谈感到困难。(　　)
6. 在社交场合，感到紧张。(　　)
7. 时常伤害别人。(　　)
8. 与异性来往感觉不自然。(　　)
9. 与一大群朋友在一起，常感到孤寂或失落。(　　)
10. 极易受窘。(　　)
11. 与别人不能和睦相处。(　　)
12. 不知道与异性相处如何适可而止。(　　)
13. 当不熟悉的人对自己倾诉他的生平遭遇以求同情时，自己常感到不自在。(　　)
14. 担心别人对自己有什么坏印象。(　　)
15. 总是尽力使别人赏识自己。(　　)
16. 暗自思慕异性。(　　)
17. 时常避免表达自己的感受。(　　)
18. 对自己的仪表(容貌)缺乏信心。(　　)
19. 讨厌某人或被某人所讨厌。(　　)
20. 瞧不起异性。(　　)
21. 不能专注地倾听。(　　)
22. 自己的烦恼无人可申诉。(　　)
23. 受别人排斥与冷漠。(　　)
24. 被异性瞧不起。(　　)
25. 不能广泛地听取各种意见、看法。(　　)
26. 自己常因受伤害而暗自伤心。(　　)
27. 常被别人谈论、愚弄。(　　)
28. 与异性交往不知如何更好地相处。(　　)

Ⅰ	题目	1	5	9	13	17	21	25	小计
	分数								
Ⅱ	题目	2	6	10	14	18	22	26	小计
	分数								
Ⅲ	题目	3	7	11	15	19	23	27	小计
	分数								
Ⅳ	题目	4	8	12	16	20	24	28	小计
	分数								
评分标准		打“√”得1分，打“×”得0分。						总分：	

【结果解释】

(一) 从总体上评述你的人际关系

(1) 如果你得到的总分为 0～8 分,那就表明你在与朋友相处上的困扰较少。你善于交谈,性格比较开朗,主动关心别人,你对周围的朋友都比较好,愿意和他们在一起,他们也都喜欢你,你们相处得不错。而且,你能够从与朋友的相处中,得到许多乐趣。你的生活是比较充实而且丰富多彩的,你与异性朋友也相处得很好。总而言之,你不存在或较少存在交友方面的困扰,你善于与朋友相处,人缘很好,获得许多人的好感与赞同。

(2) 如果你得到的总分为 9～14 分,那就表明你与朋友相处存在一定程度的困扰。你的人缘很一般,换言之,你和朋友的关系并不牢固,时好时坏,经常处在一种起伏波动之中。

(3) 如果你得到的总分为 15～28 分,那就表明你在同朋友相处上的行为困扰较严重;分数超过 20 分,则表明你的行为困扰程度很严重,而且在心理上出现较为明显的障碍。你可能不善于交谈,也可能是一个性格孤僻的人,不开朗,或者有明显的自高自大、讨人嫌的行为。

(二) 根据在每一横栏上的小计分数,具体指出你与朋友相处的困扰行为及其可资参考的纠正方法

1. 记分表中Ⅰ横栏上的小计分数,表示你在交谈方面的行为困扰程度

(1) 如果你的得分在 6 分以上,说明你不善于交谈,只有在极需要的情况下你才同别人交谈。你总难于表达自己的感受,无论是愉快还是烦恼;你不是个很好的倾听者,往往无法专心听别人说话或只对单独的话题感兴趣。

(2) 如果你的得分为 3～5 分,说明你的交谈能力一般。你会诉说自己的感受,但不能讲得条理清晰;你努力使自己成为一个好的倾听者,但还是做得不够。如果你与对方不太熟悉,开始时你往往表现得拘谨与沉默,不大愿意跟对方交谈。但这种局面在你面前一般不会持续很久。经过一段时间的接触与锻炼,你可能会主动与同学搭话,同时这一切来得自然而非造作,此时,表明你的交谈能力已经大为改观,在这方面的困扰也会逐渐消除。

(3) 如果你的得分为 0～2 分,说明你有较高的交谈能力和技巧,善于利用恰当的谈话方式来交流思想感情,因而在与别人建立友情方面,你往往比别人获得更多的成功。这些优势不仅为你的学习和生活创造了良好的心境,而且常常有助于你成为伙伴中的领袖人物。

2. 记分表中Ⅱ横栏上的小计分数,表示你在交际与交友方面的困扰程度

(1) 如果你的得分在 6 分以上,则表明你在社交活动与交友方面存在着较大的行为困扰。例如,在正常集体活动与社交场合,你比大多数伙伴更为拘谨;在有陌生人或老师存在的场合,你往往感到更加紧张而扰乱你的思绪;你往往过多地考虑自己的形象而使自己处于越来越被动、越来越孤独的境地。总之,交际与交友方面的严重困扰,使你陷入"感情危机"和孤独困窘的状态。

(2) 如果你的得分为 3～5 分,则往往表明你在被动地寻找被人喜爱的突破口。你不喜欢独自一个人待着,你需要与朋友在一起,但你又不大善于创造条件并积极主动地寻找知心朋友,而且,你心有余悸,生怕在主动行为后的"冷"体验。

(3) 如果你的得分低于 3 分,则表明你对人较为真诚和热情。总之,你的人际关系较和谐,在这些问题上,你不存在较明显持久的行为困扰。

3. 记分表中Ⅲ横栏上的小计分数,表示你在待人接物方面的困扰程度

(1) 如果你的得分在 6 分以上,则往往表明你缺乏待人接物的机智与技巧。在实际的人际关系中,你也许常有意无意地伤害别人,或者过分地羡慕别人以致在内心妒忌别人。因此,其他一些同学可能回报给你的是冷漠、排斥甚至是愚弄。

(2) 如果你的得分为 3～5 分,则往往表明你是个多侧面的人,也许可以算是一个较圆滑的人。对待不同的人,你有不同的态度,而不同的人对你也有不同的评价。你讨厌某人或被某人所讨厌,但你却极喜欢另一个人或被另一个人所喜欢。你的朋友关系某些方面是和谐的、良好的,某些方面却是紧张的、恶劣的。因此,你的情绪很不稳定,内心极不平衡,常常处于矛盾状态中。

(3) 如果你的得分在 0～2 分，表明你较尊重别人，敢于承担责任，对环境的适应性强。你常常以你的真诚、宽容、责任心强等个性获得众人的好感与赞同。

4. 记分表中Ⅳ横栏上的小计分数，表示你跟异性朋友交往的困扰程度

(1) 如果你的得分在 5 分以上，说明你在与异性交往的过程中存在较为严重的困扰。也许你存在着过分思慕异性或者对异性持有偏见。这两种态度都有片面之处。也许是你不知如何把握好与异性同学交往的分寸而陷入困扰之中。

(2) 如果你的得分为 3～4 分，说明你与异性同学交往的行为困扰程度一般，有时你可能会觉得与异性交往是一件愉快的事，有时又会认为这种交往似乎是一种负担，你不懂得如何与异性交往最适宜。

(3) 如果你的得分为 0～2 分，说明你懂得如何正确处理异性朋友之间的关系。对异性同学持公正的态度，能大大方方地、自然而然地与他们交往，并且在交往中，得到了许多从同性朋友那里不能得到的东西，增加了对异性的了解，也丰富了自己的个性。你可能是一个较受欢迎的人，无论是同性还是异性朋友，多数人都较喜欢你和赞赏你。

【推荐读物】

E.T.韦伯，J.J.摩根.2009.他人心理：人际交往中的心理学常识.周智文译.北京：新世界出版社.

张岩松，唐长菁.2013.人际交往与社交礼仪.北京：清华大学出版社.

袁宏军，田本.2013.社交达人：人际交往中的自我塑造.成都：四川人民出版社.

吴沙.2012.跨越矛盾：青少年人际交往冲突处理技巧.重庆：西南师范大学出版社.

（孙　琳）

第四章

大学生的健康人格与塑造

本章要点

掌握：大学生常见的人格偏差与调适，大学生健康人格的塑造。

熟悉：人格的内涵。

了解：人格的形成和发展。

人格是一个人的稳定而统一的心理品质，是一个人思想、情感和行为的整体反映。一个人的人格健康与否会影响到他(她)是否拥有正确的认知、稳定的情绪及积极的行为。大学生肩负着未来社会发展的重任，他们正处于人格发展和日趋成熟的关键时期，人格形成后会比较稳定较难改变，因此，在大学阶段塑造大学生的健康人格，做好心理的调试，避免人格发展的偏差，有助于大学生在当前和今后的发展中具有健康的心理素质，良好的适应能力，实现与自然和社会的和谐发展。

第一节　人格概述

人格是一个人带有倾向性的、稳定的整体心理特征与精神面貌，它是人通过后天的教育、学习和环境的作用逐渐形成的，它反映出个体一贯的特点，人格形成后一般因较稳定而难改变。人格的形成受生物、社会环境及自我教育等因素的影响，不同理论流派对人格的形成与发展做了不同的解释。

一、人格的内涵和结构

在我们的日常生活中，我们常常会接触到各种各样的人。在多次接触之后，我们会发现他们往往都有自己一贯的行事风格和个人特点，有的人聪明敏捷，有的人愚笨迟钝；有的人热情开朗，有的人稳重冷静；有的人诚实可靠，有的人偷奸耍滑；有的人谦虚谨慎，有的人骄傲自大。正所谓“人心不同，各如其面”，这即是一个人的人格特点。

（一）人格的内涵

1. 人格的概念　人格(personality)一词源于拉丁文“persona”，其本意是指古罗马时期戏剧演员表演时所戴的面具或类似中国戏剧中的脸谱。在舞台上，演员的言行要与其扮演的角色相符，而一个角色就意味着一套行为方式，即角色限定了演员的行为。观众可以从演员的面具或脸谱了解他的角色，又可以根据其角色了解其行为。由此引申，可以认为，人格是个人在自己人生舞台上扮演的“角色”，做出的行为表现，它具有个人鲜明的一贯性的特点。

人格是一种十分复杂的心理现象，研究者的研究角度不同，对人格的解释也不尽相同，一般情况下将人格定义为一个人整个的精神面貌，即具有一定倾向性的、稳定的心理特征的总和。人格使个人的心理和行为带有一贯的、习惯化的特点。

2. 人格的特征

(1) 生物性和社会性：人格是在先天遗传素质的基础上，通过后天的教育、学习和环境的作用逐渐形成的。因此，生物性是人格形成和发展的物质基础和前提条件，它影响着人格发展的方向和方式。但人格并非单纯的自然遗传产物，它带有明显的社会烙印，反映出一个人在社会环境中的社会文化特点，体现了一个人的社会化程度和角色行为，受到社会环境、教育及实践活动的深刻影响。

(2) 独特性和共同性：人格的独特性是指由先天遗传素质的不同及后天环境的差异性而形成的人格差异，人格的独特性反映在人的认知、情感、意志、态度、兴趣、能力、气质、性格、行为等各方面，从而呈现出个人一贯的特点，人与人之间各不相同。有人勤奋认真，有人懒惰马虎；有人自信，有人自卑；有人温和，有人暴躁等。俗话说，"人心不同，各如其面"，即是指人格的独特性。世界上找不到两片完全相同的树叶，也找不到两个人格特征完全相同的人。

人格除了独特性以外，还存在共同性，即某一群体、某个民族或某个阶级在相同或相似的自然环境、社会环境和群体环境中形成的具有共同性或一致性的人格心理特点。例如，东方人和西方人就具有一些各自民族特色的一致性的人格特点。人格的独特性和共同性共同构成了复杂而独特的人格特点。

(3) 稳定性和可塑性：人格的稳定性是指由各种心理特征构成的人格结构是比较稳定和一致的，它使人的心理和行为带有一贯的长期的特点。因此，在个体生活中那些一贯的行为表现才是人格的体现，偶然的或暂时出现的行为不是个体人格的真正特点。例如，一个人一向待人亲切随和，但在某个环境下突然表现得冲动狂暴，不能以此就认为这个人具有暴躁的人格特征。人格经历了先天遗传尤其是后天环境的影响之后逐渐形成并稳定下来，较难改变。俗语说"江山易改，秉性难移"即是指人格的稳定性。

人格具有稳定性，但不代表人格就是一成不变的。个体发展的早期是人格塑造的关键时期，人格在此时期具有较大的可塑性。人格逐渐形成后比较稳定，但由于社会环境、教育条件及个人的主观努力等因素的影响，人格也可以发生某种程度的变化。例如，一个活泼热情的人，由于遭受了某个不幸事件的刺激后变得沉默寡言；一个粗心大意的人，经过有意识的训练而变得比较仔细；一个内敛少语的人，因为长期从事销售工作也变得外向健谈了。只是这种改变比较缓慢，不能立竿见影。

(4) 整体性：构成人格的各种心理特征不是相互独立的，而是相互交织、相互影响、相互制约而形成的一个复杂的有机整体。各种心理特征根据一定的秩序、规则和内容有机地结合起来，使人的内心世界和外在行为表现得和谐一致，即呈现出健康的人格面貌。否则将出现各种心理冲突，从而导致人格分裂的病态特征。

(二) 人格的结构

关于人格的结构，主要包括人格的倾向性、人格的心理特征及自我调节系统三个方面。

第一方面，人格的倾向性。人格的倾向性是人格心理结构中最活跃的因素，它决定着人对客观事物的态度、趋向和选择，是行为活动的基本动力。人格的倾向性主要包括需要、动机、兴趣、理想、信念和世界观等，各个成分相互联系，相互影响。需要是人格倾向性的源泉，动机和兴趣是需要的表现形式，信念和世界观位于人格倾向性的最高层次，决定个体总的思想倾向。理想是人格倾向性的内容之一。人格的倾向性主要是在后天社会化的过程中形成的。

第二方面，人格的心理特征。人格的心理特征是指个体经常表现出来的比较稳定的心理特点，它集中反映了人的心理活动的独特性。人格心理特征主要包括能力、气质和性格。这些特征可以通过心理测验来了解。

第三方面，自我调节系统。自我调节系统的核心是自我意识。它是指个体对自己作为客体存在的各方面的意识，即了解自己是谁。其包括自我认识、自我体验和自我控制，认识自己的生理自我、心理自我和社会自我，清楚自己的现实自我、镜像自我和理想自我。良好的自我调节系统能对人格的各个心理成分进行有效调节和控制，使人格心理各个成分构成一个完整的结构体系。

下面具体介绍一下人格的心理特征中的能力、气质和性格。

1. 能力

(1) 能力的概念：能力是个体保证顺利完成某种活动所必备的心理条件。个体要顺利地完成每天的日常生活、工作和学习活动,需要一定的心理和行为方面的前提条件作为保证。例如,学生在理论学习中所需要的注意力、思维能力和记忆力,在实验操作中所需要的观察力等。

能力、知识和技能都是保证个体完成活动的条件,但是能力不同于知识和技能。知识是指个体所掌握的人类改造自然和改造社会的历史经验,技能是指个体通过练习而获得的动作方式和动作系统,它们表现了一个人已经达到的成就水平。而能力是指顺利完成活动的心理条件,包括顺利掌握知识和技能的心理条件,它预示着人在活动中可能达到的成就水平。因此,对于个人发展,能力的培养是更加关键和长远的,它能帮助个体高效地获得知识和掌握技能,取得更好的成就。

【案例 4-1】

李某和王某是大学同学,李某来自城市,王某来自农村。由于城乡教育存在一定的差异,刚进大学时,李某的英语成绩明显优于王某,李某较王某能更好地完成英语的听说读写。但是,王某却并不自卑,不气馁,坚持不懈,勤奋刻苦;相反,李某则觉得自己的英语不错,放松了学习,变得懒散、拖拉。到了大学毕业的时候,王某的英语成绩包括听说读写的技能都远远超过了李某,并且,王某还因为自己在英语方面的优势获得了满意的工作。

(2) 能力的分类

1) 一般能力和特殊能力:一般能力是指完成不同种类的活动都需要具备的共同能力,即通常所说的智力。它是个体在认识活动中的一种具有多维结构的综合能力,包括观察力、注意力、记忆力、想象力和思维能力等。特殊能力指在某种专业活动或特殊职业活动中表现出来的能力。例如,画家的色彩鉴别力、形象记忆力,音乐家区别旋律的曲调特点的能力、音乐表现能力及感受音乐节奏的能力均属特殊能力。

2) 液体能力和晶体能力:液体能力是指在信息加工和问题解决过程中所表现出来的能力,如类比、演绎推理、形成抽象概念等。液体能力受教育文化的影响较少,主要取决于个人的先天禀赋,属于人类的基本能力。液体能力的发展与个体年龄有关,它随年龄的衰老而减退。晶体能力是指获得语言、数学等知识的能力,它取决于后天的学习,是通过掌握社会文化经验而获得的,与教育和文化有关。晶体能力在人的一生都有发展,它不随年龄的增长而减退。

3) 模仿能力和创造能力:模仿能力是指通过观察他人的言谈举止并以相同或相似的方式做出反应的能力。模仿能力是个体之间相互影响的重要途径,是个体行为实现社会化的基本过程之一,这种能力符合学习活动的要求。创造能力是指在活动中通过独特、变通和创新的思维活动产生出新思想和新产品的能力。这种能力符合创造活动的要求,如科学发明。两种能力相互联系,模仿能力是创造能力的前提和基础。

4) 认知能力、操作能力和社会交往能力:认知能力是指人脑接受、加工、储存、提取及应用信息的能力,即通常所说的智力,如记忆力、注意力、想象力、观察力等。操作能力是指个体支配自己的肢体来完成各种活动的能力,如劳动能力、体育运动能力、艺术表演能力、实验操作能力等。社会交往能力是指个体在从事社会交往活动中所表现出来的能力,如组织管理能力、协调能力、沟通能力、言语感染能力等。

2. 气质

(1) 气质的概念:气质(temperament)是不依活动目的和内容为转移的典型、稳定的心理活动的动力特征。气质主要表现在心理活动的动力方面,表现为心理活动的速度、灵活性、强度及指向性。例如,一个人反应的快慢,情绪的强弱,注意力集中时间的长短,心理活动倾向于指向外部世界或内部世界等。气质使心理活动染上个人独特的色彩,即通常所说的一个人的脾气、秉性。

人的气质是由先天遗传因素决定的,受高级神经活动的制约。例如,孩子刚一出生就可以表现出气质差异,有的婴儿吵闹好动,有的婴儿平稳安静。气质和性格、能力相比,更具有稳定性,但在生活环境和教育的作用下,也可以有一定程度的改变。

(2) 气质的类型:关于气质的类型划分,学者根据不同的观点提出了不同的类型学说,如气质体型说、气质血型说、气质激素说等。其中得到较多认可的是希波克拉底的体液学说及巴普洛夫的高级神经活动类型学说。

1) 希波克拉底的体液学说:古希腊著名医生希波克拉底认为,人体内有来自不同器官的四种体液,即血液来自心脏，黄胆汁来自肝脏，黑胆汁来自胃部，黏液来自脑部。这四种体液的混合比例决定了机体的健康状况和气质特征，并根据某种体液占优势的情况将气质分为四种类型，即多血质、胆汁质、黏液质和抑郁质（表 4－1）。虽然以体液来进行气质类型的划分缺乏科学根据，但是它对四种气质类型的描述形象、生动，比较符合日常生活中的某些典型的气质类型，并且在一些科学研究中也能获得某些证实，因而这四种气质类型的名称一直沿用至今。

表 4－1　希波克拉底体液说气质类型及特点

气质类型	气质特点
多血质	活泼、好动、灵活、反应迅速、喜欢交际、注意易转移、兴趣易变化、缺乏持久力
胆汁质	直率、热情、精力旺盛、情绪易冲动、心境变换剧烈、脾气暴躁
黏液质	安静、稳重、反应缓慢、沉默寡言、情绪不易外露、注意稳定难转移、善于忍耐
抑郁质	情绪体验深刻、行动缓慢、多愁善感、能察觉他人不易察觉事情、富有幻想、胆小孤僻

2）巴普洛夫的高级神经活动类型学说：俄国生理学家巴普洛夫通过大量的实验研究认为，高等动物的神经系统具有强度、平衡性和灵活性三种基本特性。强度是指大脑皮层神经细胞的工作能力或耐力，有强弱之分，兴奋过程的强度表现在忍受强烈刺激物的能力上，抑制过程的强度表现在忍受持续的抑制状态的能力上；平衡性是指兴奋过程与抑制过程的相对力量，两者力量若大体相等则是平衡的，否则是不平衡的，不平衡又分兴奋过程占优势或抑制过程占优势；灵活性是指兴奋与抑制过程互相转化的速度，有灵活与不灵活之分。这三种特性的不同组合，就构成了高级神经活动的四种基本类型（兴奋型、活泼型、安静型、抑制型），而这四种类型恰好能与希波克拉底的体液说的四种类型相吻合（表 4－2）。

表 4－2　巴普洛夫高级神经活动类型学说气质类型及特点

神经类型（气质类型）	强度	平衡性	灵活性	特点
兴奋型（胆汁质）	强	不平衡	不灵活	兴奋过程强于抑制过程，强而不平衡的类型；攻击性强，易兴奋，不易约束，不可抑制
活泼型（多血质）	强	平衡	灵活	强而平衡，灵活型；热情活泼，反应敏捷
安静型（黏液质）	强	平衡	不灵活	强而平衡，但不灵活；易于形成条件反射，但不容易改造，行动缓慢
抑制型（抑郁质）	弱	不平衡	不灵活	兴奋和抑制过程都很弱；胆小畏缩，消极防御反应强

【拓展学习 4－1】

苏联心理学家达维多夫曾用一个故事形象地描述了四种基本气质类型的人在同一情景中的不同行为表现。

四个不同气质类型的人去剧院看戏，但是都同时迟到了。胆汁质的人和检票员争吵，企图闯入剧院，他辩解道，剧院的钟快了，他进去看戏不会影响别人，并且打算推开检票员闯入剧场；多血质的人立刻明白，检票员不会放他进入剧场的，但是通过楼厅进场容易，就从楼厅溜到楼上去了；黏液质的人看到检票员不让他进入剧场，就想："第一场不太精彩，我到小卖部等一会儿，幕间休息时再进去。"抑郁质的人会想："我运气不好，偶尔看一场戏，就这样倒霉。"接着就回家去了。

【拓展学习 4－2】

张同学不喜欢与人交往，不喜欢抛头露面，心情不好时常常喜欢一个人待着，生活中发生的微不足道的小事也让他觉得像天要塌下来一样，久久不能释怀。刘同学大多时候都处于兴奋状态，积极参加学校各种集体活动，学习和生活都力争做到最好，但遇到困难和麻烦时刘同学特别容易急躁，喜欢与人争辩和发脾气。

对照前面的知识，你能判断张同学和刘同学属于哪种气质类型吗？自己又是哪种气质类型呢？

(3) 气质的意义

1) 气质无优劣之分：气质本身没有好坏优劣之分，任何一种气质既具有积极的方面又具有消极的方面，气质不决定一个人的价值和成就的高低。例如，胆汁质的人热情爽朗、精力旺盛，但也容易任性冲动、脾气暴躁；抑郁质的人谨慎细心、观察力敏锐、富有想象力，但耐受能力不强、缺乏魄力。

2) 气质和职业：气质不决定一个人成就的高低，但是某些气质特点为个人从事某项工作提供了有利的条件。当气质与工作性质比较吻合时，工作效率会更高，工作起来得心应手，心情比较愉快，相反则个人会承受更大的压力和挑战、心情郁闷、效率低下。因此，在职业选择时，应考虑个人的气质类型和职业的适宜性。多血质比较适宜需要有表达力、活动力和组织力的工作，如社交工作、外交工作、推销员、管理人员、律师、新闻记者等；胆汁质比较适宜政治工作、军事工作、经济工作、社交工作、推销、演说家、主持人等工作；抑郁质比较适宜不需要过多与人打交道而需要较强观察力、分析力和耐心细致的工作，如研究工作、化验员、会计、检查员、打字员等；黏液质则比较适宜安静、独处、有条不紊且思辨能力较强的工作，如自然科学研究、教育、医生、财务等。

3) 气质与教育：任何气质类型的个体都能发展成为优秀的个体。例如，俄国的普希金、赫尔岑、克雷洛夫和果戈理，他们的气质类型分别属于胆汁质、多血质、黏液质和抑郁质，但他们均成为世界闻名的大作家。因此，教育者应因材施教，应根据每个人不同的气质类型选择不同的教育方式。例如，对胆汁质、多血质的个体应严格要求，如果犯错，批评时也要声色俱厉；而黏液质和抑郁质的个体则"响鼓不用重锤"，对其批评也应点到为止。同时，个人在自我教育的过程中，应了解自己的气质特点，尽可能扬长避短。例如，胆汁质的个体大胆、热情、有勇气，但应培养耐心、自制、坚韧的品质；多血质的个体表现热情、机智、灵活，但要注意培养做事专一、踏实和勇于克服困难的精神；黏液质的个体具有踏实、稳重、善忍耐的特点，但要注意积极探索新问题，积极参加集体活动，增加灵活性；抑郁质的个体细心、观察敏锐，但要注意培养自信心和勇气，多用豁达的眼光看待事物，克服多愁善感，增加情绪的稳定性。

4) 气质与健康：心身医学认为，生理和心理是相互联系、相互影响、相互制约的。气质当中的一些消极情绪体验会对生理健康带来负面影响。情绪不稳定、易伤感、过分性急、冲动等既不利于心理健康，又不利于生理健康，可能成为某些身心疾病的诱发易感因素。

【拓展学习 4-3】

气质类型测试

中国心理学工作者陈会昌编制了气质类型测试量表，该量表共有 60 个题目，在回答以下题目时，如果认为与自己的情况"很符合"记 2 分，"比较符合"记 1 分，"介于符合与不符合之间"记 0 分，"较不符合"记—1 分，"很不符合"记—2 分。

1. 做事力求稳妥，一般不做无把握的事。
2. 遇到可气的事就怒不可遏，把心里话全说出来才痛快。
3. 宁可一个人干事，也不愿意很多人在一起。
4. 到一个新环境很快就能适应。
5. 厌恶那些强烈的刺激，如尖叫、噪声、危险镜头等。
6. 和人争吵时，总是先发制人，喜欢挑衅别人。
7. 喜欢安静的环境。
8. 善于和人交往。
9. 羡慕那种善于克制自己感情的人。
10. 生活有规律，很少违反作息制度。
11. 在多数情况下，情绪是乐观的。
12. 碰到陌生人觉得拘束。

13. 遇到令人气愤的事，能很好地自我克制。
14. 做事总是有旺盛的精力。
15. 遇到问题总是举棋不定、优柔寡断。
16. 在人群中从不觉得过分拘束。
17. 情绪高昂时，觉得干什么都有趣；情绪低落时，又觉得什么都没有意思。
18. 当注意力集中于一事物时，别的事很难使自己分心。
19. 理解问题总比别人快。
20. 碰到危险情景，常有一种极度恐怖感。
21. 对学习、工作、事业怀有很高的热情。
22. 能够长时间做枯燥、单调的工作。
23. 符合兴趣的事情，干起来劲头十足，否则就不想干。
24. 一点小事就能引起情绪波动。
25. 讨厌做那种需要耐心、细致的工作。
26. 与人交往不卑不亢。
27. 喜欢参加热烈的活动。
28. 喜爱感情细腻、描写人物内心活动的文学作品。
29. 工作、学习时间长了，常感到厌倦。
30. 不喜欢长时间谈论一个问题，愿意实际动手干。
31. 宁愿侃侃而谈，不愿窃窃私语。
32. 别人总是说我闷闷不乐。
33. 理解问题常比别人慢些。
34. 疲倦时只要短暂的休息就能精神抖擞，重新投入工作。
35. 心里有话宁愿自己想，不愿说出来。
36. 认准一个目标就希望尽快实现，不达目的誓不罢休。
37. 学习、工作同样一段时间后，常比别人更疲倦。
38. 做事有些莽撞，常常不考虑后果。
39. 老师讲授新知识时，总希望他讲得慢些，多重复几遍。
40. 能够很快忘记那些不愉快的事情。
41. 做作业或完成一件工作总比别人花时间多。
42. 喜欢运动量大的剧烈体育运动或参加各种文艺活动。
43. 不能很快地把注意力从一件事情转移到另一件事情上去。
44. 接受一个任务后，就希望能把它迅速解决。
45. 认为墨守成规比冒风险强些。
46. 能够同时注意几件事物。
47. 当自己烦闷时，别人很难使自己高兴起来。
48. 爱看情节起伏跌宕、激动人心的小说。
49. 对工作抱有认真严谨、始终一贯的态度。
50. 和周围人的关系总是相处不好。
51. 喜欢复习学过的知识，重复做熟练的工作。
52. 希望做变化大、花样多的事。
53. 小时候会背的诗歌，自己似乎比别人记得清楚。
54. 别人说我“出语伤人”，可我并不觉得这样。
55. 在体育活动中，常因反应慢而落后。

56. 反应敏捷,头脑机智。

57. 喜欢有条理而不甚麻烦的工作。

58. 兴奋的事常使自己失眠。

59. 老师讲新概念,常常听不懂,但是弄懂后很难忘记。

60. 假如工作枯燥无味,马上就会情绪低落。

【评分方法】

计算每种气质类型的得分:

胆汁质题号:2、6、9、14、17、21、27、31、36、38、42、48、50、54、58。

多血质题号:4、8、11、16、19、23、25、29、34、40、44、46、52、56、60。

黏液质题号:1、7、10、13、18、22、26、30、33、39、43、45、49、55、57。

抑郁质题号:3、5、12、15、20、24、28、32、35、37、41、47、51、53、59。

【气质类型的确定】

如果某种气质类型的得分明显高于其他三种,而且均高出 4 分以上,则可确定为该种气质类型。此外,如果该种气质类型得分超过 20 分,则为典型的该种气质类型;如果得分在 10～20 分,则为一般型。

如果两种气质类型的得分接近,差异少于 3 分,并且又明显高于其他两种达 4 分以上,可确定为这两种气质类型的混合型。

如果三种气质类型的得分接近,并且均高于第四种,则可确定为三种气质类型的混合型。

3. 性格

(1) 性格的概念:性格是指个体对现实稳定的态度及相应的习惯化的行为方式。性格是人格中最重要的心理特征,是人格特征的核心,它反映了个体的本质属性。

性格是在后天环境的影响下个体逐渐形成的对事物一贯的态度和行为方式,一经形成就比较稳定,但是某一种性格在不同情境中可以以不同形式表现出来。例如,一个人是热情大方的性格,他在课堂上是积极举手发言的,与人初次相识也是比较健谈的,劳动起来是雷厉风行的;如若偶尔显得沉默拘谨,不能将沉默拘谨视作他的性格特征。性格是个体与社会环境作用的产物,因而有好坏优劣之分,其中包含了许多社会道德含义。

(2) 性格的特征

1) 性格的态度特征:是指个体在对现实生活各个方面的态度中表现出来的一般特征。它主要包括个体对社会、对集体和对他人的态度。例如,有人关心社会、关心集体,有人对集体不关心、不热情,有人待人诚恳、坦率,有人待人虚伪、狡诈,有人有同情心、能体贴人,有人对人冷淡、使人不敢亲近。

2) 性格的理智特征:是指个体在感觉、知觉、记忆、想象和思维等认知活动中所表现出来的性格特征。例如,在观察事物时,有人注意细节,有人注意整体;在解决问题时,有人倾向冒险,有人倾向保守;有人爱独立思考,有人爱照搬别人的结论等。

3) 性格的意志特征:是指个体在调节和控制自己的心理活动和行为时所表现出来的心理特征。有人在行为中更多地表现出自觉性、果断性、坚韧性和自制力等良好的性格品质,而有人则更多地表现出盲目性或独断性、优柔寡断或冒失武断、动摇性或执拗性及任性或懦弱等不良的性格品质。

4) 性格的情绪特征:是指个体在情绪表现方面的心理特征。例如,在情绪的强度上,有人情绪比较强烈,容易受情绪的支配,而有人情绪比较微弱,其活动受情绪影响较小;在情绪的稳定性上,有人情绪稳定,而有人的情绪容易起伏波动;在情绪的持久性上,有人的情绪比较持久,而有人的情绪很容易减弱或消退。

(3) 性格的类型

1) 根据心理活动的倾向分类:瑞士心理学家荣格(Carl Gustav Jung)根据心理活动倾向于指向内部或指向外部,将性格分为内倾型和外倾型,也称为内向型和外向型。

当个体的兴趣和关注点倾向于指向个体内部时,是内向型。他们往往安静,富于想象爱思考,做事谨慎,深思熟虑，喜欢独处，做事稳妥，退缩，孤僻，冷漠害羞，自我欣赏，对社会不感兴趣，交往面窄，不易适应环境的变化。

当个体的兴起和关注点倾向于指向外部客体和外部世界时，是外向型。他们往往爱交际，活跃，开朗，自信，坦率，随和，勇于进取，对周围一切事物都很感兴趣，容易适应环境变化，有时轻率，易冲动，容易不加思考地行动。

现实生活中绝对内向型或外向型的个体都是少数，大多数人都是兼有外向型和内向型的中间型。

【拓展学习 4-4】

趣味测试：你是内向型还是外向型

请你仔细阅读每一道题并对照自己是否符合题目的情况。如果你觉得第 1 题至第 9 题符合或大致符合你的情况，那么你可能是一个外向的人；如果你觉得第 10 题至第 18 题符合或大致符合你的情况，那么你也许是一个内向的人。

1. 我倾向于先说后想或边说边想，有时会责怪自己“说得太多”。
2. 我认识很多人，交际广。
3. 我喜欢一边阅读一边做其他事，乐于多头并进。
4. 我爱与朋友、同事甚至陌生人交流，交流中自己往往是主角。
5. 我喜欢电话铃响，一旦有话要说就毫不犹豫地拿起话筒。
6. 我喜欢参加会议，喜欢在会上陈述自己的观点。
7. 我喜欢与大家在一起，不喜欢个人琢磨。
8. 我感到听比说困难，只让我听不让我说，用不了多久我便感到厌倦了。
9. 我经常用嘴而不用眼来“找东西”。
10. 在说话之前我经常会考虑再三。
11. 我喜欢个人独处所带来的平和、宁静。
12. 时常听到别人说我有些“腼腆”。
13. 我与别人打交道时总显得有点保守和矜持。
14. 我只喜欢与一个或少数几个亲近朋友分享有重要意义的时光。
15. 我希望自己能更有力地表达自己的观点，讨厌有人抢在自己之前发表与自己相似的见解。
16. 我希望自己在发言时，别人不要打断。
17. 我参加完会议、打完电话或从社交活动中回来后，往往需要独自一人“恢复精力”。
18. 我记得童年时父母经常催促自己“去外面与小朋友一起玩”。

2）根据个体的独立性程度分类：美国心理学家威特金（Herman A. Witkin）根据人的信息加工方式不同提出了性格场理论，把人的性格分为场独立型和场依存型。场独立型的人往往倾向于更多地利用自身内在的参照标志去进行信息加工。这类人社会敏感性差，不善交际，比较喜欢独立地发现问题和解决问题，不易受外在因素干扰，在活动中易于发挥自己的能力，比较有创造性，但有时喜欢把自己的意志强加于人。场依存型的人往往倾向于更多地利用外部事物作为参照标志去进行信息加工。这类人常处于被动、服从的地位，缺乏主见，受暗示性强，他们往往社会敏感性强，善于交际，但易受外界因素干扰，应变能力较差。这两类性格特征属于一个性格维度连续体的两端，典型场依存型或场独立型的人都是少数，大多数人的性格特征都处于这个连续体的某一点上。

3）根据个体的价值取向分类：德国心理学家斯普兰格（E. Spranger）依据人们认为哪种生活方式最有价值将性格分为六种类型：

经济型：以经济观点为中心看待事物，注重实效，以追求利益、获得财富为生活目的。

理论型：以认识客观事物的本质为最大价值，重视科学探索，以追求真理为人生目的，但解决实际问题时常无能为力。

审美型：以感受事物的美为人生价值，生活的目的是追求美感和自我满足，对现实生活不大关心。

宗教型：以信仰宗教作为人生的最高价值，相信神的存在，坚信生命永存，慈悲为怀，以爱人爱物为目标。

权力型：以满足自己的权力欲望为生活目的，有强烈的权力意识与权力支配欲，重视权力并努力获得权力。

社会型：以奉献社会为人生的最高目标，重视社会价值，爱社会，助人为乐，关心他人，乐于从事社会公益事业。

4) 根据个体适合的职业类型分类：美国心理学家霍兰德(John Henry Holland)根据性格特点和职业发展方向二者的关系将性格分为六种类型。

现实型：这类人动手能力强，手脚灵活，动作协调，不善言辞，不善交际，重视实际的物质利益。这类人适合从事使用工具或操作性强的工作，通常需要一定的体力，如工程师、技术员、测绘员、木工、电工、农民、牧民等。

研究型：这类人求知欲强，肯动脑，善思考，重分析，好内省，较慎重，知识渊博，有学识，但不愿动手，不善于领导他人。这类人适合从事智力活动、创造性活动或科学研究，如科学工作者、研究人员、工程师、计算机编程人员等。

艺术型：这类人喜欢文学和艺术，喜欢以各种艺术形式来表现自己，富于想象，感情丰富，具有创造性，但易于冲动。这类人适合从事自由的艺术创造性的工作，如作家、音乐家、艺术家、雕刻家等。

社会型：这类人乐于助人，容易合作，擅长交往，看重社会道德和社会义务，社会责任感强，渴望发挥自己的社会作用。这类人适合从事为他人服务、为他人谋福利或教育他人的工作，如教师、医护人员、保育员、服务人员、社会工作者等。

企业型：这类人精力旺盛，自信，富有冒险精神，具有领导才能，喜欢支配他人，喜欢竞争、权力、地位和物质财富。这类人适合从事那些组织他人共同完成目标或获得经济效益的工作，如政府官员、企业家、商人、管理者等。

传统型：这类人易顺从，习惯接受他人的智慧和领导，自制力强，遵守纪律，工作踏实，忠诚可靠，喜欢稳定有序的生活，不喜欢冒险和竞争。这类人适合从事按部就班的工作，如财务人员、统计人员、审计人员、打字员、图书管理员、办公室人员等。

二、人格的形成

人格的形成和发展是在个人的人生发展过程中由先天遗传因素和后天环境因素共同作用的结果。在人格的培养中，要看到生物遗传因素的影响，更要注重后天教育和环境的作用，以及个人实践和主观努力的因素。

(一) 生物遗传因素

人格的形成与发展有其遗传的生物学基础。心理学家通过对同卵双生子和异卵双生子的研究发现，遗传对人格形成有不可或缺的影响作用，一般来说，遗传因素主要影响气质类型、智力水平等与生物因素相关较大的特征。遗传因素影响人格发展的方向与形成的难易。

(二) 社会环境因素

1. 家庭环境　家庭是个体出生后接触的第一个社会化的环境，家庭是人生的第一所学校，个体对客观世界的认识往往是从家庭开始的。家庭环境对个人人格的塑造起重要作用，尤其是个体在家庭中所有的独特经验对其人格发展起着更重要的影响作用，父母的言传身教影响着孩子的人格发展，所谓“有其父必有其子”便是这个道理。家庭环境从家庭氛围、教养方式、家庭结构、家庭角色等多方面影响人格的塑造。

家庭氛围，尤其是父母之间的相互关系，会影响到孩子人格的形成。若家庭氛围是和睦、安宁、愉快的，则对孩子的人格形成有积极影响，孩子容易形成乐观、积极、易于相处的人格特征；相反，若家庭氛围是冷漠、猜疑、充满争吵的，则对孩子的人格形成有消极影响，孩子容易形成胆小、退缩、攻击好斗的人格特征。

大多数儿童都在家庭中由父母抚养长大，父母的教养态度和教养方式对个体的人格形成和发展起着重要的影响作用。家庭教养方式大致可以分为三类，分别是权威式教养、民主式教养和放纵式教养。在权威式教养方式中，父母往往会给孩子设立一定的行为目标，制订一定的规则，对孩子的不合理行为会做出适当的限制，喜欢给孩子讲道理，但父母的支配性和控制性较强，在这种教养方式中成长的孩子一方面容易形成被动、服从、依赖的人格特点，但另一方面也能更好地遵守社会规则，社会适应性强，善于自我控制和解决问题，更具有社会责任感。民主式教养方式中，父母往往与孩子处于一种平等的关系中，父母尊重孩子，给孩子贴心的帮助，对孩子的需求及时做出反应，给予孩子更大的自主权，在这种教养方式中成长的孩子容易形成活泼、快乐、直爽、自立的人格特征，但有时也会表现得比较自我，在遵守社会规则和履行社会责任上略逊。在放纵式教养方式中，父母往往对孩子是没有要求、没有指导、没有奖惩的，对孩子过于溺爱，放任自流，在这种教养方式中成长的孩子容易形成任性、幼稚、自私、无礼等性格特征。

在家庭结构和家庭角色上，孩子生活在两代人的家庭中比生活在三代人的家庭中，其人格中的独立性、勇敢性、情绪稳定性、行为习惯等方面发展得要好。另外，正常的双亲家庭的孩子往往比单亲家庭的孩子在乐观、自信、自尊、情绪等方面发展得要好。家中的第一个出生的孩子或独生子(女)比中间出生的孩子有更多的优越感，孩子在家庭中越受到重视，越容易发展出自信、独立的人格特点。家中第一个出生的孩子通常要扮演父母替身的角色，因此他们更容易发展出果断、主动、勇敢、乐于分享、富有责任感、具有领导精神的一些人格特征。中间出生的孩子处在长子(女)和最小的孩子之间，没有在家庭中享受过特殊待遇，容易发展出随和的人格特点，能够平衡好各种利益，表现得更独立。家中最后出生的孩子往往得到了家庭中父母和兄弟姐妹的爱护，从小受到了最多的关注，人格发展上更为开放，富有创造精神和冒险精神，当然也容易发展出自我、任性的一些人格特点。

2. *学校教育* 学校教育是学校通过教师对学生进行有目的、有计划、系统的教育影响过程，其中集体的氛围、师生关系、教师的个性、态度及同伴关系等均会影响个体人格的形成和发展。

首先，学校和班级都是集体环境，集体的特点、要求、评价等氛围都会对学生的人格塑造产生教育作用。良好的班风、校风有助于个体形成积极、主动、勇敢、自制、合群、协作等良好的人格特征；相反，不良的班风、校风则容易导致消极、被动、懒惰、自我、无组织、无纪律、不团结、不协作等不良的人格特征。

其次，教师的个性特征也会对学生的人格发展产生潜移默化的作用。教师的性格是暴躁或平和、乐观或悲观、勇于探索或墨守成规、意志坚定或薄弱、兴趣广泛或狭窄、情绪稳定或不稳定等都会对学生的人格发展产生积极或消极的影响。教师在教育态度上可分为三种类型：专制型、民主型和放任型。专制型的教育态度表现为教师独揽大权，在班级规划、学习安排、学习指导、对学生的奖惩等方面都是教师说了算。这样的教育容易使学生形成情绪紧张、冷漠、攻击性强、自制力差的人格特征。民主型的教育态度表现为教师尊重学生的自尊和人格，重视学生的意见和集体的作用，鼓励和指导学生通过自身努力实现目标。这样的教育方式有助于使学生形成积极、主动、友好、自制力强、富有合作精神、情绪稳定的人格特点。放任型的教育态度则表现为教师不控制学生的行为，不指导学生的学习，对学生不负责任，放任自流。这样的教育态度容易使学生形成散漫、无组织、无纪律、无集体意识、不合作的人格特点。此外，师生关系是存在于学校教育中的重要的人际关系之一，教师对学生的期待、鼓励、信任、公正和表扬都有助于良好人格的培养，相反，教师对学生的冷漠、打击、不信任、不公正和过度批评都会对其人格培养产生负面影响。

再次，学校教育中的同伴关系对学生人格的塑造作用也是不容忽视的。同伴关系是学校中重要的人际关系，同伴关系的好坏会直接影响学生的学习效率和学习积极性，并影响学生的人格发展。良好的同伴关系如接纳、帮助、宽容、关爱等，会帮助学生学会树立正确的社会价值规范、养成良好的言行习惯和形成积极的人格品质；相反，不良的同伴关系，如排斥、欺负、争斗、孤立等，则容易使学生形成焦虑、冷漠、攻击、嫉妒等不良的人格特点和错误的社会价值观。

3. *社会文化* 每个个体从一出生就会置身于一定的社会文化环境中，社会文化因素包括政治、经济、宗教、风俗、媒体宣传等，它们都会对个体人格的形成产生相应的作用。不同的民族文化下的群体会形成一些人格的共同特点，如东方文化下的群体通常具有含蓄、谦逊、关注群体的特点，而西方文化下的群体通常具有开放、进取、关注自我的特点。此外，社会风气和大众传媒对人格的塑造影响巨大。良好的社会风气有助于个体形成关爱、礼貌、自尊、自立、诚实守信、富有同情心、具有创造性等积极人格特点；而不良的社会风气则更易导致冷漠、懒惰、偷奸耍滑、弄虚作假等消极的人格特点。大众传媒是通过报纸、杂志、书籍、电影、电视、广播等形式向大众传播信息的方式,在传播信息的同时,它更传递了社会的价值标准和行为规范,因此,大众传媒的内容是正面或负面的就会对人格的发展产生潜移默化的积极或消极的作用。例如,影视作品中过多的暴力情节将会导致儿童在当时及成年后出现更多的攻击行为。

(三) 自我教育因素

除了先天遗传因素和后天环境因素对个体人格形成和发展的影响作用外,自我教育在个体人格的塑造中起到了动力作用。所谓自我教育即是个体从主观上想要从环境当中吸取哪些内容并排斥哪些内容,想要自己成为什么样的人,想要形成哪些人格品质。人区别于动物的本质特征之一是人具有主观能动性,能进行自我教育和自我调控。虽然遗传和环境因素会潜移默化地对人格形成起着影响作用,但个体自身的努力也是不容忽视的。自我教育是个体人格形成的基础条件之一,外来的影响因素都要通过个体的主观加工发生作用。所以从一定程度上讲,每个人都在自己塑造自己的人格。

三、人格的发展

人格的发展是指个体从出生至老年的整个生命过程中其人格特征的表现随着年龄、环境和社会经验的改变而逐渐变化的过程。人格的发展涉及从婴儿至成人的人格结构和人格动力的变化。对于人格的发展,不同的心理学理论学派所持的观点存在较大差异,本文主要介绍目前获得较多共识和应用的人格发展的理论,即弗洛伊德(Sigmund Freud)的性心理发展理论、埃里克森的心理社会发展理论及皮亚杰(Jean Piaget)的认知发展阶段理论。

(一) 性心理发展理论

弗洛伊德认为,人格发展的基本动力是人的本能,尤其是性本能,性本能被称为"力比多"(libido),"力比多"投注和转移到身体的某些部位,个体便获得快感和满足,从而影响个体心理的发展。弗洛伊德将个体心理的发展划分为五个阶段。

1. 口唇期(0~1 岁) "力比多"投注到口腔,通过吸吮、舔舐、哭喊等方式获取营养和口腔快感。这个阶段的婴儿在不饿的时候也喜欢吸吮奶嘴或自己的大拇指等物品。这种方式使婴儿依赖于母亲,加强了母婴关系,从而获得安全感,它是人格发展中信任和自信的重要源泉。如果口唇活动未得到足够满足,这种依赖关系没有很好形成,婴儿就缺少安全感,今后会出现咬指甲、抽烟、贪吃、唠叨和讽刺他人的行为方式。如果这一时期婴儿的口唇活动过度满足,"力比多"则"固着"在这一阶段,不易继续发展,从而表现出过度依赖、嫉妒的特点。

2. 肛门期(1~3 岁) "力比多"投注到身体的排泄区域,幼儿获得满足和兴奋的身体部位在肛门,幼儿通过大便的潴留及排泄获得快感。这个阶段成人开始对孩子进行排便训练,幼儿的行为受到外界的要求和限制,获得快感的行为受到干涉,可能与父母发生冲突,其肛门期欲望的满足和在大小便训练过程中所学到的人际关系方式,对未来人格的形成会产生较大影响,如果父母对幼儿的要求过分严格或过分随意,使幼儿满足太少或过分满足,均可导致人格发展的滞后,形成所谓肛门期人格,行为上表现为过分守秩序、爱整洁、过分认真、吝啬、节俭、强迫,或是走向另一极端,表现得过分慷慨大方、随意花销。

3. 性器期(4~6 岁) "力比多"集中在生殖区域。弗洛伊德认为,这个时期儿童性生理的分化导致心理的发展,儿童表现出对生殖器的极大兴趣,并开始爱恋异性父母。男孩十分爱恋自己的母亲而嫉恨自己的父亲,即所谓的"恋母情结",但是他们又害怕父亲的惩罚,就转而模仿父亲的行为表现,企图以此获得母亲的爱,于是便形成了男性的行为风格;而女孩则恰恰相反,她们眷恋父亲而嫉恨母亲,形成"恋父情结",但她们又不得不认同母亲,从而获得女性的行为风格。这两个情结对个体以后的道德规范和社会价值观的内化、性别角色的认同方面有重要影响作用,处理不好这些情结可能导致各种性变态或精神失常。

4. 潜伏期(7~12 岁) 弗洛伊德认为,此期是一个相对平静的阶段,性兴趣被其他的兴趣如知识学习、游戏、文体活动或同伴交往所代替,儿童更专注于社会情感的发展。这个阶段男女之间界限分明,主要与同性别同伴玩耍。此期通过各种活动,形成自信、自强的个性品质,如若处理不好,也会出现孤僻内向、自卑的个性弱点。

5. 生殖期(12~18 岁) 儿童前一时期平静下来的冲动与能量重新活跃起来,对性的兴趣剧增。12 岁以后，躯体逐渐成熟，进入青春期和生育阶段，形成以生殖器为主要来源的性快感区。这一阶段个体对异性产生了浓厚兴趣，喜欢参加两性组成的集体活动，并开始发展两性关系，他们也开始试图摆脱父母的控制，建立自己的生活方式，完成社会化的过程，形成独立的人格。

（二）心理社会发展理论

埃里克森的心理社会发展理论将人格的发展延伸到了成年及成年后时期，提出了人格的发展是一个渐进的过程，个体在一生中要经过八个有固定顺序的阶段，每个阶段都有一个发展任务，这些任务是由个体的生物成熟和社会文化、社会期望之间的冲突产生的。如果儿童解决了冲突，完成了任务，就会获得积极的品质，转而进入下一个阶段，如果完成得不好，就会形成消极的品质。每个个体完成任务的程度各不相同，一般都介于积极和消极的两个端点之间的某一点上，健康人格更倾向于积极的那一端。

1. 婴儿期（0～1 岁） 基本信任与不信任的心理冲突。这一阶段婴儿的主要任务是发展信任感，克服不信任感，体验着希望的实现。这个阶段婴儿对成人的依赖是最大的，如果关爱者（通常是母亲）能以慈爱和持续稳定的方式来满足婴儿的需要，婴儿就会形成基本的信任感；如果关爱者经常拒绝婴儿的需要或以变化无常的方式来满足他们的需要，婴儿就会形成不信任感。

2. 幼儿期（1～3 岁） 自主与害羞和怀疑的冲突。这一阶段幼儿的主要任务是获得自主感，避免怀疑感和羞耻感，体验着意志的实现，并形成意志品质。此期幼儿因介入自己的意愿而与父母等养育者的意愿产生冲突，如果父母等养育者能够理解幼儿的行为，以引导、鼓励和适当批评结合，对幼儿的行为限制适当，给予他们一定的自由，就会使他们建立起自主性和自我控制的意识，增强自信心；相反，如果父母等养育者此时对幼儿管束太多，过分限制对其不当行为过分责备甚至惩罚，就会使他们产生羞怯、怀疑的人格。

3. 学前期（3～6 岁） 主动对内疚的冲突。这一阶段儿童的主要任务是获得主动感，克服内疚感，体验着目的的实现。这个时期的儿童身体活动更为灵巧，口语表达能力增强，想象力极为生动丰富，他们希望独立，愿意与人交往，希望被重视，但又害怕这些事情。如果父母肯定和鼓励儿童的主动行为和想象力，儿童就会获得积极的自主性，使其想象力和创造性充分发挥，形成追求有价值目标的人格特点；反之，如果父母对儿童的行为和想象力不能很好理解和引导，经常限制儿童的主动行为，讥笑儿童不切实际的幻想，儿童就会丧失主动性，变得无所适从，难以建立自信心，并对自己的能力感到怀疑和内疚。

4. 学龄期（6～12 岁） 勤奋对自卑的冲突。这一阶段的主要任务是获得勤奋感，克服自卑感，体验着能力的实现。儿童投入大量精力在学习、体育和游戏当中，开始与别的孩子展开竞争，他们努力追求成功，但同时又惧怕失败，勤奋感与自卑感构成了本阶段的冲突。儿童如果体验到从稳定的注意和孜孜不倦的勤奋中完成工作的乐趣，可以从中产生勤奋感，相反则可能产生自卑感。这个阶段如果儿童的努力得到赞赏的强化，勤奋感便得以发展；反之，如果儿童的努力得不到关心，并受到责骂、嘲笑或反对，则使儿童产生自卑感。

5. 青春期（12～18 岁） 自我同一性和角色混乱的冲突。这一阶段的主要任务是建立自我同一感，避免角色混乱，体验忠诚的实现。一方面青少年本能冲动的高涨会带来问题，另一方面更重要的是青少年面临新的社会要求和社会的冲突而感到困扰和混乱。所以，青少年期的主要任务是建立一个新的同一感或自己在别人眼中的形象，以及他在社会集体中所占的情感位置。这一阶段的冲突是角色混乱。自我同一性体现为“这种统一性的感觉也是一种不断增强的自信心，一种在过去的经历中形成的内在持续性和同一感（一个人心理上的自我）。如果这种自我感觉与一个人在他人心目中的感觉相称，很明显这将为一个人的生涯增添绚丽的色彩”。

6. 成年早期（18～25 岁） 亲密对孤独的冲突。这一阶段的主要任务是获得亲密感，避免孤独感，体验着爱情的实现。亲密感是人与人之间的亲密关系，包括友谊与爱情，它是在共同完成任务的过程中建立起来的。如果个体不能与他人分享快乐与痛苦，不能与他人进行情感交流，不能相互关心与帮助，就会陷入孤独感中。如果亲密感大于孤独感，青年人就会发展出爱的品质，与人交流，分享感情；反之，就会回避与别人的亲密交往，甚至形成混乱的两性关系。

7. 成年中期（25～50 岁） 生育对自我专注的冲突。这一阶段的主要任务是获得繁殖感（成就感），克服停滞感，体验着关怀的实现。这一阶段的个体成家立业，会努力创造能提高下一代物质和精神生活水平的财富，关心和指导下一代的成长，如果这一需求得到满足，就会产生繁殖感，反之，缺乏这种体验或因过度专注自我则会产生停滞感。如果个体的繁殖感高于停滞感，人格就会形成关心的品质，反之则形成自私的品质。

8. 成年晚期(50 岁～)　自我调整与绝望期的冲突。这一阶段的主要任务是获得自我完善感,克服失望和厌倦感,体验着智慧的实现。这个阶段的个体会经历各种丧失,如工作的丧失、权力地位的丧失、配偶亲戚朋友的丧失。此期的老人必须做出调整来面对生活中的这些变化。如果前面七个阶段的积极成分多于消极成分,就会在成年晚期汇集成完美感、充实感和幸福感,不畏惧死亡;相反,就会产生失望感、绝望感,精神萎靡,畏惧死亡。如果这一阶段的冲突得以积极解决,就会形成智慧的品质。

(三)认知发展阶段理论

皮亚杰认为,认知的发展与道德的发展是平行的,而认知的发展是道德发展的必要条件。皮亚杰将儿童和青少年的认知发展划分为四个阶段:感知运动阶段、前运算阶段、具体运算阶段和形式运算阶段。他认为所有的儿童都会依次经历这四个阶段,各个阶段的出现从低到高有一定的次序,阶段可以提前或者推迟,但阶段的先后顺序不变,新的心智能力的出现是每个新阶段到来的标志,而这些新的心智能力使人们能够以更为复杂的方式来理解世界。

1. 感知运动阶段(0～2 岁)　这个阶段的婴幼儿主要是依靠感知运动去适应外部世界,构筑动作格式,并开始认知到客体永久性(即当客体在眼前消失,婴幼儿依然认为它是存在的),这些认知图式便形成人格发展的基础。

2. 前运算阶段(2～7 岁)　这个时期的儿童思维的主要特征是思维直接接受事物的显著具体特征,不能抽象运算思维,不能理解物质守恒,思维缺乏可逆性。以自我为中心,不会站在别人的立场上来观察世界、分析问题,往往只能考虑自己的观点,也不能将自己的观点与别人的观点进行协调。这一时期儿童的道德判断是以他律、绝对规则及对权威的绝对服从为特征的。

3. 具体运算阶段(7～12 岁)　这一阶段的儿童出现了逻辑思维,思维具有可逆性,能够理解守恒性。自我中心思想也逐渐消失,开始能站在别人的角度看问题,能利用别人的观点来鉴定自己解决问题的办法是否正确。开始意识到规则是一种保证共同利益的、契约性的、自愿接受的行为准则,并表现出合作互惠的精神。

4. 形式运算阶段(12～15 岁)　这个阶段的最大特点是儿童的思维已摆脱具体事物和过程的束缚,把内容和形式区分开来,可以利用语言文字,在头脑中经过想象和思考,重建事物和过程来解决问题,并能根据各种可能的假设进行推理。这个阶段的儿童不再刻板地按照固定的规则去判断,在依据规则判断时会考虑到一些具体情况。

第二节　大学生常见的人格偏差与调适

大学阶段是个体人格形成和发展的一个特有阶段,表现出人格发展方面的一些独有的特点。但此阶段一些主客观原因也可能会影响个体人格的正常健康发展,出现人格缺陷,严重的甚至发生人格障碍,故值得引起重视和防范。

一、大学生人格发展的特点

大学生作为社会中的一个特殊群体,他们有机会接受高等教育,今后将拥有较多的知识和技能,肩负起社会发展的重任,同时他们也处于人格发展和日趋成熟的关键时期,因而具有其自身人格发展的一些特点。

(一)自我意识日趋成熟

自我意识是个体对自己的认识,包括对自己的生理状况、心理特征及自己与他人的关系的认识。大学生的自我意识得到了较大发展,他们对自己、他人和社会通常能做出正确、全面和客观的评价,既能独立地评价自我,也会参照外在标准做出比较,社会道德评价达到了较高的水平。可较好地接纳自己,独立性、自尊心和自信心都有很大的提升,树立理想自我,并自觉地调控现实自我的动机、行为、情绪去实现理想自我。

(二)情绪体验较为丰富

大学生正处于从青春期向青年期过渡的时期,生理上完全发育成熟,心理上尤其是情绪的发展还在经历不断变化。一方面，大学生的情绪体验丰富而深刻，他们往往表现得活泼、开放、热情、精力旺盛、积极向上、充满朝气与激情，同时情绪体验也敏感、细腻而深刻，并且在情绪的表达上大学生也开始表现得比较内隐和具有掩饰性。另一方面，大学生的情绪带有明显的起伏波动，容易从一个极端走向另一个极端，情绪表现有时会大起大落、大喜大悲。大学生情绪自控能力不足，一旦情绪爆发便难以控制，甚至表现为盲目冲动和走向极端。总之，大学生的情绪发展日趋成熟，接近成人，同时还有不成熟的方面尚待不断完善。

（三）人际关系多元发展

大学生的人际交往范围扩大，由纵向交往向横向交往的转变日益增多，由与本班同学交往向与本院系、本校及外校的学生乃至社会其他群体的交往发展，大学生的人际交往不仅包括同性交往，还包括异性交往。首先，人际交往面的扩大，开阔了大学生的视野，也活跃了他们的思维。其次，人际交往的频率也显著提高，大学生活有比较宽裕的课余时间，从而为大学生增加人际交往的频率提供了机会。再者，大学生人际交往的方式也多种多样，包括一些传统的人际交往方式，如社团活动、体育活动、娱乐活动或集体活动，同时新兴的网络与电子产品也为大学生人际交往提供更为广阔的途径。此外，大学生人际交往的目的也具有多样性，大学生在选择和谁交朋友时，除了情感因素和志同道合外，也会考虑与自身社会利益相关的诸多因素，表现出情感型交往与功利型交往并重的趋势。

二、大学生常见人格偏差及调适

【案例 4－2】

有一对兄弟，老大叫 Bob，老二叫 Sam。Bob 积极乐观，而 Sam 消极悲观。他们的父亲对两个孩子做了一个实验，他让 Sam 待在一间装满玩具的房间里，而让 Bob 待在一间堆满牛粪的屋子里。

过了一会儿，父亲去 Sam 的房间查看，发现性格悲观的 Sam 正在玩具堆旁哭个不停，就问他为什么，Sam 说："爸爸你给我拿了这么多玩具，我不知道该从哪一个开始玩，呜呜呜。"

父亲之后又去 Bob 的房间查看，他发现 Bob 正在非常开心地用一根枝条翻着牛粪，当他看到爸爸来了，就兴奋地问父亲："爸爸，你快告诉我，你把玩具收在哪堆牛粪下面了？"

【案例 4－3】

李某和何某是同班同学，两人成绩都不错，但二人的行事风格却非常不同。李某是班里的学习委员，对待班里的同学趾高气扬，不顾及同学的感受，也不主动帮助同学，经常摆出一副官架子，同学们对他是敬而远之。何某是班里的班长，对待工作任劳任怨，待人热情诚恳，总是替他人着想，还主动帮助有困难的同学，大家都很喜欢他。

大学生在人格发展的过程中，主客观原因可能会影响到人格的正常健康发展，从而出现人格缺陷。人格缺陷是一种介于正常人格与障碍人格之间的人格状态，是一种人格发展的不良倾向，主要表现为害羞、怯懦、自卑、狭隘、拖拉、自我中心等。这些不良的人格倾向不仅不利于健康人格的塑造，而且还会影响大学生的人际关系和学习效率，甚至导致疾病的发生。

（一）害羞

害羞即是感到不好意思，难为情。害羞是个体自我防御反应过强的表现，害羞的个体通常过于关注自我，自信心不足，害怕给别人留下不好的印象，因而会表现出害怕在众人面前发言、不愿和陌生人打交道、见到异性手足无措、与不熟悉的人说话感到紧张等。害羞本是一种正常的心理反应，但如果害羞过度并给正常的生活和人际交往带来了障碍则应引起重视并进行有意识的调节。

其一，要注意增强自信心。每个人都既有优点又有缺点，既有长处也有短处，找到自己有优势的方面，在优势和成功中提升自信水平。其二，调整心态。要想到"金无足赤，人无完人"，每个人都不可能在方方面面都做得十全十美，他人对自己的关注其实是有限的，不必太在意他人的看法和议论，否则将故步自封，寸步难行。其三,要有意识地锻炼自己。当需要在公众面前发言,或是需要和陌生人打交道,或是和不熟悉的人谈话,或是和异性交往等情况发生时,不要逃避,要勇敢面对,因为越是逃避将越会强化害羞的心理,万事开头难,勇敢地迈出第一步,将会发现其实害羞真的不难克服。

(二) 怯懦

怯懦是指在困难和挫折面前缺乏勇气和信心,不能迎难而上,反而知难而退、不战自败。有些大学生过去的生活学习经历比较单一,也比较一帆风顺,逐渐形成了"只能成功,不能失败"的一些非理性信念,因而表现得瞻前顾后,蹑手蹑脚,没有所谓的"十足把握",便不愿表达自己的态度,不敢参与竞争,不愿承担责任,更不敢冒风险。这样将严重阻碍个体的进步和发展。对此,大学生应该培养自己积极迎接挑战的勇气与信心,遇到困难不逃避、不幻想,不怕失败,争做生活的强者。

【拓展学习 4-5】

如何让自己变得勇敢而独立

生活中有些人比较胆小懦弱,缺乏克服困难、解决问题的勇气,甚至有些小事也不敢独自完成。如何让自己变得勇敢而独立呢?我们可以让自己通过完成一些"小事"来逐步锻炼自己的勇气和胆量,增强解决问题和克服困难的信心。

第一阶段:向陌生的异性问路。

第二阶段:向陌生人借一张纸或纸巾。

第三阶段:请陌生人完成一份调查问卷。

将每次的挑战经历记录下来,注意记录自己的体验和感受,并分析自己成功或失败的原因。只要我们不断地尝试,敢于挑战自我,勇于面对挫折,必将得到改进和提高。

(三) 自卑

自卑是一种消极的自我意识,它是一种不能自助和软弱的复杂情感,有自卑感的人总是低估自己的能力,觉得自己各方面不如人。大学校园里的学生来自五湖四海,大多数学生曾经都是中学时代中的佼佼者,进入大学后发现人才济济,"山外有山,人外有人",在学习、人际交往、文体才艺等方面还存在一些不足,顿时产生心理落差,自尊心受挫而产生自卑感。过度的自卑容易引发敏感、心理失衡、情绪化等不良的心理反应。

如何降低自卑感,发展健康的人格呢?首先,发展良好的自我意识,对自己做出客观的评价。世上无完人,人都是各有所长、各有所短的,大学生应对自己的优点缺点、长处短处做出正确的评价,看到自己的优势,不必过分追求完美,从而增强自信心。其次,选择正确的参照系统进行比较。海明威说:"自卑源于比较,而不是源于真实。"如果总是进行横向比较,尤其是拿己所短比人所长,自然会越比越自卑。每个人的性格、成长经历和家庭背景各不相同,自然会产生人和人之间的差异性。大学生在进行比较时,应该更多地进行纵向比较,减少横向比较,通过将自己的过去、现在和将来做比较,发现自己的进步,既获得心理的平衡,同时赢得更多的自尊与自信。

【案例 4-4】

张某,男,大学二年级学生。外表俊朗,衣着时尚,成绩优良,具有一定的社会组织能力。然而他内心深处却有着强烈的自卑感。他平时做事没有什么信心,觉得自己一无是处。他非常在意他人对自己的评价,渴望自己能受人欢迎,但总觉得不尽如人意,因此他情绪抑郁、消沉,觉得自己做人很失败。到学校心理咨询中心寻求帮助,咨询老师让他在纸上列出自己的优点和缺点,他想了几分钟,然后在纸上列出了一堆缺点,优点却一个也写不出来。咨询老师建议他请要好的朋友来列出他的优点和缺点,结果发现,朋友们列出了他很多的优点,优点远远多于缺点。张某这才顿悟,原来自己并不是一无是处的,还有这么多被人喜欢的地方。咨询老师建议,每个人都有自己的优点和缺点,没有什么高低之分,重要的是要学会接纳自己，重视自己内心的感受，看到自己的努力和进步。张某对自己有了新的认识，觉得做人、做事其实不用太在意别人怎么看，也不用老是和别人比，只要自己开心就好。张某通过自己分析及从同学处了解到，自己在活动组织上的能力是被大家认可的，因此参加了学校的戏剧节活动，组织本班同学自编、自导、自演了一出戏剧节目，获得了不错的名次，更增加了他的自信心。

【拓展学习 4-6】

提升自信的小窍门

1. 不论上课还是开会，挑选前面的位置坐。
2. 练习正视别人。
3. 将走路的速度加快 25%。
4. 练习当众发言。
5. 咧嘴大笑。
6. 积极参加各种活动，多展示自己和锻炼自己。
7. 注意衣着仪表。
8. 积极的自我暗示，自己给自己打气。

（四）狭隘

所谓狭隘即是通常所说的一个人心胸狭隘、气量小。狭隘之人往往对个人利益斤斤计较，对他人过失耿耿于怀，对他人优势难以容忍。狭隘容易滋生如猜疑、嫉妒、孤僻、过激等不良的心理和行为反应，狭隘的人通常人际关系不好，不仅伤害他人情感或利益，而且自己也常常处于烦恼、痛苦之中。

歌德说："比海洋更广阔的是天空，比天空更广阔的是心灵。"那么如何才能克服狭隘心理，提高自身修养呢？首先，应认识到狭隘所带来的危害。狭隘于人于已都是有百害而无一利的，狭隘者往往内心备受煎熬，很难有愉快体验，对身心健康都极为不利。其次，应丰富自己，开阔心胸。一个人如果见识少、视野窄，自然容易心胸狭隘。大学生可以通过阅读、旅行、参加各种活动，增加与人交往等方式来丰富自身，了解他人，开阔眼界，增加气量，所谓站得高，才能看得远。

（五）拖拉

拖拉是不少大学生身上存在的问题。拖拉是指一个人做事缓慢，缺乏时间观念，经常拖后期限的心理现象。拖拉使得部分大学生生活学习缺乏目标，当下的学习工作任务不能及时完成，临到最后急急忙忙，熬更守夜，东拼西凑，应付了事，学习工作质量得不到保证，同时无形之中也增加了心理压力，从而容易导致焦虑、抑郁、恐惧、懒惰等不良心理的产生。

拖拉的危害显而易见，如何改变拖拉的毛病？首先，大学生要学会树立目标和制订计划。可以把学习或工作任务分解为各个部分，将大目标分解为各个子目标，尤其是对于那些任务重、难度大的目标，更要分步骤、分阶段有计划地去完成。其次，对于目标任务要根据轻重缓急进行分类排序，将那些重要的、时间紧迫的任务优先安排完成，将琐碎的不是太重要的任务安排在相对靠后的时间。最后，对每天的时间要做规划，将学习工作任务安排在日程表上，尤其注意日程表要具体和详细，包括吃饭、休息、通勤的时间也要列在日程表上，避免对时间的规划过于乐观。

【案例 4-5】

周某，女，大二学生。自述每次重要考试如期末考试、英语四六级考试前，都心烦意乱，无法安心学习。内心想要尽量复习得好一些，考前每天也花大量时间去上自习，但是一看到书本和复习资料，感觉复习内容堆积如山，顿时情绪低落，内心烦闷，觉得自己复习不好，考试结果也不会好。每次自习的时间只有最多一半有学习效率。因学习情绪焦虑,故寻求心理咨询。咨询老师进一步了解到,该生平时学习缺乏计划,基本不复习功课,从课程结束到考试期间本也有较为宽裕的复习时间,但开始时她总给自己找借口不复习,觉得考试还早,到时再复习也来得及。当考试临近,她才开始临时"抱佛脚",因复习内容多、复习时间短,故产生焦虑、痛苦情绪。咨询老师建议该生凡事要早计划、早安排,一定要树立学习目标,制订学习计划,安排好学习日程,并且一定按照计划严格执行,并实行一定的自我奖惩,避免"临阵磨枪"而带来的负面影响。该生在后来的学习安排中按照咨询老师的要求提前制订了学习计划,考前焦虑明显减轻,学习效率提高,学习效果得到改善。

(六) 自我中心

自我中心这个心理学概念最早由心理学家皮亚杰提出,原指婴幼儿的判断和行为有受自己的需要与感情强烈影响的倾向,后来认为青少年和成年人,也有这种倾向。他们往往存在较为强烈的自我中心观念,想问题做事情都从"我"出发,凡事都只想到自己,要求人人为己,却很难设身处地地替他人考虑,不愿为别人做出牺牲,不关心他人痛痒,表现为自私自利,损人利己。因此,他们很难赢得他人的信任与喜欢,人际关系通常不良,在社会交往中容易碰壁,从而陷入痛苦之中,进而诱发抑郁、焦虑等心理问题。

要克服自我中心的人格特点,首先,要对自身进行正确评价,既不高估自己也不低估自己,既不自高自大也不妄自菲薄;其次,要树立正确的人生观和价值观,促进人际关系的良好发展。以自我为中心者应认识到人际交往遵循互惠原则,如果只想满足自己而不考虑他人,最终只能将自己封闭起来,处于自我隔离状态。要学会礼尚往来,学会让步,学会尊重、关心和帮助他人,学会控制自己的不良言行,这样才能收获他人的回报。

【案例 4-6】

杨某,女,大一学生。自诉情绪压抑痛苦,她说宿舍里的同学都排挤她,这让她感到特别的失落和气愤;她报名参加班级干部竞选,结果没有几个同学投她的票,导致她落选,为此她非常气愤和羞愧。她对理想的大学生活充满了憧憬,而现实让她觉得处处受排挤,理想得不到实现。咨询老师进一步了解到杨某自小集全家宠爱于一身,她是全家人的重心,她的要求家人都会尽量去满足。过去当她与同学、朋友或同龄的亲戚之间发生矛盾时,长辈们无一例外地都偏袒她。因此,她已经习惯于这种优胜者、指挥者的角色,认为大家都理所应当地要考虑她的需求和满足她的愿望。过去主要生活在家里且学习生活相对单一,人际交往的矛盾尚不明显,但是到了大学之后,她仍然以自我为中心,我行我素,希望大家都顺从她、偏袒她,但现实是没有谁会满足她的这些无谓的要求,没人喜欢她的这些"大小姐"脾气,人际关系不良。咨询老师建议杨某从以下几个方面去做出改变,一是客观认识自我,二是适应环境,三是学会欣赏,四是学会分享。

三、常见人格障碍

当个体的人格发展严重受到影响,人格发展明显偏离了正常,将可能发展成人格障碍。所谓人格障碍是指个体的人格在内容、性质和整体上明显偏离正常,表现出根深蒂固的、明显异常的个人生活风格和行为方式。人格障碍是一种人格异常,人格障碍者一般不能很好地适应社会环境,在待人接物、为人处世、情感反应和意志行为上与他人、社会不相协调,不仅本人感到痛苦,甚至还会给他人乃至社会带来危害。大学生正处于人格发展完善的关键时期,对人格障碍应该有所认识并加以注意和重视。《中国精神障碍分类与诊断标准》(第 3 版)(CCMD-3)将人格障碍分为以下八种类型。

(一) 偏执型人格障碍

偏执型人格障碍的个体以猜疑和偏执为主要特点。他们往往表现为过度敏感,对侮辱和伤害不能宽容而长期耿耿于怀;多疑,心胸狭隘,对他人无意或非恶意的行为甚至善意的行为也能做出带有敌意的推测;容易产生病态的嫉妒心理，无端猜疑恋人或伴侣的忠诚；自以为是，自命不凡，对自己作过高的估计，总是把失败和责任归咎于他人；对外界事物做"阴谋化"解释，过分警惕和带有敌意。这种个体一般与家人不能和睦生活，与朋友同事不能融洽相处。

【案例4-7】

黄某，性格敏感，多疑，心胸狭窄，自我评价高，情绪不稳定。该生学习成绩一般，组织能力一般。在日常学习和生活中喜欢责备他人，常常把同学或老师的中性甚至是友好的语言看作敌视或蔑视的语言，常与同学或老师发生摩擦或冲突，与同寝室的同学都吵过架。评奖学金时因资格未达到评比条件而落选，于是耿耿于怀，认为是同学们和老师故意压制他。一次期末考试前，黄某的一本复习资料丢失，他便认为是同学们联合起来整他，想让他考试不及格，再次评不上奖学金，故与寝室同学发生激烈的争吵，后要求辅导员老师调换寝室。老师和同学们向他耐心解释，但他根本听不进去，执意认为老师和同学们是在联合起来整他。多次寻求学校老师进行心理咨询，但并无任何效果。

（二）分裂型人格障碍

分裂型人格障碍的个体以孤僻、冷漠为主要特点。他们往往表现出观念和行为的古怪；性格明显内向，胆小，孤僻，被动，懦弱，退缩，沉默寡言，不爱交往，与家庭和社会成员疏远，对人态度冷淡，怕见生人，也不主动与人打招呼，除工作或生活中必须接触的人以外，基本不与他人交往，缺乏知己；不关心别人对自己的评价，缺乏进取心，对表扬或批评几乎无动于衷；社会适应能力差，行为怪异，过分沉溺于幻想之中；及至成年，对恋爱、婚姻和性没有任何兴趣。

（三）强迫型人格障碍

强迫型人格障碍的个体以刻板固执、墨守成规、不会随机应变为主要特点。他们往往因为内心深处缺乏安全感、自信心不足而表现为做事循规蹈矩，追求完美，过于认真，过分谨慎，过度关注细节，以致忽视全局；因对学习或工作成效过分投入，以致把个人消遣和交友活动排斥在外；因凡事追求尽善尽美和完整精确，显得缺乏温情，并且有时会给他人带来不便。

【案例4-8】

陈某，男，某大学二年级学生。他的生活过于规律，显得模式化，几乎每天早上7点起床，7点半出门，到食堂吃早餐，8点到教室，中午固定午休40 min，下午2点半到教室，5点半离开，晚上7点到教室，10点离开。每次到教室，喜欢坐在固定的座位上上课或自习。如果有外在的突发情况打乱了作息规律，会感觉很生气。陈某看似每天花了较多时间在学习上，但学习效率不高，学习效果不好。他每次到教室，首先要将书包整理一遍，然后整理书本，保持书本平顺没有皱褶，然后检查每支笔是否墨水充足、光滑好用，检查水杯里的水是否足够。上课做笔记一丝不苟，要先在草稿纸上写下然后誊抄，如果有写错会感觉很沮丧，并且整个重新誊抄一遍。很少参加集体活动，因过于苛刻，与同学之间缺乏交流，没有交往很深的朋友。

（四）冲动型人格障碍

冲动型人格障碍也称为爆发型人格障碍或攻击型人格障碍。这种人格障碍是以情感和行为的爆发性反应为主要特点。他们往往因为情绪很不稳定且缺乏控制冲动的能力，稍有不如意便爆发出强烈且难以控制的愤怒情绪并伴有冲动行为；对事物缺乏计划和预见的能力；自我形象、目的及内在偏好紊乱；容易产生人际关系紧张和不稳定。

（五）表演型人格障碍

表演型人格障碍又称癔症型人格障碍，这种人格障碍以夸张言行吸引他人注意或过分感情用事为主要特征。他们往往表现为夸张的言语动作和表情，十分关注自己的外表，举止上甚至带有挑逗性；喜欢凑热闹，爱出风头；情绪外露，表情丰富，喜怒哀乐皆形于色，情感都是反应性的，且反应过度，但没有真情实感，给人肤浅易变的印象；容易受暗示，易受他人影响。

【案例 4－9】

罗某,女,某大学三年级学生。她非常在意自己的外形,每天花较多的时间在穿衣打扮上,并且花较多的钱在购置衣物上,穿衣风格也力求标新立异、与他人不同。她在公众面前尽量表现自己,用夸张的行为来吸引他人注意,只要有发言的机会,不管是否适合,她都要发言,甚至故意和他人意见相左或说些大胆的内容来吸引众人注意,十处打锣九处有她,言辞渲染性、鼓动性和表演性极强。遇到个人利益受损或挫折困难时,反应过于强烈,异常愤怒或悲伤。

(六) 焦虑型人格障碍

焦虑型人格障碍以总是感到紧张、易惊恐、懦弱胆怯、自卑为主要特点。他们往往表现为因为自卑而渴望得到他人的喜欢和接纳,并且对批评或拒绝过度敏感;习惯性地夸大生活中的潜在危险,从而回避参加某些活动;因害怕被批评或遭到排斥而缺乏与他人联系和建立人际关系的勇气。

(七) 依赖型人格障碍

依赖型人格障碍以缺乏独立性、过度依赖他人、顺从为主要特点。他们往往表现出将自己的需求依赖于他人,过分服从他人意志,甚至不愿向所依赖的人提出合理的要求;即使有较好的能力,也难以独立地做出计划或做出事情,将责任推给他人来应对逆境或顺境;做事无主见有无助感、无能感、无独立感、被遗弃感而且害怕孤独;对批评敏感,需要关心,过分依赖于人际关系。

(八) 反社会型人格障碍

反社会型人格障碍以高度攻击性、缺乏羞耻感、行为无计划性为主要特点。他们往往表现为严重且长期不负责任,行为违反了社会规范、准则和义务,易激惹,攻击性强,且行为后果严重甚至已构成拘捕的理由;行为无计划性或有冲动性,行为受偶然动机驱使;对他人漠不关心,冷酷无情,不能从经历包括惩罚中取得经验教训,对自己的错误行为也没有任何悔意和内疚感;不能与他人维持长久的关系,社会适应严重不良。

第三节 大学生健康人格的塑造

大学阶段是人格塑造的重要阶段之一,理解何为健康人格、如何塑造健康人格对大学生而言具有重要意义,它不仅有助于促进自身人格的完善,还能帮助个体保持心理的健康状态。

一、健康人格的内涵

健康人格是一种高于正常人格的心理状态,它不仅是人格的整体性、独立性和稳定性的统一,还是人格的生理、心理、社会、道德和审美等的完美统一、平衡和协调,是人充分发展所能达到的一种境界。具体而言,健康人格包括以下内涵。

(一) 正确的自我意识

自我意识是个体对自己及自己与他人、与世界关系的认识。当个体具有正确的自我意识时,才能对自己进行全面、客观和准确的评价,对自己的优点、缺点做到全方位接纳,既不自视清高、妄自尊大,又不自轻自贱、妄自菲薄,懂得自身存在的价值,自尊、自信,能有效地调节自身行为并与环境保持和谐,不断促进自身的进步和完善。

(二) 积极的生活态度

生活态度是指人们通过实践形成的对人生问题的一种稳定的心理倾向和基本意愿。拥有积极生活态度的个体常常能从积极的方面去看待生活,对未来充满信心和希望,对自己的学习、工作和生活抱有浓厚的兴趣,能很好地施展自己的才智,感到生活有目标,人生有意义,内心体验到愉快与幸福,遇到困难和挫折,能够不畏艰难,充满勇气,克服困难,奋力拼搏,并在其中收获满足感与成就感。

（三）良好的社会适应

社会适应能力是个体为了在社会中能更好地生存而进行的在生理上、心理上和行为上的各种适应性改变，从而与环境达到和谐状态的一种能力。具有良好社会适应能力的个体往往能保持乐观的生活态度，对生活充满信心，从积极的角度去观察和评价自己、他人和社会，并与他人和社会保持密切良好的接触，思想和行为能跟上时代发展的节奏，能很好地适应环境的变化。大学生的社会适应能力可具体包括学习适应能力、社会工作适应能力、社会交往适应能力及社会生活适应能力。

（四）和谐的人际关系

人际关系是指人与人在交往中建立的直接的心理上的联系，对于大学生而言它主要包括亲属关系、朋友关系、同学关系、师生关系等。每个个体受个人成长经历、知识背景、思想观念、外界环境等因素的影响会形成不同的人际交往的风格，但总的来说人际关系的状况能在很大程度上体现个体人格健康的程度。人格健康的个体往往在与人交往时能充分地尊重他人、信任他人和理解他人，对于人与人之间的差异能保持接纳与欣赏的态度，乐于与人交往和沟通，增进彼此的了解，在人际交往中能较好地控制自己的言行和情绪。这样自然容易营造良好和谐的人际关系，从而有助于个体保持良好的情绪，促进高效的学习和工作，获得更多的社会支持，体验到更多的满足感和愉悦感。

（五）良好的情绪调控

情绪是指伴随着认知和意识等心理活动而产生的对外界事物的态度体验，而情绪调控是个体管理和改变自己情绪的过程。情绪调控的能力反映了个体人格成熟的程度。具有健康人格的个体一般情绪调控能力较强，能经常保持乐观、积极、快乐的情绪状态，富有幽默感，当出现消极情绪时能使用健康的方式如倾诉、阅读、听音乐、运动、旅行等方式宣泄和升华，减少消极情绪的负面影响，帮助情绪尽快恢复到良好的状态。

（六）高雅的审美情趣

审美情趣是个体在审美活动中表现出来的一种偏好，它体现为个体的审美选择和评价。具有健康人格的个体往往具有健康和高尚的审美态度、审美标准和审美情趣，具备良好的审美修养和审美素质，能够明辨是非、善恶、美丑，积极追求美好事物，避免各种低级趣味。

（七）远大的奋斗目标

奋斗目标是个体追求的方向和理想。拥有健康人格的个体一般拥有良好的人生观、世界观和价值观，可恰当地衡量金钱、权力、爱情、荣誉、真理等，树立人生奋斗的目标，明确自己的追求和愿望，奋力拼搏，努力地、一步一个脚印地实现短期目标，最终向着长远目标的方向靠拢，并在此过程中实现自我的不断完善与进步。

（八）强烈的社会责任

社会责任感是在一个特定的社会里，个体在内心里对其他人的伦理关怀和义务。人格健康的个体不仅关心自身的良性发展，还关心社会和他人的发展与进步，他们通常拥有强烈的社会责任感，具有良好的道德观念，正直诚实，尊老爱幼，谦虚谨慎，具有集体主义精神，愿意为社会的进步与发展做出奉献与牺牲。

【拓展学习 4－7】

健康人格的标准

关于健康人格的标准，不同的心理学家对此从不同角度做了不同的诠释。

高尔顿·奥尔波特(Gordon W. Allport)：具有健康人格的人是“成熟的人”。“成熟的人”具有六个特点：① 自我扩展的能力；② 与他人热情交往的能力；③ 有安全感和自我认同感；④ 具有现实性知觉；⑤ 具有自我客观化的表现；⑥ 有一致的人生哲学。

卡尔·兰塞姆·罗杰斯(Carl Ransom Rogers)：具有健康人格的人是“功能完善的人”。“功能完善的人”有五个具体特征：① 经验开放，他们不需要防御机制，所有经验都是被准确地符号化而成为意识；② 协调的自我，他们的自我结构与经验协调一致，并且具有灵活性，以便同化新的经验；③ 机体估价过程，他们以自己的实现倾向作为估价经验的参考体系，不在乎世人的价值条件；④ 无条件地、积极地看待自己,他们对自己的经验和行为都给予积极肯定,他们不觉得有什么见不得人的内在冲动;⑤ 与同伴和睦相处,他们乐于给他人以无条件积极看待,同情他人,为他人所喜爱。

艾瑞克·弗洛姆(Erich Fromm):具有健康人格的人是“创造性的人”。人与动物的重要区别之一在于除了生理需要,人还有各种各样的心理需要,而具有健康人格的人将以创造性的、生产性的方式来满足自己的心理需要。

维克多·弗兰克(Viktor Emil Frankl):具有健康人格的人是“超越自我的人”。“超越自我的人”能够很好地认识自己、认识人生,挖掘出内心向上的欲望和潜能,以一种积极的、创造性的态度对待生活。他们在选择自己行动的方向上是自由的,自己负责处理自己的生活,不受自己之外的力量支配,缔造适合自己的有意义的生活,有意识地控制自己的生活,能够表现出创造的、体验的态度,超越了对自我的关心。

亚伯拉罕·马斯洛(Abraham H. Maslow):具有健康人格的人是“自我实现的人”。“自我实现的人”具有以下特征:① 比普通人更能准确充分地知觉现实;② 对自己、他人及大自然表现出较大的宽容,承认任何事物都有其两面性;③ 自发性、单纯性和自然性;④ 有流露自己真实感情的倾向;⑤ 对工作、事业以问题为中心,而不是以自我为中心;⑥ 具有较高的超然于世的品质和独处的需要;⑦ 有较强的自主性和独立于环境和文化的倾向性;⑧ 具有永不衰退的欣赏力;⑨ 周期性的神秘和高峰体验;⑩ 喜欢和所有人打成一片,但仅和为数不多的人产生深厚的个人友谊;⑪ 具有民主性;⑫ 具有强烈的审美感;⑬ 有十分完善的毫无恶意的幽默感;⑭ 具有创造性;⑮ 抵制适应社会现存文化,因为他们受内心世界指导;⑯ 在一些社会习惯上他们反对常规。

二、大学生健康人格的塑造

健康的人格有助于大学生更好地认识自我,充分地适应社会环境,顺利地开展人际交往,更好地实现自我价值。大学阶段是人格塑造的关键时期,大学生应该有意识地使用科学的方法促进自身人格的完善和保持心理的健康状态。

(一) 扬长避短

每个个体的人格中都存在一些积极的人格品质,同时也存在一些消极的人格特点,所谓扬长避短就是让自己积极的人格品质在现实实践中得到发扬光大,而尽量克服和减少那些消极的人格特点。因此,大学生首先应对自己人格中的品质有正确深刻的认识和评价,然后才能确定自己努力的目标和方向。对于人格中的良好特质,如自信、开朗、勇敢、热情、勤奋、坚强、善良、正直等,要有意识地发挥它们的优势,从而更大程度地提高自身学习、工作和生活的质量和效率;而对于人格中的不良特征,如自卑、胆怯、冷漠、懒惰、急躁等,则要努力去克服这些弱点,减少或避免它们所带来的负面影响。

(二) 丰富知识

英国哲学家培根说:“知识就是力量。”“读书使人成为完善的人。”人格的健康可以通过丰富知识的来实现,增长智慧也是人格实现优化的重要途径。人的知识越广,则见识越多,心胸越开阔。丰富的知识使个体更加自尊、自信、理智和谦恭,相反无知则会带来自卑、粗鲁、冲动和狭隘。因此,大学生可以通过“读万卷书,行万里路”来开阔视野,增进人格中优良品质的培养。并且,大学生在丰富知识的过程中,不能仅局限于自己专业知识和技能的提高,更要加强人文社会科学知识的学习,提高个人素质与修养。

(三) 培养习惯

印度古谚语说:“播种一种行为,收获一种习惯;播种一种习惯,收获一种性格;播种一种性格,收获一种命运。”习惯是经过长时间形成的思维方式和处世态度,它具有很强的惯性,而人格也是在个体成长过程中长期日积月累逐渐形成的,因此,要塑造良好的人格,需要从培养良好习惯做起。如何培养良好习惯呢?首先,要认识到好习惯对健康人格发展的重要意义,树立培养自身好习惯的强烈愿望和动机。其次,确立培养好习惯的行动目标和计划,有主有次,有先有后,循序渐进,由浅入深,可以先从简单的、易操作的、有兴趣的行为习惯开始,成功后获得自信,再逐渐增加难度和挑战。再次,坚持不懈,重在巩固。好习惯的养成关键在前三天，重在一个月。当好习惯刚刚养成时，要避免松懈，不断重复，切勿放松警惕。

（四）体育锻炼

健全人格的发展离不开健康的身体。身心相互联系，健康的身体促进健全人格的发展，健康的心理有助于身体健康、减少患病，而体育锻炼有助于保持身体健康，心理平衡。此外，大学生通过加强体育锻炼能养成良好的生活习惯，保持精力旺盛，提高学习效率，同时还能培养广泛的兴趣，投身于有益的文体活动，能增进人际交往，开阔心胸，促进健康心理和良好人格的形成。

（五）融入集体

人格发展的过程也是个体社会化的过程，而社会化的过程必然离不开集体环境。在集体环境中，大学生通过与集体中其他成员的交往帮助自己更好地认识自己、他人和社会，吸收经验，总结教训，了解哪些人格品质是受到他人或社会认可、接纳、欣赏和赞扬的，哪些人格特点是会遭到否定、拒绝、鄙视和批评的，从而对自己的言谈举止做出有效的调整，更好地适应环境。此外，在集体生活中大学生可以通过与人交往提高人际交往的技能，建立良好的人际关系，保持愉悦的情绪，获得心理的满足，从而有助于人格向着健康的方向发展。

（六）社会实践

无论是丰富知识、培养习惯，还是体育锻炼、融入集体，仅仅停留在理论或空谈是没有帮助的，必须通过实践去完成对健康人格的塑造。实践是人格塑造的必经之路。“千里之行，始于足下”，实践是从一言一行做起，是从每一件小事做起，例如，真诚热情，助人为乐的优良品质，可以从公交车上给人让座，辅导有学习难题的同学，帮助遇到困难的同学等具体行为实践去完成。

【案例 4-10】

某跨国公司组织招聘面试，多名大学生前往应试。在等候面试的房间里，参加面试者都在做最后的准备。然而，面试其实已经开始。在等候房间前方的地板上，散落了两三个喝剩的饮料瓶及几张草稿纸，垃圾桶就在旁边。来面试的绝大多数学生只顾自己埋头准备，根本无暇顾及那些垃圾，或者即便看见了也当没有看见。唯独来面试的学生刘××，弯腰捡起了那几个饮料瓶和废纸，并把它们丢进了垃圾桶。这一举动被面试官看在了眼里。最后刘××从众多优秀的竞争者中获胜，被该公司录取。刘××并不是来面试的学生中成绩最优异和能力最强的，但该公司认为知识和能力都是可以通过继续学习得以提高的，而拥有关注细节、服务大家、集体意识的良好性格才是难能可贵的。

【推荐读物】

杨眉.2016.健康人格心理学——有效促进心理健康的 9 种模式.北京：首都经济贸易大学出版社.

戴尔·卡耐基.2017.人性的弱点.迪敏译.北京：中国友谊出版社.

Jerry M. Burger. 2014.人格心理学.陈会昌译.北京：中国轻工业出版社.

海伦·帕尔默.2016.九型人格.徐扬译.北京：华夏出版社.

移然.2013.性格决定命运.重庆：重庆出版社.

（马 珺）

第五章

大学生的情绪及管理

本章要点

掌握： 情绪、情绪管理和情绪智力的基本概念，焦虑、抑郁、恐惧及嫉妒等不良情绪的表现及管理。

熟悉： 情绪管理原则与策略，情绪智力的培养途径。

了解： 常见的情绪管理理论。

人非草木，孰能无情。情绪是一个人生命的部分，是心理健康的窗口。一个人的情绪如何，情绪管理能力怎样，直接关系其心理和生理的健康，关系其事业能否成功、人际是否和谐、生活是否幸福等问题。情绪广泛渗透到大学生的一切活动中，明显地影响着大学生的学习、交往、生活和身心健康。处于青年期的大学生，心理上正经历着急剧变化，反映在情绪和情感方面，表现在情绪起伏大、波动剧烈，情感体验深刻、丰富和复杂，容易陷入情绪困扰，进而影响到学习、交往、生活等各方面。长期持续不良的情绪，还会危害大学生的身心健康，甚至会导致心理障碍。因此，正确掌握情绪规律，学习调适、管理情绪，培养表达良好情绪的习惯，提升情绪智力，对于促进大学生适应大学生活，增进心理健康有着重要意义。

第一节　情绪管理的概述

情绪是"知、情、意"三种基本心理过程之一，它是以愿望和需要为中介，表现为人对客观事物的态度体验和相应的行为反应。大学生在学习、生活和交往中，必然会面对得失、顺逆、荣辱、美丑等各种境遇，从而产生喜、怒、哀、乐、爱、恨等情绪，并以微妙的表情或动作来反映内心的期待和欲求。通过引导大学生调整外在行为表达或内在情绪感受的行动可以使大学生有效管理情绪。

一、情绪及情绪管理的概念

（一）情绪

1. 情绪的概念　情绪(emotion)是人对客观事物是否符合自身需要而产生的态度体验。它是客观事物与人的需要之间关系的一种心理反应过程，其反应形式就是体验和感受。客观事物与需要的关系决定着人对客观事物的态度。客观事物是产生情绪的本源，离开了客观事物，情绪就变成了无源之水、无本之木。需要是个体对客观事物的愿望、期待和欲求，是产生情绪的基础和关键，同样的客观事物，因需要不同，欲求、期待不同，对客观事物的态度体验也就不同。也就是说情绪状态好坏是人的需要、欲求和期待是否满足的反应，当客观事物符合主体的需要时，就能引起积极、肯定的情绪。反之，当客观事物不符合主体需要时，就可能产生消极、否定的情绪。例如，同样的心理健康课程，对以探究心理学规律、提升心理素质为需求目标的同学与以“混课堂”“不旷课”为需求目标的同学，一定会产生不同的主观感受，前者更可能是喜欢积极情绪，后者很可能是厌烦消极情绪。

2. 情绪的构成　情绪由三个层面构成。

(1) 认知层面上的主观体验：情绪的主观体验是人的一种自我知觉，即头脑中产生一种内在感受和体验。例如，受伤时的痛苦、朋友见面时的喜悦、面临危险时的恐惧、满足需要时的幸福感等。人的情绪不同，其生理状态必然会反映在人的知觉上，反映到人的意识中来，从而形成人的不同的内心体验。人的许多主观感受，如喜、怒、哀、乐、爱、惧、恨等只有个人内心才能真正感受到或意识到。例如，我知道“我很高兴”，我意识到“我很伤心”，我感受到“我很内疚”，等等。

(2) 生理层面上的生理唤醒：人在有情绪反应时，常常会伴随着一定的生理唤醒，主要表现在呼吸系统、循环系统、消化系统和腺体活动的变化上。在不同的情绪状态下，呼吸的深浅、快慢、是否均匀等都会发生变化。循环系统表现为心跳速度和强度的变化，外周血管的舒张与收缩的改变。消化系统的活动也会发生变化。例如，人在愉快时胃肠的蠕动和消化腺的分泌会加强，消化系统的功能会增强；在悲伤时，胃肠蠕动功能下降，消化液分泌减少，造成食欲减退。内外分泌腺体也会发生相应的改变。例如，人在高兴激动或悲伤时禁不住流泪，羞愧时汗流满面，恐惧时出冷汗、口腔唾液腺的分泌减少等，这些变化都是受人的自主神经支配的，不被人的意志所控制，具有极大的不随意性和不可控制性。例如，在考试失败、情感受挫、学习压力大时，不管愿不愿意，都会不可避免地出现一些情绪的反应。

(3) 表达层面上的外部行为：在产生情绪时，人们还会出现一些外部反应，如悲伤时会痛哭流涕、激动时会手舞足蹈等。伴随情绪出现的这些相应的面部表情、身段表情和言语表情，就是情绪的外部行为。情绪的外部行为经常成为人们判断和推测情绪的外部指标。但由于人类心理的复杂性，人们的外部行为有时会出现与主观体验不一致的现象。外部行为可分为以下三种。

1) 面部表情：即通过眼部肌肉、颜面肌肉和口部肌肉的变化所表示的情绪状态。它以眉、眼、嘴及颜面肌肉的变化为主，人的眼神变化是面部表情最重要的体现，其次是嘴角和眉头肌肉的变化。例如，喜悦时，眉头舒展，双目含笑，颧肌收缩，嘴角上提；悲伤时则双眉紧锁，两眼呆滞，嘴角下垂，愁容满面；愤怒时双眉倒竖，怒目圆睁，颧肌抽搐，嘴角外撇甚至咬牙切齿。

2) 身段表情：是由身体的姿态和动作的变化所表示的情绪状态，如喜悦时手舞足蹈、悲痛时顿足捶胸、愤怒时双拳紧握、恐惧时手足僵硬。这些躯体和手、足的动作特征，可以真切地流露出一个人的内在情感。在身段表情中手势最为重要，如表示欢迎的鼓掌、表示加油的握拳、表示友好的握手、表示告别的挥手；此外摩拳擦掌、手足无措也都传递了一定的情感变化。

3) 言语表情：是指讲话时的音质、音量、语调、语速、节奏等可表达情绪的变化，如呻吟表示痛苦，笑声表达了愉快，尖锐的叫声表达了恐惧。不同情绪状态下，言语表情可有显著的差别，如喜悦时，语调高昂，语速较快；悲哀时，语调低沉，语速较慢；愤怒时，语速加快，音量提高。同样一句话，用不同的言语表情传递出来，表达的情绪也不相同。

主观体验、生理唤醒和外部行为作为情绪的三个构成部分，在评定情绪时缺一不可，只有三者同时活动，同时存在，才能构成一个完整的情绪过程，只有其中一种成分或者两种成分时，不会产生一个真正的情绪过程。例如，当一个人佯装愤怒时，他只有愤怒的外部行为，却没有真正的内在主观体验和生理唤醒，也就称不上真正的情绪过程。

3. 情绪的分类　情绪本身非常复杂，根据不同的标准，可分为不同的类型。

(1) 基本情绪和复合情绪：喜、怒、哀、惧是人的最基本情绪。喜，即喜悦，是人在追求目标达成时所产生的满足感和舒畅感。怒，即愤怒，往往是由于干扰造成当事人的愿望不能得到满足时所产生的情绪体验，尤其是有不合理的或者充满恶意的因素存在时，愤怒就会骤然上升。哀，即悲哀，常常是由于失去心爱的对象或者愿望破灭、理想不能实现时所产生的体验，悲哀的情绪程度取决于对象、愿望、理想的重要性和价值。惧，即恐惧和惧怕，是企图摆脱、逃避某种危险情境时所产生的体验，引起恐惧的重要原因是缺乏处理可怕情境的能力和手段。

除了这四种基本情绪之外，人们更多表现为复合情绪，如在做错事之后，会有一种内疚感，它包含了对自己的羞愧、悔恨、自罪等内在体验；在别人超越自己时产生的嫉妒情绪包含着羞愧、愤怒和怨恨；当经历十年寒窗苦读和黑色六月的煎熬，获得了一份大学录取通知时，产生百感交集的情绪状态。

(2) 积极情绪和消极情绪：根据情绪的性质和作用，可以将其分成积极情绪和消极情绪。积极情绪也称正性情绪，“就是当事情进展顺利，你想微笑时产生的那种好的感受”，包括快乐、满意、自豪、感激和爱等。积极情绪下容易产生接近行为，如快乐产生冲破限制、创新的愿望；兴趣诱导产生探索的行为，从而掌握新的信息和获得新的经验，并在这个过程中促进自我发展的愿望；满意产生保持现有的生活环境和把这些环境和自我及社会的新观点融为一体的愿望；自豪产生想与他人分享成功和求得在将来取得更大成就的愿望；爱产生想再次与所爱的人一起探索的愿望。

消极情绪是指生活事件对人产生负性影响，如工作、学习或生活中遭受挫折，受到了他人的挖苦或讽刺，莫名其妙的情绪低落，等等。适度的消极情绪有时是有益的。例如，在适度焦虑情绪下，大脑和神经系统的紧张度增加，思考能力亢进，反应速度加快。但是，过于强烈和持久性的消极情绪对人的健康和社会适应有害。

(3) 心境、激情和应激：心境是一种具有比较微弱、平稳而持久的情绪状态，具有渲染性和弥漫性特点。一个人处在某种心境下时，会以同样的情绪体验看待周围的一切，如人在伤感时，会见花落泪，见月伤怀。心境持续的时间可以是几个小时、几周或几个月甚至一年以上。我们平时的情绪状态就是心境，有人平静，有人略带忧伤。

激情是一种强烈的、短暂的、爆发式的情绪体验，具有明显和突出的原因和指向性。例如，一场比赛后，或欣喜若狂，或垂头丧气。激情具有强烈的冲动性和爆发性，其作用时间短，往往会时过境迁而弱化。但是在激情之时，往往“意识狭窄化”，容易失去理智甚至做出不顾一切的鲁莽行为。因此，在激情下，要注意控制自己的情绪，以避免“乐极生悲”或做出冲动性行为。

应激是对某些出乎意料的紧急情况或危险情境所引发的适应性反应。例如，路遇歹徒，整个身心充分动员，迅速做出选择，采取有效行动，其体验就是应激反应。应激往往有两种极端表现：一种是惊慌失措、目瞪口呆；另一种是急中生智，力量剧增。人在应激状态下，往往能够做出平时难以做到的事情，转危为安。由此，娇小柔弱的女子勇斗歹徒等例子就不难理解了。应激需要耗费大量精力，长时间持续容易产生心理创伤，导致心理疾病。

4. 情绪的功能　情绪对个体有重要作用，概括起来，至少有如下几个方面。

(1) 适应功能：情绪是个体生存、发展和适应环境的重要手段，个体通过情绪引起生理反应，可以驱使个体相应的行为。例如，人处在危险的情景时，恐惧的情绪反应会促使其更快脱离险境；处在工作或学习中承担的负荷超过自己的承受能力时，疲倦的情绪使人不得不放弃一些工作，获得休息；面对伤害时，愤怒的情绪会促使人奋起反抗，自我保护。

(2) 动机功能：情绪是动机系统的一个基本成分，能够激发和维持个体的行为，并影响行为的效率。例如，愉快、平稳而持久的积极情绪能使人的大脑及整个神经系统处于良好的活动状态，它可以驱动人从事活动，并放大和增强其作用，从而更有力地激发机体的行动，发挥潜能，提高人的活动效率。不良的心境、强烈的激情和应激状态下，情绪也可以阻碍人的行为。

(3) 组织功能：情绪可能有积极作用，也可能有其消极作用，大量研究表明，适度的情绪状态对人具有积极作用，不当的情绪、情感对人的认知活动具有消极瓦解作用。例如，考试前的焦虑，适度、合理的紧张可促使个体积极地思考和解决问题；但是一旦超过限度，则会对考试产生消极影响。

(4) 信息传递功能：情绪具有传递信息、沟通思想的作用。例如，恋人之间的一个眼神、一个微笑就可以互表爱意；知己之间的一个动作、一个表情就会让对方心领神会；考场上监考老师严肃的表情让想投机取巧的人不敢作弊。情绪还可以相互传播和感染。当一个人兴高采烈时，他身边的人也容易感受到快乐；当一个人沮丧、愤怒时，也会将这种情绪迁移到他人身上。

5. 健康情绪的标准

(1) 一致性：是指情绪反应与刺激保持一致。每种情绪的发生、发展都与相应的刺激有关。该喜则喜，该怒则怒。这种一致性还表现在反应的程度与刺激的强度上，强刺激引起强的情绪反应。过强过弱的情绪反应，都是不健康的表现。

（2）情境性：健康的情绪在产生时比较强烈，但随着时间的推移会逐渐弱化。若反复出现某种情绪或发生情绪“固着”，则是不健康的。

（3）相对稳定性：健康的情绪还要有一定的稳定性。具有健康情绪的人，情绪很少大起大落或喜怒无常，能承受欢乐与忧愁的考验，生活得自然愉悦。这样的人达观而镇静，兴趣专注，比普通成人更少焦虑惧怕，痛苦和问题要少一些，更有情趣，能享受到更多的幸福、欢乐。相反，如果情绪反应波动太大，变幻莫测，如无明显原因的忽喜忽悲，则是情绪不健康的表现。

（4）可控性：具有健康情绪的人通常具有较高的情绪自我调节能力，能够把消极情绪转化为积极情绪，保持良好心态，充满热情地工作、学习和生活。这也是健康情绪的重要体现。

【拓展学习 5-1】

情绪的产生

我们每一天都会有情绪体验，或快乐，或伤心，或满足，或遗憾。那么，情绪是如何产生的？

1. 情绪与情境　情绪不会无缘无故地产生，必然有其发生的客观事物和境遇，客观事物和境遇是情绪和情感产生的前提。客观事物不同、境遇差异，人就会产生不同的情绪反应。看到老虎或小猫，心理感受一定不同；即使老虎，是在森林里看到的还是在动物园的笼子中看到的，情绪反应一定差异明显。除了境遇和客观事物会直接引起情绪变化外，自身的生理变化也会引起情绪变化。青春期阶段特别容易有情绪上的躁动，其中一个重要原因来自身体的急剧变化，内分泌系统的紊乱。

2. 情绪与需要　主观需要是情绪产生的基础。需要的满足程度是情绪性质的重要决定因素。当客观事物或境遇符合我们内心的需要时，就能引起积极、肯定的情绪，相反，如果客观事物或境遇不符合我们的需要，就会产生消极、否定的情绪。同样的春雨，在杜甫的眼中是“好雨知时节，当春乃发生”，感到“喜”；而陈与义看来却是“孤莺啼永昼，细雨湿高城”，感到“惊”。也就不难理解，为何同样的事情对你是雨后彩霞，对我却是晴天霹雳。

3. 情绪与认知　认知和信念是情绪和情感产生的决定性因素，尤其是价值观、人生观和世界观会产生重要的影响。想想红军长征时，心中有理想，有目标，虽历经艰难险阻，遭受饥寒交迫，也只是“谈笑间”，伴随着“五岭逶迤腾细浪，乌蒙磅礴走泥丸”的气势和自信。现在，处于成长期的一代人，常常出现的“茫然”“纠结”“抑郁”“抓狂”，很多都是由于其处在多元的世界里，内心缺少稳定的认知和价值观。价值观偏颇、信念虚无、经验不足或个体期待与现实落差等都会给其带来不合理的认知判断，从而导致过多的消极情绪体验，进而影响个体处理消极情绪的模式。

4. 情绪与气质　气质类型是情绪产生的动力倾向。心理学研究发现，人常有四种气质类型，不同气质类型的人情绪表现各有不同特点。例如，胆汁质型的人情绪反应外倾且易波动，在日常表现中对刺激反应强烈，抑制能力差，容易暴躁，因此更容易做出冲动的行为，但对消极情绪持续的时间不会很长，精力旺盛，不易消沉；抑郁质型的人情绪反应内倾且易波动，性格比较脆弱，多疑敏感，耐挫能力差，很容易在遭遇挫折时产生抑郁情绪，并且会持续很久。

（二）情绪管理

1. 情绪管理的概念　情绪管理（emotion management）是指个体对情绪发生、体验与表达施加影响的过程和能力体现，是个体遵循情绪规律来调整外在行为表达及内在情绪感受的行动，其包括个体对自己情绪、他人情绪的认识和调节，以及合理处理自己与他人、自己与他物的情绪表达能力。例如，对自己成功的适度喜悦，对别人受伤的感同身受，在人际交往中游刃有余的情感交流，等等。马向真在 2012 年对情绪管理概念做了系统研究，他指出情绪管理能力是一种心理特征，是使人顺利实现情绪和情感活动所需的心理条件，并且包含内容、对象、操作、产品四个维度。其中，内容维度包括所有正性和负性的具体情绪——快乐、悲伤、愤怒、惊奇、厌恶和恐惧等;对象维度包括个体自己的情绪、他人的情绪、自己与他人之间的情绪及个体对物的情绪等;操作维度指用以操作正性和负性情绪的心理活动,主要包括对情绪的识别、理解、调控三方面;产品维度是操作情绪管理得到的结果或者效果,也是通过主观体验、生理唤醒和外部行为的改变得以体现。

2. 情绪管理类型　美国心理学家梅耶(John D. Mayer)认为情绪管理有三种类型：一是自觉型,情绪的自知力和自主性强,乐观向上,能及时调整自己的不良情绪;二是难以自拔型,常被情绪淹没,无力自拔,情绪善变且无法自行管理;三是逆来顺受型,清楚自己的感受,但是逆来顺受,不求改变。

3. 情绪管理目标　情绪管理包括消极情绪的调整和积极情绪的培养,从而情绪管理可以分为初级目标和终极目标。初级目标就是转变个体被情绪尤其是负面情绪困扰的状态,让自己成为情绪的主人,能够控制自己的情绪,并且和自己的情绪和谐相处,不会被自己的情绪所淹没或控制,也能够认识他人的情绪,建立良好的人际关系。当然,情绪管理不是要消除所有的忧伤和不快乐,不是让人获得一种空洞的满足和快乐,而是要让人更好地与自己的情绪和平共处,让情绪表达恰当、宣泄适度、控制合理。情绪管理的终极目标是寻找内心快乐的源泉,能自我激励,拥有积极的情绪,不受外在的人、事、物、地的影响,能随时随地适度调整让自己处于自在、安详、快乐的心境中。

二、情绪管理的理论

情绪规律根据理解的不同,形成不同的情绪管理的理论。

(一) 情绪的认知理论

情绪的认知理论认为,认知和评价在情绪变化中起决定性作用,是情绪产生的根本条件。沙赫特(Stanley Schachter)把个体情绪看作生理唤醒状态与认知因素两者相互作用的产物,而最终决定个体产生何种情绪体验则是由认知因素控制的。他认为,在不同的情绪体验之间外周神经系统的广泛唤醒只存在着细微的差异,起关键作用的是个体对这种生理唤醒的认知。拉扎勒斯(Richard S. Lazarus)也主张认知评价是情绪产生的关键要素,在对与目标是否相关、是否一致及自我是否卷入等方面进行的首次评价中,认知评价都会导致不同的情绪体验。进一步对与个体相关的责备或信任、应对潜质及对未来期望进行再次评价,能激发个体新的情绪体验,或自行矫正原有的情绪体验。

韦纳(Bernard Weiner)认为,情绪体验不仅归结于结果,而且归结于个体对结果的归因。如果归因于内部就会引起与自我价值相关的情绪体验,归因于外部则相反;如果将失败归因于稳定、不可改变的因素(如能力),就会引起消极情绪体验,归因于不稳定因素则相反;如果将失败或消极情境归因于自我可控因素(如努力),就会产生内疚感,归因于自我不可控因素(如能力)则会产生羞愧的情绪体验。

情绪与个体的生理反应、认知评价之间关系密切,因此个体在对情绪进行管理时可先从个体生理反应层面和认知解释层面入手,借助其生理的松弛和认知的转化达到缓解、变换及最终控制情绪的目的。

(二) 积极心理学情绪理论

积极心理学是一次席卷世界的心理学革新,在美国心理学家塞利格曼(Martin E.P. Seligman)等主张在研究抑郁、强迫等消极情绪的同时,更应该注重人类自身所具有的积极方面,如幸福、快乐、感恩、希望等,核心目标是帮助人们获得幸福和主观幸福感。该理论认为积极情绪具有拓展构建功能,能够扩展思维,开阔视野,促进心态的开放性,与他人的关系更加紧密,增强个人的资源开发。消极情绪作用则相反。

积极心理学并不否认消极情绪存在的必要性,认为它可以发挥重力作用,让人脚踏实地,作用发挥的关键在于它是否适当。正如弗雷德里克森(Barbara L. Fredrickson)认为,只有合理的积极情绪和消极情绪的比例才能发挥积极情绪的应有作用,抑制消极情绪的负面作用。这个合理比例的临界值是 3∶1,也就是说积极情绪是消极情绪的 3 倍,只有在这个临界值之上,才能更容易实现个体的“欣欣向荣”。但积极情绪并不是越多越好,正如研究者所说“用数学模型研究表明‘欣欣向荣’的上限在 11∶1 左右”。不管上述数据是否严谨,但至少表明积极情绪和消极情绪要保持在合理比例范围内才让人更幸福。

积极心理学家们认为积极情绪是可以习得的,采取兼容并包,整合各种方法,减少消极情绪,增加积极情绪，实现个体“欣欣向荣”。例如，在“快乐的情绪取决于快乐的行动”实证中，通过“保持忙碌，更加活跃，花更多时间进行社交”等方式，提高了快乐水平，并且发现保持较长的快乐水平。

（三）情绪智力理论

情绪智力理论由沙洛维（Peter Salovey）和梅耶（John D. Mayer）于1990年率先提出，情绪智力由对情绪正确的知觉、评估和表达的技能、有效的调控技能、应用情绪体验及追求并付诸意志行动的技能等构成。1993年，沙洛维和梅耶又对情绪智力进行了归纳，把情绪智力归纳为区分、调节自己与他人情绪的技能，应用情绪信息进行思维的技能。沙洛维和梅耶曾先后两次界定了情绪智力理论，但其基本含义并没有太大的变化。1996年，沙洛维和梅耶再次对情绪智力进行了界定，即由个体对情绪的觉察、评价和表达的能力，情绪对个体思维的促进能力，个体对情绪明晰、领悟的能力，个体对情绪成熟的调控及促进个体心智发展的能力等组成。这四种能力按照从低到高的顺序依次发展和成熟，其中个体对情绪的觉察能力最先发展，个体对情绪成熟的调控能力要到后期才能发展。

在丹尼尔·戈尔曼（Daniel Goleman）提出情绪智力是包含“克制、热情、矜持及自我发动、自我鞭策的能力”之后，人们对情绪又有了新的认知，情绪智力即人们管理情绪的能力。戈尔曼对情绪管理的能力进行了总结，将自我觉察情绪能力看成情绪管理的核心，此外自我调控情绪的能力、自我激励情绪的能力、觉察他人情绪的能力及人际关系的管理能力等都是情绪管理能力的组成部分。戈尔曼认为情绪智力是个体的心理因素与社会因素在情绪方面彼此作用的综合呈现。情绪智力理论将人们对情绪的认知与调控归纳为一种智力因素，既显示了情绪管理的重要性，又指出了培养情绪管理能力的路径。

（四）情绪的心理治疗理论

1. 合理情绪疗法理论　是由美国学者艾利斯提出的，他从两个维度区分了人的情绪和想法，认为理性情绪富有韧性、与思维规律和事实相符，并有助于个体达成其目标；非理性的认知则恰恰相反，是冲动、盲目、无意识性、易逝性的。虽然情绪受个体内在的态度和价值观及外部情境等因素的综合影响，但引起个体情绪的并非事件本身，而是个体对该事件的非理性认知。

【拓展学习5-2】

大学生常见的非理性情绪

1. 绝对化思维　这种认知倾向在评价情境与身心变化时容易走极端，往往把生活看成“非黑即白、非此即彼”“要么全对，要么全错”，其间没有任何过渡和余地，没有弹性和弯曲。它通常会使个体苛求自己及周围的人或事，导致过度的完美主义。例如，一个人认为，“除非我把每一件事都做好，否则就是失败，就是无能”。因此很容易产生自责，乃至自暴自弃。

2. 任意推断　即在证据缺乏或互相矛盾之时，武断地做出结论。任意推断其实是“把想象当现实”的瞎猜测。例如，同学在路上与你擦肩而过，没有招呼，也没有笑意时，便推断为“他对我不理不睬，肯定是不喜欢我”，由此带来愤恨和忧虑。

3. 选择性概括　即心理过滤，如“瞎子摸象”，仅仅考虑事情的个别细节或部分，而忽略了其他方面，以致整个情绪都染上了这一细节。例如，一些自卑的人正是因为只选择性地关注自己的劣势和缺点，忽略自己的优势和长处，从而认为自己一无是处。

4. 情绪推理　就是将感性当理性，凡事跟着感觉走。认为消极情绪必然反映了事物的真实情况，从而阻碍了对事物真实情况的了解，使人陷入认知曲解中不能自拔。例如，上台讲话没有讲好，感觉倒霉，痛恨上台；早上起来摔了一跤，心情不好，然后一天都会觉得倒霉。

5. 灾难化　在这种认知歪曲中，个体往往把失意或担心的事情夸大得很可怕，认为是“大难临头”，于是消极地预测未来而不考虑其他可能的结果。例如，有严重考试焦虑的学生每当考试前就会很恐惧地想到“我到时候会极度恐惧的”“我会当场晕倒的”“我是彻底失败的，我会被所有人耻笑的”等，这种灾难化的想法又会进一步加重焦虑和紧张情绪，从而想逃避考试。

ABC理论在理性情绪治疗理论中居于核心地位,它一方面说明影响个体情绪与行为困扰的原因是什么;另一方面还试图就如何解决困扰提出相应策略。ABC理论认为情绪与认知有着密切的关联,不良情绪产生的根源往往是人们非理性地看待那些引起其情绪的事件。因此,改变人们的非理性认知就成为改变其不良情绪的关键所在。通过层层递进的质问及对其非理性想法的逐级反驳,找到认知系统中的错误所在,并帮助人们构建合理的思维方式,即当人们理性地看待生活及生活中的各种事件时,其心情就会得以改善,情绪也会随之好转。

2. *完形治疗理论* 是由皮尔斯(Friedrich S. Perls)在分析学的基础上结合现象学和存在主义而提出的。他认为人要达到成熟,就必须找到自身的生活方式和所承担的责任,其中个体对现实的觉察是关键所在。因此,个体的目标就是觉察出其所经历的及所做的,即通过身体的知觉感知外在的领域,通过自我身体和情感觉察内在领域特定部分的感受,通过中间领域抽象化的过程诠释觉察到的信息。对这三个领域的觉察不仅能令个体更明晰自己当下的感受,而且能帮助其明了情绪的缘由。这样,个体便得到对自我状态全面的了解及自我变更的知识,即学会了如何应对自己的情感、思考及承担行为的责任。

完形治疗理论认为,人们倾向于采用回避、逃避等方式应对不愉快体验或痛苦的感受,以致对其目前的状况与需要也会逐渐恍惚甚至最终含混不清,因此只有借助对情绪经验的直接感受与表达,才能协助个体发现真我及内心真实的需求,才能帮助个体处理和突破僵局。完形治疗理论坚持个体此时此刻对内心情绪的认识,因为只有认识了自己的情绪后,才有可能突破僵局,解决问题,获得成长。

完形治疗理论强调个体的主观体验,帮助个体增加体验时的觉察力,并透过这种觉察力,使个体学会对自己经历过的事承担应有的责任。因此,当面临情绪问题时,只有选择直面情绪而非逃避情绪,才能更好地转换情绪、管理情绪。

3. *行为治疗理论* 以华生(John B. Watson)为创始人的行为主义,反对研究意识,主张行为客观化,认为包括恐惧在内的任何复杂的情绪都是通过环境刺激引起行为变化的结果。通过学习或训练,促进"行为"改变,"情绪"也就会相应改变。因此,情绪管理的着眼点是放在可观察的外在行为的改变和调整上,而不关心"内在精神的症结"或"潜意识"。消除负性情绪,关键在行为改变。放松是行为变化的重要途径,强化是改变行为的催化剂。其常用的方法有放松训练、系统脱敏技术和行为塑造技术等。

三、情绪管理的基本原则

为有效实现情绪管理,在情绪情境下,应该遵循如下基本原则。

(一) 主体接纳性原则

管理情绪需要充分发挥情绪当事人的主体性,尤其面对负性情绪,应该无条件地接纳自己,接纳自己的情绪,而不是责备、逃避、试图遗忘等。不管是责备自己,还是责备别人都会因责备的相互作用使负性情绪体验越来越强烈,因而会大量消耗我们的心理能量。通过睡觉、上网等方式逃避,只能避免痛苦,但是问题还是在那里。同样,试图遗忘只是压抑了情绪,情绪不会消失,并且累积、积聚着巨大的能量能使伤害力翻倍。因此,最重要的不是忘掉,而是直面它,坦然接纳它的存在,并想想为什么会有这样的情绪体验,是内心的哪一点被触动了,这样能帮助更好地面对它。与控制情绪相比,情绪失控所暴露出的自我的真正需求,才是最应该看重的。

(二) 能量转化性原则

要实现平静心境,在情绪管理中需要正确理解情绪的本质,情绪后果虽然有积极和消极之分,但是情绪本身没有对错之分,情绪是个体自己的内心期待和需要满足程度的主观体验,因此,情绪是可以拿来用的,通过情绪可以反思情绪背后的意义(表5-1),并采取运动、舞蹈、唱歌、倾诉等合理方式将情绪所产生的心理能量释放出来,也可以通过改变、学习、成长等升华方式推动情绪能量转化。因此,当情绪到来之时,内心给自己一个积极暗示,情绪能量是自我改变的生命力,情绪是信差,来提醒我们改变、学习和成长。

表5-1 情绪背后的意义

情 绪	背 后 的 意 义
愤怒	受到了严重侵犯,准备对一个不能接受的情况做出反应
恐惧	避开危险,摆脱威胁

（续表）

情绪	背后的意义
悲伤	从失去之中学会更珍惜尚拥有的
焦虑	需要额外的能力保证成功
内疚	应该做而没有做的事情
感恩	不应该得到而得到了

（三）个体差异性原则

刺激情境相同，认知评价不同，个人信念和观念不同，体验的情绪感受就可能不同。因此，在情绪管理的方法或技能的选择中，要考虑个体认知和信念。例如，对于认知水平较高的个体，认知调整就可以有效管理情绪；对于认知水平低的个体，行为强化也许才是行之有效的管理情绪的方法。又如，对于愤怒和羞愧，解决问题是最好的情绪调节方法；对于悲伤，寻求支持是最好的情绪调节方法；而对于创伤感，远离创伤源是最好的情绪调节方法；等等。同样，情绪管理策略没有必然的好与坏，情境不同，其可能在一定情境中是好的，但在另一种情境中是不好的，所以都必须结合情境和个体差异，使用不同的策略。

四、情绪管理策略

情绪管理与情绪发生过程结合起来看，可以是先行关注策略和反应关注策略，也就是说情绪管理可以在情绪发生之前，情绪发生之中或情绪发生之后进行。情绪发生的不同阶段，情绪管理策略就可能不同。常见的情绪管理策略有以下几项。

（一）情绪觉察策略

情绪觉察是对情绪的自我觉知，是个体情绪管理的基础。通常情况下，个体无法有效地管理情绪，在很大程度上是因为没能在情绪出现的时候及时觉察。

1. 正念训练（mindfulness training） 是一种有意识地觉察内部心理体验的方法。目前以呼吸训练、冥想练习、身体扫描、认知训练等为主要训练方法的正念训练可以有效觉察情绪变化。以下是正念冥想练习的简单步骤：① 找一个房间，关掉手机，确保几分钟之内不会被打扰；② 设置 5 min 闹铃，这样就可以放心冥想，不用担心时间问题；③ 找到一个足以坐 5 min 都会感觉舒适且不会动的姿势；④ 刚坐下时，脑子可能乱得像一锅粥，不要紧，把注意力集中到你的呼吸上，最开始练习时，可以数自己呼吸的次数，每一次呼吸，从 1 数到 9，再数回来。正念冥想练习的关键是要在一段时间内集中注意力于呼吸上，如果练习时注意力从呼吸跑开了，不要批评指责自己，关注呼吸过程中出现其他念头是很正常的，这时只需观察一下它，看看它是什么，在哪里，再把注意力温和地拉回到呼吸上就可以了。

正念训练强调对所有情绪的接纳，包括痛苦。正念训练可以帮助个体从对抗消极情绪的努力中解脱出来，个体可以更加自在和宽容地对待自己和他人的情绪。

2. 情绪聚焦（emotion-focused） 是通过情绪觉察体验促进个体对原生情绪和原生情绪中具有适应性的部分更为觉察。情绪聚焦主张人只有感受到和接纳了自己痛苦的情绪体验，才有可能去消除和改变这些负面情绪。因为通过自己的自下而上的情绪觉察及对情绪进行描述性表达的语义加工过程，可以对自己情绪体验赋予意义，从而有助于产生更具适应性的新的情绪体验。常用方法是情绪聚焦疗法，该法是在类似教练的专业人士帮助下使自己的情绪被唤起，情绪唤起后用语言来描述和解释自己的感觉，使原本被压抑和未觉察的情绪体验进入意识层面，进而觉察、理解和接受自己的情绪体验。

情绪日记是一种较为有效的自我情绪聚焦疗法。“及时记录”自己的情绪，不但为情绪找到安全的发泄口，而且更加清楚了解自己的情绪，了解自己的恐惧和欲望。其要点包括记下时间、地点、人物，发生了什么事，你感受到了什么情绪，记录感受的时候，避免使用模糊的字眼，如我很难过。尽量具体地去描述感受，是惆怅、舍不得、遗憾，还是觉得被背叛、被抛弃。不用把每一次情绪经历都记下来，只需要记录重大的情绪经历。

(二) 情绪调控策略

情绪调控是情绪管理的关键,是对自己情绪及其行为进行调节和控制的过程。情绪调控的目的是让自己过得好一些,也让自己更有能力去面对现实和未来,而不是暂时逃避,日后却更加痛苦。好的情绪管理策略很多,主要介绍如下几种。

1. 认知重评策略　同样的情境,不同的情绪反应,关键在于认知信念,加强情绪管理,重在塑造正确认知信念,用合理认知替代不合理认知,消除不合理信念。常用的有不合理理念辩论术、积极的自我暗示术和空椅子技术。

(1) 不合理理念辩论术:ABC 理论认为,引起人们情绪困扰的并不是外界发生的事件,而是人们对事件的态度、看法、评价等内容。要改变情绪困扰应该改变认知,通过改变认知进而改变情绪。要消除不合理的信念,关键是要用一个新的信念替代原有的信念。具体步骤为:首先,列出可能引起不良情绪的事件;其次,找出其中不合理的观念,如"绝对化""过分概括化""糟糕透顶""灾难化";再次,对不合理观念进行辩论、驳斥和抨击,寻求合理信念替代;最后,建立合理信念基础上的情绪的转变。

(2) 积极自我暗示术:自我暗示是个体通过语言、形象、现象等方式对自己施加影响的心理过程。法国医生柯尔(Emile Coue)在 1920 年首次提出"自我暗示"技术,要求他的患者不断重复"我每天在各方面都变得越来越好",结果许多患者确实得以康复。他事实上就是给患者一个积极的自我暗示,使他们保持战胜病魔的信心,从而调动其内在的积极性和主观能动性。

自我暗示分为积极的自我暗示和消极的自我暗示。积极的自我暗示是在不知不觉中对自己的情绪、心理及生理状态产生积极的影响,从而使个体发挥主观能动性,最终战胜挫折,适应环境。著名的"皮革马利翁效应"或期待效应,就是积极的自我暗示的表现。消极的自我暗示则弱化自身的动力,强化自身的弱点,唤醒个体内心深处的自卑、怯懦、嫉妒等消极情绪。

(3) 空椅子技术:面对观念和情感冲突,空椅子技术是一种很好的转变方法。该方法通过转换角色和对话练习,更换视角,促进个体全面觉察发生在自己周围的事情和情境,分析体验自己和他人的情感,帮助自我朝着统整、坦诚迈进。具体操作法是,运用两张椅子,首先坐在其中的一张,扮演一方,与对方座椅上的对象进行对话,然后换坐到另一张椅子上,扮演另一方,进行辩解和陈述,然后更换到原来那张椅子上,继续辩解和陈述,依次这样多次扮演,实现自我两方角色持续进行对话。

这种方法可以充分体验冲突,并且通过两方角色的对话,使内在的对立与冲突理念和情绪获得释放和较高层次的整合,即学习去接纳这种对立的存在,而不是要去消除某些客观存在的事实,从而心态更加平和。

2. 转移调节策略　指有意识地将注意从当前对象转至其他对象,从而使情绪得到调节的一种先行关注策略。例如,当遇到不愉快的事物时,转移注意对象,如做剧烈运动、与朋友散步、听听音乐或做些其他自己感兴趣的事情,都可以很好地调节不愉快的情绪。常见的转移调节策略有做事转移、锻炼转移和环境转移方式。

(1) 做事转移:当觉察到自己的情绪不佳时,可以选择自己喜欢的事情来做,或者做一些能让自己专心投入的事情来分散注意,将不愉快的心情暂时忘记。感觉是随行为而动的,当事情做完时,可能发现原来造成心情不好的原因已经消失了,情绪也就变好了。

(2) 锻炼转移:当心情低落、沮丧、精神萎靡时,要选择去运动,宣泄内心情绪能量,加速身体的新陈代谢,促进身体的快乐的激素分泌。研究表明,一组抑郁症患者服药四个月,另一组每周运动 3 次,每次 45 min,连续 4 个月,结果都有明显效果。6 个月以后,运动的一组效果更好。

(3) 环境转移:当感觉到自己情绪不好时,也可以单纯地通过转移环境来调整自己的情绪,如去海边散步、郊外骑车、登山望远、去差异化非常大的地方旅游。

3. 放松训练　是指使机体从紧张状态松弛下来的一种练习过程。其基本假设是通过放松练习,使身心放松,从而改变生理反应,主观体验也会随着改变。放松有两层意思,一是说肌肉松弛,二是说消除紧张。放松训练的直接目的是使肌肉放松,最终目的是使整个机体活动水平降低,达到心理上的松弛,从而使机体保持内环境平衡与稳定。放松训练的方法很多,主要有肌肉放松、深呼吸放松及冥想放松等。

(1) 肌肉放松:选择一个安静且不受干扰的地方,躺着或者坐着,闭上双眼,减少意识活动,把注意力从一块肌肉转移到另一块肌肉，自然而然地放松，体会肌肉紧张再松弛的感觉。训练者每天要练习 1～2 次，每次 20 min，每块肌肉收缩 5～8 s，然后放松 20～30 s。

(2) 深呼吸放松：采用腹式呼吸，慢、缓和深。首先用鼻子慢慢地吸气，气体进入丹田，然后缓慢地呼气，呼气时全身放松，体会腹部的上下起伏，注意力集中在呼吸时气息可以通过的身体部位上。训练者每天要练习 1～2 次，每次 5～10 min，1～2 周后可以将练习时间延长到 20 min。

(3) 冥想放松：首先将自己沉浸在某种情景中，在情景中体验放松的感觉。冥想放松的关键是想象的情景必须是生动和真实的，训练者在这一情景中可以分辨出声音、气味、色彩、图像等。如果一个人能在冥想中逐渐消除紧张、焦虑的情绪，他就能在日常生活中应对同样的问题。

4. *互动促进策略*　个体的情绪不仅在身心上有互动性，个体与他人之间也有互动性，一方发生改变对另一方也会产生影响作用。因此，身心互动、人际互动是有效的互动促进策略。

(1) 身心互动：众所周知，人的情绪会呈现在表情上，不过现在科学研究发现，人的情绪也会随着表情尤其是脸上的神情而变，如果你的脸上表现悲伤，你的内心就会有如此感受。因此，当心情不好时，不妨给自己一个美美的妆扮，同时通过幽默和笑来改善自己。不过，笑的时候要注意，虚伪的笑太短促，只用了嘴角而没有用眼睛，不能产生快乐的感觉，因此笑必须认真才行，也就说，要从浅笑逐渐扩大成为热情、露齿和放声大笑。通过大笑调整了肌肉的步调，进而实现情绪的改变。

(2) 人际互动：提供社会支持，找人谈一谈，具有缓和、抚慰、稳定情绪的作用，助于交流思想、沟通情感，增强自己战胜不良情绪的信心和勇气，能更理智地去对待不良情绪。通过人际互动让倾诉者有了对象，释放了内心能量，找到了资源和支持力量，积累了经验，转换了思维模式，可能找到了新的策略和办法。交友、寻找心理咨询、请教老师和重要他人都是重要的人际互动。积极参加班级活动、社团活动和其他有益的社会团队活动都是人际互动的重要载体。

（三）积极情绪训练

积极情绪是指事件满足了个体的需要，使个体出现了愉悦的主观体验的情绪。积极情绪可以提升个体的幸福感、缓减焦虑抑郁症状、促进个体的社会适应。个体通过积极情绪训练，可以培养对事物积极正性的认知偏向，发展个人优势，减少消极情绪，最终具备习得性乐观，从而增进心理健康。下面试图归纳出积极心理学领域常用的积极情绪训练方法。

1. *学习和阅读法*　是注重提高积极情绪策略知识的一种方法，通过专业教师讲授或者推荐具有可读性的学习策略方式，调动学习和阅读的积极性和主动性，让参与者增长技能，在生活中验证和修改已有的策略，实现积极情绪的习得。在学习过程中，有必要与他人和组织开展讨论，交流读书学习和运用策略的心得体会。哈佛大学沙哈尔(Tal Ben-Shahar)开设的“幸福课”之所以风靡全世界，正是因为课程本身具有学习性和阅读性，广大学习爱好者从中受益匪浅。

2. *行动转化法*　基于通过愉悦的生活、专注生活和有意义的生活等途径达到增强个体持久快乐的目的。该方法注重积极情绪的视角和行动。一方面注重此时此地“为所当为”的事情中，如尽可能确保充足睡眠，增强身体锻炼，积极参与到做善事中去；另一方面，通过记录、反思和总结，记录下每一天带有积极情绪的事件和缘由，让自己处在积极情绪中，抵消消极情绪的作用。以记录美好的事为例，可以每天记录自己所经历和体验到的快乐、满意、希望和自豪的事。记录时从三个方面进行：一是发生了什么事；二是事情为什么会发生，为什么会让我感觉到愉悦的情绪体验；三是给这一事件评分，如果满分是 10 分，那么根据自身的情绪愉悦程度，给这一事件打一个分数(1～10 分)。每天的记录不少于三件，记录时，强调用自己的全身心去感受这件事带来的愉悦感，而不是“流水账式”的白描。

3. *积极情绪档案袋法*　是基于积极情绪比消极情绪更加脆弱，为抵御消极情绪的侵蚀，借助档案袋里的内容调动积极情绪的聚集效应，实现积极情绪的良性循环作用的方法。积极情绪档案袋法是用档案袋将代表情绪的象征物或符号(包含照片、信件、名言或者对个人而言带有深刻个人意义的物品)集中在一起，并且依据情绪类型分开装袋。档案袋存放的形式可以多种多样，可以放在文件盒中，也可以建立一个网页或者相册。不管哪种形式，档案袋的内在机制不变，就是一定是自己的积极情绪。积极情绪档案袋是生活中的文献，要不断地发展和更新。

创建和使用积极情绪档案袋有10个策略作为参考：① 保持真诚。积极情绪是由衷的，而不是强迫的；② 拓展积极情绪档案袋的深度，如收纳多种物品；③ 制作多个档案，不要依赖某一个特定的积极情绪；④ 让档案袋随着时间的推移而不断发展，不断地对它们进行添加；⑤ 始终把档案袋放在手边；⑥ 当感到被一种恶性循环拖累时，拿出你的档案袋；⑦ 带着觉知力和开放的心态来对待自己的档案袋；⑧ 保持一种轻松的、心理上的接触，不要特意分析它；⑨ 当一个情绪档案袋失去功效的时候，换另一个；⑩ 问自己"为了培养这种感觉，我现在可以怎么做?"。

第二节　大学生常见的情绪困扰及管理

大学阶段是个体从"疾风怒涛"逐步走向相对稳定、相对成熟的过渡时期，学习生活环境发生巨大的变化，情感体验更多的是不再局限于学习成绩和家庭，而是扩展到了更为广泛的世界，人际关系、社会实践、自己的兴趣和爱好，对国家的关注、对就业的期待和忐忑，对爱情的向往和追求，等等，以上这些特点为大学生情感体验开辟了新天地。大学生社会阅历浅，经验不足，看待事物不够成熟，这些特点又为大学生情绪困扰管理提供了新使命。

一、大学生的情绪特点

（一）稳定性与波动性并存

随着大学生知识结构的不断完善、对各种生活现象的认识更加全面而成熟，因此情绪体验较高中阶段更加稳定。但与成人相比，各种价值体系还未完全定型，对现实世界的认知常常带有理想主义的色彩，因此在遭遇一些生活事件或者难以理解的社会现象时，容易表现为强烈而波动起伏的情绪特点。情绪很容易从一个极端走向另一个极端，高兴时忘乎所以，看什么都顺眼，消沉时心灰意冷，看什么都别扭，情绪跌宕起伏。

（二）冲动性与理智性并存

大学生自我意识不断发展与成熟，他们的理智感也随之增强，对自己的情绪有了一定的控制能力。但他们对各种事物比较敏感，反应迅速，遇事容易冲动，学习、生活、交往中的一些小事件都会引起情绪的波动。同样的刺激情境，可能不会使成人有明显的情绪反应，但却使青年大学生产生强烈的情绪反应。因此大学生们常会因为一些生活琐事而发生冲突。情绪体验强烈，喜怒哀乐常常一触即发，表现出热情奔放的冲动性特点。心理学家常用"疾风怒涛"来形容这一冲动性的情绪特征。同时，他们也能够对强烈的情绪反应进行适当的调适。

（三）丰富性与压抑性并存

处于青春期的大学生是情感最丰富、最强烈的时期，他们的情绪领域不断拓展，情绪内容也日趋复杂。他们对新鲜事物充满好奇；对人、事、社会等各种现象特别关注；对友谊与爱情追求执着；朝气蓬勃，积极进取，对学业和未来充满信心，拥有许多积极健康的情绪。然而，大学并不是伊甸园，也存在各种竞争与压力。学习成绩的优劣、同学关系的好坏、恋爱的成败等都会引起大学生情绪的波动，从而导致积极和消极情绪的产生。随着大学生对自我的认识不断加深，自尊的需要更加强烈，对自我不稳定的认知评价和主观体验很容易受到外界的影响，这在一定的程度上又阻碍了个体的开放性，从而使得部分大学生感觉情绪无从宣泄，倍感压抑。

（四）独特性与普遍性并存

在同样的大学校园，学习同样的专业，但不同年级和不同层次的大学生的情绪体验是不同的。低年级大学生涌动着成为大学生的自豪感，对一切感到新鲜、好奇，而对于非理想的专业、院校，以及自己在班级中位置上的落差，也会感到失望和自卑。中年级大学生适应能力增强，专业思想趋于稳定，人际交往也逐渐增多，社会责任感、义务感、荣誉感、美感进一步发展，情绪和情感较为平稳。高年级大学生社会责任感明显增强，社会性情感日趋丰富，更多地关心个人与社会的关系，思考人生价值。同时，他们比低年级的同学更关心自己的前途和命运，紧迫感和忧虑感明显，其情绪呈现出矛盾性和复杂性特点。尽管不同层次的大学生有相对一致的情绪特点，但不同个性特征、不同情境下，个体的情绪体验也各不相同。

（五）外显性与内隐性并存

一般而言，大学生的情绪体验与外部表现往往是一致的。他们对外界刺激反应迅速敏感，喜、怒、哀、乐常形于色。但是随着自我意识的成熟，自制力的逐渐增强和知识经验的增加，在某些场合或特定事件上，他们情绪的外在表现和内心体验并不一致，不像中学时期那么坦率直露，而有时会表现出内隐、含蓄的特点。这种内隐性的提高是大学生调控和防御的结果，也是社会适应能力不断提高的结果。

二、大学生常见的情绪困扰与管理

情绪困扰，也称情绪的适应不良，是指个体在与环境的交互作用中出现的不协调、不匹配。焦虑、抑郁、恐惧、愤怒、嫉妒是大学生容易产生的情绪困扰。

（一）焦虑及其管理

焦虑（anxiety）是一种缺乏明显客观原因的内心不安或无根据的恐惧，是预期即将面临不良处境或有某种威胁出现而产生的紧张、害怕、担忧、焦急混合交织的情绪体验。焦虑情绪本身并非一种情绪困扰。适度焦虑有益于个人潜能开发，没有焦虑或焦虑不足容易导致注意力涣散，学习、工作效率下降。但当个体表现为持续性精神紧张（紧张、担忧、不安全感）或发作性惊恐状态（运动性不安、小动作增多、坐卧不宁、激动哭泣）时，常伴有自主神经功能失调表现（口干、胸闷、心悸、出冷汗、双手震颤、厌食、便秘等），这便是过度焦虑，其会引起注意力分散，使工作效率降低，从而引发人际回避。

大学生的焦虑主要表现在学习、前途和人际交往方面。引发大学生焦虑情绪的原因多来自社会、学校和个人三个方面。例如，生活节奏加快、竞争激烈、信息膨胀、心理和行为受到冲击，大学生容易产生困惑、迷茫、紧张、焦虑和无所适从；他们面对竞争、面对繁重的学习任务，会感到紧张、担忧、焦急；有些大学生谨小慎微，优柔寡断，依赖性强，害怕困难，容易产生焦虑。

对焦虑情绪的调节和管理主要包括以下几个方面。

1. 敢于接受自己的情绪　当被焦虑情绪控制时，采用试图转移注意力或者抑制、否认的方法常常只能适得其反，加重焦虑情绪。正确做法是，接纳自己的焦虑情绪，给予它适当关注，量化评估焦虑的等级，分析焦虑背后投射的需要和欲求，看看到底是哪些想法导致了焦虑，然后不断挑战和检验那些导致焦虑情绪的想法。当理性分析并推理了那些不太可能发生的想象的情境时，焦虑便慢慢地减轻了。

2. 当机立断，积极行动　人处于过度焦虑状态时，逃避是常见的应对策略，这种做法不仅贻误时机，还使内心焦虑与日俱增。因此，面对焦虑，解除焦虑感的最好办法是衡量利弊得失后带着焦虑，积极行动。如果焦虑来自对未来目标的实现，那么应该就目标进行具体化，确定目标是什么，明确目标完成时间，细化时间段目标，确定短期目标、行动和效果，并采取相应行动。若具体化后，发现目标太大，无法实现时，就得适当地对目标进行调整，降低一些期望值，变不确定为确定，焦虑自然缓解。

3. 合理宣泄　遇到不愉快的事情及委屈，不要埋在心里，可以采用倾诉、有氧运动等方法进行合理的宣泄。当向知心朋友或亲人诉说出来或大哭一场以后，通常内心郁积的不良情绪可以得到有效释放，从而有益于保持身心健康。但发泄的对象、地点、场合和方法要适当，避免伤人害己。

4. 学会放松训练　放松训练是按一定的练习程序，学习有意识地控制或调节自身的心理生理活动，以达到降低机体唤醒水平，调整那些因紧张刺激而紊乱了的功能。人体在进入放松状态时，交感神经活动功能降低，表现为全身骨骼肌张力下降，呼吸频率和心率减慢，血压下降，并有四肢温暖、头脑清醒、心情轻松愉快、全身舒适的感觉。放松训练同时也加强了副交感神经系统的活动功能，促进合成代谢及有关激素的分泌。放松训练和神经、内分泌及自主神经系统功能的调节可影响机体各方面的功能，从而达到降低焦虑，增进身心健康和防病治病的目的。

【拓展学习 5－3】

放松训练指导语

选择一个不被干扰的环境，让自己很轻松地坐着或者躺着。把你的身体调整到最舒服的姿势。把眼睛闭起来。做三次深呼吸——吸气,呼气—吸气,慢慢地呼气—再深深地吸气,慢慢地呼气。

用力皱紧你的眉头,想象眉心像一个握紧的拳头或打着结的绳子。感觉这种紧绷,感受脸部肌肉的这种紧张。好,放松眉头,放松脸部的肌肉,放松,再放松,脸部的肌肉舒展开了,脸部的肌肉放松了。现在仔细体会这种放松的感觉。

耸起你两侧的肩膀,用力地耸起肩膀,感受肩膀的紧张,坚持一会儿,放松肩膀,放松,再放松。仔细体会这种放松的感觉。

把你的双手攥成拳头,攥紧一点,用力,感受双手的紧张。然后,放松你的双手,放松。感觉双手的紧张慢慢消失了。仔细体会这种放松的感觉。

绷紧你的腹部,绷紧一点,再紧一点,感觉到腹部肌肉的紧张。开始放松,放松腹部,放松,再放松,你的腹部感觉到舒服、温暖,仔细体会这种放松的感觉。

伸直你的双腿,用力伸直,勾起脚尖,用力勾起脚尖,感觉到双腿和双脚的紧张。然后,开始放松,放松你的双腿和双脚,放松,再放松,整个腿部都放松了。仔细体会这种放松的感觉。

现在,你的每一块肌肉都放松了,全身都放松了。紧张消散了。全身很轻松、很舒适。你享受着这种放松的感觉,呼吸通畅,感觉非常舒服。

我们的放松训练就结束了。现在,你感到全身非常轻松,非常舒服。从今天起,你已经知道通过意念控制的方法让自己完全放松下来。今后,无论何时何地,你都可以用这个方法让自己回到轻松舒适的状态中。

现在,请你慢慢地睁开眼睛,搓一搓脸,活动一下身体。你感觉到轻松愉快,非常舒服,你的内心沉浸在宁静和安详的感觉之中。

(二)抑郁及其管理

抑郁(depression)是感到无力应付外界压力而产生的一种消极情绪,常以情绪低落为主要特征。表现为一种持续时间较长、强度较为微弱的低落消沉情绪体验。处在抑郁状态的个体,看到的一切都是暗淡的灰色,对什么事都提不起兴趣,常常感到精力不足,注意力难以集中,思维迟钝,同时伴随痛苦、羞愧、自怨自责、悲伤忧郁的情绪体验,自我评价偏低,对前途悲观失望。

大学生由于自身的心理和社会性不成熟,因而在遇到挫折时,往往难以接受,认为是不该发生的却偏偏落在自己身上。在对社会、他人和自我进行评价时,容易片面化、极端化,如把生活看成是非黑即白、非好即坏,且多看其消极、黑暗面,因而极容易陷入悲观沮丧、情绪低落的抑郁状态中。遭受重大不幸事件或灾难,如亲人亡故、家境贫困、突发重病,以及长期努力却不能得到回报,也是导致抑郁情绪的原因。此外,性格内向、敏感多疑、依赖性强、易悲观的大学生较其他同学更易陷入抑郁情绪中。对抑郁情绪的调节和管理主要包括以下几个方面。

1. 面对现实,调整目标　受社会、家庭的影响,大学生普遍对自己的期望值较高。当理想自我和现实生活发生强烈的冲突时,当他们无法达到预期目标或没有得到别人的充分肯定时,就容易产生挫折感、自卑感和抑郁情绪。因此,大学生应该正确协调“现实自我”与“理想自我”的矛盾,不要太高、太严要求自己,善于发掘自己的优点,增强自信心和自尊心,制订自己的目标。清晰明确的目标可以使行动更加专注,增强个人的适应力,让人不再关注那些“无病呻吟”,而是更加理性地面向未来思考问题。明确清晰的目标是指那些自我和谐的目标,符合兴趣、对自己最有价值和最有激情去完成的目标,因此制订的目标一定要符合以下三个条件:① 自己选择的,不是外界强加的;② 不是出于责任和义务去做的;③ 是自己真正感兴趣的。一旦确立目标,只要全心全意去努力,你就会开心,因此还需要有坚定完成目标的决心。

2. 转变不合理认知,形成合理观念　有抑郁情绪的大学生存在一些不合理认知。不合理的认知导致他们用消极和悲观来面对生活和他人,加之自己在学业、人际关系方面遇到困难而更加消极和悲观。因此,只有纠正不合理的认知,才能逐渐达到改善情绪的目的。例如,自我评价低是大学生抑郁情绪产生的主要原因之一。调整抑郁情绪,首先需要对自己重新进行评价。在“高手云集”的大学集体中,个人容易出现相对平庸化，合理自我认知需要纵横交叉评价，既要找到自身不足和缺点，又要找到自身潜力和优势。要采取开放心态，利用空杯效应，吸收别人的长处，同时对于不能改变的领域，如家庭、相貌要泰然接受，然后尽量在其他方面加以补偿。

3. 调整生活习惯，寻求帮助　抑郁心境下人的行动缺乏动力性，自己常常陷入自我假想的心理漩涡中，常常进行消极联想，或者无论做什么事情都会先给自己一个消极的自我暗示，怀疑自己的能力，呈现无序的生活。在这种情况下，进行适当的行为训练是非常必要的。建立规律和安定的生活是抑郁者调整心情的重要途径。要多开展户外活动，开展有规律的体育锻炼，多接受阳光沐浴。与此同时，要主动寻求专业老师的帮助和指导。也要利用好自己亲近、友善和尊敬的他人，如主动与老师、同学及家长进行交流，接受他们给予的关心和支持。积极与他人交往，多参加社会活动，建立良好的人际关系，使自己摆脱抑郁情绪的困扰。

（三）恐惧及其管理

恐惧(fear)是指因受到威胁，感觉自己缺乏处理这种威胁的能力而企图摆脱、逃避有害或危险情境的一种情绪体验。人类的大多数恐惧情绪是后天获得的。恐惧反应的特点是对发生的威胁表现出高度的警觉。随着危险的不断增加，恐惧可发展为难以控制的惊慌状态。严重时可能会出现激动不安、哭、笑，思维和行为失去控制甚至休克。恐惧时常见的生理反应有心跳猛烈、口渴、出汗和发抖等。在恐惧反应中的肌张力、皮肤导电性和呼吸速度的增加主要与肾上腺素的功能相联系。

大学生常见的恐惧主要是社交恐惧，社交恐惧表现为在人际交往中，大学生会不自觉感觉到紧张，不敢在公开场合大声说话、发表自己的见解，有的大学生害怕与异性交往，在与异性交往中手足无措、语无伦次，有的甚至发展到害怕见人的地步。

产生恐惧的原因很多，如胆小、孤僻、敏感等。"面子较薄"的个体更容易体验恐惧，曾经的挫折或不良经历也是产生恐惧的重要因素。对恐惧情绪的调节和管理主要包括以下几个方面。

1. 直面恐惧　逃避恐惧往往是导致焦虑和恐惧进一步增强的主要原因。例如，直面恐惧而不逃避，焦虑通常会有一个下降的过程，人一旦坚持暴露在恐惧的情境中而不逃避，恐惧就会慢慢减轻。如果一开始难以直面恐惧，可以用系统脱敏技术，采用循序渐进的方式，直至达到暴露在真实情境中。

【拓展学习 5-4】

系统脱敏简介

系统脱敏是将引起焦虑、恐惧程度的事件进行逐级分解(表 5-2)，并通过各种放松训练来对抗这些等级下的情绪，通过由弱到强，逐渐脱敏，从而达到消除焦虑或恐惧的目的。系统脱敏在实施的过程中，从引起情绪强度等级较低的情景中开始放松训练，直到这种情景不再引起焦虑和恐惧反应时，再向更高刺激强度脱敏。如果一个情景经过多次反复呈现都不感觉到焦虑和恐惧，其目的就达到了。脱敏技术可以分为现实脱敏技术和想象系统脱敏技术两种方法。现实脱敏技术的整个过程是在导致焦虑的真实刺激或者现实情境中进行的，而想象脱敏技术则是在想象的恐惧或焦虑的情境中进行的。

表 5-2　考试焦虑事件层级表

编　号	焦虑程度	事　　件
1	10	老师宣布一周后英语测验
2	20	考试前三天想到英语测验
3	30	考试前一天晚上想到英语测验
4	40	早上起床时想到英语测验
5	50	在去学校的路上想到英语测验
6	60	考试前 20 min 想到英语考试
7	70	进入考场，坐在座位上
8	80	老师发下试题
9	90	看试题题目，想着不能不进行的考试
10	100	开始作答

2. 改变对恐惧的错误认知　帮助个体转变认知，随着认知曲解得到矫正，情绪和行为障碍也得以消除，从而克服病态的恐惧。要意识到，要想与自己过度的恐惧进行斗争，首先就应做到不以自己的恐惧为耻。要对自己说，恐惧和高血压、糖尿病等没有什么区别，不要对此有什么负罪感，要把恐惧症看作一种一开始很正常、只是后来有些失常的病症。另外，对产生恐惧的不合理的信念进行纠正，用合理的信念替代不合理的信念，通常能对恐惧症的治疗达到更深远的效果。例如，对于社交恐惧的学生来说，参加聚会之前就会预测聚会时自己可能会表现得糟糕和谈话过程中可能会出现尴尬以及对这些情况恐惧。如果能够看到这种糟糕至极的错误思维并且用客观和理性的思维来替代的话，通常能够在一定的程度上减轻社交恐惧的焦虑体验。

3. 提升应对恐惧的能力　面对不知所措，缺少能力的个体来说，消除恐惧的一条重要途径，就是提高自身处理问题的能力和技能，如社交恐惧者通过社交技能训练，提高与人交往的能力。能力的提高、经验的积累会使人摆脱对待恐惧情境的敏感性，自己的恐惧情绪也会降低和消失。

(四) 愤怒及其管理

愤怒(anger)是干扰使愿望实现受到压抑、目的受到阻碍，从而逐渐积累紧张而产生一种较为强烈的情绪，是对不愉快刺激的一种自然反应，是一种反抗准备。心理学研究发现，在绝大多数情况下，一个人愤怒的时候也是他内心感到无助和软弱的时候，即“以愤怒开始，以羞愧告终”。愤怒往往是为了让自己增强力量，也是为了掩藏这种外在力量背后的脆弱感。

引起愤怒的原因，一是受到某种恐吓；二是一种有目的的活动受到阻止；三是外界事物使之烦躁，特别是干扰大学生思考、学习、休息、工作；四是自尊心受到损害。另外，饮酒过度也容易因自制力降低而使情绪易怒。研究表明，愤怒发生时，心跳加快，血液重新分配，细支气管扩张，脸红脖子粗，肝糖原分解，肾上腺分泌活动增强，使人有一种强大的内驱力。根据体验程度上不同，愤怒可以分为不满、气恼、愤怒、暴怒、狂怒等，其产生某种程度上取决于干扰程度、次数、挫折的大小和引起的愤怒的原有情绪程度，也受个性倾向和心理特征所制约，如胆汁质型的个体更容易产生愤怒情绪。

愤怒是大学生的基本情绪反应。大学生容易产生情绪波动，经常会因为人际冲突或行为受挫而被激怒。大学生容易愤怒与他们具有强烈的自尊心有关，也与他们不正确的自我认知和自我评价有关。例如，有的大学生心胸狭隘，总感觉别人看不起自己，总是以为别人在说自己的坏话，从而产生愤怒的情绪。

同邪恶势力作斗争维护人民利益的愤怒，具有积极的社会意义，是大学生应当具备的情绪修养。不该愤怒而发怒，是一种反应过度的情绪，是一种不良的情绪。因小事而起冲突，拔拳相对，大打出手，行为不自控，做事不计较后果，甚至殴打人致伤，做出违法犯罪的行为，最终是害人又害己。一时之怒，能够很快平息，如果愤怒持续的时间过长，或受到压抑，得不到必要的宣泄，就会导致身体器官的组织或功能的病变，产生各种身心疾病。因此，应该尽量避免不良之怒。合理地管理愤怒，可以从以下几方面着手。

1. 防止愤怒行为　在怒气刚刚产生时就用橡皮筋或者理智来加以抑制，如可以强迫自己先不要讲话，通过一段时间的静默以便能够对事情进行冷静的思考，也可以采用“忍”“怒伤肝”等话语大声警示自己，使冲动的言行得到缓解，避免不必要的损失。情况许可，应尽快离开引起愤怒的人物和事件，换换环境，待心情平静后再来考虑和处理问题。也可以练习放松和深呼吸，通过放松肌肉，把注意力从压力环境中移开。情绪上来了，身体会有所反应，如心跳加速、血流增快、呼吸变得短促。平息愤怒要做的就是减慢心跳，让呼吸达到身体放松时的速率。学会控制呼吸是控制“高涨情绪”的一大步。身体放松了，心情就放松了，思维就不会控制行动。

2. 转变愤怒思维　愤怒情绪通常来自引起愤怒的思维。如果别人与自己价值观必须一致，处处用“应该”表达，要求别人“应该”怎么做，那么，消除愤怒情绪的一个重要步骤就是打破这个“应该”法则。“事实是别人确实忽视了我的意愿和一厢情愿的想法。但是如果这样我能做什么呢?”“我可以继续按照我的‘规则’来，公平对待别人，而不是要求他们以同样的方式回应我。他们按照我的意愿去做固然好，如果没有也就没有，无所谓。”“如果什么都做不了，我就不需要再庸人自扰了。”正如上面所述，当别人不能按照我们的规则做出反馈时，带着很多“应该”的严格思维会导致自己容易失控。接下来，可以这样来平静自己：“没有证据表明我得控制别人。”“每个人都有自己的信念、行为、态度和想法。”多点灵活性，把“应该”这个词去掉，对别人的行为看法多些理解，愤怒和压力就会减少，就可以用更加冷静的思维代替充满愤怒的头脑。

3. 用幽默消除愤怒情绪　幽默是消除愤怒情绪很好的方法。幽默能使人从更平衡的角度看问题，找到有趣的东西。例如，你特别喜欢的一个书柜散架了，一下午你都在安装书柜。你可以选择恼怒或是大笑。笑话让你从恼怒中走开，幽默能缓解紧张情绪。

（五）嫉妒及其管理

嫉妒是一种负性情绪，是指自己的才能、名誉、地位或境遇被他人超越，或彼此距离缩短时，所产生的一种由羞愧、愤怒、怨恨等织成的情绪体验。嫉妒是人的本性，在合理范围内可被视为正常反应，但过分嫉妒是一种不健康的心理状态。它是一种有明显敌意甚至会产生攻击诋毁的行为，会危及他人，也会给人际关系造成极大的障碍，最终还会损伤自身。就内心感受来讲，嫉妒的前期依次表现为由攀比到失望的压力感；中期则表现为由羞愧到屈辱的心理挫折感；后期则表现为由不服和不满到怨恨和憎恨的发泄行为。

嫉妒是大学生普遍存在的消极情绪体验，由于嫉妒有明显的指向性和发泄性，嫉妒者往往会背后打击报复，因而必然造成隔阂与敌对，严重危害良好交往。因此，嫉妒所产生的焦虑、恐惧、悲哀、猜疑、羞耻、消沉、憎恶、敌意、怨恨、报复等不愉快的情绪会导致人们在心理和身体上出现不良反应，从而危害身心健康。因此，大学生在学习和生活中要开阔心胸，做一个豁达的人，对此有以下几点建议。

1. 贵在自知　正如“人贵有自知之明”，一个人能够清楚准确地了解自己是难能可贵的。大学生学会对自己有一个正确评价，既看到自己的优势，又看到自己的不足和缺点，然后找出自己和对手的差异。明白“尺有所短，寸有所长”的道理，并善于吸收别人的长处，克服自己的短处，扬长避短，充分发挥潜力和使自己素质提高。

2. 合理转化　嫉妒是一种企图缩小和消除与他人差距的一种手段，嫉妒别人是一种不甘落后的好胜心的体现，如果一味嫉妒他人甚至打击报复，只会害人害己；相反，如果合理利用这一种竞争上进的意识，就能够使其转化为发奋进取、积极向上的动力。因此，在我们开始萌生羡慕之情或嫉妒别人超越自己的时候，就想想别人的可取之处，然后给自己打气说：“你行我也行。”接着利用从别人那里学到的和自身的努力，发奋进取，就会逐渐缩小差距，化消极情绪为积极动力。

3. 充实生活　嫉妒是试图恢复彼此平衡关系的一种消极手段，正如培根所说，嫉妒是一种四处游荡的情欲，能享受的只能是闲人，每一个埋头于自己事业的人，是没有时间去嫉妒别人的。因此，要克服嫉妒心理，就应该充实自己的生活。例如，培养良好、广泛的兴趣，积极参加集体活动，学会与人分享、交流，携手并进。

（六）冷漠及其管理

冷漠是一种对人对事漠不关心、冷淡、退让的消极情绪状态。处在冷漠情绪状态的大学生，在行为上常常表现为对生活没有热情和兴趣，对学习置若罔闻，或者应付了事，对学习成绩好坏抱着无所谓态度；对周围的同学冷漠无情甚至对他人的冷暖无动于衷；对集体活动视而不见，经常独来独往，十分孤僻，就是无欲求、无关心、无气力的“三无学生”。

冷漠看似“佛系”，实则是个体受挫后的一种消极情绪，是对环境和现实自我逃避的退缩性心理反应，它虽然带有一定心理防御性质，但对大学生的身心危害极大。冷漠往往是压抑内心愤怒情绪的一种表现，表面漠不关心，内心却备受痛苦、孤独、寂寞、不满和愤恨的煎熬，有强烈的压抑感，由于没有宣泄途径，巨大的心理能量无法释放，心理平衡便会破坏，进而导致各种身心疾病的产生。

陷入冷漠情绪的大学生除了身边人要用持续的热情和耐心去融化冷漠，自己可以通过以下方式进行调整。

1. 端正认知，转变观念　冷漠情绪下的个体、冷漠面孔下的内心痛苦实则隐藏着渴求改变的心愿，因此直面自己的虚伪，增强了解冷漠对身心健康和个人发展的危害，增强自身的危机感。用理性分析自己产生冷漠的原因，找到症结所在，并且将挫折事件清晰化。与此同时，用宽恕的心去原谅挫折事件，让冷冰的外表与内心整合起来。

2. 确立明确目标，培养责任意识　通过回溯历史，寻找自身力量。根据自己曾经的梦想，结合现实可行条件，清晰化和具体化目标，清晰化和具体化目标需要细化和分解，确保能够在努力的过程中实现目标，恢复自尊感和自信心。只有清晰的目标，才能克服被动和逃避的习惯。

3. 积极参与，专注行动　对于现在正在做的每一件事情，都要全身心地投入，聚精会神地去做、去体验、去感受,并且将内心的感受外化表达,确保整合。只要不采用被动、逃避的行为,并且接纳身边同学的友好和关心,合理回报对方,用心去感受行动,用心体验友情和温暖,一定能够走出冷漠的“寒冰”,重新扬起朝气和热情的笑脸。

第三节 大学生情绪智力的培养与发展

情绪智力在近 30 年迅速备受关注。虽然这一理论尚处于概念或理论假设阶段,还不成熟、不完善,但是为现代情绪理论和智力理论带来了很大的影响,成为教育领域新的关注点,更多认同情绪智力的可培养性,并且情绪智力培养已经成为提升大学生心理健康的重要途径。

一、情绪智力的概念

情绪智力(emotional intelligence)是美国耶鲁大学沙洛维和新罕布什尔大学梅耶根据情绪和智力研究领域的成果在此基础上于 1990 年首次系统提出,后经戈尔曼 1995 年出版的《情绪智力》一书,迅速成为热词。但关于情绪智力概念的界定,至今仍是莫衷一是。现有的文献中,主要存在两种视角。

其一以沙洛维和梅耶为代表,被学术界称为情绪能力型情绪智力(ability emotional intelligence, AEI)流派,其认为情绪智力是与情绪活动有关的能力,属于情绪的认知结构。1997 年,沙洛维和梅耶将情绪智力定义为一种能力,这种能力能够使得个体精确地觉知、评估及表达情绪,能够接近或产生促进思维的情感,能够理解自己及他人的情绪情感,并且根据情景对情绪进行调节,从而促进情绪和智力发展。

其二以戈尔曼为代表,被学术界称为特质型情绪智力(trait emotional intelligence, TEI)流派,有时也被称为混合情绪智力(mixed emotional intelligence)流派,其将情绪智力视为个性和能力的结合体,是一种非认知智力,认为情绪智力是一种识别自己和他人情绪,激励自己,控制调节自己的情绪和维持掌握人际关系的能力。2000 年,巴昂(Reuven Bar-On)参考戈尔曼的情绪智力概念,认为情绪智力是影响个体应对环境需要和压力时一系列情绪、人格、人际关系、社会技能及能力的总和。也就是说,一个人的情绪智力越高,他能“成功”应对环境和压力的概率就越大。

二、情绪智力的构成

情绪智力概念的界定不同,对情绪智力结构分析也就不同。这里分别介绍沙洛维和梅耶提出的情绪能力型情绪智力和戈尔曼提出的混合型情绪智力。

(一)沙洛维和梅耶提出的情绪能力型情绪智力

情绪能力型情绪智力认为情绪智力是知觉、理解和运用情绪信息的一种能力。1990 年,沙洛维和梅耶提出情绪智力包括三个维度,分别是表达情绪、管理情绪和运用情绪。之后,他们又对情绪智力的维度进行了补充和修改,认为情绪智力包括非常重要的四个因素。

第一个因素是感知、评估与表达情绪的能力。个体能够通过生理状态和感受来识别自己的情绪,通过语言的声音、表情和行为来评估他人的情绪,在这两个基础上,个体能够准确地表达情绪和相关情感需求,并且能够对情感表达的准确性和真实性进行辨别。

第二个因素是能够促进个体思维过程的情绪能力,情绪促进个体将注意力转向重要的信息,当个体的情感从乐观向悲观变化时能够促进个体从多角度考虑问题,在一定情境中合适且有效的情绪能够使得个体对情感的判断和记忆起一定的促进作用。此外,不同情绪状态能促进个体产生对特殊问题的解决办法。

第三个因素是理解、分析运用情绪信息的能力,是指能够认识到词语与本身之间的关系(如能够认识到喜欢和爱之间的关系),理解复杂的复合情绪,解释情绪所包含关系的意义,认识到情绪并将其进行转化(化悲痛为力量)。

第四个因素是情绪管理能力，这种情绪管理具备促进情绪和理智发展的反思性，个体能对积极和消极的情绪保持开放的心情，根据对情绪信息的判断和运用，自主地选择进入还是远离某种情绪，对自己和他人的情绪能够熟练地进行监察，通过调节消极情绪促进积极情绪的方式来管理自己和他人的情绪。

（二）戈尔曼提出的混合型情绪智力

混合型情绪智力认为情绪智力是情绪与个体能力、人格、社会性等的统一体。1995 年，戈尔曼认为情绪智力由五个维度组成，分别是认识自己的情绪、管理自己的情绪、进行自我激励、理解他人情绪和管理人际关系。1998 年，他对情绪智力的维度进行了修订和补充，修订后的五个维度分别是自我意识、自我调节、自我激励、移情和社会技能。

1. 自我意识　即认识自身的情绪的能力，包括对自己的情绪准确地觉察、认知和评价。只有认识自己，才能成为自己生活的主宰。

2. 自我调节　即妥善管理自己情绪的能力，包括自我控制、责任心、灵活性和创新性。

3. 自我激励　包括成就动机、义务感、自发性和乐观性。它能够使人走出生命中的低潮，重新出发。

4. 移情　即理解、认知他人情绪的能力。一个人能够通过他人的各种信号，敏锐地感受到他人的情绪，这是个体与他人正常交往，顺利沟通的基础。

5. 社会技能　即妥善处理人际关系的能力，包括影响力、领导力、沟通能力、合作能力、团队协作能力、解决冲突的能力等。

在这五个维度中，最重要的是自我意识，它是能力发展的基础；自我调节要求个体通过经验和技巧调节情绪，表达与情境相符合的情绪；自我激励是个体需要凭借理智和意志保持强烈的情感诉求，从而激励自己实现目标；移情是结合自己的经验站在他人的角度体验他人的情绪，分析预测他人的行为；社会技能是一种互动调节能力，是基于自我意识和移情的基础之上的。

2000 年，戈尔曼进一步将情绪智力凝练成四个领域 20 种能力：① 自我觉知，包括情绪觉知能力、正确的自我评价和自信；② 自我管理，包括自控能力、信任度、责任心、适应能力、成就动机和主动性；③ 社会觉知，包括移情、对团体情绪的觉知和服务倾向性；④ 社交技巧，包括帮助他人发展、领导能力、影响力、沟通能力、解决冲突的能力、协调能力、革新能力和协作能力。

三、情绪智力的培养

目前，情绪智力虽然没有比较权威的统一的定义和结构，但在其培养上一致认为，“情绪智力是一组能够通过教与学而习得的能力和技能，一个人的行为可以通过情绪教育获得更好的调节”“情绪智力能够通过学习得以提高”。

（一）加强自我主动培养是情绪智力培养的关键

情绪是可以被管理的。大学生通过自我锻炼、自我修炼，可提升自己情绪觉察、管理、共情的能力。

1. 认识自我情绪　是提高情绪智力的前提和基石。当某种情绪刚出现时便能察觉和辨别，这种认识自我情绪的能力是情绪智力的核心。认识自我情绪能力高的人对自己的情绪具有清晰的认知，能有效地管理自己的情绪。大学生要提高认识自我情绪的能力，使自己能够辨识不同的情感感受，明确这些感受代表的意义，并能清晰理解自我的思维、情感感受与行动反应之间的相互关系，能清醒地认识到自己是在理智地做决策还是任凭冲动情绪主宰，能够预见不同选择方案的可能后果，能够认清自己的优势和缺陷，积极而现实地看待自我。

在日常生活中的大学生，情绪状态常常是复杂的，往往有两种或多种情绪相互交织在一起。要想正确认识自己的情绪，首先要能够认识这些情绪状态的构成，分析这些情绪的强度和比例，使自己的情绪状态从意识的“混沌”走向“有序”。其具体做法有以下几步。

第一步，情绪性质诊断。就是利用情绪状态的词汇表，从中找出符合自己情绪现状的词汇，然后将这些词汇进行自我归纳，或者请教专业老师给予分析，通过自我分析和他人帮助，找出自己的情绪成分。

第二步，情绪强度判断。当清楚情绪构成成分后，再将描述自己情绪状态的词汇按照自我感受强度由强到弱依次进行排序，这样排在最前面的两到三个情绪词汇所代表的情绪就是当下的主要情绪状态。

第三步,情绪权重分析。利用扇形图等方式将自己一天、一周或者一个月内的各种情绪所占据的时间进行划分比例,这样我们就从感性上升到理性从而掌握情绪的分量和时间上的影响作用。

2. 管理自我情绪　即调控自己的情绪,使之适时、适地、适度。调控的核心含义是保持平衡而不是压制情感。这种能力建立在自我感知能力的基础上。因此要注重两点:一是找出情绪表现所隐藏的真实感受,如愤怒其实是受了伤害。二是要学会合理对待和处置消极情绪的情感技能。

消极情绪是指不愉快甚至痛苦的情绪和情感体验。适当的消极情绪是有用的,可以让自己正视现实,脚踏实地做事,真实和诚恳地待人。但更多的消极情绪是没有益处的,它不仅让人逃避现实,产生无效行为甚至可能导致消极情绪恶性循环。因此需要合理理顺消极情绪来源,采取正确方式处置消极情绪。

(1) 理顺消极情绪来源:大学生对自我特别关注,对自己的情绪比较敏感,一旦对自己的消极情绪及其失控或者失控预期有了意识,就容易陷入一种继发性的焦虑之中,为抑郁而焦虑,为无法控制而焦虑,为对抑郁的失控预期而焦虑。如此环环相扣,相互交织,终成一个"解不开的死结"。如果没有正常的渠道加以疏导,它就将以各种形式外化出来。最常见的是一种外化是躯体化,即心理能量转化成了身体能量,表现为各种躯体症状,如手脚发麻、头痛恶心、胃痛腹泻,久而久之引发更严重躯体疾病,如冠心病、癌症。另一种外化则表现为特征化的行为方式,如固执、退化、自我惩罚、攻击、利他等。日常生活中出现的强迫性洗手、因小事而暴跳如雷、无理取闹、满腹牢骚、自暴自弃等都是消极情绪的外化。在大学生日常生活中也常有这样的体会,考试越紧张,同学之间的矛盾冲突越容易激化。产生这样的根源很多在于他们感到紧张焦虑。

(2) 减少消极情绪的合理策略:首先是解决认知问题。正如前面所说,认知歪曲是消极情绪的直接原因。消极的思维和认识是消极情绪恶性循环的罪魁祸首。因此,减少消极情绪,需要转变思维方式,反驳消极思维,打破对问题无休止担忧的桎梏,做好"不如意"的心理准备和预案,保持对消极情绪开放、顺其自然的心态,学会用一种不反应、不评价的方式关注当下。也可以转换视角,改变对事物新意的理解,如在失恋让人痛苦甚至愤怒、有严重的丧失感时,仔细找找恋爱过程中的收获和成长就能较容易减轻失恋带来的情绪负担。

其次积极行动。处在消极情绪状态时,人们可以采取去爬山、跑步、打球等有氧运动方式来宣泄内心的情绪。尽量避免使用酒和食物来缓解情绪,否则"借酒消愁愁更愁",还可能导致暴食和其他情绪性进食问题。也可以找一个能让你完全投入的健康活动,如拜访一个上进的朋友,问问他最近的学业和成长;阅读一篇一直想读的文章。如果找到的活动是你所喜欢的,这样不仅可以让你更快地走出消极情绪的阴霾,还能够带来欢快或自豪的情绪。记日记、写博客(又译为网络日志、部落格等)或微博也是值得推荐的方式,把自己的不快情绪记录下来,把自己的当下的情绪表达出来,不仅是宣泄,还为以后的成长提供宝贵借鉴,当然需要指出的是,在抒发自己的情绪时一定学会尊重别人的隐私和权利,否则一旦卷入别人权益会让自己更加郁闷。

3. 识别他人情绪　是共情能力的体现。共情,即"感人之所感",并同时能"知人之所感",是既能分享他人情感,对他人的处境感同身受,又能客观理解,分析他人情感的能力。共情能力不仅限于感同身受,还包括协助对方处理情绪,帮助对方从情绪中走出来的能力,让对方看到事物的其他可能性及提升以后遇到类似情况后的处理能力。提高共情能力需要从以下几方面努力。

(1) 学会倾听:真正理解他所要表达的意思,只有完整用心地聆听了,才能够去理解、去分析。学会倾听是指能全身心地聆听对方的表达。倾听不仅指听其口语表达的内容,还包括观察非语言的行为,如动作、表情、声音语音语调(音量的大小、语音的高低、音速的快慢、是否口吃等)。不仅如此,学会倾听还需要有适当的反应,表示听了并且听懂了。

(2) 学会换位思考:换位思考是一种情感的互换体验,是你站在对方的立场上思考和理解问题,是你扮演对方角色的感受过程。当理解了对方要表达的意图和情绪之后,还可以联想,将自己设想成对方,想象自己如果处在该种情境之下会是怎样的心理和情绪。换位思考这个名词听的很多,能做到的却很少。只有你真正地从他人角度去看待问题,才会避免以自我为中心的主观意向导致的偏颇,才能够真正地理解对方的真实感受。

(3) 表达尊重:尊重就是把对方看成一个平等的人,有着自己独立和独特的思想感情、内心体验和生活追求。尊重意味着对对方的信任和对对方秘密的保护。要做到尊重就必须做到：① 尊重对方的个性及能力而不是凭自己的感情用事；② 接纳对方的信念和所做出的选择或决定，而不是评论或试图替其做决定；③ 善意地理解对方的观点及行为，而不是简单采取排斥的态度；④ 以尊重且恭敬的态度表达自己与对方不同的观点；⑤ 不做价值判断，尊重对方的选择。

4. 培养积极情绪　积极情绪是愉悦的感受，包括喜悦、感激、宁静、兴趣、希望、自豪、逗趣、激励、敬佩和爱等。它不同于"逆来顺受"或者"乐而忘忧"，也不只是生理的快感或者模糊的幸福感。它要大学生负担起责任，不但要活着，而且要活得热情而起劲；不但要真切地去体验，而且要在真切的体验中反思，将自己引向一个又一个更高的境界。具体应该做到以下几点。

(1) 感受自我的力量："我们也许羡慕过别人，但未必赏识过自己；我们也许欣赏过别人，但未必接受过自己；我们也许喜欢过别人，但未必拥抱过自己！事实上，在我们自己身上同样可以找到我们心中偶像的身影！"事实上，每个人都是这个社会宇宙中的一颗闪亮的星，都存在闪光点，所以不必沉浸在对自己缺点和不足的羞耻体验中。生活中也许有很多的不如意，也许有很多的缺憾，但只要抱着"珍惜自己拥有的，接受自己不能改变的，完善自己不足的"的心态来看待自己、悦纳自己，看到自己的优点，接受自己的缺点和不足，积极面对生活中各种考验，放大人生里美好的一面，勇敢自信地点亮自我的灯塔，人生就会绚丽多彩。

(2) 学会感恩：每个人都希望在人群中被接纳、被认可，获得归属感，却没有发现有时候自己要求别人比要求自己还要多。一些大学生要求他人体谅自己，却没有发现自己往往不能宽容他人；批评他人自私自利，却没有发现自己要求的比别人还多。

拥有一颗感恩的心，生命的每段历程才会充满温馨。"记得苍天给我们的雨露，大地给我们的五谷，记得路人给我们的笑容，小鸟给我们的歌唱，微风给我们的爱抚……更要记得小时候那座小土山带给我们童年的欢乐"。常存感恩之心，会使心灵更加纯洁。雷锋心怀感恩，全心全意为人民服务，他虽然生命早逝，但精神长存。特蕾莎修女(Blessed Teresa of Calcutta)一生为穷人服务，获得了世人的敬仰，并获得诺贝尔和平奖。她说："也许我们不能做伟大的事，但我们能用伟大的爱做些小事。"著名的激发心灵潜力培训师安东尼·罗宾(Anthony Robbins)也认为成功的第一步就是先存有一颗感恩的心，时时对自己的现状心存感激，同时也要对别人为你所做的一切怀有敬意和感恩之情。

(3) 为所当为，活在当下：愉悦不是空洞的一时欢愉，也不是一蹴而就的满足，快乐是对目标孜孜不倦的追求。实现目标的过程中也许有很多的不快和挫折，但是真正的快乐正是那种经历了内心的风雨后的淡定和从容。

刚进大学时，很多大学生朝气蓬勃，积极努力，激情四射。但渐渐很多人激情不再，身心倍感疲惫，乃至颓废。这种改变很大程度上是因为这些大学生没有合理的目标和计划，没有行动力，没有规划，处在一种散漫的、非自主的状态。因此，在大学阶段，要寻找真正的快乐，增加积极情绪，就必须"为所当为，活在当下"，给自己制订一个切实可行的计划和目标，行动起来，走出自我中心、走出书本、走出校园，到集体中、生活中、实践中，去吃苦、去体验、去奉献。只有在行动中才能寻找到真正的持久的快乐心境，才会不断获得成长。

(4) 情感是情绪的升华：情感是独具社会性的人类所特有的心理，是在情绪基础上形成和发展起来的，是情绪的升华。情感是与人的社会性需要相联系的，表现为一种较为复杂而又稳定的态度体验，如爱国主义情感、善恶感、责任感、羞耻感、内疚感、荣誉感、美感、理智感、幸福感等。

美好而稳定的情感犹如内心的明灯，指引大家在生活的道路上行走得更加理智、从容、充实、优雅。一个人如果心怀善恶感，就能抵挡住罂粟花般的诱惑，不做违反道德的事情；如果心怀责任感，面临困难和冲突时就会心存道义，选择"大我"境界，不局限于"小我"泥潭；如果内心有强烈荣誉感，就会有更高的精神追求；只有具有向往荣光、谴责羞耻的道德取向，才会有不畏艰难、顽强拼搏的战斗精神，才会有争创一流、建功立业的不竭动力。

(二) 参加丰富多彩的校内外活动是情绪智力培养的重要保障

健康有益的校内外活动不仅丰富了校园文化，培养了学生的兴趣爱好，扩大了学生的求知领域，使大学生活丰富多彩，而且对消除大学生的不良情绪具有积极的作用，使大学生获得了归属感，丰富了情感体验，提高了交往能力，增强了合作意识，提升了自信心，促进了大学生社会化的进程。

1. 开展以适应校园生活为主题的活动　通过开展“创建文明校园、文明班级、文明宿舍，做文明大学生”等主题活动，使学生在活动中学会团结协作、和谐共处，自觉养成文明卫生、举止得体、仪表端庄、热爱生活、保护环境、爱护公物的良好习惯，使学生身体健康、心理健康、思想健康，这种文明、和谐、活泼、向上的校园文化环境可以减少学生消极情绪。

2. 要精心设计和组织思想政治、学术科技、文娱体育等校园文化活动　开展内容丰富、形式新颖、吸引力强的活动能把德育、智育、体育、美育渗透到校园文化活动之中，使大学生在活动参与中受到潜移默化的影响，思想感情得到熏陶、精神生活得到充实、道德境界得到升华。

3. 鼓励大学生走出校门　进入社区，走向社会，开展丰富多彩的志愿服务和社会实践活动可以开阔学生视野，陶冶学生情操，磨炼学生品质，提高学生心理综合素质。

【推荐读物】

奇普·康利.2014.如何控制自己的情绪：最有效的22个情绪管理定律.谢传刚译.北京：中信出版社.

科里·帕特森，约瑟夫·格雷尼，罗恩·麦克米兰.2012.关键对话——如何高效能沟通.毕崇毅译.北京：机械工业出版社.

彼得·图希.2014.无聊：一种情绪的危险与恩惠.肖丹译.北京：电子工业出版社.

乔瓦尼·弗契多.2018.情绪是什么：如何用神经科学解释七情六欲.黄珏苹译.杭州：浙江人民出版社.

（赵海钧）

第六章

大学生的学习心理与创新

本章要点

掌握：大学生常见的学习问题及调适的方法。
熟悉：大学生学习的影响因素及大学生学习的特点。
了解：大学生创造力与创新思维的培养。

学习是贯穿人一生的重要主题，一个人是否能够顺利地完成人生各个阶段的学习任务决定了他能否顺利地完成学业，能否顺利地融入社会，能否在事业上取得成功。学习是大学生的首要任务，而学会学习则是学习的根本宗旨。随着教育形式由基础教育向高等教育转变，发展方向由升学为主向就业为主转变，部分大学生的学习动机、学习方式和学习策略等方面必然会在新的情境下有所变化，而这个转变过程极易产生问题。由于个体的差异性，每个人都会遇到不同的学习心理问题，而这正是"成长的烦恼"之一。认识和理解学习的一般心理学原理及其应用，掌握学习的基本知识和有效的学习方法，促进自己的学习，才能不断提高学习效率，成为具有创新精神和实践能力的高素质人才。

第一节　大学生的学习心理概述

知觉的理解性在学习中起着重要的作用，大学生身心趋于成熟，一般知觉能力达到成熟水平，能透过纷繁复杂的表面现象，洞察事物的本质和规律，把握事物之间的联系和关系，具有学习动机多元、学习迁移能力较强等心理特征。

一、学习的概念及影响因素

（一）学习的一般概念

什么叫学习？这是一个看似简单实际复杂的问题。不同领域的专家学者从不同的研究角度给学习提出了不同的定义。

"学习"一词，在我国古代文献中早就有。孔子曰："学而时习之，不亦说乎？"又曰"学而不思则罔，思而不学则殆。"

从学习心理学的研究历史来看，不同时期对学习的理解是不同的。例如，早期联想主义学派认为学习是形成观念间的联想，联结派认为学习即形成刺激与反应间的联结，认知派主张学习即形成和改变认知结构。由于对学习实质的理解不同，有关学习的定义也是多种多样的。几种有代表性的表述如下：

（1）主体在某个规定情境中的重复经验引起的、对那个情境的行为或行为潜能的变化。但这种行为的变化是不能根据主体的先天反应倾向、成熟或暂时状态(如疲劳、酒醉、内驱力等)予以解释的。

(2) 形成有组织的知识并使之变得更有组织的过程。

(3) 机体或机器增加其知识和技能的所有的过程。

(4) 依存于实际经验的、持久的内部表征的生成或矫正。

(5) 知识或技能的获得。

(6) 是一个自我调节的过程。其通过下面几个过程实现:① 努力解决个体原有的世界模式与新的顿悟之间的冲突;② 用在文化背景下形成的工具和符号来建构新的关于现实的表征与模式;③ 通过社会合作、交互来进一步确定意义。

这些定义虽然都有其局限性,但都从不同侧面揭示了学习的本质,也为我们研究学习提供了不同的视角。

就目前心理学界而言,比较被广泛认可的定义是学习是学习者凭借经验引起的比较持久的行为、能力和心理倾向变化的一种活动过程。在理解这个定义时要注意把握以下几点。

(1) 学习时主体自身必须发生某种变化:这些变化使学习者获得了新的行为模式。例如:儿童学习走路就是一种新的行为模式的习得过程。所以有人认为学习是一个新的行为模式形成的过程。

(2) 学习是凭借经验引起的主体的习得变化:亦即主体的行为或思维变化是后天习得的,是在主体与环境相互作用过程中产生的。各种生理因素如发育成熟、衰老或身体受损害等都可以引起主体较大的变化,但这不是凭借经验习得的,而是非习得的变化,所以不能称为学习。

(3) 学习是指主体身上产生的倾向或能力的变化:这些变化是相对持久的,是经过练习或反复经验而产生的。这些变化有些可以直接见于行为,有些属于所谓行为潜能的变化,但这种行为潜能变化可能有外显行为表现,也可能是看不见的内隐行为变化。

(4) 学习是指一种活动过程:这是说学习是指上述变化的活动过程,而不是上述变化所产生的结果。学生学习活动的一般过程是由不知到知,由知得少到知得多。而学习的结果是指成绩。当然,可以从成绩推断有无学习发生或发生的性质和强度,但成绩本身并不是学习。

(5) 本能行为模式不是学习:学习过程是由经验积累引起的行为趋向的变化过程,是一个新的行为模式习得的过程。因此,学习是机体适应环境的手段。而本能与学习不同,本能引起的行为模式虽然有时也很复杂,但不是后天习得的,因此不是学习。本能行为模式有两个特征:一是为该物种所共有;二是在个体隔离情况下不需要凭借经验也能产生。例如,渴了饮水、饿了进食,这都是先天的本能行为模式,不是凭借学习获得的,而用何种方法得到水和食物,这种行为模式需要凭借经验才能习得,这才是学习。

综上所述,学习是指在社会实践活动中,以语言为中介,经思维活动而自觉、积极、主动地掌握人类历史的社会经验以积累个体经验的过程。人的学习不仅能以直接的形式获得个体经验,而且还能以语言为媒介,间接掌握人类社会历史经验。

(二) 学习的影响因素

学习活动不是孤立的,也不是封闭的,而是个体不断与外界环境交互作用的过程。“孟母三迁”的典故就很好地诠释了这一特点。影响学习的因素很多,也很复杂,但从系统论的角度来看,对其产生影响的因素不外乎两个方面,即外部环境和内部环境。

1. 外部环境　分为社会环境和自然环境。

(1) 社会环境:包括社会制度、政治状况、经济水平、文化习俗、社区特点等,都会直接或间接地对学生的学习产生影响,决定和改变其赞赏的内容、学习目的、努力方向等,从而产生不同的学习效率。在这里的外部环境主要是指学习氛围,包括社会、学校、家庭等方面的因素。

1) 社会因素:社会的不良风气是导致大学生学习动力缺乏的重要原因。例如,大学生择业机制不健全,在毕业求职过程中优才优分的原则有时还不能得到很好体现,就业中不合理、不公平的现象在一定程度上存在等。这些现象反映出社会制度建设的不完善,而反映在大学生身上,则会使其觉得读书无用,最终导致大学生学习动力不足。另外,在教育制度的改革中也存在着影响学生学习积极性的因素,如专业调整是否适合,学生是否适应教材、教法的改变等。

2）学校因素：每所高校本身都有自身的风格和特色，并形成一个相对稳定的大环境，这一大环境决定着该校学生的学习风气。这种风气的形成既与学校的历史原因有关，又与学校的教学环境、管理机制和教育基础设施等有关。

另外，学校的学术氛围及教师的学术水平也是影响学生学习积极性的重要因素。浓厚的学术氛围能够熏陶和培养学生对学问孜孜以求的积极态度，而教师为人师表的风范、较高的学术水平、教书育人的敬业精神都能够激发学生对所学课程的浓厚兴趣和对知识的渴望。反之，一个学术水平低下的教师则会降低学生学习的兴趣，挫伤学生的进取心。

再者，高校的教学管理方式也是影响学生学习积极性的一个重要因素。一些学生习惯于中学家长式的教学管理，他们进入大学后，对宽松的管理方式很不适应，再加上自身的约束能力差，很多大学生放任自流，平时学习无压力，学与不学一个样，考试时存在侥幸心理，搞突击式复习。结果学生的作风越来越涣散，学习越来越被动甚至走入恶性循环，彻底失去学习的兴趣。

3）家庭因素：从家庭对学生学习的重视程度看，由小学到初中、高中呈现逐渐上升的趋势，而进入大学后则会明显下降。对于我国大多数学生的家庭来说，家长在子女升入大学前，对子女的学习能够给予高度重视；在子女进入大学后，很少再过问学生的学习情况。在子女读大学期间很少有家长能了解自己应该扮演何种角色、发挥何种作用。

（2）自然环境：在现代教育中，学习环境对学生学习的影响是十分重要的。一些研究表明，良好的环境可使大脑效率提高15%～35%，并可延缓和消除脑力疲劳。就自然环境而言，主要有以下几种类型。

1）声音：有噪音和乐音之分。噪音环境中学生极易分心，即使学生有十分强烈的学习动机，不会因为噪音而降低学习效率，也要比在安静环境中消耗更多的精力。因此，为了提高学习效率，学习环境的噪音应小于30 dB，而思考时最好低于20 dB。除噪音外，某些像摇滚乐、爵士乐的乐音也能影响学生的学习。

2）光线：研究表明，过强和过弱的光线对学习都有不良的影响。过弱的光线不仅使大脑兴奋性减弱，降低学习效率，且能造成眼睛疲劳。过强的光线除了会导致眼睛疲劳外，还会使学生烦躁不安，甚至眩晕，降低思维判断能力，对学习产生厌恶感。一般来说，在阅读普通书刊时，以40～100支烛光的光线较为适宜。此外，不均匀、不稳定、直接照明的光线也会对学习产生不利影响。

3）温度：据科学测定，学习环境的最佳温度为20℃，此时人脑加工处理信息和思考问题的能力最强。当气温低于10℃时，人的头脑虽然清醒，但解决问题的能力较差。当气温高于35℃时，大脑能量消耗和大脑疲劳度明显增加，人会烦躁不安，学习效率就会受到影响。

4）空气：大脑活动需要足够的氧气，氧气不足，能量代谢水平就会降低，大脑功能也就随之降低。因此，保持学习环境空气的新鲜和流通十分重要。

5）气味：在室内栽上适宜的花草，对提高学习效率会有积极的效果。美国学者雷诺尔茨（Reynolds）等把200多种带有气味的物质分成四大类，对5 000名7～25岁的人进行测验。结果表明，第一类使人保持平静和清醒；第二类起积极刺激作用；第三类使人感觉迟钝甚至麻木；第四类使人大脑极度兴奋。

6）色彩：心理学家发现，各种色彩在人心理上的反应是不尽相同的。例如，暖色往往使人心理活跃，产生热烈、兴奋的情绪；冷色常会使人心理稳定，产生安定、怡静的感觉。因此，有些国家非常重视色彩对学生学习效率的影响，如在德国的中小学教室里，往往采用几种不同的颜色。

2. 内部环境　大学生学业状况有个体内部的原因，如智力因素、非智力因素等。这些自身因素是影响学生学习积极性的内因，对学生的学业的成败起着决定性的作用，也决定着学生自身之外的其他因素对学生造成的影响，诸如社会、学校及家庭因素所起的作用。

（1）智力因素：又称为认知因素。智力因素主要包括观察力、注意力、记忆力、想象力和思维力等，其核心因素是思维力。一般来说，在其他条件大体相同的情况下，智力水平高的学生学习成绩也较好。而经过高考的选拔，大学生的智力水平没有太明显的差别。大量研究表明，一个人的学习成就和他的智商有关，中等水平以上的智商就可能有较好的成就，但并非智商水平越高成就越突出，情感、意志力、自信心、社会适应能力、实现目标的动机等对学习成就高低起着决定性的作用。

（2）非智力因素：又称为非认知因素。心理学研究表明，影响大学生学业成绩的主要因素是学习中的非智力因素,主要包括大学生自身对学习积极性的调动,包括大学生的成就动机、自我效能、自我激励等。

1)成就动机:是指驱动一个人在社会活动的特定领域,力求获得成功或取得成就的内在驱动力。成就动机是影响学生学习积极性的一个重要的内部因素,在宏观层面上它受到学生所处的经济、文化、社会等大环境的制约;在微观层面上,是指学生获得各种不同层次的成功体验。培养和提高自我愿望等成就动机水平,有助于改变他们对学习的消极态度,提高他们学习的积极性。

2)自我效能:是指人们对自己产生特定水准的、能够影响自己生活事件的行为之能力的信念。自我效能的信念决定了人们如何感受、如何思考、如何自我激励及如何行动。自我效能决定了学生对自己学习能力的判断。积极、适当的自我效能能使学生认为自己有能力取得好的学习成绩,并保持积极、进取的学习态度;而当学生的自我效能比较低,认为无法胜任学习时,就会对学习消极回避,学习积极性将大打折扣。

3)自我激励:学生在的学习过程中,不可避免地会遇到各种各样的挫折、失败,从而会降低学生的成就动机。因此,学生在学习中必须不断地进行自我激励,以维持强烈的成就动机和高水平的自我效能。

二、大学生学习的特点

《三字经》蕴涵着深厚的人生哲理:"子不学,非所宜。幼不学,老何为。""玉不琢,不成器。人不学,不知义。""蚕吐丝,蜂酿蜜。人不学,不如物。"这些中国历史的文化精髓以最简单的比喻与对比告诉我们一些关于人生、关于学习、关于生活的最浅显也是最真实的道理。学习是人类生活永恒的主题,贯穿于人的生命的全部过程,而学习的含义就在于学做一个真真正正的人、堂堂正正的人、真才实学的人、光明磊落的人。21世纪大学生的人才培养,不仅是培养高科技人才,更要求培养出的是高素质人才。即不仅要求专业知识过硬,更要拥有健全的生理、心理素质及良好的道德品质,这也是大学生学习的高层次目标所在。当今世界教育改革的趋势之一,就是普遍重视大学生综合素质的培养。大学生的学习是一个庞大而复杂的运作体系,涉及因素多,时间跨度长,专业门类细,学习手段多样,因此较难全面概括。在此我们仅从学习内容、学习行为两个方面讨论大学生学习的特点。

(一)学习内容的特点

1. 知识的专业性　大学教育的任务是为社会培养各类高级专业人才。大学生毕业后绝大多数都要在社会各个实践领域从事与自己专业相关的职业活动。因此,大学生的学习活动实际上是一种职业活动。它既不同于中学生的学习活动,因为中学生的主要任务是普遍掌握各科基础知识,大学生则必须学习本专业的基础课、专业基础课和专业课,在圆满完成学习任务后,方可毕业;也不同于一般劳动者的职业活动,因为大学生的学习活动虽然具有明确的职业定向性质,但它只是为毕业后参加职业活动做准备。

在我国现行教育管理体制下,大学生在入学前或入学之初就确定了专业方向。而这一专业性的特点是区别于中学生学习活动的根本特点,也是由我国大学要为社会培养各级各类专门人才的任务和目标决定的。专业性不仅体现在大学的学科体系、课程结构、教学内容、教学实践和学习方式方法上,而且还体现在培养大学生的知识结构、智力结构、能力结构和心理品质结构"四大结构系统"中。因此,专业性是大学生学习的显著特点之一。

强调大学生学习的专业性,要处理好三个关系:第一,专业性与基础性的关系。大学的课程设置包括基础课、专业基础课、专业理论课、专业技能和毕业设计(或毕业论文)。基础性包括前两者,它是由科学、基本、系统的知识组成,包括基础知识、基本概念、基本原理和基本方法等。没有系统扎实的基础性,便谈不上专业性。第二,专业性与多元性的关系。教育体制改革正在促进大学生在学习选择上的意向性,学有余力的大学生,可以选修其他专业,获得第二学士学位;有的大学生还可把专业作为基础工具,毕业后转行涉入其他领域,实现从单一专业向多元专业转化,从单学位向多学位的转化。第三,专业性与综合性的关系。现代科学技术发展的一个重要表现就是专业种类越分越细,但从事任何一项专业所需的知识技能的综合性、渗透性又很强,这就要求大学生在打好基础,学好专业的同时,又要注重边缘学科、交叉学科的学习,注重综合能力的培养。事实证明,成果往往出自边缘学科、交叉学科、学科前沿、空白领域及综合学科等方面。

在学习专业课程之外,大学生也需要学习一些基础性的课程如毛泽东思想与中国特色社会主义理论、思想道德与法律基础和大学英语等。这些课程对于提升大学生的综合能力,培养大学生正确的世界观和价值观有重要的作用。

2. 开放性 是现代教育和现代大学学习的特点。开放性体现在正常课堂教学及学习的多途径、多渠道、多方式性等方面。拓展学习内容，掌握博大精深的知识、技能，提高综合能力，这是由大学活而不乱、松而不疏的特殊管理方式，以及宽松的学习环境、充裕的教学资源、宽裕的学习时间等因素决定的。开放性的主要表现有三：第一，拓展学习内容。学知识，不应局限于学习计划所规定的范围，而是要根据自己的兴趣爱好及专业学习所需，涉猎大量的文献资料和参考书，不断拓展交叉学科、前沿学科、边缘学科及综合学科，了解学科前沿动态，提高实践和应用能力。第二，拓展时空范围。大学校园优越宽松的学习环境，浓厚的学术氛围，充足的学习资源，较多的自由支配时间，这些都为大学生自主学习大量有用的知识创造了良好的条件。第三，拓展学习途经方式。大学生不仅可以在教室、实验室、图书馆学习；也可通过参加各种学术报告会、专题研讨会、学生团体活动等不同形式进行学习；还可以利用网络传媒、校外的科研基地、生产实习基地等途径拓宽学习渠道。

（二）学习行为的特点

1. 自主性 就是大学生独立自主地学习，在大学学习过程中的各阶段，自觉地确定学习目标，决定个人发展方向，制订学习计划，采取有效措施加以实施。其目的是在教师的指导下，努力提高自己独立获取知识的能力，训练独立思考问题的能力，进行独立发展尝试，为将来迎接挑战、独立胜任工作打下基础。这既符合大学生身心发展规律，又符合大学学习规律，还符合大学生成才规律。

自主性是大学生与中学生学习的主要区别。中学生群体甚至包括很多大一学生往往存在被动学习的现象。中学生习惯了“老师讲学生听”的教育方式，依赖老师，围绕书本，一切为了高考，把所有精力和时间都用在记忆死的知识上边。初入大学的学生沿用高中的学习方法，上课记笔记，下课补笔记，考试背笔记；学校开设什么课，自己学什么课；老师教什么，自己学什么，把自己当成了“容器”，而没能成为“学习的主人”。随着年龄的增长和文化程度的提高，自主性也逐步发生变化。度过适应期，后者会发现正确答案不是唯一的，有的问题本来就是没有答案的，不再有绝对权威，也不必承受巨大的考试压力，能够自主地阐释和选择学习内容，个性可以得到适度释放。他们不再是单纯而又机械的重复者，而是有丰富个性的学习者。大学生作为一个独立的个体存在，具有不可重复性和不可替代性，具有无限的发展潜能。他们与知识的关系也不是机械被动的固定关系，他们不仅被视为知识的消费者，同时也是知识的解释者、传播者，甚至是创造者。正是这种地位转化的理性探讨与实践，才形成了大学生学习的自主性。

大学生自主学习表现在三个方面：第一，自主调整学习目标。在学校总体培养目标和专业设置要求下，大学生开始能动地确立自己在短期甚至很长一段时期的学习目标。这一目标并不是一成不变的，可以随时调整。学习目标由自身学习兴趣爱好、思维特点、知识水平、个性品质决定。第二，自主思考学习内容。大学的学习内容极为丰富，具有一定的深度、难度和广度。大学生摆脱“填鸭式”的学习，开始独立自主地思考钻研学习内容，由被动学习转为主动思考。第三，自主选择学习方法。学习方法分广义和狭义两种。广义是指在学习过程中，一切为了达到学习目的，掌握学习内容而采取的手段、方式、途径及学习所应遵循的一些操作性原则和组织管理等环节。狭义的方法是指学习过程中学习者所采取的具体活动的措施和策略。学习方法既表现为经验、技能，又表现为观点理论。学习方法是学习主体在学习方式上的一种感悟，一种思维方式，更是一种行为策略。大学生的学习方法就是根据自身特点，凭借自己的探索，自我选择更科学、更有效的学习模式。

2. 探索性 爱因斯坦曾经指出，高等教育必须重视培养会思考、探索问题的本领。这种探索既包括学习和接受前人总结出来的已有知识和经验，继承前人先进的科学文化遗产和技术，还包括探索人类已发现但未解决的问题及未知领域。一方面，大学教学的重要任务之一就是把科学研究最新成果引入教学内容之中，并且组织、引导学生间接或直接参与研究，引导学生接触最新的学术研究动态，培养学生的探索精神和创新能力。另一方面，大学生已具有对客观事物的批判意识，对奇特的新现象具有强烈的求知欲和探索冲动，大学生正处在求学、质疑、发现的时代。随着知识的“客观性”“真理性”被解构，知识的“不确定性”“理解性”“生成性”被揭示出来，人们不断对传统知识进行新的审视、修正或抛弃。大学生们已意识到知识的增长具有非线性特征，是批判性的，其发展方向是无限多样的；知识是开放的、整合的、变革的，没有固定的或不可逾越的框架与结构。任何真理性认识都不是也不可能仅依靠权威或制度而得以证实，也不可能通过强制的方式使人接受或服从,因此,大学生的学习必然从接受性、被动性学习转为探索性、创造性学习。

3. 实践性　培养大学生的实践能力和创新精神是大学教育的目标和任务,也是社会发展对大学教育提出的客观要求。实践活动是大学生学习活动的重要组成部分,大学生除了掌握书本知识,完成课堂教学任务外,更要参加社会实践活动,突出实践性,在社会实践中检验知识、丰富知识、应用知识、深化知识、发展知识。

大学生从“求学期”到“工作期”,其中的主要环节就是社会实践环节。大学生的社会实践活动包括实验、专业实习、社会调查、企业参观、社会咨询服务、短期务工等形式。大学生社会实践活动要坚持合理安排、重在指导、积极参与、总结提高的原则。从教学课时安排来看,教学实践环节应占到总课时量的1/3,主要目的就是通过强化实践环节,帮助指导学生理解知识,应用知识,提高发现问题、分析问题、解决问题的能力,更好地适应形势发展的需要,培养出合格的高质量人才。

4. 自觉性　大学生必须清醒地意识到自己肩负的责任和学习的意义、价值,应明确学习目的,端正学习态度。许多大学生能够把当前的学习行为和为祖国现代化建设做贡献的远大目标紧密联系在一起。多数大学生不需要他人的监督,就能自觉地、孜孜不倦地学习和思考。无论寒冬酷暑,许多大学生都是晚睡早起,在图书馆、阅览室、教室里专心致志地学习。

第二节　大学生常见的学习心理问题与调适

现代教学理论认为,学习是人和动物共有的社会现象,但不同的是,人类的学习在获得直接经验与间接经验的过程是主动地、自觉地、积极地认识世界的过程,在改造世界中会发挥更大的作用。作为学生学习的一个特别层面,大学生的学习具有独特性,这些独特性在一定程度上容易导致大学生在学习过程中产生某些不适应的反应。加之某些外部不良因素的影响,从而表现出“学习心理问题”,即影响大学生正常学习行为和学习效能的心理状态或心理因素。大学生在学习中常见的心理问题主要有学习动力缺乏、学习动机过强、学习焦虑过度、注意力涣散、记忆力减退、考试焦虑等。

一、学习动力缺乏与调适

(一)学习动力缺乏的主要表现

大学生的学习动力缺乏是指学习上没有动力,缺少学习愿望,无知识需求,更谈不上学习兴趣,也就是有些学生常说的“学习没劲”。学习动力缺乏的学生往往是学习目标不明确,学习态度不认真,对所学专业不感兴趣,具体表现为在学习上得过且过,缺少抱负和期望;没有压力和紧迫感,没有学习计划,混一天算一天;学习被动,缺少积极思考和主动解决难题的愿望。

1. 课堂上无精打采　上课随意迟到旷课,频繁请假,课堂上听不进去,经常打瞌睡、玩手机。

2. 课后无所事事　不认真复习、完成作业,作业能拖则拖,最好不做,对考试成绩好坏抱无所谓态度,沉迷于闲逛、睡觉、上网或谈恋爱。

3. 厌倦学习、逃避学习　花费大量的时间和精力用于个人消费或社会兼职,而在自己的学业上投入不足,仅满足于及格,能毕业取得学位就行。

(二)学习动力缺乏的原因

一个人的精神面貌、意志力、自制力、理想与信念的形成以及学习习惯的养成,不仅受家庭、学校、社会、周围人的影响,也与自身世界观和责任感有关。造成大学生学习动力缺乏的原因是多方面的,归纳起来,主要有以下几个方面。

1. 社会方面　当前尚未真正在全社会范围内形成尊重知识、尊重人才的良好风气;适应市场经济要求的新的劳动用人制度尚不健全;大学生就业机制不完善、不合理、不公平的现象依然在一定程度上存在;存在“有钱就有一切”“学得好不如嫁得好”等观念。

2. *学校方面*　顾明远教授曾指出："当前高等教育的误区就在于功利主义太强，人文精神不足。高等教育的专业设置不是从职业的需要出发，就是从学科体系出发，很少考虑青年的全面成长。"对于许多普通高校来说，考虑最多的是生存和发展，即招生和就业问题。一方面，争相增开专业、扩大规模，忽视学校师资队伍建设和办学条件是否具备，忽视人文素质培养，教学质量不高等因素均可影响学生的学习积极性；另一方面，教学管理制度宽松，学校对迟到旷课、考试作弊等的惩处力度不大，学生缺乏不及格导致无法毕业的压力，这也是大学生学习动力不足的重要原因之一。

3. *家庭方面*　改革开放给我国城乡带来巨大的经济发展和观念改变，许多家庭在改革中获益受惠。随着经济的发展，就业途径拓宽，尤其是近年来大学生就业难度加大，人们的观念已开始发生改变。父母逐渐认识到上大学并非是成才的唯一出路，对孩子上大学的期望也远不如以往高。个别家长一整年都不会太关心孩子上学情况和成绩好坏，仅靠相对宽松的大学来管理，任其自由成才。有些有权势的家长对孩子今后的工作大包大揽，使孩子觉得学好学坏无所谓；有些经济条件差的家长只想让孩子早点工作、挣钱，为家里减轻负担，对孩子的日常学习不关心，也不支持孩子上学；此外，家长的不恰当期望，过高或过低的要求也是导致大学生学习动力缺乏的间接原因。大学期间家庭教育和父母监督的缺失也已成为大学生学习动力缺乏的重要原因。

4. *个人方面*　研究表明，没有树立正确的世界观、人生观和价值观，是大学生学习动力不足的内在因素。

(1) 社会责任感不强，缺乏使命感和紧迫感。应试教育的后遗症之一就是学生从小长期被加压，紧绷的弦在接到大学录取通知书的那一刻彻底放松了，高强度压力下的骤然松懈导致学习动力不足。

(2) 价值观念不合理，自我意识不健全，缺乏自我效能感。受社会严峻的就业形势和大学学习氛围等因素影响，大学生没有自豪感反而滋生自卑感，对前途迷茫，缺乏进取心和奋斗目标，自暴自弃，从而失去学习的愿望和主动性。

(3) 对学习的意义认识不足，学习方法不当、学习毅力不强，对所学专业不感兴趣等。部分学生因没考取理想的学校、专业，情绪低落，意识消沉，失去了学习兴趣和动力。

（三）学习动力缺乏的调适

尽管造成大学生学习动力缺乏的原因不尽相同，但总的来说，调适学习动力缺乏可以从以下几个方面入手。

(1) 增强社会责任感，树立合理的价值观念。内因决定外因，大学生学习动力缺乏，虽说有应试教育、高校管理、家庭教育、社会就业等的原因，但相对优越的物质条件和宽松的大学体制助长了大学生懈惰性和享受心理，这也是一个重要的原因。经济条件的改善为大学生成才创造了良好的条件，而这不应成为滋长其懈怠性的温床。因此，解决学习动力缺乏还须加强自身修养，增强家庭责任感和社会使命感。

(2) 提高对学习意义的认识，端正学习态度，努力培养求知欲望和专业兴趣。

(3) 设置适当的学习目标，使学习有明确的努力方向，制订切实可行的学习计划，以便科学合理地利用时间和分配精力。

(4) 加强自制力训练，努力抵御外部干扰，增强学习的自觉性和主动性。

(5) 运用"自我强化法"对自己的学习计划实施情况进行自我监督，自我奖惩。

二、学习动机过强与调适

学习动机可以直接激励学生进行学习活动，它对学习的作用表现为三个方面。第一，决定学习的方向，它使学习朝向一定的目标；第二，决定学习的进程，学生在学习过程中是否勤奋认真、持之以恒取决于学习动机；第三，影响学习的结果，一般说来，学习动机强烈的学生，其学习成绩也较好，但这并不意味着学习动机越强，学习效果就越好。学习动机过强，无论是内部的期望过高，还是外部的奖惩诱因过强，都会使学生专注于自己的愿望或外部的奖惩，而不是专注于学习，从而阻碍了学习。

美国认知心理学家和教育家杰洛姆·布鲁纳(Jerome Seymour Bruner)关于学习者学习动机水平的实验表明，学习者的学习动机状态会影响其获取知识和组织运用信息的情况，驱力水平处于最佳会对学习者的学习行为产生较好的效果。而所谓的最佳驱力水平就是驱力既不太高又不太低的一种状态。实验结果表明,过高的内驱力水平不利于学习效果的提高,而中等程度的动机唤起水平对学习效果最佳。动机强度与学习效率之间呈倒U形曲线。

(一) 大学生学习动机过强者的心理表现

1. 过分在乎评价　学习动机过强的学生往往受到表面动机的驱使,渴望外在的奖励与肯定,过分看重他人的评价。他们没有一个稳定的自体感,仅仅依靠外在的反馈和评价,自尊的纬度总是变动不已。当他们学业成功时,会体验到良好的自我感,尤其是被权威人物肯定时,他们会感觉到自己充满活力,并充满着天才般的创造力。这类学生总是以这样的方式维持自尊,因而他们的自尊也总是岌岌可危。

2. 过度的自我期待　美国心理学家卡伦·霍妮(Karen Danielsen Horney)曾经这样描述完美主义者的性格特征:"完美主义者有非常高的道德标准和智力标准,在此基础上他们藐视别人,他们为自己的操行端正而深感自豪,生活中追求'完美无瑕'。由于遵守他们的这种标准十分困难,他们常常将懂得道德价值观与做个好人混为一谈。一方面他们以此方法欺骗自己,另一方面却坚持要求别人遵守这种标准,并因为别人无法做到而鄙视他们,从而将自我谴责外表化。"这样的学生会对自己有非常高的期待,并会为自己设置一个高目标。他们会为了实现这一目标竭尽全力,而且不允许自己有一点点的弱小感、缺陷感。当目标不能实现,或者能力缺陷被质疑时,他们会痛苦不已。为了弥补羞愧的感觉,这类学生可能会专注于自己的各种夸大幻想,或者试图在选择目标上转向,企图再次被肯定和确认。

3. 容易产生挫折感　渴望学业优秀的学生由于对自己有过高的期待,总是容易受挫。当他们感觉自己不被认可时,会产生持续的低落感、无能感、无助感,因为他们很难具备自我抚慰的能力,也没有能力去处理自己的困难状态。这类学生很难唤起过去的成功经验,从而导致对自己评价降低。更糟糕的情况是,小小的失败不只是打破了他们的完美感,还有让他们自我崩解的感觉。作为一种防御,他们也可能会将弱点分裂出去并加以否认,用一种自我影像来抵抗无助感和脆弱感。

(二) 学习动机过强的主要影响因素

1. 社会文化的鼓励与强化　霍妮认为,一切神经质人格本质上均来源于社会文化对个人施加的影响。同一时代很多人都面临的问题是由我们时代和文化中的种种困境造就的。我国的本土文化是以儒家文化为主流发展而来的。儒家文化对于人格的划分大致有三类:圣人、君子、小人,而圣人是理想的、完美的人格状态。古代知识分子都希望"以圣传世",即使终究不能成为圣人,也希望能成为君子,通过饱读诗书来实现"修齐治平"。君子是一种大我,家庭、国家、社会都在自我之中。而自我的感受性、个体性是不能表达和呈现的,否则,就会沦为主流文化所不齿的"小人",而君子便成了知识分子理想人格的追求,这种追求无疑是充满"自我神性"的。如果仅仅将这种神性自我作为对自己的鼓励倒也无可厚非,因为内圣外王仅仅是一种理想的图腾,现实的自我离它遥不可及。这种文化体系导致人对自己的期望太高,而现实中人往往无法满足社会和他人的期待。

2. 父母教养方式的过分奖励与惩罚　在传统"严父慈母"的家庭文化建构中,父亲会承担规训的功能,而这种功能是被母亲支持和强化的。当孩子失败时,迎接孩子的不是拥抱和抚慰,而是恶语相向、拳脚相加。反之,当孩子成功时,父母便是笑脸相迎,满足孩子各种物质和精神的需求。这种过高的外部动机的满足会有削弱内部动机的作用,使学生忽视学习本身带给他们的满足感。

3. 父母镜映的失败

(1) 镜映:每个人都是个镜子,别人会在你这个镜子中看见他自己。

(2) 镜映自我(looking-glass self):又称镜中自我、反射自我,以人为镜,是自我观念形成的一种机制。镜映自我即社会我,是一种心理想象的过程。镜映自我这个概念由社会心理学家查尔斯·霍顿·库利(Charles Horton Cooley)创设,用以描述通过他人的反应发现自我性质的过程。其包括三个部分:① 想象自己的容貌与行为是如何出现在别人的头脑中;② 想象他人对自我容貌与行为的评价;③ 由这些感受到的他人评价所引起的心理反应(好与坏、骄傲或羞耻)。

(3) 父母镜映:海因茨·科胡特(Heinz Kohut)的自体心理学中,父母对子女的正向反应反映了自体价值的感受,并逐渐灌输内在的自体尊重。父母对于儿童活动的欣喜是儿童心理发展的基本前提。这样镜映反应的结果会促使儿童发展并维持自尊和自我肯定的抱负。镜映需求被称为夸大表现癖的需求,因为它们支持孩子关于我是完美的(就是这原因)且你爱我的概念。镜映的自体客体是一种回应并确认儿童在活力、伟大与完美上的天生意识。父母也应该具有镜子一般的心理功能,去确认、接受并平实地反映孩子的夸大。让孩子的自恋存在,而不会被羞耻、罪恶、困窘阻碍。父母的另一种镜映功能表现在,当孩子脆弱无助时,父母安抚孩子,承认孩子害怕的正当性而没有使他觉得羞耻和屈辱。当孩子总是得到有助益的回应时,孩子最终会放弃他的夸大幻想和表现癖,并接受现实的限制,被健康的自尊和雄心所取代。

科胡特同时认为,一个健康的表现癖会让个体感觉到幸福,能强化自我功能,增进工作的容量。而过度工作或学习是一种疯狂的表现,它是为了对抗缺乏自恋表现癖的滋养所导致的自体的死亡感,过度学习是自体崩解的产物。

学习动机过强的学生可能源于父母镜映的失败,传统的中国式家庭教育中,父母习惯性地采用贬低、指责的家庭教育方式,目的就在于激活孩子的羞愧之心,进而希望孩子能够内化教育,树立规则。然而从自体心理学的理论视角来看,父母对孩子的情感世界没有回应或错误、粗暴回应的教育方式弊大于利,会给孩子的自恋造成损伤,进而导致其镜映需要、理想化需要、对抗需要受到阻碍,从而造成羞耻型人格障碍,导致孩子对自己过度斥责,任何不完美都会被其视为是可耻的失败。

(三)学习动机过强的调适

造成学习动机过强的原因主要来自大学生自身,因此,要消除这种心理问题主要靠大学生的自我调适,具体可从以下几方面入手。

1. *增强好奇心,关注学习过程* 学习过程中,学会欣赏过程而不是强求于结果。很多学生都有这样的体会,有些事情,尽管他们失败,但在过程中有一种参与感、充实感。把学习变成一种享受,增进自己主动探究的欲望,调动自己对知识的热情和诉求。学会问自己,学到什么?这段经历里什么是有趣的?如果失败,不要把这个分数看作衡量你价值的最后一次,而是增强对这门课程的好奇心,把它看成是一个挑战,不要过分关注学习结果,被避免失败的动机强化。这样,即使失败,也犹如一颗炮弹,已经发射出去了,虽然没命中目标,但炮弹毕竟燃烧了,爆炸了,有过辉煌。这个练习中有人会觉得,不会有人关注你做了什么,人家只看结果,你自己满意有什么用?如果总是依赖外在的评价机制,就不会产生对生活的自主感和控制感,因为,外界轻微的负面评价会让这类学生有崩解感。学生只有关注于自己的学习过程和内心体验,才会赢得对自己的尊重和满意。

2. *区分进步和完美* 当个体对自己有一个高标准和不切实际的期待时,会导致一种失败感和无用感。而如果是试图考察进步而非试图完美时,个体可能更有控制感,并更感到有希望。任何一次学习,都应该关注自己学到什么,如果失败,就需要看看自己从失败中又收获了什么,这个挫败如何激励自己在未来取得进步。在这个练习中,可能有人会觉得只有自责才会激励自己更勤奋地去学习,他们坚信对自己过于仁慈会让自己懈怠。需要澄清的是,这个练习的聚焦点在于感觉挫败后如何解决问题而非自责。同时,并非是自责、懊恼及无能感在激励他们,这些情绪只会让他们有一个糟糕的感觉,对他们的学习没有任何助益。

3. *发展新的适应性目标* 学习动机过强的学生都有潜在的适应不良的信念,只有放弃这些僵化和坚硬的信念,发展一种替代的、更具弹性和现实性的标准或假设才可能释放而非压制自己。僵化的信念包括“我必须总是成功”“我必须每件事情都尽善尽美”“我必须让所有人都满意我”等,而更具适应性的信念是“高标准虽然很好,但无论如何我都愿意接纳自己”“我希望优秀,但这并不总是可能的,我对自己已经取得的成绩感到满意”“我喜欢做得很好,但我也愿意从错误中学习,并可以因为自己确实完成的事情而表扬自己,而不是拿自己与不切实际的标准比较”强调学习、成长和接纳而非评判、拒绝和放弃。

三、学习焦虑过度与调适

焦虑是个体对当前或预感到的挫折的一种复杂的消极情绪状态,包括紧张、不安、忧虑、恐惧等不良情绪反应。心理学研究认为,学生在学习过程中,保持适度的焦虑是必要的,因为一定程度的焦虑能增强学习的积极性,但过度的或过于持久的焦虑会阻碍学生的智力活动和潜能的发挥,严重的还会影响正常生活,导致心理障碍。

(一) 大学生学习焦虑过度的表现和原因

大学生学习焦虑过度集中表现为精神高度紧张、注意力涣散、记忆力下降、迟钝、烦躁易怒、寝食难安等,产生焦虑过度的原因主要有以下几个方面。

1. 学习压力过大　大学阶段是由学习期进入创造期的过渡阶段。学习的探索性、专业性与中学时代相比明显增强,这些都对大学生提出了新的挑战。同时大学校园又是强者聚集的地方,许多优秀的学生聚在一起,竞争起点发生了变化。在此情况下,有的学生仍沿用以前的学习方法以求适应新的学习环境,或者学习目标定得过高难以实现,从而导致精神焦虑。

2. 大学生的个性特点　研究中发现,大学生学习焦虑的产生与其个体的性格特点有直接关系。有些个性偏敏感的大学生更容易陷入严重的学习焦虑状态,这样就使得他们在学习过程中注意力易分散,在一些问题面前呆板固执,学习效率下降。为减轻学习焦虑,这些人惯于采取回避方式消极对待问题甚至干脆放弃努力。如此一来,他们感到自责,从而进一步增加焦虑程度,陷入一种不良循环中。

3. 理想与现实的冲突　处在青年时期的大学生胸怀远大抱负,对自己的能力评价过高,在现实中会不可避免地遭受一些挫折。以英语学习为例,有的大学生经过一段时间努力,在大学英语等级考试某个阶段中取得了一些成绩。经过一小段胜利体验后逐渐感到不再满足,急于向更高级别挑战。如果一段时间内学习成绩无法显著提高,情绪就会变得急躁、沮丧。大学生这种心理的成因主要是学习目标不够明确、具体,对自身能力的评价不够客观。此时过于强烈的学习动机对学习效率就会产生负性作用。这是因为在动机过于强烈的情况下,个人的注意力和知觉范围变得过分狭窄,这会对学习状态产生严重影响,从而导致学习效率不增反降。理想与现实的冲突在大学学习中还表现在对专业方向不感兴趣、学习是外力所迫或自己的一时心血来潮、继续深入学习的后继知识不够等。大学生不能认识并克服这些障碍,任由它发展演变,很可能导致四处碰壁,造成自我效能感降低,最后引发焦虑心理。

(二) 大学生学习焦虑过度的调适

(1) 产生学习焦虑时要尽量冷静,既不要任其发展也不必如临大敌,造成"为焦虑而焦虑"。正如一些"顽固"的考试焦虑者,他们最初是为考试焦虑,后来发展成为在考试之前几天便担心考试过程中出现焦虑现象,造成恶性循环。

(2) 正确认识和评价自己的能力,确定合理的抱负水平。

(3) 分析以前学习失败的原因,重新树立自信心。

(4) 提高心理承受能力,正确对待挫折。

(5) 调整对成功的看法,不把名次看得过重。

(6) 改进学习方法,劳逸结合,保持情绪的稳定。

(7) 如果自己无法调节,可向心理医生求助。

四、注意力涣散与调适

实验和教学实践表明,在同一年龄阶段,同一班级常常会有学习成绩差别很大的两个极端。产生差别的原因,除了学习动机、学习态度及学习方法等因素外,还与学生之间在注意力上的不同有关。注意力是保证学生顺利学习的重要前提。在正常情况下,注意力使人的心理活动朝向某一事物,有选择地接受某些信息,而抑制其他活动和其他信息,并集中全部的心理能量用于所指向的事物。而注意力涣散主要表现为无法将心理活动指向某一具体事物,或者无法将全部精力集中到这一事物上来,同时无法抑制对无关事物的注意。

注意在学习过程中具有重要意义,有人把注意比喻为知识的窗口,没有它知识的阳光就照射不进来。注意力集中是大学生搞好学习的基本心理条件。

(一) 大学生注意力涣散的主要表现

大学生注意力涣散主要表现为上课思想开小差,不能专心听课,或胡思乱想,目光呆滞,反应迟钝;或易受无关刺激影响,东张西望,心神不定;上自习时,心猿意马,不能专心致志地复习功课;参加一项活动或因某事兴奋之后,长时间沉浸其中,不能及时把注意力转移到学习上来。

大学生注意力涣散实际上是无意注意增强，有意注意减弱的结果。无意注意增强使学生很容易被无关事物吸引，注意力难以集中在学习上；有意注意减弱使学生学习的自觉性和意志力降低，容易疲劳，不能保证较长时间的学习活动。

（二）大学生注意力涣散的主要原因

(1) 对注意力在学习活动中的重要作用认识不足，因而缺少集中注意力的自觉性。

(2) 学习动机不强，缺乏学习兴趣，尤其对某些公共课不感兴趣。

(3) 没有明确的学习目标，没有压力，没有紧迫感；学习没有计划，随心所欲，缺乏自控力，未形成好的学习习惯。

(4) 与学习无关的活动过多，花费了太多的时间和精力，造成中心兴趣转移。

(5) 不良作息习惯。一些学生晚上挑灯夜战，早晨勉强起床，头脑昏昏沉沉，无精打采，学习效率必然低下。

(6) 遭受意外事件打击、身体过度疲劳、疾病及教师和环境等方面因素都会造成注意力涣散。

（三）大学生注意力涣散的调适

(1) 提高对注意力作用的认识，从而增强有意注意，降低无意注意。

(2) 适当提高学习动机，保持一定的学习紧迫感和学习压力。

(3) 保持不倦的好奇心，逐渐提高学习兴趣，伊凡·彼德罗维奇·巴甫洛夫(Ivan Petrovich Pavlov)曾说："好奇是专注的第一要素。"

(4) 制订明确的学习目标和学习计划，培养自己抗干扰的能力，养成良好的学习习惯。

(5) 在读书过程中训练自己的注意力，读书的目的是理解书的精神实质，记住书的主要内容，要做到这些，就必须集中注意力。如有的人在读书时，经常在一些重要内容旁边记上符号以引起注意。梁启超告诫他的学生："读书要读到将书平面的字浮凸出来为止。"即对阅读材料有选择地给予不同程度的注意。德国著名哲学家根特采用"凝视法"，即在读书前或思考问题时，靠近窗户凝视远方屋顶上的风向标箭头，一边眼盯着风向标的转动，一边下意识地沉浸于深深的思考之中。这是因为，当人的双眼长时间地凝视在一点时，视野就会变得狭窄，那些容易吸引你并导致注意力涣散的事物也就不会进入眼帘，人的意识也随着变窄，从而使人达到精力集中的心理境界。

(6) 劳逸结合：闻一多曾经说"要玩就玩个痛快，要学就学个踏实"。列宁也有一句名言"不会休息的人就不会工作"。曾流传这样一个公式"8－1>8"，意思是每天花 1 h 进行体育锻炼和娱乐活动，要比整天埋头念书的学习效率高。现代科学表明，这个公式确有其道理，因为进行适当的活动，可以使神经中枢兴奋起来，更有利于集中注意力。

(7) 运用意志和想象控制注意力，当发现思想开小差时，立即把它收回来，有意识地控制自己的注意力，不许注意力涣散。正如一位专家所说："专心本身并没有什么神奇，只是控制注意力而已。"著名数学家杨乐曾说："平时做作业像考试一样认真，考试时就能像做作业一样轻松。"因此，每当我们学习时就想象自己是在参加某次大考，要在规定的时间内完成，这样便可增加心理上的紧张度，注意力就自然集中了。毛泽东同志青少年时代为了锻炼自己的注意力，经常到繁华闹市去读书，而且能不受周围的影响。苏联心理学家普拉托诺夫(Platonov)曾说："要想使自己成为一个注意力很强的人，最好的方法是无论干什么事都不能漫不经心！"可自制书签，在上面分别写上："专心听讲""不要走神"，随时提醒自己"别走神啊！"也可进行自我暗示："这堂课的内容很重要！ 注意听！""这本书非常有意思，应该好好读！""独立完成作业令人愉快，我要出色地完成！"由此不断强化自己事情的重要性。

五、记忆力减退与调适

记忆力对于人的一生是非常重要的，如果一个人老是遗忘事情，这会对他的生活与工作会造成很大的影响。记忆的形式有很多种，如形象记忆、概念记忆、逻辑记忆、情绪记忆、运动记忆等，一般来说，每一个人的体质不同，那么他的记忆能力也会不同，有的人形象记忆很好，有的人情绪记忆很好，有的人运动记忆很好。

(一) 大学生记忆力减退的表现及原因

记忆力是智力的重要组成部分,一些优秀人才的较高智能,是与他们具有很强的记忆力分不开的。然而在学校生活中,不少大学生常常为记忆力不佳而烦恼。记忆力减退主要表现为记忆速度慢,效率低;保持时间短,遗忘快;记得不准确,再现困难等,发生的原因主要有以下两个方面。

(1) 学习动机过强,焦虑过度及烦恼、紧张、忧愁等情绪因素引起记忆力减退;患病、体质差等身体健康方面的原因及大量吸烟、饮酒、熬夜等不良生活习惯导致记忆力减退。

(2) 不会科学用脑,搞疲劳战或不了解记忆规律,记忆方法不当影响记忆效率。

(二) 大学生记忆力减退的调适

(1) 调整学习动机和焦虑程度,保持良好的情绪状态:研究表明,轻松愉快的心情会使肌肉放松、心脏有规律地跳动等一系列生理变化,在这种状态下学习,记忆效果会显著提高。

(2) 加强身体锻炼,增强体质:养成良好的生活习惯,保持旺盛的体力和精力。

(3) 注意劳逸结合,保持大脑清醒、注意力集中。

(4) 注意保持大脑营养:研究表明,记忆力与脑细胞的结构和负责传递信息的神经递质——乙酰胆碱有关。而合成乙酰胆碱的成分主要存在于鱼、肉、蛋类之中,尤以蛋黄为多。因此,大学生多吃些蛋黄之类胆碱含量高的食品,对提高记忆力很有帮助。

(5) 了解记忆规律,掌握科学的记忆方法,能达到事半功倍的记忆效果:根据记忆的规律,首先,要明确记忆的目的,带着任务去记忆;要在理解的基础上记忆,避免死记硬背;针对"先快后慢、先多后少"的遗忘规律,及时复习。其次,要注意克服两种抑制的干扰作用,一方面,在学习一段时间后,要适当休息,使大脑神经得到放松,以防止前摄抑制的干扰;另一方面,应尽量将相似的学习材料在记忆时间上隔开,以克服后摄抑制的干扰。对于较长的学习材料应加强中间部分的记忆,以减少前摄、后摄抑制的干扰。再次,要有选择地记忆,要学会去粗取精,从而扩大脑的记忆容量。最后,要掌握一些记忆技巧,如联想记忆法、口诀记忆法、形象记忆法、图表记忆法等。

六、考试焦虑与调适

考试是学习过程的组成部分,它既是对学习效果的一种检验,同时也是对学生心理素质的一种考验。可以说,几乎所有学生面临考试都会紧张,只是程度不同而已。需要指出的是,考前紧张不等于就是考试焦虑,考试前适当的紧张和焦虑对于复习和考试不仅没有坏处反而有好处,它可以使学生保持注意力的集中和学习的警觉性;还能调动身体的能量,使学生以充沛的精力投入考试。由此可见,适当的紧张是必要的,要避免的是过度紧张。不少学生平时学习成绩不错,但每到考试尤其是重要考试时则过分紧张、担忧,信心不足,从而导致发挥失常,成绩落后,久之可能形成对考试的恐慌,也就是考试焦虑。

(一) 大学生考试焦虑的主要表现

考试焦虑表现在认知、情绪和行为三个方面。在认知方面,考试焦虑者注意的焦点不是如何解题,而是过分关注考试结果,思维总是指向考试失败。这种认知上的担忧使考生在记忆力、注意力方面受到妨碍,难以正常地进行答题。不仅如此,考试焦虑者还经常纠缠于过去考试的紧张经历,担心再次因紧张而考不好,结果使自己更加紧张,从而造成恶性循环。在情绪方面,主要表现出一些应激反应,如紧张恐惧、心烦意乱、无精打采、喜怒无常等;这些不良情绪又引发了一系列的生理反应,如考试前失眠、肠胃不适、腹泻、发热、尿频、头痛等;考试中心跳加速、呼吸急促、出虚汗,严重时全身颤抖、四肢发软甚至昏倒,也就是晕场。在行为方面,考试焦虑者也有一些不良表现,如拖延、退缩和逃避。总之,过度的考试焦虑不仅妨碍考试,影响学习,也损害身心健康。

(二) 大学生考试焦虑的主要原因

从根本上说,考试焦虑取决于大学生对考试的态度和对自己能力的评价。具体而言,有以下几方面的原因。

1. 担心考得不好,别人会降低对自己的评价　很多学生都非常在意别人的目光,在意别人对自己的看法,他们害怕自己一旦考不好,别人就会嘲笑自己,对自己的能力产生怀疑,那么自己从此在别人面前就抬不起头，而且也没法向父母和老师交代，这些都是无法忍受的。持这种想法的学生往往是那些成绩一贯很好的学生，正因为成绩一直不错，所以他们不能容忍自己一丝一毫的失误，不能想象自己多年树立起来的形象毁于一旦，背负着这样的包袱，他们的心理压力自然也越来越大，每次考试都如履薄冰，焦虑也就自然而然地产生了。

2. *担心考得不好，自我评价会降低*　有一些学生对自己的要求过高，一旦达不到，就会自我贬低，丧失进一步奋斗的勇气。他们还往往比较自卑，比较悲观，不能正确、客观地评价自己，同时还非常在意一些外在评价标准，如考试分数或名次。在重大考试来临之前或考试期间，他们往往会莫名其妙地自我怀疑，对自己信心不足，总是担心别人会比自己强得多，担心自己会考不好。这类学生的成绩一般来说不够稳定甚至不够好，或者除了学习在其他方面一无是处，因而总希望借考试成绩来吸引别人的目光，增强自己的信心。但偏偏他们的自信心总是显得不够，底气总是显得不足。

3. *担心自己未来的前途*　持这种想法的学生总习惯性地把考试与未来的工作、前途联系在一起，显得患得患失。他们往往认为成绩在就业时是非常关键的因素，“一般来说，考试成绩好的人将来必定能找个好工作”“如果在校园里成绩好，在社会上也必然能取得令人羡慕的地位”“如果这次考不好，我的未来就完了”……如此一想，他们自然心烦意乱、战战兢兢，无法完全集中精力于考试本身。

4. *担心对考试的准备不足*　一些大学生平时不够努力，不认真听课，也不复习，甚至经常逃课，快到考试时则慌了神，找来别人的笔记临时抱佛脚。一般来说，他们对自己的要求并不太高，只要能过关就行，但由于准备仓促、时间不充分，所以无法不担心自己可能会“挂科”。而这样的担心又会妨碍他们考前的准备，并在考试期间干扰他们的答题。另外，有些学生虽然平时很努力，复习时也很认真，但总是对自己不够放心，总担心复习得不够全面，还应该再多充实一些知识。这样追求完美，精益求精，也会导致焦虑。

（三）大学生考试焦虑的调适

(1) 端正对考试的态度，明确考试只是一种手段，考试成绩不能全面反映一个人的知识水平和学习能力，更不能决定一个人的个人形象。特别要避免消极的自我暗示，如“我要是在如此重要的考试中失败，就会没有价值，会被人看不起”，多一些积极的自我暗示和自我指导。

(2) 客观分析以往失败的原因，不因一次失败就自我否定；同时正确看待亲友的期待，明确自己的长处和不足，扬长补短，确立力所能及的分数目标，不盲目攀比。

(3) 平时认真学习，考前全面复习，注意掌握一些应试技巧，对考试不抱侥幸心理，做到有备而来；同时注意锻炼身体，劳逸结合，加强营养，保证有充沛的精力和清醒的头脑参加考试。

(4) 改变对考试焦虑的态度，既不漠视它，又不夸大它的危害。其实焦虑本身并不可怕，可怕的是认为紧张焦虑必然妨碍学习，急于排除紧张，结果越怕自己紧张反而越紧张。实践证明，真正难处理的是“对考试焦虑的焦虑”，即不是担心考试本身，而是害怕出现焦虑反应。因此，面对自己的焦虑状态，较好的做法是接受它，不再对它产生恐惧。

(5) 较为严重的考试焦虑症状可寻求心理医生的帮助，在医生指导下做放松训练、“系统脱敏”训练、榜样学习训练等。

第三节　大学生创造力与创新思维的培养

创造力是一种运用已知信息重新组合新系统的统摄与联结的能力，包含着认知方面和个性方面的心理因素，是在丰富的知识经验的基础上综合认知、情感、意志过程的各种特性和个性特征达到最高水平的表现。创新是人类文明进步的动力，是社会经济发展的源泉，是时代前进的主旋律。从历史的角度看待创新，人类发展的历史就是一部创新史，创新的数量、质量和速度影响着人类发展进步的幅度和速度。长期以来，我国高等教育教学过程中，重课堂讲授，轻实践教学；重知识的传授，轻能力的培养；重注入式教学，轻启发式教学；等等。教学模式都忽视了大学生创造力、创新思维的培养。

一、大学生创造力的培养

创造力是创新人才的核心能力。要想更富有创造力,就需要认识创造力,知道富有创造力的人具有哪些特征,掌握创造力产生的机制,了解自己的创造力水平,知道如何开发和提高自己的创造力。

(一)创造力的概念及人格特征

1. 创造力的概念　创造力是人类特有的一种综合性本领。创造力是指产生新思想,发现和创造新事物的能力。它是成功地完成某种创造性活动所必需的心理品质。它是知识、智力、能力及优良的个性品质等复杂因素综合优化构成的。一个人是否具有创造力,是一流人才和三流人才的分水岭。例如,创造新概念、新理论,更新技术,发明新设备、新方法,创作新作品都是创造力的表现。创造力是一系列连续、复杂的高水平的心理活动。它要求人的全部体力和智力高度紧张,以及创造性思维保持在最高水平上进行整个心理过程。

创造力与一般能力的区别在于它的新颖性和独创性。它的主要成分是发散思维,即无定向、无约束地由已知探索未知的思维方式。按照美国心理学家吉尔福德(J.P. Guilford)的看法,当发散思维表现为外部行为时,就代表了个人的创造能力。可以说,创造力就是用自己的方法创造新的、别人不知道的东西。

理解创造力这一概念要把握以下几点。

(1) 创造力是一种有别于智力的能力,创造力测验的内容是智力测验内容上没有的,是智力测验测不出来的能力。

(2) 创造力指在各种创造性活动中的能力,既有科学创造活动,又有技术创造和艺术创造活动,还有其他方面的创造活动。

(3) 新颖性、独特性是指前所未有、与众不同,这是创造力的根本特性。

(4) 创造产品(包括物质的和精神的)有社会或个人价值。

2. 创造力的构成因素

(1) 知识:包括吸收知识的能力、记忆知识的能力和理解知识的能力。吸收知识、巩固知识、掌握专业技术和实际操作技术、积累实践经验、扩大知识面、运用知识分析问题是创造力的基础。任何创造都离不开知识,丰富的知识储备有利于更多更好地提出创造性设想,对设想进行科学的分析、鉴别与简化、调整、修正,有利于创造方案的实施与检验;而且有利于克服自卑心理,增强自信心,这都是创造力的重要内容。

(2) 智能:是智力和多种能力的综合,既包括敏锐、独特的观察力,高度集中的注意力,高效持久的记忆力和灵活自如的操作力,又包括创造性思维能力,还包括掌握和运用创造原理、技巧和方法的能力等。这是构成创造力的重要部分。

(3) 优良素质:包括意志、情操等方面的内容。它是在一个人生理素质的基础上,在一定的社会历史条件下,通过社会实践活动形成和发展起来的,是创造活动中所表现出来的创造素质。优良素质对创造极为重要,是构成创造力的又一重要部分。

优良的个性品质如永不满足的进取心、强烈的求知欲、顽强的意志、积极主动的独立思考精神等是发挥创造力的重要条件和保证。总之,知识、智能和优良个性品质是创造力构成的基本要素,它们相互作用、相互影响,决定创造力的水平。

3. 创造力的特征

(1) 变通性:能够随机应变,举一反三,不易受功能固着等心理定式的干扰,因此能产生超常的构想,提出新观念。

(2) 流畅性:反应既快又多,能够在较短的时间内表达出较多的观念。

(3) 独特性:对事物具有独特的见解。聚合思维在创造能力结构中同样具有重要作用。所谓聚合思维是指利用已有定论的原理、定律、方法,解决问题时有方向、有范围、有程序的思维方式。发散思维与聚合思维二者是统一的、相辅相成的。人们在进行创造性活动时,既需要发散思维,又需要聚合思维。任何成功的创造性都是这两种思维整合的结果。创造力与一般能力有一定的关系,研究表明,智力是创造能力发展的基本条件,智力水平过低者,不可能有很高的创造力。

4. 创造性人格　创造力与人格特征也有密切关系。心理学家很早就开始研究各个领域中对于创造力的发展和创造任务的完成起决定作用的人格特征，结果发现各种创造性人才身上有着一些共同的特点，心理学把这些共性人格称为创造性人格。

(1) 吉尔福德等对创造性个体的人格做了深入的研究，总结出以下特点：① 有高度的自觉性和独立性，不肯雷同；② 有旺盛的求知欲；③ 有强烈的好奇心，对事物的机制有深究的动机；④ 知识面广，善于观察；⑤ 工作中讲求条理性、准确性和严格性；⑥ 有丰富的想象力、敏锐的直觉，喜好抽象思维，对智力活动与游戏有广泛的兴趣；⑦ 有丰富的幽默感，表现出卓越的文艺天赋；⑧ 意志品质出众，能排除外界干扰，可长时间地专注于某个感兴趣的问题之中。

(2) 索里(Sawrey)和特尔福德(Telford)的研究发现，高创造力的人具有如下人格特点：① 观念的灵活性，即思想开放；② 个人的独立性，即不受习俗的限制和约束；③ 性别角色的相反化，即高创造力的男性具有女性化的气质，高创造力的女性具有男性化的气质；④ 对暧昧不明事物的容忍，即肯接受不甚明确和复杂的东西；⑤ 对错误的容忍，即不怕犯错误且容忍自己和他人犯错误。

总之，创造性人格多种多样，但自信心、进取心、毅力、独立性、冒险、开放的思维方式是其核心品质。

5. *大学生的创造性人格特点* 一般而言，有创造性且在学习心理方面健康的大学生有以下的心理特点。

(1) 对一切都持包容的态度，对问题有一种强烈的超越常规的要求。

(2) 喜欢发明自己的游戏，对学习或日常生活中出现的问题能够找到新的解决方法。

(3) 学习带有更强的自我探究性，喜欢发现式的学习。

(4) 更注重个性化学习经验的总结和自我认知结构的建构。

(5) 兴趣广泛、有强烈的好奇心和求知欲。

(6) 感情丰富、精力旺盛、对学习与生活充满热情。

(7) 敢于冒险、接受挑战，敢于标新立异、张扬个性。

(8) 想象丰富、有自己远大的生活理想。

(9) 自信自立、有责任感和使命感。

(10) 性格独立、有自己的生活原则。

(11) 自觉自律、有良好的意志心理品质。

(12) 有自己的抱负，能把学生阶段的学习和未来的职业理想紧密联系起来。

(二) 大学生创造力的现状

1. *大学生创造愿望不强烈* 创造性源于创造愿望，没有创造愿望也就没有创造的激情和动力，内心深处没想到要创新点什么，也就不会长时间地思考解决问题的方法，创造的灵感也无从谈起。当代大学生中相当一部分同学对创新不够重视，无强烈的创造愿望。这些同学要么为就业做准备，不得不去参加五花八门的培训班和实习，以得到尽量多的证书和工作经验；要么为考研做准备，整天游离于教室和图书馆；要么视大学为放浪形骸的天堂，吃喝玩乐，荒废宝贵的大学时光。因此根本无法静下心来思考自己感兴趣的问题，更不可能考虑怎样进行创造发明。

2. *大学生创造信心不足* 很多大学生害怕与人竞争，对自己信心不足，更有甚者逃避群体、自我否定，使自己更加自卑和缺乏信心。既然认为自己不如别人，他们做起事情来就缺乏积极性，并怀疑起自己的能力。这种想法在很大程度上约束了他们的想象力，在思考问题时无法做到“异想天开”，在行动上就畏首畏尾、小心谨慎，不主动接受挑战，更不会别出心裁，这样就失去了许多尝试创新并成功的机会，创造理想的实现也就无从谈起。自卑心理还抑制了欲望，没有强烈的成功欲望，就不会有克服困难、奋力进取的坚强意志，因而这部分学生为人处世喜欢随大流，长时间便造成了自身消极，缺乏创造激情，潜在的创造力也就难以激发出来。

3. *大学生创造意志力不强* 许多大学生意志不够坚定与他们对事业成功过程缺乏理解也不无关系。爱因斯坦生前多次讲过他的思维能力只是中等，他所做的工作成就完全是长时间专心致志的结果。而我们许多大学生在未行动时就考虑会不会白付出了辛苦，这种想法更使他们意志不够坚定，做事不够主动和果断，不能将计划、想法付诸实践，或做事有头无尾，从而使创造力的发挥受到抑制。

4. *大学生创造性思维欠缺* 大部分大学生习惯于一种正向的思维定式，而不喜欢从反方向、多角度地思考问题，他们大都在乎的是问题的解决，而不在乎解决问题的方法。对于知识，大部分学生习惯于只注意接受正误分明的概念。例如,他们会准确无误地掌握课本中的概念,而不喜欢接纳任何模棱两可的概念和事物,更舍不得花时间对其进行分析。总之,对事物的态度缺乏灵活性,这使他们的思维更加呆板僵化。这种创造性思维欠缺显然抑制了许多新颖想法的产生。

(三)大学生创造力不足的原因

1. *我国高等教育体制对学生的个性重视不足* 尽管我们致力于提倡素质教育、发展个性,但实际上难以付诸实践。大学教师中大部分依然执行着简便的大众化教育方式,即"课堂教学+课本",课堂上只向全班学生传授课本知识,所谓的"满堂灌"。而把学生的个体需求置之度外。教师布置作业也不从学生的个体特点出发,而是布置统一的作业,更糟的是大部分教师只以死板的标准答案来评价学生的作业,而不对学生标新立异的解答予以肯定和鼓励。目前高校对教师评估的主要指标是教师的科研、论文和成果的数量,因此,许多教师不得不埋头搞科研写论文,而很少有时间研究学生的个体需求、教学方法等。现行的这种传统的教育方式不利于调动大学生学习的主动性、积极性和创造性,也使大学生在创新行为上得不到引导和鼓励,这在一定程度上直接阻碍了大学生的创造力发展。

2. *针对大学生创新的激励措施不够* 文化课成绩至上的教育指导思想几乎使大部分学生失去了参与创新竞争的心情和条件。创新活动的开展需要有必要的刺激措施和制度支持。奖励制度便是刺激、鼓励学生进行创新活动的重要方法之一。目前许多高校中的各项奖励制度虽不少,但针对大学生发明创造的奖项却不多,也不够重视,特别是不够重视大学生的小发明、小创造。很多学生尽管文化课成绩略为逊色,但他们具有自己的特长,也常常是这些学生标新立异,搞出小发明、小创造,或提出奇怪的想法。但他们的创新没有得到应有的重视和认可,因此这些学生的创造性就很有可能由于没有得到鼓励而渐渐消退。

3. *大学生缺少培养创造力的时间和条件* 当代大学生面临严峻的就业压力。为了能够找到一份满意的工作,他们往往要付出巨大的代价。这些代价便包括占用大量的个人时间。另外,虽然每个人对创造性思考的环境的要求不尽一致,但是有一个条件必须具备,就是现实的环境要能够使之静心思考,并能使之长时间保持注意力和思维的兴奋状态。但是目前在校大学生的生活、学习空间显得特别拥挤,资源少并且限制多。一间学生宿舍,往往要安排七八个人,相互干扰太大,图书馆要定时开放和关门,教室更迭使用频繁,不便于学生连续性思考复杂问题,至于实验室、制作室则管得更严,本科生很难自由进出,客观条件的制约使学生创造性的新思路难以发挥。除此之外,经济条件、引导资源、转化体制等方面存在的限制也严重地影响了学生创新能力的培养。

(四)大学生创造力的培养方法

1. *探源索隐* 大学生在学习中,要学会从事物的联系中思考,追溯偶然发现的起因,在掌握知识的同时,思考导致前人发现与发明定律、定理和公式的思路;从事物内部或事物间的联系中,探索创新的思维方式,激发自己的创造力,提出解决问题的办法。

2. *辨异求同* 要善于比较,从比较中打开思路。不谋求唯一正确的答案,要"逼迫"自己通过不同的思路达到同一目标。从比较中发现新问题、新情况,发现老问题的不同解决办法,发现已知情况的新变化,使自己的创造欲在执着地追求中受到激发,培养自己创造性地解决问题的习惯。

3. *智力激励法* 是在世界上得到普遍推广的一种创造技法。它是以专题讨论会的形式,通过充分的扩散思维过程,进行信息催化,激发大量的创造设想,形成综合创造力。运用该法,讨论的主题必须明确,旨在克服通常讨论会中的自我评价系统和相互评价系统对萌发创新思路的抑制作用,达到集思广益、激发创造的目的。智力激励法能催化信息,产生连锁反应,形成综合的创造力。讨论会上自由发表的意见,对每一个与会者都是一种信息刺激。若能理解并将其纳入自己的认识结构里,新信息与旧信息或其他信息融合,就会产生一些新观念。或者在新信息的刺激下,通过联想作用激活另一个有价值的新观念的萌发。集思广益是搞发明创造必不可少的条件,在自由发言的条件下,可以收集众多的信息和观念。

4. *六三五默写式激励法* 这是德国人吸收智力激励法的优点而发明的一种方法,各参加者不妨碍他人发明,自己也不用发声,参加者 6 人,每人必须在前面卡片上写出 3 个构想,并在 5 min 内完成。方法与程序:开始进行该法之前,由出题者提示问题,如有疑问要澄清。5 min 一到,每人须把卡片交给右邻者,每 5 min 传递一次,一共 6 次,30 min 一个循环,可得 108 个构想,完成后将每个构想剪下,分类并设计贴在海报纸上,展示报告。

5. *六六讨论法* 这是一种以智力激励法为基础、适用于大团体讨论的方式。将大团体分为6人一组的小组，进行6 min小组讨论，再回到大团体中分享成果，最后进行评估。方法与程序为：决定一个主题；推行一位主席，一位计时员；每人轮流发言1 min，所有成员要注意倾听发言者所说的，1 min不到不能停止发言，1 min到要立即停止发言；推派一位发言代表；回到大团体分享成果。

6. *趋势外推* 事物发展的过去、现在和未来有着内在联系，因此可以根据过去和现在的信息，在学习中研究影响事物发展的基本因素、限制条件，推测未来发展的趋势，从而制订适当的对策。这种学习方法若和科研与学术研讨会结合起来进行，其学习效果会更为明显，将有利于推动大学生参加科学研究活动和创造实践。现代的世界是信息的世界，信息闭塞将一事无成，搞科学与学术研究也不会有所突破。

7. *类比模拟* 在学习中，要善于从自然界或者已有成果中，寻找与创造对象相类似的东西，加以模拟，创造出新的东西来。从个体成长过程看，模仿是创造的先导，但我们追求的是在模仿中进行创新，如仿生学就不单单是模仿。大学生在学习中，要培养自己动脑动手的能力，从类比模拟中求创造。类比的方法很多，常用的有拟人类比法、直接类比法、象征类比法、因果类比法、对称类比法、综合类比法等。

8. *检查表技术* 这是从一个与问题有关的列表上寻找解决问题线索的方法，用以训练周密的思维。可以先将问题列成一张分析表，然后写出表中每一项所需要解决的要点，然后逐一考虑每一要点可供改变的方向。也可以使用"可能解答表"方法，用智力激励法提出各种可能的问题解决办法，将这些方案列表进行考虑。

9. *分合法* 是戈登(W. Gordon)提出的一套团体问题解决方案。他将创造过程分为两种心理操作，一是使熟悉的事物变得新奇，称为由合而分；二是使新奇的事物变得熟悉，称为由分而合。由合而分的过程是让学生用新颖而有创意的观点重新了解熟悉的事物以产生学习的兴趣；由分而合是让学生在熟悉陌生事物的过程中增进对新奇事物的理解。戈登提出了四种类推的方法：① 狂想类推，找出不同寻常的解决问题的办法。② 直接类推，将两种不同的事物彼此类推，以便触类旁通，举一反三。③ 拟人类推，将事物进行人性化的类推。④ 符号类推，是运用符号象征化的类推。

10. *属性列举法* 此法由克劳福德(R. Crawford)提出，他让学生列举所研究物品的各种属性，然后提出改进属性的方法，使该物品产生新用途。属性列举法具体可分为特性列举法、缺点列举法、希望列举法。

11. *形态分析法* 由兹维其(Zwicky)和艾伦(Allen)提出，以结构分析为基础，再对问题进行系统分析和综合，将可以产生更多的新观念。实施时分四步进行：① 广泛叙述问题；② 列举出有关这个问题的独立要素；③ 列举出每一独立要素的可变元素；④ 使这些元素相互结合，形成很多新观念。形态分析法的基本原则有七点：① 任何一种概念都不完全；② 知识无限；③ 任何领域都在寻求整体的知识；④ 要彻底解决一种问题，应从所有已知要素的所有可能的结合关系中去寻找；⑤ 各事物之间有一种一般的关系存在；⑥ 综合法应先依赖分析法；⑦ 先寻求各种价值的形态构造而后才寻求所需的观念或答案。

12. *自由联想技术* 是由老师提出一个刺激，学生自由反应、联想以建立事物间新奇而有意义的联结。自由联想技术用在字词方面称字词联想，用在图片方面就是图画联想，也可用于其他方面。

二、大学生创新思维的培养

"创新是引领发展的第一动力。必须把创新摆在国家发展全局的核心位置，不断推进理论创新、制度创新、科技创新、文化创新等各方面创新，让创新贯穿党和国家一切工作，让创新在全社会蔚然成风。"当代大学生必须拥有创新思维。

（一）创新思维的内涵及特征

1. 创新思维的内涵

(1) 创新：是指以现有的思维模式为基础，以有别于常规或常人思路的见解为导向，利用现有的知识和物质，在特定的环境中，本着理想化需要或社会需求而改进或创造新的事物、方法、元素、路径、环境，并能获得一定有益效果的行为。

(2) 思维：是人们探索客观事物属性、内在联系和内部规律性的有意识活动过程，是客观事物属性、内在联系和内部规律性的反映。换言之,思维是人脑的功能,是主体人对于客体对象的概括性和间接性反应,是主体联系客体的中介和手段,是主体加工处理客体的方法和工具。

(3) 创新思维:是指主体在一定的知识、经验和实践基础上,伴随着思维方式的变革提出新的理论、观点和想法的思维过程。

2. 创新思维的常见形式

(1) 逆向思维:是指对现有事物或理论相反方向的一种创新思维方式,它是创新思维中最主要、最基本的方式。在事物发展及其学问问题上,古人曾有"于无疑处有疑,方为进矣""有疑则进,无疑不进""大疑大进,小疑小进"的名言教诲。也就是说,没有"问题"的生活,便平淡无趣,激不起浪花。一个人不会发现问题和解决问题,他的生活乃至事业必定是一团糟。

运用逆向思维,可以从三点把握。

一是面对新的问题,我们可以将平时思考问题的思路反过来,用常识看来是对立的、似乎根本不可能的办法去思考问题。"油水不合",即使在今天仍被人们当作常识。油水真的不相合吗?在印刷业,人们从相反的方向进行思考。经过试验发现,常规搅拌,油水确实不合,而采用超声波技术进行油水混合,再适量加点活性剂,问题就解决了。

二是面对长期解决不了的问题或长久困扰着我们的难题,我们不要沿着前辈或自己已经形成的固有思路去思考问题,这会使我们的思路越来越窄。而应该"迷途知返",即从现有的思路上返回来,从与它相反的方向寻找解决问题的办法。日本有一个叫中田的人,他想发明一种圆珠笔,并试图解决圆珠笔中最令人头痛的漏油问题。冥思苦想了好久,就是找不到解决的办法。后来,他反回来想,圆珠笔漏油,一般发生在写了两万字之后。那么,造一种写了两万字就用完了的圆珠笔,问题不就解决了吗?新式圆珠笔问世之后,果然很受人们的欢迎。

三是面对那些久久解决不了的特殊问题,我们可以采取"以毒攻毒"的办法,即不是从彼一问题中来寻找解决此一问题的办法,而是相反,就从此一问题本身来寻找解决它的办法。免疫理论的创立和付诸实践,就是这种思考方法的结果。当时,面对给千百万人的生命造成严重威胁的瘟疫,许多科学家都在寻找一个能防治瘟疫的药物,而巴斯德却沿着和大家相反的方向去思考,给人或动物注射少量的菌苗,增强其免疫力而达到防疫的效果,最终巴斯德获得了成功。

反向思考法是一种科学复杂的思考方法。因此,在运用它时,一定要对所思考的对象有全面、深入、细致的了解,依据具体情况进行具体分析。决不能犯简单化的毛病,简单化只能产生谬误。

(2) 发散思维:又称辐射思维、放射思维、扩散思维或求异思维,是指大脑在思维时呈现的一种扩散状态的思维模式,它表现为思维视野广阔,思维呈现出多维发散状。"一题多解""一事多写""一物多用"等方式可培养发散思维能力。不少心理学家认为,发散思维是创造性思维的最主要的特点,是测定创造力的主要标志之一。

发散思维作为一种创新思维方法,不仅是在科学研究和科技发明中所运用的一种重要的思维方式,也是经济社会发展和企业经营中所运用的一种重要的思维方式,同时,又是我们每个人事业有成中应当掌握和运用的一种重要的思维方式。

如果说,创新是一个民族的灵魂,那么发散思维便是创新的基石。它是典型、艺术化的思维,它能使我们对工作、生活和学习产生激情,它是智慧的发源地,是兴趣的乐园。

例如,《刘墉论"夫"》中有:某日,乾隆皇帝下江南,见一农夫荷锄而过,即问左右道:"这是何人?"和珅抢前一步答道:"是个农夫。"乾隆又问:"这农夫的夫字怎么写?"

和珅微微一怔,不知皇上此问何意,便即答曰:"农夫之夫,即两横一撇一捺。与轿夫的夫、孔夫子的夫、夫妻的夫和匹夫的夫同一写法。"乾隆听罢大摇其头,大摆其手,说:"你身为宰相,纵无经天纬地之才,却如何连一个'夫'字都不能解!"转脸道:"刘墉,你来说说看,农夫的'夫'字当作何解?"

刘墉见皇上点名让他解答,便不慌不忙地上前朗然答道:"农夫是刨土之人,故而上为土字,下加人字;轿夫为肩扛竹竿之人,应先写人字,再加两根竿子;孔夫子上通天文,下知地理,当作天字出头之夫;夫妻是两个人,该是心心相印,二字加人可也;匹夫乃天下百姓之谓也,可载舟亦可覆舟,是为巍巍然大丈夫,理应作大字之上加一才对。用法不同，写法自当有别，岂可混为一谈？”乾隆闻言，抚掌大笑，赞道：“真不愧大学士也。”

(3) 联想思维：是在原先并不相关的事物之间，搭建起一座连接的桥梁，将表面看来互不相关的事物联系起来，从而达到创新思维的境地。这种联想思维，可以使我们扩展思路，升华认识，把握规律。

1) 接近联想：即由一事物容易联想到在时间上或空间上相接近的另一事物。例如，我们由“阳春三月”容易想到“桃花”，由“天安门”容易想到“人民大会堂”，看到大雁南飞，容易想到我是不是能像大雁那样，也回到我南方的故乡？由三角形的外角和是360°，容易想到四边形、多边形的外角和是不是也都是360°？一些重大发明，可以说就是联想思维的结果。又如，鲁班从山上可以割破人皮肤的野草中受到启发，创造了锯子；人们从鸟和蜻蜓的飞行中受到启发，发明了飞机；从鱼儿可以在水中有沉有浮中受到启发，发明了潜水艇；等等。

2) 对比联想：即由一事物联想到和它具有相反特点的另一事物，如由朋友想到敌人、由水想到火、由战争想到和平等。

3) 相似联想：即由一事物想到另一个在与它性质上接近或相似的事物，如由大海想到海浪、想到鱼群、想到轮船、想到海底电缆、想到资源的开发和利用等。

4) 关系联想：即由事物所具有的各种关系而形成的联想思维。

古时候，最早做生意用的钱是贝壳。其价值按贝壳大小、优劣、多少而定。《说文解字》中讲，“至秦废贝行钱”（秦朝，秦帝国公元前221年）。贝壳虽已废止，但汉字中的“贝”字，做偏旁时仍然与钱有关。

货物的“货”（貨）由“化”与“贝”组成。化者，变也；货就是变钱的。商谚云：“货不停留钱自来，薄利多销照样能发财。”

赚钱的“赚”（賺）由“贝”与“兼”组成。辞典讲“兼”可作“加位”“合并”解，“赚”就是使钱加位、成倍、翻番。

“贪”（貪）由“今”和“贝”组成。“今”指现在、眼前。急功近利者只求眼前，不顾将来；只管捞钱，不问后果，这是由自私所致。今日有钱今日花，“贪”是万恶之源，“人为财死”就是由贪而来。

“贫”（貧）字由“分”和“贝”组成，有钱乱花，把钱分了，分散了，就会一贫如洗，导致贫穷、贫困。

赌博的“赌”（賭），贝者，钱也；者者，人也。人在无所事事时，和钱在一起，玩钱，耍钱，就是赌博。

玩味钱（錢）的结构，给人的启发实在不小。钱，用明人郑暄的话说：“金旁着戈，而且两个，真杀人之物，而人不自悟也。”君子爱才，要取之有道。取之无道而贪，迟早会有被“杀”的一天。“从来有名士，不用无名钱”说的就是这个道理。

(4) 纵向思维（纵深思维或纵深思考）：任何事物的发展以及与其他事物的联系，总是呈现纵向态势和横向态势。纵向态势即纵向思维，同横向思维一样，都是认识事物发展及与其他事物相联系的重要创新思维方式。

纵向思维，通俗地讲，就是按照既定目标、方向，在现有基础上，向纵深领域深化、挖掘的一种创新思维方式。

老子曰：“挖井七仞而不及泉，废井也。”（古时仞是计量单位）挖井七仞没有出水，是废井，而再深挖一点出水了，甘泉涌流，就是好井。成功往往只差那么一点。可见，这一点，常常就是成功与失败之分。须记住，任何时候都不能灰心泄气，灰心泄气就等于前功尽弃。

纵向思维的创新思维方法，不仅对我们搞好重大发明有帮助、有意义，而且在加强品德修养、塑造好的人格形象方面，其影响和作用都是不可低估的。例如，《现代汉语词典》对“俗”“仙”这两个字的解释，似乎没有什么感情色彩，没有什么新颖之处，但如果我们结合品德修养实践做深入思考，结果则大不一样。“俗”：左人右谷。意思一是民以食为天，人是吃五谷杂粮的；二是如果世人的心态往山谷坠落，那就没有超凡脱俗，注定是个凡人，是个凡夫俗子。“仙”：左人右山。意思一是人要修身养性，必须得到僻静处，即山里去，只有在僻静处，到山里修行，才能成仙；二是如果世人的心态，价值取向，奋斗目标，一直向上攀登，向山上攀登，向高处攀登，才可能成仙。

又如，眼、耳、鼻、舌、心。“眼”：人有两只眼睛，并且是平行的，所以应当平等看人。既不能打乌米的眼睛——朝上看，也不能学狗眼看人低。“耳”：人有两只耳朵，并且左右并列，所以不能偏听一面之词。“鼻”：人的鼻端共有两个孔，所以不应当随着别人一个鼻孔出气。“舌”：人只有一条舌头，所以不能说两面话，阴一套,阳一套;当面一套,背后一套。“心”:人只有一个心,然而有左右两个心房,所以做事不但要为自己着想,也要为别人着想。

(5) 灵感思维:是指在事物的接触及思考中,因受到某种启发而产生的创新思维方式。其是在科学研究和文学艺术创作中经常出现和运用的一种创新思维方式,也是在经济社会发展中,工作事业中经常出现和运用的一种创新思维方式。

由于这种创新思维方式具有转瞬即逝的偶发性,所以,要善于抓住这种稍纵即逝的灵感思维,对此进行深入思考和研究,以促使新生事物的应运而生或疑难问题的解决。

3. *创新思维的特征* 创新思维以新颖的思路或独特的方式来解决问题,从而产生创新性成果。创新过程中的思维活动,一方面具有一般思维活动(解决问题)的特点,但又不同于一般的解决问题。因为它不只是依靠现成的表象或有条件地描述,而是要在现有资料的基础上进行想象,加以构思,才能解决前人所未解决的问题。创新思维具有独特性:① 独立性,与他人不同,独具卓识,敢于质疑,力破陈规,善于打破固有框架。② 联动性,具有“由此思彼”的能力,表现为纵向联动(发现一种现象后立即深究其因)、逆向联动(发现一种现象后立即想到它的反面)、横向联动(发现一种现象后能联想到与之相关和相似的事物)。③ 多向性,善于从不同角度思考问题,在一个问题面前,能尽量提出多重设想和方案,以扩大选择余地。④ 跨越性,从思维的过程来说,表现为常常省略思维步骤,加大思维前进的跨度。⑤ 综合性,善于选取前人智慧宝库中的精华,通过巧妙结合,形成新的成果。

(二) 大学生创新思维发展的主要影响因素

长期以来,受传统教育思想的影响,人们普遍把高校仅仅看成是传授知识的场所,体现在教育过程中就表现为重视知识的传授,忽视知识的应用;重视知识的容量,忽视创造的能量;重视知识的多少,忽视知识的创新。由此养成了大学生只习惯于接受,而不习惯于思考和论证的学习方式,影响了大学生的思维活动,压抑了学生的创新精神。妨碍大学生创新思维发展的因素有以下几个方面。

1. *在培养目标上* 过去大学生过早地进入专业学习,使其知识面局限于一个很窄的领域。过窄的专业教育导致大学生学科视野和学术思想不够开阔,使创新思维的培养没有坚实的知识基础;人们普遍习惯于用较多精力去培养“学究式的尖子生”和“优秀学生”,从而使得这些大学生往往只是按常规走路,按书本行事,死背教条,照搬照套,缺乏非逻辑思维直觉、联想和想象,因此很难产生创新思维。

2. *在课程设置上* 教学内容陈旧,没有跟上科学技术发展的速度,特别是缺乏培养学生创新思维的课程;教学内容脱离实际,没有针对大学生的思维现状和要求来科学地设置相关课程。

3. *在教学方式上* 教学方式单一,盛行以“教师、教材、课堂”为中心的教学模式,大学生在教学中扮演的是配合教师完成教案的角色,是知识的“存储器”;教师照本宣科,大学生死记硬背,相互讨论的机会不多,发言的机会更少,致使创新思维得不到培养。

4. *在教学评价上* 教学评价单一,只重视大学生知识的评价,而忽视大学生思维的评价,只重视结果的评价,而忽视过程的评价,致使大学生的想象力、多端性思维能力得不到有效培养;只重视笔试,知识简单再现的题目多,运用学科理论分析问题与解决问题的题目少,且很少运用口试及动手操作的考试形式,导致大学生只满足于知识的简单再现,很难激发他们的创新欲望。

案例 6-1

你的用途,绝非一种

1983 年,一位叫普洛罗夫(Provo Rove)的捷克籍法学博士在写毕业论文时发现:50 年来,在纽约市里士满郡一所穷人学校——圣·贝纳特学院学习或工作过的人在纽约警察局的犯罪记录最低。普洛罗夫向纽约市市长申请到一笔市长基金以便就这一课题深入开展调查。

凡是在圣·贝纳特学院学习和工作过的人,只要能打听到他们的地址或邮箱,普洛罗夫都给他们邮寄了一份调查表,问他们:“圣·贝纳特学院教会了你什么?”

在将近 6 年的时间里，他共收到了 3 756 份回函。在这些回函中有超过 70%的人回答，他们在学校里知道了一支铅笔的用途。

这是怎么回事呢？普洛罗夫走访了纽约市最大的一家皮货商店的老板后得到了答案。

这位老板也曾在圣・贝纳特学院就读，他说："贝纳特(Beinart)牧师教会了我们一支铅笔有多少种用途。当初，我认为铅笔只有一种用途——写字。谁知道铅笔不仅能用来写字；必要时候还能用来替代格尺画线；还能作为礼品送朋友表示友爱；能当商品出售获得利润；铅笔的芯磨成粉后可以做润滑粉；演出的时候可以临时用来化妆；削下的木屑可以做成装饰画；一支铅笔按照相等的比例锯成若干份，可以做成玩具的轮子；在野外缺水的时候，铅笔抽掉笔芯还能当作吸管喝石缝中的水；在遇到坏人时，削尖的铅笔还能作为自卫的武器……总之，一支铅笔有无数种用途。贝纳特牧师让我们这些穷人家的孩子明白，有着眼睛、鼻子、耳朵、大脑和手脚的人更是有无数种用途，并且任何一种用途都足以使我们成功。我原来是个电车司机，后来失业了。但是你看，我现在是一个皮货商了。"

普洛罗夫后来又采访了一些圣・贝纳特学院毕业的学生，发现他们无论贵贱，都有一份职业，并且生活得非常乐观。而且，他们都能说出一支铅笔的至少 20 种用途。

普洛罗夫大受启发，调查一结束他就放弃了做一名美国找律师的想法，匆匆回国了。后来，他成为捷克了最大的网络公司的总裁。

[资料来源] 杭大庆.2005.你的用途绝非一种.星火，(17)：62.

【推荐读物】

阿尔弗雷德・阿德勒.2016.自卑与超越.杨颖译.杭州：浙江文艺出版社.

凯利・麦格尼格尔.2012.自控力.王岑卉译.北京：印刷工业出版社.

理查德・格里格，菲利普・津巴多.2003.心理学与生活.16 版.王垒，王甦，周晓林，等译.北京：人民邮电出版社.

芭芭拉・弗雷德里克森.2010.积极情绪的力量.王珺译.北京：中国人民大学出版社.

李笑来.2009.把时间当作朋友.北京：电子工业出版社.

（赵　民）

第七章

大学生的恋爱心理

本章要点

掌握： 爱情的心理学视角。
熟悉： 大学生的恋爱心理。
了解： 提高大学生爱的能力。

爱情是人类永恒的主题。人都向往拥有真挚而长久的爱情。无数的文学家和诗人讴歌爱情。歌德曾说："天下哪个倜傥少男不善钟情？天下哪个妙龄少女不善怀春？"别林斯基(Bylinsky)曾说："爱情是生活中的诗歌和太阳。"不难看出，爱情是非常美妙的情感体验。真正的爱情能够鼓舞人，唤醒内心沉睡着的力量和潜藏着的才能，使人心的憧憬升华到至善之境。处于青春期的大学生，生理已成熟，心理上也萌生了恋爱意识，这就使追求爱情成为大学校园永恒的话题。然而恋爱问题恰恰也是大学生最感困扰的问题之一，恋爱问题处理不当很有可能会严重影响到大学生的学业发展、社会交往甚至人格形成。因此，了解爱情的实质和特点，理解恋爱中的困惑，提高爱的能力，对大学生具有重要的意义。

第一节　爱情的心理学视角

爱情是世界上最美妙的心理情感体验，但在现代社会中却接受着时代文化的挑战等。如何应对挑战收获幸福的爱情，是人们需要解决的问题。要解决爱情的问题就需要学习理解与爱情有关的知识。由此可见，爱是生活中的一种氛围，一种需要终身学习、发现和不断前进的活动。通过心理学的视角对爱情进行理解，将有助于全方位地认识爱情，解决爱情中的问题。

一、爱情的内涵和实质

（一）爱情的内涵

有人说，爱是美德的种子。有人说，爱是理解的别名。还有人说，爱是生命的火焰。"问世间，情为何物，直教生死相许？"爱情究竟是什么？爱情是人际吸引的强烈形式和最高形式，有广义和狭义之分。

广义的爱情是指存在于各种亲近关系中的爱，反映人际关系中的接近、悦纳、共存的需要，包括深刻的同情，亲密的感情，也包括亲情、友情甚至对物品的喜爱。

狭义的爱情是指心理成熟到一定程度的异性个体之间的强烈的人际吸引。男女之间基于一定的社会关系和共同的生活理想，在各自内心中形成的对对方最真挚的倾慕，并渴望对方成为自己终身伴侣的最强烈的感情，是两颗心灵相互向往、吸引而达到精神升华的产物，是一种高尚的精神生活。我们提到"爱情"这个概念多指狭义的爱情。

（二）爱情的心理实质

爱情，是人最美好的情感和体验。不同的学科对于爱情的本质都有积极的探索。心理学认为，爱情的本质是具有生物属性、精神属性及社会属性和谐统一的人类两性关系。

生物属性表现为，人对异性的欲望和需求是爱情产生的生理基础和自然前提。从青春期开始，男性和女性身体内的荷尔蒙激素水平逐渐提高，而致性功能趋于成熟。在日常生活与异性接触中相互吸引，互生好感，这是一种人性本能。依靠这种本能人类才能繁衍后代，种族才能得以延续。

精神属性表现为，男女双方精神上的融合和爱慕，是爱情发展和升华的内部动力。爱情是一种特殊关系，是只有人才能够具备的高度发达的精神情感活动。男女双方因为外貌相互吸引，因为性格特点彼此欣赏，因为兴趣理想产生共鸣，从而产生一种精神上的融合和爱慕。

社会属性表现为，个人的爱情状况与社会因素之间相互影响，是爱情的本质属性。个体爱情产生受到了社会意识观念的影响。例如，当自己的审美认同了对方的面貌、气质或神态时，爱情就产生了。审美观念在不同的社会意识观念下是不同的，因此会出现不同地区“理想恋人”的形象大不一样，有的地区以丰腴为好，有的地区以娇小为佳。同时，个体爱情的状况也体现的是一种社会行为。恋爱选择，婚姻结合，家庭组建，既与个人幸福有关，又会关系到子女抚养、老人赡养等社会责任与义务。

二、爱情产生的生理心理基础

（一）爱情的激素

1. 恋爱兴奋剂　多巴胺由脑内分泌，可影响一个人的情绪。丘脑是人脑的情爱中心，其间储藏着被称为“丘比特之箭”的多种神经递质，其中包括多巴胺。当一对男女一见钟情或经过多次了解产生爱慕之情时，丘脑中的多巴胺就源源不断地分泌，势不可挡地汹涌而出。于是，人们就有了爱的感觉。多巴胺增加在行为上的表现是精力增加，睡眠或者食物的需要程度降低，注意力集中，并使恋爱中的个体能够在恋爱关系的细节中寻找到快乐。

2. 爱情化学分子　苯乙胺是一种生物碱与单胺类神经递质。苯乙胺的注入会提升体内多巴胺的水平，使人完全沉醉在爱情的幸福之中。于是，就出现了“情人眼里出西施”的心理，认为爱人是完美无缺的，对对方身上的缺点视若无睹。那些初坠入爱河的人体内会迅速产生大量的苯乙胺。经测定，此时血液中苯乙胺的含量比平时高出2～5倍之多。在苯乙胺的作用下，恋人的眼神中会流露出热烈的爱意，可以像诗人一样出口成章。人体不但会自动合成、释放苯乙胺，而且不少食品中也有极丰富的苯乙胺，如巧克力或含巧克力的食品，尤其是可可含量较高的黑巧克力。科学家认为，如果能在日常生活中适当从食物中摄取苯乙胺，爱情的保质期会变得更长久。

3. 婚姻激素　内啡肽是脑下垂体分泌的激素，是天然的镇痛剂。在轰轰烈烈的一见钟情之后，恋爱中的激情会消退，需要另外一种爱情物质来填补激情。内啡肽可以降低焦虑感，让人体会到一种安逸而温暖、亲密而平静的感觉。虽然这并不能让人激动和兴奋，但这种感觉同样能使人成瘾。一般来说，一段婚姻存在的时间越长久则越牢固，其重要原因就在于夫妻双方已经习惯了内啡肽所带来的宁静。让爱情历久常新的关键就在于激情消退之前，垂体分泌出足够多的内啡肽。

4. 爱情保鲜剂　催产素是一种哺乳动物激素。它不是女性的专利，男女都会分泌。当男女双方进入稳定的恋爱关系后，女性和男性体内都会分泌大量的催产素，使彼此感到安全和满足，进而使双方依恋关系增强。当一个人的催产素水平升高时，即便是对完全陌生的人也会变得更慷慨、更有爱心，因此又被称为“道德分子”。研究显示，拥抱爱人不仅可以增加感情，还对身体有益。因为拥抱爱人可以释放催产素并使之进入血管中，从而降低血压、减少压力和焦虑。

（二）爱情的神经通路

热恋中的个体脑部腹侧被盖区和尾状核激活强烈，这个部位与大脑的奖赏系统有关，能产生多巴胺，使人感到愉悦。但是这个区域并不具有理性思维能力，只关系到欲求、渴望等情感。事实上，当一个人对某种物质成瘾时也会激活这个区域。由此可以从生理心理角度理解，热恋中的个体为何会缺乏理性，为何会心情愉悦。此外,热恋会抑制与社会判断、负性情绪有关的脑区活动,如外侧前额叶皮层、后扣带皮层、杏仁核等。由此可以解释爱情会降低人们对所爱对象的判断力。

(三)爱情的心理效应

1. 首因效应　也称第一印象效应。人们第一次与某物或某人相接触时会留下深刻印象。第一印象作用很强,持续的时间也长,比以后得到的信息对于事物整个印象产生的作用更强。第一次交往中给对方留下的印象,在对方的头脑中形成并占据主导地位。在恋爱中,双方的初次相会有时会关系到全局,第一次的印象决定着两个人是否还会有将来。首因效应是一见钟情的心理基础。

2. 近因效应　与首因效应相反,近因效应是指在多种刺激依次出现的时候,印象的形成主要取决于后来出现的刺激。即交往过程中,人们对他人最近最新的认识占了主体地位,掩盖了以往形成的对他人的评价。因此,近因效应也称为新颖效应。在长久的恋爱关系中,对方最近的表现是影响双方对恋爱关系判断的心理基础。

3. 罗密欧与朱丽叶效应　莎士比亚(William Shakespeare)的经典名剧《罗密欧与朱丽叶》中两个年轻人相爱,但由于双方家族有世仇,他们的爱情遇到了极力阻碍。但压迫并没有使他们分手,反而使他们爱得更深,直到殉情。罗密欧与朱丽叶效应就是当出现干扰恋爱双方爱情关系的外在力量时,恋爱双方的情感反而会加强,恋爱关系也因此更加牢固。

4. 鸡尾酒会效应　是指大脑对外界刺激的一种筛选功能,对于与自己有关的信息会迅速反应,也会自动忽略与自己无关的信息。就好像是在嘈杂的鸡尾酒会上,别人谈什么自己都不会去在意,但当别人喊自己名字的时候,自己会马上做出反应。日常生活中,事不关己,高高挂起,但一旦跟自己有关,马上专注起来。爱情中同样如此,别人的恋爱离自己很远,自己爱情中的酸甜苦辣只有自己才能深刻体会。

5. 马赫带效应　是一种视觉对比的现象。人们在明暗变化的边界,常常在亮区看到一条更亮的光带,而在暗区看到一条更暗的线条。马赫带效应的产生是由于神经网络对视觉刺激和环境的加工是整体性的。在爱情中也是这样,在有对比的情况下,对方的优点可能会被无限放大,缺点也能被无限放大;而在没有对比的情况下,优点可能会被忽视,缺点也可能会被忽视。只有把恋爱的对象放到现实环境中才能更加真实客观地认识对方。

6. 吊桥效应　是指当一个人通过吊桥的时候,会因为吊桥的摇晃不由自主地心跳加快。如果这个时候,碰巧遇见一个异性,可能会误将心跳加快理解为对方使自己心动,萌生出爱情的情愫。故而可以看出心动不一定是真爱。吊桥效应在生活中其实很常见。有的时候,男女一起去游乐园坐过山车,似乎更容易碰撞出爱情的火花,使感情更为亲密。

7. 契可尼效应　指人对已经完成和有结果的事情容易忘记,却对因为某些原因最终没有完成的或没有达到预期目标的事记忆犹新。这种效应让许多人对“初恋”念念不忘,使自己后来的感情难以渐入佳境。初恋之所以令人刻骨铭心,正是源于初恋的未完成性。

三、爱情的理论

(一)爱情的类型理论

心理学家通过分析文献资料、进行访谈调查等各种形式,研究了现代男女的爱情关系,发现了爱情分为六种类型。它们分别是浪漫型、游戏型、朋友型、占有型、现实型及奉献型。这六种爱情形式并不相互排斥,在一定时期或者情况下会以某种类型为主。

1. 浪漫型　其特征是将爱情理想化,强调外在美,追求内心与肉体融合为一的境界。例如,一见钟情的男女双方,初次见面就有了强烈心动,不过这种激情来得快去得也快。

2. 游戏型　其特征是将爱情视为获得异性青睐的游戏,并不会将真实的情感投入,重视的是过程而非结果,频繁更换恋爱对象,并视之为家常便饭,如花花公子的玩世不恭。

3. 朋友型　其特征是在逐步了解中将友情发展成为爱情,循序渐进。这类爱情中,温暖多于热情,信任多于忌妒,是平淡深厚、细水长流的爱情,如青梅竹马、日久生情。

4. 占有型　其特征是把恋人间的情感当作物品一样严格控制、强烈占有。这种爱情常表现为不尊重、不信任及以自我为中心,猜疑成分比较多。例如,占有欲强:你是我一个人的,不准看其他人一眼。

5. 现实型 其特征是认为爱情关系本质上是一种“公平交换”，伴侣更多的是理智分析和逻辑判断后为自己找到匹配的对象，而激情的成分却很少。例如，爱情中过分强调“门当户对”。

6. 奉献型 其特征是将爱情看作一种责任，信奉爱情，甘愿为爱人付出牺牲一切，不求回报，有利他主义倾向。例如，爱情中过分强调“只要你过得比我好”。

【心理测验 7-1】

爱情类型量表

请就你个人真实的感受与经验来填答。如果你现在有男(女)朋友，请以现状作答；如果你曾经有男(女)朋友，请以最近的一位作答；若你还未曾有男(女)朋友，请你用想象的方式作答。最后将自己的爱情类型标出。对每个项目，请选择1～5的数字来表示你在多大程度上同意或者不同意该陈述。

1＝非常不同意；2＝中度不同意；3＝中立；4＝中度同意；5＝非常同意

1. 我和我男(女)朋友是一见钟情。
2. 我和我男(女)朋友之间有心动的感觉。
3. 我们的情爱热烈而令人满意。
4. 我觉得我和男(女)朋友是天造地设的一对。
5. 我和我男(女)朋友在感情上能很快融入。
6. 我和我的男(女)朋友能真正地互相了解。
7. 我的男(女)朋友符合我理想中的英俊/美丽的标准。
8. 我会在对对方承诺时保持一点儿不确定。
9. 我相信我过去的事情不会伤害他/她。
10. 有时我会试图阻止我的男(女)朋友找其他人陪伴。
11. 如果我和男(女)朋友分手，我可以很快忘掉这段爱情。
12. 我的男(女)朋友知道我正和别人发生的一些事情会很难过。
13. 如果我的男(女)朋友太依赖我时，我会和他(她)保持一点儿距离。
14. 我喜欢与我的男(女)朋友及其他一些人玩“爱情游戏”。
15. 我很难说出自己和他(她)的感情是何时从友情变成爱情的。
16. 我们的爱情先需要一段时间的相互关怀。
17. 我希望与对方永为朋友。
18. 我们的爱情是最佳类型，因为是经由长久友情发展起来的。
19. 随着时间推移，我们的友情渐渐与爱融为一体。
20. 我们的爱情是真正深刻的友谊，而不是神秘奥妙的情感。
21. 我们的爱情极为令人满意，因为它是从良好的友谊发展起来的。
22. 许诺之前，我会考虑我的另一半未来会成为怎样的人。
23. 在选择男(女)朋友之前，我会先仔细计划我的生活。
24. 我相信择偶最好“门当户对”。
25. 对我家人会有什么影响是我择偶的一个很重要的考虑。
26. 择偶的一个重要因素是对方是否会成为好的父(母)亲。
27. 择偶的一个重要因素是对方对我职业生涯的影响。
28. 在认定他(她)为另一半之前，我会考虑我们是否能生出健康的小孩。
29. 当我与他(她)之间发生问题时，我会寝食难安。
30. 假如我和我的男(女)朋友争吵，我会很低沉甚至想到轻生。
31. 有时候，我会因为恋爱而兴奋失眠。

32. 当男(女)朋友不关心我时,我会感觉全身不适。
33. 从我爱上他(她)后,很难在其他事情上集中注意力。
34. 当我怀疑他(她)和别人在一起时,我会不舒服。
35. 假如他(她)有一阵子忽视我,我有时会做出一些傻事来吸引他(她)注意。
36. 无论何时他(她)遭遇困难,我都一定会帮他(她)渡过难关。
37. 我宁愿自己受苦,也不让我的男(女)朋友难过。
38. 我的男(女)朋友快乐时,我才会快乐。
39. 我一般会牺牲自己的愿望而让男(女)朋友的愿望得以实现。
40. 我有的一切东西,我男(女)朋友都可以随时取用。
41. 即使我的男(女)朋友生我的气,我也全心且无条件地爱着他(她)。
42. 我宁愿为了我的男(女)朋友忍受一切。

【评分】

这42个项目是基于以上的六种爱情类型。把每个爱情类型上所有项目的得分相加,即为相应爱情类型的得分。浪漫型:项目1~7;游戏型:项目8~14;朋友型:项目15~21;现实型:项目22~28;占有型:项目29~35;奉献型:项目36~42。

你在每个爱情类型上的总得分是在7~35分。得分最高的爱情类型反映了你对爱情的态度;而得分最低的爱情类型则最不能反映你对爱情的态度。

(二) 爱情的阶段理论

很多人总是羡慕别人美好幸福的恋爱、从一而终的爱情,感叹别人的两情相悦恩爱有加,总是抱怨自己遇不到一个合适的爱人,然而却忽略了别人爱情过程中的艰辛。其实,目前心理学界普遍认为,爱情的过程并不简单,成熟美满的爱情必须经过四个阶段,它们分别是共存期、反依赖期、独立期及共生期。

1. 共存期　这个阶段爱情中的两人相互吸引,感情急速升温,处于热恋的状态,彼此都盼望时刻都在一起,不愿意分开。两人之间到了着迷的境界,如蜜里调油一般。

2. 反依赖期　这个阶段爱人之间的激情已经慢慢趋于平淡,没有了共存期的新鲜感,对爱人的依恋与好奇减退,希望能腾出私人空间处理自己的事情。如果恋人不能够设身处地为对方考虑,就会使对方产生一种失落感,从而产生矛盾。

3. 独立期　这个阶段是反依赖期的延续。反依赖期是矛盾的潜伏期,如果反依赖期问题没有解决好,独立期就变为了矛盾的突发期甚至导致爱情的终结。独立期的主要问题是恋爱一方希望有更多私人的时间和空间,而另一方就会猜测爱人为什么会热情衰减甚至导致双方的误会和矛盾。冷静成熟地对待彼此,意识到激情已经过去,生活却仍然继续,需要花费更多的时间与精力去了解和信任对方,这是能顺利度过独立期的关键。

4. 共生期　这个阶段爱情双方的相处模式已经相对固定,更加了解对方的需要和行为习惯,可以分享平淡的生活,可以通过理解及妥协等方法理智地化解爱情中的矛盾。这个阶段的爱情已经上升为亲情,觉得对方是可依托终身的人,是值得和自己白头偕老的对象。

(三) 爱情的成分理论

当人们享受着自己的爱情时,是否会思考自己的爱情是否完美,是否又少了点什么呢?当人们评论着别人爱情时,是否会思考不同恋人之间的爱情是否一样呢?要回答这些问题就要从爱情的成分说起,不同类型爱情的成分是有差异的。目前心理学界普遍认为,爱情有三种最基本的成分,即亲密、激情和承诺。

1. 亲密　爱情的情感成分。它是一种使两心相联系的情感体验,是指两人情投意合、相知、相惜、心灵结合的情感,表现为亲近、接纳、沟通、支持、鼓励等心灵默契,能够给恋人带来一种温暖的体验。

2. 激情　爱情的动机成分。它是一种强烈渴望跟对方结合的需求和冲动。表现为强烈思念、亲吻、愉悦、拥抱、性欲、爱抚、外表吸引力等,能够给恋人带来一种激动的体验。

3. 承诺　爱情的认知成分。它是一种恋人们维持长久情爱关系的原动力,在爱情中占主导地位,是个体做出投身于一段感情的决定和对感情维持所做的努力，是一种理性与责任的选择。表现为忠诚和患难与共，并以婚姻形式付诸现实。

以上三种成分平衡分配才能组成完美爱情，即两人之间必须在情感上、生理上及认知上相互满足和肯定，他们的爱情才是丰满的。然而在现实中，完美爱情是罕见的，而且爱情的丰富多彩、千变万化正是由这三种成分之间不平衡分布和不同组合所引起的。根据三种成分的不同比例，心理学家认为存在喜欢式爱情、迷恋式爱情、空洞式爱情、浪漫式爱情、伴侣式爱情、愚蠢式爱情及完美式爱情七种类型。① 喜欢式爱情：只有亲密，缺乏激情和承诺。这种状态更类似于亲密的朋友和亲人之间的感情。② 迷恋式爱情：只有激情，缺乏亲密和承诺。例如，初恋，总是充满了激情，却少了心灵默契与成熟稳重，是一种受到本能影响的青涩爱情。③ 空洞式爱情：只有承诺，缺乏亲密和激情。例如，包办的婚恋，看上去般配美满，却缺少必要的内容。④ 浪漫式爱情：有亲密关系和激情体验，缺少承诺。这种爱情崇尚过程，不在乎结果。⑤ 伴侣式爱情：有亲密关系和承诺，缺乏激情。例如，结婚多年的夫妻已经从爱人变为了亲人。⑥ 愚蠢式爱情：只有激情和承诺，没有亲密关系。例如，闪婚，很多情况下看到个体狂热的激情和不切实际的保证。⑦ 完美式爱情：激情、承诺和亲密三种成分平衡，在这一类型爱情中能看到爱情真实美好的一面。

第二节　大学生的恋爱心理

大学校园历来都是新思想、新文化的沃土。大学生在文化观念方面的创新性，在生活环境和文化氛围方面的特殊性，使大学生恋爱心理具有明显的特点。大学生普遍都会恋爱，恋爱的丰富特点不是单一因素引起的。影响大学生获得爱情的因素主要有生理、心理及环境三个层面。影响每个大学生获得爱情的因素是不同的，加之大学生的情感相对丰富而脆弱，因此在恋爱过程中会出现一些困扰。对大学生恋爱的心理特点及获得爱情的影响因素的深入了解有助于避免或解决大学生恋爱中的困扰。

一、大学生恋爱的心理特点

（一）积极性

大学生作为知识分子的代表接受了系统的教育，在恋爱心理方面有其积极的特性。在择偶标准方面大学生较为积极与理性。诚实可靠、富有感情、受过良好教育、身体健康是大学生在选择恋人时考虑的前几个因素。大学生普遍认为，外表和财富在爱情赛跑开始时会获得一路领先的优势，而智力和品德则是在爱情开始后才会发生作用的因素。在恋爱目的方面大学生较为积极与坦然。丰富业余生活、建立情感支持、寻找人生伴侣是大学生恋爱的几个主要目的。大学生们认为这些恋爱目的能够让自己的责任感和责任意识增强，学会如何与他人特别是与异性相处。大学恋爱是大学阶段重要的课题。大学阶段对于学生情感的重要性和其对于一个人人生的重要性是一样的。只有具有积极坦然的心态，大学生的情感才能不断走向成熟。

（二）浪漫性

在恋爱中制造浪漫可以增进双方的感情，浪漫是爱情里很重要的一个元素。大学生的爱情是在自由多元的生活背景和文化环境中萌芽的，所以其恋爱生活很少完全与现实婚姻相联系，而成了大学生生活本身的一种需要。许多大学生在恋爱过程中更多的是看重恋人的气质、能力、兴趣和理想是否与自己匹配，谈论的话题大多是人生、学习、娱乐等精神层面的话题。花前月下、诗情画意、节日的鲜花、生日的惊喜、特别的礼物成为营造浪漫爱情的必要元素。大学生恋爱对家庭背景、经济条件及未来发展等现实问题考虑相对较少，使得大学生的恋爱充满了浓郁的自由浪漫气息。

（三）自主性

人格独立自主与学术自由是大学的核心。大学生活是大学生从“学生”走向“社会人”的途径。大学生在这个过程中懂得生活，发展独立自主的能力。因而大学生在恋爱问题上以自身意愿为中心，不受传统习俗的局限。调查显示，2/3 的大学生选择自由结识恋爱对象，2/3 的大学生选择了不刻意追求任何相识的方式，他们认为只有这样开放自由的方式，才能使爱情更加纯美、令人向往。大学生以共同的人生理想和生活态度，以相互认同的性格、志趣和爱好来自由选择自己的恋爱伴侣。自由恋爱和自主爱情，表现出大学生主体的价值实现和人格自尊的完善成熟。但有个别大学生在恋爱问题上，个性突出，重感情，易冲动，在确定恋爱关系前甚至在确定恋爱关系后，都不征求双方父母的意见，这也表现出大学生群体恋爱心理不成熟的一面。

（四）盲目性

不少学生走进大学后，学习和生活上获得更多的自主权，但相对宽松的环境却让他们失去方向感，这导致很多大学生盲目恋爱。这种盲目恋爱表现在以下三个方面。首先是从众。有的大学生恋爱不是寻觅知音，而纯粹是从众的结果。看到别人成双成对，自己心里难以平衡，于是随大流也追求异性，由此在心理比较时产生满足感和优越感。其次是爱情至上。有的同学把恋爱放在大学生活的第一位，把爱和被爱视为人生的全部，不会处理学业和恋爱的关系，整天忙于花前月下，卿卿我我。这种恋爱会产生很多消极影响，有的分散精力、浪费时间、成绩下降，有的只有“二人”世界，脱离集体，影响了正常的人际交往。最后是功利性。随着社会的发展，当代大学生功利性、权利性的色彩明显越来越多，将自己的将来寄托在对方身上，将爱情视为打开幸福之门的钥匙，完全忽视了爱情的本质。

（五）冲动性

大学生活是由学校走向社会的过渡阶段，大多数学生年纪较轻，完整正确的人生观、恋爱观、婚姻观没有形成，部分大学生并不明确自己到底需要什么样的“另一半”。此外，大学生的身心都处于发展阶段，情爱发展易冲动，表现在以下三方面：一是恋爱关系确定冲动，对自己的感情决定不慎重，一有好感就猛烈追求确定恋爱关系，恋爱一旦开始，感情升温快，形影不离。二是恋爱情感表达冲动，大学生的恋爱观是在中西方多种文化冲撞下形成，观念日益开放，有的学生把恋爱当作一种感情体验及时行乐，借此寻求刺激，发生越轨行为。大学生的学业和未来发展轨迹尚未完全确定，这种越轨行为实质是只强调爱的权利，而否认了爱的责任，可能会对恋爱双方的感情、学业和未来的生活产生负面的影响。三是恋爱关系结束冲动，对感情缺乏审慎思考，恋情升温快，降温也快。有的大学生恋人一出现分歧摩擦就吵闹分手，凭借一时情绪草率决定，主张“不在乎天长地久，只在乎曾经拥有”；有的冲动分手后又悔恨不已，又花费大量时间、精力挽回。

（六）不成熟性

大学阶段个体存在心理上的成人感与现实的半成熟现状的矛盾，这种矛盾实际是大学生心理还未发展成熟造成的。这种不成熟在大学恋爱方面也有体现。一是大学生恋爱低龄且不成熟。大学恋爱人群过去多是大学高年级学生，是在所谓“学业爱情双丰收”的时期才恋爱，而现在很多低年级的学生学业未发展，却视恋爱大过天，更有的同学刚进大学校门就走进了恋爱圈，有“年龄小、胆子大、速度快”的特点。很多同学高中就谈了恋爱，或是刚进入大学不久，就告别了单身。这种大学恋爱低龄的情况对于学生学业的发展有负面影响。二是大学生恋爱处理方法不成熟，大学生中有情人虽多，但成眷属者少，很多大学生经历过失恋。一些同学不仅不能采取宽容的态度，尊重对方的选择，甚至采用冷漠或者报复的方式来影响和伤害对方，造成双方身体和心灵的伤害，令人痛心惋惜。一些同学为了摆脱感情危机，将精力马上投入下一段恋爱中，对新的恋爱对象来说也是不负责任和不成熟的举动。还有的同学把精力投入网络游戏和漫画小说中，企图用虚幻的世界将自己与现实隔绝，从而获得情感的治愈，严重影响自己大学生涯的发展。

【案例7-1】

学霸情侣，爱情与学习两不误

2014年，武汉大学一对学霸情侣成了网络红人。这对情侣在毕业前同时被美国数所知名大学录取，最终两人选了同一所名校就读。

这对学霸情侣，是武汉大学经济管理学院金融工程专业应届本科毕业生饶子健和袁定一。他们被同学和师弟师妹们羡慕地称为“神仙眷侣”。“觉得他们两个人非常合拍，互相监督，生活学习很有规律。”“两人只要没课就相约图书馆。在周末和期末考试周的时候，如果想找他们俩，去图书馆保准没错。真心很羡慕他们，一起努力、一起奋斗、一起向前。”……这些都是身边同学对两人的评价。

武汉大学学子为这对学霸情侣点赞：“他们没有因为爱情耽误学业，反而为共同的未来一起奋斗，正能量十足。”武汉大学经管院官网也专门刊文，以“优秀毕业生风采”之名赞扬两人是“互勉互励共前行，且学且思铸成功。”

而饶子健和袁定一都觉得彼此是对方进步的原动力。“找个同伴进行口语互练、作文互改很必要。我和子健就是这样互帮互助。”袁定一在分享英语学习的经历时透露道。饶子健在参加卡内基梅隆大学的面试时，预约的是凌晨两点半，但一直等到凌晨5点半才参加面试。“她一直在我旁边陪伴我、支持我、鼓励我，让我的紧张情绪得到了缓解。”

后来，饶子健先后收到了康奈尔大学等9所美国名校的录取通知，袁定一也收到了芝加哥大学等6所美国名校的录取通知。两人决定同时选择在全美金融工程专业排名第一的卡内基梅隆大学读研。虽然卡内基梅隆大学同时录取了两人，但并不知道他们是情侣。

二、影响大学生获得爱情的因素

（一）生理因素

1. 性冲动　满足性冲动是促使大学生恋爱活动的重要诱因。性意识发展由模糊到清晰，同时性冲动也由弥散性向集中性变化，推动大学生选定特定的恋爱对象。出于性冲动的驱使，青年开始脱离群体化进行两性活动而单独约会，这就是恋爱。性冲动是青年期身心发展的结果，是正常的生理心理现象，但是，这并不意味着可以随心所欲地满足自己的性冲动。

2. 性别因素　性别因素使大学生恋爱活动的过程出现差异。因为成长环境、思维方式和荷尔蒙分泌的不同，男生女生在大学恋爱中的表现有所差异。在恋爱初期，男生要比女生主动些，在遇到自己心仪的目标时，便主动寻找交往的机会。而女生就会显得被动，她们更喜欢男生主动。此外，男生较注重女生的外貌等外表特点，所以比女生更易于一见钟情。而女生则较注重男生的内心世界。在恋爱形式方面，男生需要信任、赞美及鼓励组成的爱情，男生更多选择与认可仰慕自己的女生恋爱；女生需要关心、体贴及忠诚组成的爱情，女生更多选择包容关心自己的男生作为恋爱对象。

（二）心理因素

1. 依恋类型　依恋是婴儿和其照顾者（一般为母亲）之间存在的一种特殊的感情关系，可分为安全依恋型、无依恋型及反抗依恋型。安全依恋型的孩子能够独立面对世界，同时表现出对母亲的亲密。无依恋型的孩子对于母亲没有特别的感情甚至是忽视母亲，接受陌生人的安慰与母亲的安慰没有差别。反抗依恋型的孩子对于母亲的照顾和接触既向往又反抗，愤怒攻击情绪较多。不同依恋类型对于孩子成年后任何一类人际关系的态度都有影响，包括大学恋爱。研究显示，安全依恋型的大学生能自在体验恋爱中的亲密感和依赖感；无依恋型的大学生不喜欢恋爱中的亲密感和依赖感；反抗依恋型的大学生则经常感觉恋爱关系中的亲密和安慰不够，表现出强烈占有性以弥补情感缺乏，从而要求过多。相对而言，安全依恋对于大学生恋爱关系的确立及恋情的发展有积极作用。

2. 智商、情商　智商是反映个体认识、理解客观事物并运用知识、经验等解决问题的能力；情商反映个体了解自身情绪、管理情绪及处理人际关系的能力。调查显示，智商、情商是大学生选择恋爱对象的重要衡量指标。大学生一般青睐三种对象，即学习能力较强的异性同学、学生干部或有特长的异性同学，如擅长摄影、书法、绘画、舞蹈、音乐及体育等。学习能力较强同学的知识运用能力一般相对较强，其智商一般较高；学生干部的团队协调水平及处理人际关系的能力较好，其情商一般较高；有特长的同学在某个领域的知识经验比较丰富，其智商也处于较高的水平。所以总体而言，这三类同学在大学阶段的异性缘较好。此外，还有对自己和他人情绪处理较好的大学生的恋爱会更轻松顺利，他们能够承认自身情绪的问题，能发现自身情绪的积极面，并且能妥善温和地缓解恋爱双方的冲突。

3. 性格爱好　性格通过人对事物的倾向性态度、意志、活动、言语、外貌等方面表现出来。性格的特点对大学生恋爱有一定影响。调查显示,具有勇敢、正直、大度、乐于助人、热情、体贴、幽默特点的男生在恋爱交往中更受欢迎;具有温柔、宽容、开朗、热情、活泼、大方特点的女生在恋爱交往中更受青睐。性格的相似性容易使恋爱双方相互吸引,产生亲密感,更加欣赏自己,获得安全感和归属感。爱好是个体具有浓厚兴趣并积极参加的活动。共同爱好可以增进大学生恋人之间的依恋。研究者认为,培养共同兴趣爱好、共同参与新鲜娱乐活动的伴侣会更幸福。共同的兴趣会给一段感情带来新鲜感,有助于避免无聊和自满。

(三)环境因素

1. 家庭环境　有相似家庭环境的学生往往在价值观形成方面很相似,相似的价值观会使大学生们相互吸引、相互关注,有发展成情侣的可能。价值观差异过大往往会导致两个人不理解彼此的想法和感受,所以走到一起的机会会降低。例如,在家长专制型家庭中长大的学生认为学习能力是未来发展的基础,在学业上要求较高;在自由民主型家庭中长大的学生独立性较强,自我意识清晰,常通过发展兴趣爱好来充实自我,对学业相对没有很重视。对学业态度的差异可能会导致上述两种类型的大学生在恋爱上的步调不一致。此外,家庭环境中的地域因素也影响大学生恋爱。对于很大一部分学生来说,大学生活意味着远离家乡和家人的孤独,而同乡之间有亲切的关怀、熟悉的乡音及相同的风俗,这一切可以引起同乡们的共鸣,因此来自同一地区的大学生更有可能发展成情侣。

2. 文化环境　爱是人类永恒的主旋律,爱情则是不变的文化主题。超越生死的爱情电影、风花雪月的言情小说、缠绵悱恻的爱情歌曲、体验恋爱感觉的广告等流行文化中的一切爱的旋律都会潜移默化地影响大学生的恋爱行为。例如,韩国电视剧在电视媒体上掀起了阵阵浪潮,极大地受到大学生的欢迎。韩剧中所宣扬的爱情是纯净而美好,爱并不与身份地位、家庭背景相关,恋爱双方的交往具有强烈责任感,并且坚定而专一,这是一种积极爱情观。这促进大学生心中对纯洁美好爱情的向往和认知。但是同时韩剧是一种以经营为目的的文化,对于视觉刺激和冲击力有较高要求,剧中人物造型时尚,花费巨资打造,会一定程度上引导大学生在选择恋爱对象时更多地注重其外表而忽略其心灵与思想。

3. 校园环境　大学生恋爱的普遍性导致单身大学生盲目投入恋情。对于大多数大学生来说,大学生活意味着远离父母、朋友,只身来到陌生的环境,独自开始新的生活。宿舍是同学们的家,班级是同学们的归属。在大学生活中同学们会受到宿舍好友和班级同伴的影响。同伴好友得到了属于自己的爱情,每到休息的时候,看到成双成对的同学们,而自己还是孤身一人时,思想上会反思,产生失落感。另外,在大学中流行类似"大学期间不谈恋爱,大学生活就不完整"之类的话语,似乎是否恋爱是衡量大学生活是否成功的重要标准。处在青年期的大学生,往往对自我缺乏充分的肯定,需要他人的赞同,有人爱似乎是自身价值的某种证明,自然也就促使他们走入了恋爱的阵营。这样属于恋爱动机不明,对大学学业的发展和爱情的发展没有促进作用。校园的教育环境引导同学们更正确合理地恋爱,对大学生恋爱有积极作用。目前国内很多大学开设了恋爱课程,并针对学生的情感困扰,给予必要的心理疏导和指导,纠正学生的恋爱误区。宽松的恋爱环境促使大学生心理和个性健康发展。

三、大学生恋爱中的困扰

(一)选择困扰

爱情是有阶段性的。大学生恋爱要经历向往、朦胧、磨合及成熟或瓦解几个时期。每个时期恋情的发展到关键时刻都会面临选择和决定。选择困扰是大学生恋爱的常见困扰。

1. 爱或不爱的选择困惑　有部分同学没有正确的恋爱观和动机,在选择应该恋爱还是不应该恋爱方面出现困扰。因为看到许多同学都在谈恋爱,产生了自己是否应该谈恋爱的思考。思考的结果是并没有自己青睐的对象,但又想通过恋爱解除孤独寂寞,这时出现的心理困惑就是爱或不爱的困惑。这种困惑多出现在大学恋爱向往阶段。大学生在恋爱时要树立正确的动机,考虑成熟,选择合适的对象。

2. 表白或沉默的选择困惑　一些同学对他人产生了好感,但不知道对方是否也中意自己,想表白又怕遭到拒绝,想沉默又担心丧失机会,左右为难。这种困惑多出现在大学恋爱朦胧阶段。出现这种困惑主要是由于大学生仔细观察的能力不够,对他人对自己的情感辨别能力不强,性格相对内向。

3. 接受或拒绝的选择困惑　这种困惑多出现在大学恋爱朦胧阶段和磨合阶段。在朦胧阶段,收到别人表白,但不知应该接受还是拒绝。其主要原因是大学生对于自己恋爱理想对象的特点还不完全清楚,或是缺乏判断追求者各方面情况的能力。在磨合阶段,也会出现接受还是拒绝的选择困惑。主要是在恋爱中发现对方既有优点又有缺点,出现又爱又恨的心理,难以取舍。

4. 朋友或仇人的选择困惑 这种困惑多出现在大学恋爱瓦解阶段。有成功的恋爱也有分手的感情。有的恋人能够在和平分手后回归到同学朋友的关系,这种情况大多是恋爱双方在恋爱期间相对融洽,性格豁达,能够理性地处理感情的消退。但有些情侣却不能处理好分手,分手后不但不能退回朋友关系,甚至连陌生人都算不上,相互指责敌对怨恨而成为仇人。有的大学生自尊强,认为恋爱分手意味着失败,恋人与自己分手使自己失败难堪,所以怨恨前任恋人;有的大学生认为不成功的恋情意味着恋人浪费了自己的时间、金钱及精力,所以非常不满。

(二)单恋

单恋是指一方对另一方的以一厢情愿的倾慕与热爱为特点的爱情形式,是一场“落花有意,流水无情”的纠葛。大学生单恋有的属于感情误会,是“爱情错觉”的产物。“爱情错觉”是指因受对方言谈举止模糊,或自身的各种主观体验的影响而错误地单方面主动产生好感,自以为某个异性对自己青睐而产生的爱意绵绵的主观感受。

单恋一般分为羞怯型、执着型及幻想型三种。羞怯型单恋的人会默默地、强烈地爱着一个对象,但由于害羞,或是恐惧表白失败,不敢向对方吐露真情,只能将感情藏在心里,因而陷入无边的自我苦恼与纠结中。执着型单恋的人多是对心仪的对象表达了爱意,遭到了拒绝,但其热烈的爱情并不因此消减,甚至多次反复表白,但屡次失败。幻想型单恋的人多与所爱的对象距离很远,差异很大,所爱之人远在天边,可望而不可即,却无法抑制心中的爱情,日思夜想。

调查显示,大多成年人都饱尝过单恋别人或被他人单恋的苦涩或尴尬的滋味,可见单恋并不少见。情窦初开的大学生在与异性的交往中,发现了自己爱的人,会产生情愫,又羞以表白,可能形成单恋的情况,这也很正常。短暂的单恋不算是心理障碍。但是,当这种心理时间过长而自己又不能摆脱,影响自己身心健康时,就是属于病态的性质,给大学生活带来困扰,这种情况就需要重视。从心理学角度考察,大学生单恋由性格、信念及认知三方面的原因导致。首先,内向、爱幻想是单恋形成的性格因素。部分性格内向的人相对封闭,处理不好人际关系,包括与异性的关系,他们在幻想的世界里得到爱情,这种爱情往往是单方面隐蔽的。其次,“我爱你与你无关”是单恋形成的信念因素。部分处于单恋中的个体认为爱是不求回报,爱是奉献,爱是不顾一切,这样的爱情才是真正的爱情,所以他们不顾对方的反应执着付出。最后,辨别偏差是单恋形成的认知因素。人的认知是客观事物在人脑中的反映。这种反映有时受到主观因素干扰,可能出现偏差。单恋者对倾慕对象一往情深,希望得到对方青睐的动机十分强烈。在这种心理支配下,常常会把对方的言行举止按照主观需要来理解,造成对对方言行辨别的偏差。例如,对方一个眼神、一丝微笑或者一句话语,在第三者看来再平常不过,但在当事人看来却是爱的信号,从而陷入单恋的深渊而不能自拔。

(三)三角恋爱的感情纠葛

真正的爱情是两个人之间的感情,具有强烈的排他性与专一性。恋爱双方要受到道德的约束,以共同承担社会责任和义务为己任。但是在大学生恋爱过程中爱情的排他性却受到各方面因素的影响,给大学生恋人带来困扰,最常见的是三角恋爱带来的感情纠葛。三角恋爱是指一个人同时与两个异性发展恋爱关系。三角恋爱甚至多角恋爱在一部分大学生中时有发生。有的同学以“普遍培养,重点选择”的观念来恋爱是一种不道德的行为,是对爱情纯洁性和专一性的亵渎。

从心理学的角度分析,三角恋爱的产生主要是由难以取舍和竞争心理导致。有的同学在与一个异性相处一段时间有了一定感情后,在生活中遇到了另一个人,其气质、风度和魅力比以前的爱人更有吸引力。这时他可能经过挣扎面临“鱼和熊掌不能兼得”的情况,难以取舍、举棋不定,最后发展为三角恋爱。此外,三角爱情也可能因为竞争心理而产生。恋爱过程是为了取得对方的爱,只有在自我展示和自我表现过程中发挥出色才能征服了对方的心,因此把爱情比作竞争也不为过。有的同学可能为了证明自身的优秀而选择两个人同时站在一条起跑线上追求一个异性,形成三角恋爱的局面。

(四) 失恋

从心理学的角度来讲,失恋分为两种情况。一种是指,在热恋期时,恋爱一方由于某种原因,觉得对方已经丧失了在心中爱的位置,主动中断与对方的恋情,而对方的感情却处于难以平复的状态。另一种是指,恋爱双方由于某种不可抗的外力的作用,被迫结束恋爱关系,双方的感情都处于难以平复的状态。让爱情有一个美满的结局是大多数人的愿望。可是现实生活中的恋爱并不总是以喜剧告终的。调查发现,初恋成功的情侣大约只有10%,更多的人是经过一次或多次失恋痛苦经历后,才寻觅到感情归宿的。因此,失恋是爱情中的正常现象。但是大学生的感情坚强度和成熟度相对较低,这导致失恋成为大学生恋爱中最常见的困扰。大学生失恋的原因是多种多样的,但归结起来主要有心理因素和环境因素两种。

1. 心理因素

(1) 个性不合,观点分歧:这是大学生失恋现象普遍存在的原因。大学生恋爱激情成分相对较多,两人互生好感,很快确定恋爱关系。但是随着交往的深入,发现恋爱双方个性不合,在交往中彼此思想和情感容易出现分歧,容易相互抱怨和争吵,结果很难相处下去,只好分手。这时如果恋爱一方提出分手,另一方仍有留恋,则会出现痛苦的失恋情绪。

(2) 见异思迁,移情别恋:由于恋爱一方缺乏应有的恋爱道德,不尊重恋人情感;或者恋爱一方并非真正把恋人作为"心上人",当发现有更符合自己理想恋爱对象的异性时,便主动终止现有恋爱,而把爱转移到其他对象身上,使另一方承受失恋的痛苦。

(3) 恋爱动机不纯:有的大学生把恋爱当作儿戏,"不求天长地久,只求曾经拥有",为了弥补心里的空虚而恋爱。还有少部分大学生恋爱是出于功利的目的,为追求物质上的享受,有的是想把恋爱作为将来事业的跳板。这些有错误恋爱动机的学生容易轻率地开始一段恋爱,失恋的结果也是必然的,最后落得没有人爱的结果,从而产生失落与孤独。

2. 环境因素

(1) 家庭的压力:尽管大学生恋爱自主水平较高,但是家庭对他们恋爱的选择起着重要作用。大学生恋爱发展到一定阶段,通常会把恋爱对象的情况介绍给父母,或者父母从其他途径得知子女恋爱的情况,这时父母常常会根据自己的意愿对子女的恋爱进行肯定或否定。在遭到一方或双方父母否定后,如果恋爱双方缺乏信心和勇气,迫于父母的威严,只得痛苦分手。

(2) 社会的压力:社会往往对恋爱有着一种不成文的评价标准,人们常常以之评价恋爱对象,以此给以肯定或者否定的判断,对恋情形成支持或者反对的社会舆论。例如,一个城市女生和一个农村男生恋爱、一个长相漂亮的女生和一个各方面都非常普通的男生恋爱、一个研究生学历的人和一个大专学历的人谈恋爱,人们都会认为不般配,各种世俗的眼光就会给恋爱双方带来巨大的压力。如果恋爱双方不能承受住这种压力,自然以分手为结局,令人遗憾。

(3) 环境条件的压力:目前大学生就业存在压力,有时会出现恋爱双方毕业不能在一起工作的情况。双方距离遥远,毕业就意味着劳燕分飞。此外,大学生大都没有一定经济基础,有的由于承担家庭负担或其他责任而不得不选择忍痛割爱,与恋人分手。

综上所述,失恋是一种爱情丧失的综合表现形式。每个人爱情丧失的原因虽然不一定相同,但在引起的结果方面却存在一定的相似性。大学生群体失恋后大致会出现以下的消极心理与行为,需要给予重视和干预。① 悲伤、抑郁:心理调查显示,悲伤、抑郁是失恋大学生最明显和最常见的心理状态。一些大学生失恋后悲伤、抑郁,把痛苦埋在心底,充满了虚无感、失意感和失落感,表现出焦虑、沮丧、痛苦、颓废、冷漠、孤僻,严重者可导致精神障碍。其症状强度与失恋者对恋爱的感情投入成正比,爱得越深伤得越深。② 自卑心理:大学生的自信与他人关于自己的评价及自我评价相关。失恋使有的大学生对自己的人际吸引力产生极大的怀疑。有的学生因为失恋觉得没有面子,特别在异性面前没有了自信。有些人会因为失恋而觉得肯定是自己不够好才会被对方抛弃。这些表现反映出失恋大学生的自卑心理。③ 淡化心理:是指在失恋之后,因恋爱受到挫折而一蹶不振,对未来的爱情甚至婚姻都失去信心、漠不关心。有的大学生甚至在失恋后患上恋爱恐慌症,逃避爱情和追求者,甚至有看破红尘的念头。④ 破坏心理:失恋大学生暂时无法接受失恋的现实,很容易丧失理智,造成破坏行为。这种破坏行为具有很强的针对性,部分失恋者对恋爱另一方或者所谓第三者进行报复;也有部分可能会出现自我伤害；有的失恋学生无端迁怒与自己毫不相干的人或物；甚至有的失恋学生快速进入下一段恋情，草率决定，情况严重时会影响破坏新的恋爱对象的情感发展，这是很不负责任的。

第三节　提高大学生爱的能力

雨果曾说，人生有两次出生，第一次是在开始生活的那一天，第二次则是在萌发爱情的那一天。爱能够让人焕然一新，重获新生。爱也能够让人一蹶不振，沮丧失落。陶行知曾说，爱情之酒甜而苦，两人喝，是甘露，三人喝，是酸醋，随便喝，要中毒。大学生群体具有浪漫主义情怀，希望拥有完美的爱情，但是想有爱情并不等于拥有了爱情，拥有了爱情也不等于就会幸福快乐。具有良好的爱的能力是获得美好爱情的基础。大学生要提高爱的能力需要从鉴别爱的能力、表达爱的能力、接受爱的能力、拒绝爱的能力及解决冲突和面对失恋的能力方面进行学习。

一、鉴别爱的能力

（一）鉴别需求与爱情

青年人在性发育成熟时，便开始被异性所吸引，开始有寻求爱情的需要。这是人生理上的自然需求。但生活中，一些大学生容易将这种男女之间因生理需求相互吸引等同于爱情。爱情是生理和心理方面相对成熟的两个人，在生理需求相互吸引的基础上，产生的具有浪漫色彩的一种高级情感。没有爱情的支撑，只有需求的满足，不会有忠诚幸福的爱情关系。此外，大学生活中，种种原因，如离开父母来到新的环境、对学习没有兴趣或不适应等，常会使大学生陷入孤独寂寞。一些同学会不自觉地希望寻求异性知己，试图以“爱情”来抚慰自己，消愁解闷，寻求寄托，即所谓“寂寞期的恋爱”。这种恋爱的情感本质上只是满足了个体寻求归属感的需求。

（二）鉴别好感与爱情

好感颇像爱情，可能是很强烈的，但好感不是爱情。一些大学生容易将这种男女之间相互的好感等同于爱情。好感往往是由对对方某方面欣赏而产生的。好感是爱情的萌芽，但和爱情有很大的区别。好感比较容易产生，而且可能会对多个异性同时产生好感，好感是很容易改变和转移的。而爱情则是一种比较强烈的感情，带有强烈的目的性和排他性，有一种占有的欲望。贾宝玉对林黛玉的是爱情，即使面对有好感的薛宝钗，他思念的依然是林黛玉。爱情是“弱水三千，只取一瓢饮”。

（三）鉴别友情与爱情

友情与爱情有相当大的重叠。寻找朋友和爱人很多时候最初都是寻找和自己相似的人。朋友和爱人的个人特征是相同的：热情、和善、坦率、包容、尊重、信任和理解，但爱情和友情存在以下区别。首先，爱情带来的感受，比友情要强太多太多。“每一次当爱在靠近”，你会感到心跳加速。其次，爱情是“世界上，没他（她）不行”。爱人的关系就像空气，是自然而必需的。这个特点友情并不具有。最后，友情的本质，是一个人对另一个人的信任；而爱情的本质，是一个人为另一个人的牺牲。

（四）鉴别虚荣与爱情

虚荣心理是一些人试图以追求名誉、荣耀等表面的光彩，来满足自尊需要的心理。爱情中，有一个令人羡慕的爱人，似乎满足了这种需要。有些人对于面子和虚荣心过分看重，连恋爱都要爱给别人看，把爱情当作一种非赢不可的比赛。其实真正的爱情是不需要比较的，真正拥有爱情的人没必要在别人面前惺惺作态，真正的爱情永远出自真心。虚荣的情感只是短暂的炫耀，真正的爱情才有细水长流的幸福。

二、表达爱的能力

（一）培养勇气和自信

勇气和自信是尚未恋爱的大学生表达爱的基础，但很多大学生往往因为害羞或害怕失败在表达爱时缺乏勇气和自信，导致错失恋情。其实，正在经历恋爱的人都是带着自己的缺点在表达爱的同时也接受爱。在大学阶段遇到有好感的人实属不易，大学生可以通过培养勇气和自信来提高表达爱的能力。

大学生应在提高自身能力的基础上获得勇气和自信。首先，大学生要重视学业。学业情况是衡量一个大学生的重要标准。相对良好的学习成绩有利于使大学生保持自信。其次，大学生要发展自身特长。研究显示，在某个方面能力的优越性有助于人保持自信和社会交往勇气。再次，为人坦诚，不要不懂装懂。对不懂的东西坦白承认，这不仅不会损害你的形象，还会给人以诚实可信的感觉。对别人的魅力和取得的成就要勇于承认，并致以钦佩和赞赏，是自信强大的表现。最后，适度注意仪表。注意整理着装，使自己的外表处于较好状态。

（二）训练语言举止，提高情商

很多时候，对另一半的爱意，用不合适的方式来表达，其效果会与想要释出的情感互相违背。例如，年轻的大学生较为情绪化，求好心切，往往会用最严厉的责备或过度的说教来表达对恋人关心。因为太在乎，情绪上难免表现得过于激动，忽略了对方最真实的需要。以自己的立场为出发点的爱是充满私心的。当对方感受到的不是他需要的爱，这份爱就只会带给他更大的压力。这种适得其反的情况源于大学生在情商方面有待提高。妥善管理情绪和交流沟通是良好情商的特点。在日常生活中，大学生可以训练语言举止，提高情商，以增进表达爱的能力。

首先，多倾听恋人的倾诉。倾听是交流表达的基础。当恋人想和你说话的时候，你应该积极地去听，注意力集中地听。倾听他想表达的意思，领会他所关心和担心的事情，或是他真正喜欢的东西。其次，不要吝啬赞美的语言。良言一句冬日暖，恶语伤人六月寒。赞美的话语可以令人欣喜，增进恋爱双方的感情。但是这种赞美是真实客观的。如果对方有一些缺点，也需要委婉提出，使恋人有所改进和提高。再次，准备意想不到的礼物。在生日和节日之外的一个意外的礼物可以带来接收者发自内心的快乐。礼物不需要花费太多。例如，一块巧克力、一束小鲜花或是对方喜欢的一本书等。你就会发现这也是一种很好地表达爱意的方式。最后，学会含蓄低调地表达爱意。大学象牙塔里的懵懂恋情，三十年前是羞涩的“同桌的你”，而现在却是开放到“非诚勿扰”，甚至一定要轰轰烈烈。近几年来，大学生高调表白事件频现，蜡烛、吉他、呐喊似乎成为表达爱意的必备品。调查显示，多数大学生认为，轰动的表白方式只是一时的绚烂，花费了钱财，浪费了精力，能勇敢说出心意是好事，但是一方的行为会对另一方带来巨大的压力，甚至是类似胁迫绑架的感觉。

（三）提高恋爱责任感

真正对你好的人，往往是日日相伴的人。你可能会怪他没有浪漫和情怀，但在一天天的日子里，却能感觉到他对你无所不在的关心。和风细雨的呵护，细水长流的经营是爱的最佳表达。研究显示，满意度高的长久情感关系的必需条件是双方具有责任感。提高大学生的恋爱责任感需从以下方面入手。

首先，树立正确的恋爱目的。恋爱不是满足自身的需要，而是能够让自己和恋人都获得幸福。因此，在恋爱过程中言谈举止要文雅，彼此间要学会控制情感，行事要理智。对待性与恋爱时，要谨慎处理，保护自己同时也是保护对方，对恋爱双方负责。其次，督促恋人共同进步。大学生要以学业为重，协调好学业与爱情之间的关系，在恋爱期间，大家真诚理解，相互鼓励，爱情可以增强学习的热情，学业也可以给爱情增添调味剂，两者互相促进。因恋爱荒废学业，对于双方来说都是不负责任的。最后，面对困难，共同进退。真爱是同甘共苦，真爱是嘘寒问暖，真爱是全心全意，真爱是共同分享，真爱是风雨同舟的责任在肩，真爱是患难与共的彼此付出。这样的责任感和品质才是对爱的完美表达和诠释。

【拓展学习 7-1】

大学生高调表白：爱情不应该成为作秀

2014 年，重庆某大学一男生手捧鲜花，在双层心形烛光的包围中向心爱的女生表白，轰动全校；同年，武汉某大学一男生花 212 天手写 16 万字情书给心仪女生，引来众多新闻报道。穿婚纱告白、弹吉他唱歌、带朋友喊楼，这种新颖的表白方式为何频出呢？

很多参与其中的大学生表示:"年轻就应该疯狂,喜欢就应该大声说出口,这是爱的独特表现方式。中国人应该抛弃传统的羞涩恋爱观,大声说出来。"现代社会发展迅速,大学生们成长在一个包容、开放的环境里,爱情观也比从前先进许多。热情、前卫的青年往往更愿意公开地表达自己的心意。这样看来,高调表白只是热血青年们张扬的行事方法的体现,并不足为奇。但是,在越来越多的校园高调"表白门"频繁上演之后,从众心理容易让大学生纷纷加以效仿,所以如今的象牙塔里,似乎表白就必须高调、必须张扬、必须"非轰动不可"。

1. 表达情感容易,拥有情怀不易 从情感社会学角度说,高调表白是一种现代文化矛盾与现代人情感的困境。情感来源于文化世界,但情感在文化世界中却找不到自己的位置;情感来源于完整的个人,但它在个人的生命中却失去了美好的感觉。红着脸递情书的羞涩,面对面说出心意的紧张,期待对方点头时的忐忑……以前的告白方式在现在看来不够浪漫、不够轰动,但却足够温暖、足够真心。感情是属于两个人的独家记忆,高调表白把这种记忆晒在大众面前,很容易就变了味道。情感的表达越来越容易,情怀却越来越少。

2. 高调表白类似绑架 上海财经大学一男生摆蜡烛向女生表白,却被女生和室友泼了一盆冷水,这也造就了一个网络新词——"十动然拒"——十分感动然后拒绝。除了对男生厌恶、没感觉之外,很多女生在遭遇高调表白时拒绝男生的情况是,自己其实对男生有点感觉,但这样受到的关注太多,害怕闲言碎语让自己受到舆论压力。华中科技大学的王同学认为,如果她被高调表白,应该也会选择拒绝。"女生都有害羞心理,那么多人,多不好意思。"很多女生均在微博上表示,他们不喜欢男孩太浮夸,平平淡淡才是真。

南京晓然心理咨询中心主任吴晓认为,女生拒绝男生的高调表白是一种很自然、合理的行为,"其实男生在公开场合高调摆蜡烛或喊楼表白,实际上是在满足自己的需要,不是关注对方,在男生的心理上,不管你爱不爱我,我为你做了这么多,你一定要跟我在一起。而女生也会有一种被逼迫感,在原本是两个人的关系中突然把其他人卷入进来,便成为影响女生心理的因素之一,所以也难怪男生会被拒绝了。"

3. 爱情需要呵护而不是炫耀 多数网友认为,"非轰动不可"的表白方式只是一时的绚烂,真正的爱情需要和风细雨的呵护,"高调表白难免会让人感觉有炫耀和炒作的嫌疑"。也许随着时代的发展一切都会越来越不同,但是感情始终在乎的不是形式、不是轰动,而是细水长流般永久。怎么在一起的不重要,在一起多久才最重要。

高调表白,花费了钱财,浪费了精力,能勇敢说出心意是好事,却也要意识到,一方的行为会对另一方带来多大的压力,这样的压力也许比你带给他的惊喜更多。"爱情来得太快就像龙卷风"并不能长久,顺其自然,用心呵护才最重要。别让感情成为作秀。

三、接受爱的能力

(一) 接受恋人的全部

金无足赤,人无完人。每个人都有自己的优点和缺点,就像带刺的玫瑰花,花朵越是美艳销魂,花茎的刺越是多得扎人。优点与缺点,仿佛就是一枚硬币的正反面,相辅相成,相生相克。偏偏就是这相互的矛盾,最好的一面和最差的一面一起构成了那个让人爱恨交加的、活生生的、有血有肉的人。最差的一面一旦消失,最好的一面也将不复存在,无论是天使面孔还是魔鬼面孔,他们本来就是一个人,不过是一个人的两面性罢了。

玛丽莲·梦露曾说:"如果你不能接受我最差的一面,那么你也不配拥有我最好的一面。"在大学恋爱中,一个积极上进的男友,可能不够温柔细腻;一个小鸟依人的女友,可能不够独立果断。恋人之间更应彼此包容,彼此理解,如果只接受对方的优点,不接受缺点,就算那是一种爱,相处起来你也会觉得很累。

(二) 打开心理防备

一些大学生不能接受他人的爱情,他们怀疑对方的恋爱动机。有的大学生不接受爱情,认为需要他人的爱意味着懦弱和依赖,爱情表现过分甜蜜,令人畏惧或使人难堪,对于别人的追求毫无感动,情感冷漠。这可能是你的一种自我保护机制,防止自己在恋爱中受到伤害,从而选择与爱情绝缘。

要提高接受爱的能力,就要在感情面前打开心结。首先,认识自我。在拒绝爱情时,可以问问自己原因,到底是因为对对方没有好感还是害怕恋爱受到挫折。其次,完善自我。从能力、性格、言谈举止及鉴别力方面完善自我,只有自身具有力量而且强大,才可以相对从容面对恋爱挫折。再次,信任对方。躲在自我保护的屏障后,好像很安全,不会被别人伤害。但失去了认识自我和完善自我的机会,也失去了建立亲密关系的可能。因为戴着面具,是无法与别人真心、坦诚交往的。在建立恋爱关系的过程中,基于对对方的认识,了解其品行及修养再稳妥决定恋情发展。在这样的恋爱中,两颗心是可以完全地走到一块的。

四、拒绝爱的能力

(一) 果断理智拒绝自己所不希望得到的爱情

在不适合自己的爱情来临时,一定要勇敢地说"不",优柔寡断或屈于对方的穷追不舍而接受是极其有害的。因为爱情关系到两个人一生的幸福,来不得半点勉强和将就。所谓"强扭的瓜不甜"。错爱将造成终生遗憾。如果爱,请深爱;如果想要拒绝,就一定要坚决。

(二) 掌握适当的拒绝方式

每个人都有爱和被爱的权利,有接受爱和拒绝爱的权利。要尊重每一份真挚的感情。珍重真挚的感情是对他人的尊重,也是对自己的尊重,要学会用充满关切、尊重、机智的方式来维护他人和自己的尊严。在表达自己想法时,语言要婉转。想想看,对方可是冒着被伤自尊的风险向你表白,即便你不喜欢,也要微笑拒绝。切不可冷嘲热讽,伤害向你表白的人。可以尝试在肯定对方的前提下,阐述拒绝的原因和理由。

(三) 体会对方心理,坚守双方秘密

表白者不管通过怎样的方式被拒绝后,心理都会产生不平衡感和失落感,这是很正常的现象。所以,在拒绝对方时要多给对方留一些空间,在尊严上多做一些必要的让步。例如,当有人问起拒绝对方的原因时,可以把主要原因归为自己,减轻对方的压力。同时,对表白事件保密,避免给表白者带来二次伤害从而造成心理阴影。

五、解决冲突和面对失恋的能力

(一) 解决冲突的能力

一个人独自相处都还会为某些事烦恼,两个有着不同经历、不同背景、不同想法的大学生在一起相处更有可能是矛盾重重,双方有许多不一致的地方,从而发生冲突。恋爱不是感情的保险箱,情侣之间也会由于需要面对许多压力而发生冲突。长久而成功的恋爱告诉我们,影响两个人亲密关系的,不是冲突和压力本身,而是双方处理冲突和压力的方式。因此,大学生恋人要重视恋爱过程中解决冲突的能力。

1. 就事论事,并由自己拿出可操作的化解方案　如果因为恋人迟到或者路上看了别的异性同学一眼而生气,那么你们应该只讨论这件事情。有些年轻的大学生,很容易扩大化,认为对方改不掉这个缺点就是不爱自己,就是人品极差。于是将几天前或者几个月前的旧事再数落一遍。最后对方产生逆反心理,冲突升级,双方不欢而散。

就事论事很重要,应该明确地让对方知道,我是因为你这一次的行为生气了,并且自己提出可操作的方案。什么是可操作呢,就是简单一次就可以做到的,例如,如果你的解决方案是,以后一定不能和除我以外的异性说话。这个就是不可操作的,除非对方不生活了。这时不妨把解决方案改成买一个小礼品,吃一顿好吃的,或者干脆罚跑 1 500 m,然后就既往不咎。毕竟恋人们解决冲突是为了更好地发展感情,而不是相互仇恨甚至决裂。

2. 尽量避免摸不着头脑的冷战　恋人吵架不怕吵得天翻地覆,就怕对方不理你。冷战是伤害恋人间感情的利器。两个人在一起,吵吵闹闹是常见的,只要不触及双方的底线,一般还有挽回的余地。而在处理恋爱关系时,最忌讳的就是冷战。其实,冷战就是不想沟通,放弃沟通。

如果发生冷战,女生应该注意以下细节处理。首先,冷静并找出问题的根源。冷战原因如是因为小事吵架,女生要把问题先想清楚了,并且理解冷战不是因为对方不喜欢你,而是男生喜欢冷静下来处理问题。所以,女生此时的冷静非常重要。其次,转移注意力。冷战时期,为了避免无聊,可以找好友倾诉聊天,可以通过逛街、看电

影或是吃美食来转移注意力。女生大多敏感，会去想男朋友是不是不爱我了，男朋友是不是要和我分手，这些都是多余的，转移注意力十分重要。最后，寻求沟通。当你冷静几天之后，如果男朋友还没有找你，而你也知道是自己的错，就应该开始着手沟通。沟通的过程中千万记得要保持一种不卑不亢的态度，不要因为对方的冷漠失去信心，从而低声下气，也不要因为对方的理直气壮而怒气冲冲，而是把两个人的问题摊开说明白。

一般来说，男生是冷战的根源。在打破冷战僵局时男生应更主动。首先，控制时间。男生要站在女生的角度思考。处于冷战时期的恋人，女方更为难受，因为女生更敏感。所以，尽量不要让女生长时间处于负面情绪中，冷战的时间不能太长，点到为止就好。其次，主动道歉。男生和女生不一样，男生通常可以作为主动的一方，没有什么好丢脸的，反而，会让对方觉得你宽容有气度而更加依赖你。放下自己的身段，给对方一个真挚的抱歉，发出一个和解的信号，会加固彼此之间的感情。最后，沟通时要柔和。好脾气是人格成熟、充满自信的表现。如果女生来找你打破冷战僵局，态度千万不能生硬，适当地柔和下来，有助于双方以一种更加理性的方式来解决问题，避免触碰到彼此的棱角。如果女生先找你，说明她在乎这段感情，若是遭遇到你的冷眼回应，会感到很受伤。

3. *气头上可以冷静地走开*　很多恋人通过吵架的方式分出对错，可是分出对错只会将矛盾一点点细化，甚至会揪出过去的"陈年烂账"来争吵，结局无论是谁对谁错，过程都一样伤人。即使对方错了向你道歉，你也不会好受。要知道，在吵架的时候说过的一些话，很久都无法弥补，所以，保持冷静和理性，让彼此变得更真诚。

冲突发生后，最好先做个心理换位，先设身处地地从对方所处的位置和情境去思考和处理问题，体察对方的潜在动机，不要"以自我为中心"简单地看待问题，要清醒理智地思考问题及相互理解。例如，一番唇枪舌剑开始，自己也发现自己的话语无伦次了。这个时候应该坚定地说，不好意思，我要冷静一下，过几天再来找你。用独处的时间和空间让自己把问题想清楚，但由于这是一次不愉快的分开，所以分开前一定要冷静地承诺，以免让事态严重。

（二）面对失恋的能力

对于很多大学生而言，爱情已经融入了大学生活。爱情是美好的，两个人在恋爱中所经历的一点一滴都如梦境一般美好。所有的酸甜苦辣都会在以后变成美好的回忆。但爱情路却不一定畅通无阻，双方可能在冲突出现后顺利解决，感情加深，也有可能分歧过大，终止恋爱关系。由于过程的美好，很多人在失恋时会放不下。对于象牙塔里面未经受打击和创伤的大学生们来说，失恋更是一道难过的坎。大学生在失恋后应从以下几个方面应对，从而提高面对失恋的能力。

1. *失恋后要及时调节负性情绪*　人是情感动物，有感性的一面。失恋后，会有很多负性的情绪，如抑郁、焦虑、悔恨、怨恨、愤怒、自责等。这些负性的情绪会形成心理压力。研究显示，长期的心理压力会使人的身心健康受影响。因此，大学生在经历分手时要及时调节负性情绪。

首先，眼泪宣泄。在心情低落时大哭一场，可以使情绪平静。专家认为，眼泪能把机体在应激反应过程中产生的毒素排出体外。其次，运动缓解法。剧烈的体育运动有助于释放激动情绪带来的负能量。再次，扬长避短思维。当自己失恋以后，多想自己得意的事情，如自己人际关系不错。理智地用一些积极的言语和格言来提醒暗示自己，如"天涯何处无芳草""一扇幸福之门对你关闭的同时，另一扇幸福之门却在你面前打开了。"最后，倾诉。向信任的师长、同学及朋友诉说自己心中的烦恼，也可以写日记或书信。如果感觉心中的负性情绪太重，无法排解时，也可以找心理咨询师进行心理咨询，释放痛苦和烦恼，寻得心理安慰和寄托，达到平衡心态及净化心灵的效果。

2. *情境转移*　失恋后之所以难以摆脱恋情的困扰，在于生活的方方面面都与昔日的恋人有着千丝万缕的联系，难免触景生情。另外，其他同学、朋友的甜蜜恋情也造成心理比较，从而产生失落感。

当失恋以后，暂时离开曾经熟悉的环境，尽量置身于一个相对愉快的环境中去。例如，多交一些朋友，多参加一些集体活动，如下棋、画画、跳舞或者旅游散心等，这样有助于心情的开阔。另外，失恋后有一种空虚感，暂时难以适应，所以可以用志愿者工作或学习的方法来充实自己，不让自己有胡思乱想的时间。给自己刻意安排一些工作量偏大、又不太精细且危险性小的工作，来达到忘却痛苦和烦恼的目的。

3. *自我升华*　是指失恋者理智地把感情、精力投入能充分实现自身价值的事业中和对生活的热爱上去，从而将失恋造成的挫折，在更高的境界中得到补偿，获得更大更多的收益。

首先,失恋大学生应理解积极的态度可以使自我得到更新和升华,从而全身心地投入学习。许多精英名人都曾饱受过失恋的痛苦,但却自我升华创造出了辉煌的成就,如歌德、贝多芬(Ludwig van Beethoven)、罗曼·罗兰(Romain Rolland)、诺贝尔(Alfred Bernhard Nobel)、居里夫人——玛丽·居里(Marie Curie)及牛顿(Isaac Newton)。他们可谓是用奋斗的办法更新自我,积极转移化解失恋的痛苦。其次,要尽快付诸行动,把失恋升华为一种奋发向上的动力,切不可因为失恋而一蹶不振,认为生活失去了意义。要知道,恋爱是生活的重要组成部分,但不是生活的全部,要正确地看待爱情,摆正爱情的位置,处理好爱情与学习、爱情与人生的关系。最后,要提升思想境界。不要失去追求爱情的信心,不要否定自己,要在失恋的困境中学习自我雕琢、自我控制及自我完善。在适当调整后,你会发现自己变得更可爱而完美。放眼未来,一切依然很美。

【拓展学习 7-2】

名人失恋之后怎么做

失恋后,应多从自己身上找原因,看看自己的缺点和错误,追究自己对失恋应负的责任。而不应把失恋看成对方的罪过,从而报复对方,攻击对方。下面看看名人如何看待失恋。

1. 杰克·伦敦(Jack London)——我要与新世纪一起出发　当世界进入20世纪的钟声敲过,美国作家杰克·伦敦对心爱的情人玛贝尔的最后一次求爱又因对方父母的反对而失败了。杰克怀着失恋的痛苦回到家里,大声喊着"我要与新世纪一起出发!"连夜埋头读书,用发奋自学迎来20世纪第一个黎明。从此,他抓紧学习和写作,1990年2月发表了轰动美国文学界的小说《狼的孩子》。

2. 贝多芬——从音乐中寻找安慰　音乐家贝多芬,31岁时,由于境况艰难,无法娶心爱的女子。两年后对方嫁给别人了,贝多芬痛苦地写了遗嘱想自杀。但他最终从音乐中寻到了安慰,不久即创作出《第二交响乐》。36岁时,他的爱情又被毁了,又是一次无情的打击,但他决心为事业奋斗,接连创作出《第七交响曲》《第八交响曲》《第九交响曲》,从而成了伟大的"音乐主帅"。

3. 恩格斯(Friedrich Engels)——向美丽的大自然倾诉　20岁的恩格斯,在不来梅商行当练习生时,和一个姑娘的恋爱告吹了。回家乡后,为尽快解脱失恋痛苦,他开始了翻越阿尔卑斯山到意大利的旅行。沿途的湖光山色,使他心胸格外开阔,失恋的痛苦逐渐消除。事后,他写道:"向美丽的大自然倾诉爱情的痛苦,能使自己溶化在温暖的生活协调之中。"他第二次失恋,则是以写书来解脱。

4. 居里夫人——生活和科学在召唤她　居里夫人年轻时第一次爱上的是当家庭教师的那家主人的大儿子卡西密尔。由于对方父母反对,漂亮英俊的卡西密尔向她宣布断交。失恋的痛苦像反作用力一样,推着她以发狂般的勇气去奋斗。生活和科学在召唤,她终于跳出了失恋的深渊,踏上了科学大道并觅到了知音。

5. 罗曼·罗兰——失去爱情不等于失去友谊　法国大文学家罗曼·罗兰向心爱的索菲亚求爱被拒绝后,很痛苦,但他认为,不能因为失恋而失去对生活的勇气和热情,失去爱情也不等于失去友谊。他在后来漫长的岁月中,依然与索菲亚保持友谊,互相通信探讨人生和艺术,时间长达33年。

6. 歌德——凭借文学摆脱痛苦　歌德多次失恋,与绿蒂分手是第五次失恋,这次最痛苦,多次欲自尽。但他终于坚强地战胜了怯懦。后来当绿蒂结婚时,他还送了礼物,祝他们幸福。绿蒂后来就成为小说《少年维特之烦恼》中的主人公之一。歌德每次失恋都是凭借文学来摆脱精神痛苦的。

【推荐读物】

蔡敏.2013.青年恋爱心理学.北京:北京大学出版社.

艾里希·弗洛姆.2018.爱的艺术.刘福堂译.上海:上海译文出版社.

罗兰·米勒.2015.亲密关系.6版.王伟平译.北京:人民邮电出版社.

(肖　宵)

第八章

大学生网络心理

本章要点

掌握：大学生网络心理的内涵及特征，大学生健康网络心理的培养方法。
熟悉：互联网对大学生心理的双重效应，大学生常见网络心理问题的表现。
了解：互联网的特点。

大学生网络心理是指网络环境下大学生的心理特点。互联网的诞生及其在全球范围内的迅速扩展，在不断改变着人们学习、工作和生活的方式，甚至影响着社会的发展进程。作为一名大学生，我们应该清楚，网络科学技术的发展在给我们生活带来便利和高效的同时，也给我们带来烦恼和困惑。我们应当学会如何正确利用互联网提高和改善学习与生活质量，也应当学会如何较好地屏蔽互联网的消极信息和不利影响。

第一节　走进互联网新时代

互联网（internet）又称国际网络，是通过某种协议与技术将多个计算机网络相互连接而成。在这个网络上，计算机与计算机之间可以互相交换信息和共享信息。通常使用的万维网（world wide web，WWW）只是互联网所提供的服务之一。中国互联网科技发展迅速，计算机网络、移动网络的普及使我们可通过任何一台连接网络的终端设备，如计算机、电视、平板电脑和手机，来了解最新、最热门、最全面的信息。互联网科技高速发展，现在人们的学习、工作和生活均离不开互联网。在人们对互联网高速发展感到惊叹的时候，微博、微信、微课、微视频等简短、快传、快播模式的来袭，微信、支付宝等快捷扫码支付方式的变革，个体用户使用网络的微小信息汇集成“大数据”，又将我们带入一个更加快速发展的互联网“微时代”和“大数据时代”。

一、互联网的特点

（一）全球性与开放性

1. 全球性　早在1995年，《商业周刊》在总结世界商业变化时，就曾指出互联网是最全球化的商业技术发明。当互联网作为一个当今最先进的技术平台，融合资讯、通信、服务、教育和商务多种社会功能，全面介入个人的社会生活后，它就真正建立了一个无国籍无边界的新世界——全球性网络社会。网络构建了一个无国界的自由王国，通过网络能在全球范围内实现信息的自由传递。网络可给人们带来世界各地海量的信息资讯，增大人们接触不同背景人群的机会。例如，一名在校大学生渴望了解不同国家的风土人情，丰富自己的经历，可以通过网络查阅不同国家地域文化的相关资料来开阔眼界。

2. 开放性　互联网是一个大型的交互式多媒体高速计算机信息网络系统，它能有效地将分散在世界各地的计算机、电话、电视等通信系统融为一体,使之成为大容量、高速度的数据传输系统。互联网的开放性是指网民可以自由连接,而且上网没有时间和空间的限制,没有地理上的距离概念。只要遵循网络协议的规定,任何人都可以随时随地加入互联网,通过一台连接网络的计算机可以接收来自世界各地的信息或者向世界各地发送信息。相对而言,在网络上任何人都可以享受创作的自由,所有信息的传送和流动都不受限制。在网络中没有所谓的最高权力机构,网络的运作是由使用者相互协调来决定。网络中的每个用户都能够平等地享受开放的信息资源,这种开放性几乎使得网络用户不存在限制,只要入网便是用户。

(二) 虚拟性与隐匿性

1. 虚拟性　是指网络世界的存在形态是无形的,它以文字、图像、声音等电子格式作为存在形式。互联网的虚拟性填平了现实世界中的身体属性、阶级属性及地域属性所造成的各种沟壑。关于网络的虚拟性,有篇文章这样说过:也许你在网上认识的美丽人物只是一条狗。可能这样的说法显得很荒诞,但其从侧面反映了网络上事物的虚拟让人无法想象。在网络中人们有时可以使用匿名或隐藏的身份,但是随着网络管理能力的发展,出于对网络安全的考虑,在网络上的发言需要进行实名制,这个实名制虽然不会在网络大众群体中呈现,如若有故意造谣、危害社会安全的言论发表,则可以根据一定的规则来锁定危险的目标人物。此种技术也适用于利用网络进行犯罪的案件侦破。

2. 隐匿性　表现为个人身份的隐藏和难以识别。例如,各大社交网站和论坛,均允许用户使用昵称或者化名,个人的头像也可用任何图片呈现。关于网络用户的个人信息,普通网民在网络上是不知道、不清楚和不易判断真假的。因此,互联网为人们提供了一个可以尽情展示自我的平台,同时也存在着一些安全隐患。如有的大学生通过网络应聘工作,与招聘单位联系或网络面试,结果当到单位实际报到时才发现是传销组织。互联网的隐匿性使得网络用户的背景十分复杂且较难分辨,所以大学生们应该提高警惕,学习和了解相关安全防范知识,更好地利用网络资源为自身发展服务。

(三) 广容性与丰富性

1. 广容性　是指网络上传递的信息容量几乎无限,对信息来源也是几乎没有限制的。传统的信息传播纸质媒介,如报纸、纸质书籍等,受到纸张、印刷、批次等的限制,不得不对信息进行筛选和剔除,只有少量信息在小范围内传播;电台广播等有声媒介也囿于频道、节目安排档期和播放时间的限制而传递较少的部分信息。而网络信息量采用先进的数字化的记录、传输和处理方式,将所有声音、文字、图像等均转化为数字化的形式,高密度存储,且可以分散存储在与网络相连的各个节点的客户服务器上。互联网的广容性给我们的生活带来了诸多便利。例如,之前你想收看一个电视节目,你需在特定时间打开特定频道进行收看,如今若这个节目资源被放在网络上,那么你就可在任意时间利用多样化的联网电子设备,如台式电脑、平板电脑、智能手机、智能电视等进行点播。

2. 丰富性　体现在两方面。一是互联网内容的丰富性。互联网内容囊括中外,纵贯古今。天文、地理、诗词、书画,只要愿意搜集,比比皆是;旅游、医学、百科、问答、经验等,只要愿意提问,答案即可揭晓。例如,大学生需要完成下次课堂的展示作业,他们就可以在专业网站上搜集更多的知识内容,下载喜欢的PPT模版或素材,制作完成展示作业。二是互联网形式的丰富性。人们可以自行浏览互联网内容,还可以与共同连入互联网的用户进行互动。例如,视频通话可使两个相距千里甚至不同国度的人如同面对面般地交流。又如,网络协作通过设定不同的权限,可以允许多个人对同一个文字文档进行同时编辑。

(四) 平等性与去抑制性

1. 平等性　体现在网络向所有人开放,任何人在互联网上接受和发布信息的权利都是完全平等的。任何互联网上发表意见者都是虚拟世界无差别的一员,不带有任何身份的色彩。每个人的言论在互联网上都表现为无差别的字符,无论输入者是谁,输入互联网的所有信息,不管其内容或形式,都以同样的方式、沿着同样的路径在系统中传播。互联网提供这样一个空间,使每个公民平等表达意见的权利得到真正实现。例如,访谈类互动栏目会邀请一些媒体高层或意见领袖,就新近发生的重点热点事件进行点评和分析,同时回答网友在线提问。这使学界知名人士与网友微距离交流,从而达到平等对话,形成良性网络讨论氛围。

2. 抑制性　是指一种受自我意识影响,对自我行为所产生的社会影响的关注和对公众看法的担心,从而使个体行为受到一定的约束。那么,去抑制性就是缺乏自我意识,对自我行为所产生社会影响的关注和对公众看法的担心程度减弱，从而个体行为减少了约束。去抑制性也就是公共意识的减弱，降低对他人看法的关注，从而放开了对自己不良行为的控制。互联网的虚拟性和隐匿性、人人均可自由使用互联网的平等性以及使用网络在时间和空间上的随意性和流动性可促使个体行为方式发生改变。这种改变可能表现有两种：一是利用网络表现不良的行为，如辱骂他人或网络欺凌，在实际生活中温文尔雅的暖男或淑女，在网络中可能扮演着肆意言语攻击或诋毁别人的无赖；二是利用网络分享自己真实的生活和感受，如写博客（公开的日记）给陌生人看，或在网络社区分享自己独特的经历。而这些行为表现在实际生活中，以真实身份可能是做不到的。

（五）个性化

互联网具有个性化的特点。互联网的个性化有三方面含义。一是互联网信息的选择具有个性化。互联网信息丰富多彩，但信息的选择性使用可以由个人决定。例如，喜欢舞蹈的大学生可以在互联网上搜索关于舞蹈学习的视频；喜欢美术的大学生可以在互联网上搜集世界名画。二是用户使用网络的需求和目的具有个性化。例如，有的大学生通过网络学习更多的课程，有的大学生通过网络玩游戏。三是使用互联网的终端具有个性化。目前可以接入互联网的终端除了台式计算机之外，还有笔记本电脑、平板电脑、智能手机、智能电视、智能手表及其他家用智能设备等。这些设备都具有连接网络的功能，大学生可以选择使用一个或多个网络终端，只要能连接上网络，可以随时随地查阅网络信息。

互联网个性化体现在现实生活中的例子很多。例如，目前图书馆数据库提供定期服务功能。大学生如果对一个问题非常感兴趣，可自行设置与该问题相关关键词，一旦出现新的相关文章包括这些关键词，数据库就会将新的文章通过电子邮件发送给该学生。又如，高校图书馆开设公众号，可与大学生校园账号绑定，通过手机即可上网查阅图书借阅信息和搜索文献资料。个性化的设置、多终端的互动、网络可移动性使用等均使大学生学习效率明显提高。

二、大学生网络心理的内涵及特征

（一）大学生网络心理的内涵

大学生网络心理是大学生这一特定人群的网络心理，主要是指在虚拟的网络环境里大学生的心理活动过程及由此而形成的大学生个性特征的总和。大学生网络心理关注在网络环境下大学生的心理和行为发生和发展规律。

1. 大学生网络心理关注大学生群体　大学生群体是正在接受和已经接受高等教育的人，是国家培养的高级人才。随着网络对大学生学习、工作和生活等领域渗透程度的深入，大学生对现实世界的认识也开始变化，从而使大学生的认知、思维、情感、兴趣、意志及个性心理发生改变，进而产生新的思维方式与生活习惯。大学生网络心理关心大学生的精神活动，大学生的一部分思想来自网络世界信息的过滤和加工，因此需要关注大学生网络心理的发展、成熟。

2. 大学生网络心理关注网络环境

（1）关注大学生所处网络环境的特点：首先，关注互联网本身的发展特点，如全球性和开放性、虚拟性与隐匿性等。其次，关注互联网发展动态。例如，5G 网络是最新一代蜂窝技术通信技术，能够高数据速率传输，最高可达每秒 10 G 比特，比当前的有线网络更快，比 4G 蜂窝网快 100 倍；5G 网络可以进一步降低网络延迟，网络延迟低于 1 ms，而 4G 网络延迟为 30～70 ms。最后，关注网络终端的多元化发展。电脑、智能手机、智能手表等均可接入互联网且多终端可以互动。

（2）关注网络环境对大学生的影响：网络的发展使当代大学生生活发生翻天覆地的变化。更高速传播的网络、更便利的网络连接、更方便携带的电子设备，多元化、可移动性和可携带性的发展，使大学生们学习、娱乐和人际交往的方式也随之改变。5G 网络的建设使智慧家庭、智慧医院、智慧教室成为可能。网络发展可能会改变传统的教学方式，大学生也要相应改变学习模式，将有更多创新型教育模式应运而生，如翻转课堂。

3. 大学生网络心理关注心理健康

（1）关注大学生在网络环境下心理和行为的特点，以及心理和行为发生和发展的规律：如网络对大学生的认知、情感、意志、行为、人格、能力、适应性等心理特征的影响。

(2) 关注大学生在网络环境下的心理健康问题：心理健康指认知、情感、意志、行为和人格协调对社会有良好的适应性。但是，过度依赖或不规范使用网络就会引发大学生一系列的心理问题、心理疾病、心理障碍和人格扭曲等状况。

(3) 关注大学生在网络环境下健康心理的培养：通过健康心理培养的指导，使大学生达到网络心理健康。网络心理健康是指大学生在使用网络时能够保持积极的心态，离线时能保持心理的平衡，能够较好地把握虚拟和现实之间的关系，在虚拟性和现实性之间以现实性为主导，在线时与离线时能保持人格的同一性，离线时没有明显的身心不适应的表现。

(二) 大学生网络心理的特征

1. 玩味性与真实性　大学生使用网络具有玩味性与真实性。大学生在使用网络的过程中，会存在娱乐和真实并存的态度。一方面，大学生可以利用丰富的网络资源充实自己的业余生活，把网络作为一种消遣娱乐的工具。大学生可以利用社交网络软件结识新朋友、互动老朋友，可以发现新鲜有趣的时事新闻，可以随时点播网络在线的影视，可以邀约网友在课余时间打打游戏。网络资源成为大学生课余娱乐生活的重要内容。另一方面，大学生们在使用网络的过程中，会无意识地认可网络中的信息，接受网络所带来的虚拟生活。网络越来越深刻地改变着大学生的现实生活，它们成为现实生活的一部分，而且为现实生活服务。大学生求职、求学、资质证明等均需要网络的帮助和介入。例如，考研阶段的报名、学校调剂等均需要在专门的网络系统里进行，本科学历、学士学位的电子证明也需要通过学信网进行认证。

2. 自主性与从众性　大学生使用网络具有自主性和从众性。根据大学生自身的身心发展特点，一方面，他们有极强的自我意识和体现欲，有需要和有能力在网络上体现自己的想法、表达观点、展示才华。例如，使用各种小视频的录制和传播软件记录自己和周边人的生活点滴，分享给朋友、家人或陌生人。同时，他们可以自主安排使用网络的时间，自主选择使用网络的方式，以及自主选择偏好使用的网络资源。例如，有的学生喜欢晚上上床前听一会儿英语听力，有的学生喜欢在课间刷新一会儿新闻资讯，有的学生喜欢在傍晚通过视频与家人聊天。另一方面，大学生世界观、人生观、价值观初步成型，对待事物已经有了自己的看法和见解；但这些看法和见解尚未接受社会实践的检验，也易受到他人和实践的影响，具有很强的可塑性。因此，网络上盛行的审美、审丑、娱乐、品味、情绪等均会有意或无意地影响大学生们的心理和行为。例如，“网络流行语”“网红”“网络羊群效应”“点赞党”现象，说明人们容易被网络信息中的思维、风潮所引领，很多时候不需要直接的思考和主见，易导致盲从。

3. 开放性和隐蔽性　大学生使用网络具有开放性和隐蔽性。进入大学后轻松的学习氛围与中学时期沉重的学业和家长的管教约束状况迥然不同，他们拥有更多的时间和机会展现自我，表现出很强的开放性。大学生对新生事物具有较高的接纳度和热情，乐于使用网络平台展示自己的生活，分享自己的感受，彰显自己的个性。他们将网络生活视为生活的一部分，在网络互动中更为积极和开放。例如，大学生们会在朋友圈或QQ空间中不断曝光自己的生活，分享自己的心情，从他们更新的动态就可以获得他们的情感情绪等心理状态。但是，大学生们的心理还存在着隐蔽性。在使用网络的过程中，一方面朋友圈、QQ空间或短视频软件的透明度是可以设置的，并不一定是所有人可见。另一方面，还有一部分大学生更倾向于在网络上与陌生人交谈，往往在网络论坛、讨论群中表达观点，而他们的想法和心理状态在现实生活中却不被周围的人了解。这就造成了大学生独特的网络心理，开放性与隐蔽性共存。

4. 依赖性和排斥性　大学生使用网络具有依赖性和排斥性。当代大学生是在网络时代成长起来的，网络已经成为他们生活中必不可少的一部分。生活通信需要连接网络，人际交往需要网络软件，学习工作需要网络资源，娱乐购物休闲需要网络店铺，等等。大学生自身成长有强烈的知识获取和人际交往的需求，网络的丰富性就恰好满足了大学生的发展需要，使得他们对网络更加的依赖。同时，网络也有使大学生排斥的方面。简单来说，商业利益等因素的驱使，大量广告链接的推送和直接闪现，非常影响网页浏览的视觉感受；一些新闻有着夺人耳目的标题但结果其内容空洞无聊，浪费了大学生们的宝贵时间。更令人发指的是，网络虚假信息、网络诈骗、校园网贷等，犯罪分子通过网络将罪恶的黑手伸进了大学校园，使大学生的身心健康受到极大影响，甚至因此陷入深渊乃至葬送生命。

三、互联网对大学生心理的双重效应

（一）互联网对大学生心理的积极影响

1. 丰富校园精神生活　网络促进了大学生认知的发展。网络聚集了四面八方各个领域的消息资讯，几乎覆盖了地球上已知的所有知识。大学生通过从网络获得的各种信息，从而认识、了解世界，增长见识。网络上有小说、视频、演讲等精彩纷呈的节目，也有新闻、资讯、点播电台等内容丰富、形式多样的节目。现在远程教育方兴未艾，国内外各大高校的优秀教师提供优质在线课程，如微课、幕课等，提供给大学生更多接受良好教育的机会。因此，大学生正确充分利用网络资源可使自己的校园精神生活更充实快乐。

2. 提高信息和知识获取的便利度　网络为大学生提供了许多学习知识的途径和机会。网络传播极大地降低了知识的延时性和迟滞性。大学生利用网络可以便捷地查阅文献数据库，获得最新发表的科研文章，找寻和购买课程参考书或者电子书，了解最新科技动态和发展趋势。例如，有的同学需要提高英语水平，但上课时间与英语班的时间难以协调，英语课程的地点距离又远，这时就可以选择网络英语课程，足不出户就能完成英语的学习。

3. 拓宽交际范围　网络可以将相隔千里的家人、朋友、同学联系起来，增加交流沟通，促进社会关系的发展；网络可以将五湖四海的同胞们聚集起来，互相认识交流，共同开阔视野，增长见识；网络可以将一群有着共同兴趣爱好或者奋斗目标的人联系起来，大家互相鼓励、分享资源、交流见解。网络有利于拓宽大学生的人际交往范围，因此，应该正确利用网络，积极与身边的人、网络论坛的人、兴趣群的人等交流沟通，帮助别人或者自己适应与发展。例如，大学新生初到大学校园，对大学生活感到陌生和不适应，在遇到困难时在班级群或校友群里发布求助信息，可能很快就会得到同学们和老师的回应。

4. 彰显个性　大学生正处于人格的逐渐完善时期，网络对大学生人格的影响非常大，网络的自由性、个性化为大学生人格的正向发展提供了条件。大学生的自我意识强、表现欲较强，大学生还可以自由地使用网络培养兴趣、陶冶情操及增添技能。例如，有的大学生热爱绘画，加入学校的绘画社团，同时也加入社团的网络群，在群里可以便捷地展示和交流自己的绘画作品，点评他人的作品，发表自己的观点。又如，有的大学生在学习医学专业知识的同时也服务和回馈社会，积极开通公众号，宣传正确的急救常识等。

（二）互联网对大学生心理的消极影响

1. 导致思维碎片化　互联网的信息丰富但繁杂。互联网的知识不是像学校教育一样有系统、有秩序、有步骤地循序传递，而是全部混杂糅合在一起。这种信息组织形式不利于知识的系统学习和吸收，从而导致思维缺乏内在逻辑和整理。而且，长时间接触网络会降低大学生的感知能力，个体接受过多信息易导致对信息内容消化不良，发生认知错位，表现为对信息有迟钝感和麻木感。例如，有的大学生订阅了许多公众号，这些公众号会定时或不定时地推送消息、新闻、资讯或知识点滴，这些内容就像天女散花坠落的片片花瓣，纷繁复杂、零碎散乱。长期处于这样的信息环境中，大学生极易导致深度思维困难和思维碎片化。

2. 促使现实交往能力下降　互联网使许多大学生沉溺于网络的虚拟世界，脱离现实的社会生活。大学生在网络上面对的是一个虚拟的世界，它给人际交往留下了广阔的想象空间，且不必承担现实生活的压力和责任。整日沉溺其中、逃离现实生活易导致大学生的现实人际交往能力降低。有的大学生习惯于向网络上的“新朋友”诉说心声，却不愿和身边最亲近的家人和朋友相处；有的大学生课余时间不再和同学面对面交往，而是在玩手机或通过手机聊天；有的大学生将自己的全部情感都投人在虚拟的网络世界，回到现实世界后易出现情感的挫折，没有归属感和安全感。这样的情况持续下去，大学生会和家庭、社会、朋友之间产生隔阂，现实生活适应能力降低，从而产生心理问题。

3. 导致自我认知失衡和人格扭曲　大学生若一味沉溺于虚拟的网络世界无法自拔，则会导致现实生活中出现种种不适应现象，产生自我同一性混乱、多重人格或人格分裂。网络技术和虚拟现实技术通过计算机模拟虚拟环境给人以环境沉浸感，网络游戏中绚丽的背景、漂亮的人物、玄幻的故事会给玩家带来莫大的趣味性和感官刺激，同时也易产生网络虚幻感和身份转换障碍。例如，有男性大学生在网络游戏中长期选择扮演美女，认同游戏中的自我形象和性别，回到现实生活中易出现虚拟自我和现实自我的混淆；线上线下巨大的角色反差和矛盾冲突易使他们形成心理危机，严重的可导致双重人格障碍。又如，迷恋以血腥暴力为主题的高仿真3D游戏,恣意开枪射击目标人物,若发生虚拟和现实自我混淆,易使他们产生暴力倾向甚至犯罪行为。另外,网络上受到不良思想的侵蚀易导致他们的世界观、人生观和价值观发生偏差。因为网络上的奇闻怪事也不乏人为捏造,若大学生信以为真或作为行为样本参照执行,则后果严重。例如,有的大学生模仿网络犯罪和暴力行为,触犯法律;模仿网络红人,采取整容或疯狂网购;错误的心理或行为使现实生活中的自己认知失衡、自我迷失甚至人格扭曲。

4. 使得网络依赖及成瘾发生　网络对无聊和寂寞的人们也充满了吸引力。压力、情感空虚、孤独,这些消极体验往往会使大学生将自己躲藏到网络世界中。现实生活中出现了许多对手机依赖的"低头族",对网络信号依赖的"Wi-Fi粉"。有的大学生会出现"手机幻听"。"手机幻听"是指在不使用手机的情况下,总是若有若无地听到自己手机铃声响起或发出振动,如果这种情况不断出现,那么会给正常生活造成困扰。这就是由于担心错过信息或电话而产生的过度反应。还有的大学生出现网络信息焦虑。网络信息焦虑表现为频繁使用手机软件或网络平台,担心错过它们新发布的信息,如不停地刷新新闻APP、朋友圈或微博,不停地查看和关注这类软件中的更新动态,消耗过多时间和精力,对正常学习和工作产生了严重干扰。还有的大学生喜欢连续长时间上网,如果一会儿不上网,就出现心里难受、心情烦躁等反应。这些依赖严重时表现为,长时间使用手机或其他电子设备进行网络活动,一旦无法接触使用这些电子设备或无法联网就会表现出同其他物理性成瘾类似的行为,如情绪暴躁不安或者企图使用各种办法重新接触依赖物。这就可能已经形成了网络成瘾,极其需要引起足够的重视。大学生若有对网络不能自拔的着迷状态,则有着难以抗拒的再度使用的强烈欲望。据报道,中国青年网络成瘾发病率高达15%,人数多达244万,网络已成为部分青少年的"电子海洛因"。他们对网络的使用有强烈的渴望和冲动,当减少或停止上网时,他们会出现全身不适、烦躁、易激动、注意力不集中、睡眠障碍等戒断反应。

【拓展学习8-1】

网络带给我们的十大健康问题

1. 眼疲劳　用眼过度便会出现眼疲劳。如果连续几个小时看着电脑屏幕,眼睛便会出现疼痛症状。

2. 头痛　与上网有关的头疼共有3种不同类型,分别是紧张性头痛、慢性每日头痛和压力性头痛。紧张性头痛并非紧张所致,而是经常由颈部或眼睛疲劳引起。慢性每日头痛是指每月有超过半月的时间出现头疼。压力性头痛并非由巨大的压力导致的,症状表现为全天性,但头痛程度很低。

3. 背痛　错误的坐姿会导致背痛。如果终日坐在电脑前上网,你需要经常站起来活动一下以避免出现背痛。

4. 健康焦虑症　由于互联网上充斥着大量令人恐慌的健康信息,有些甚至是虚假信息,一些此前从未出现过健康焦虑症或者疼痛灾难化想法(在感觉到疼痛时往往朝最坏的地方想)的人现在也易陷入这种恶性状态。

5. 孟乔森综合征　指一种通过描述、幻想疾病症状,假装有病乃至主动伤残自己或他人,以取得同情的心理疾病。患者会将自己伪装成强奸、虐待受害者和重病患者,以引起他人的重视。

6. 社交网站抑郁症　经常访问社交网站让女生更容易陷入焦虑和抑郁之中。在这些网站上,她们与同龄女生讨论容易让人产生负面情绪的话题,尤其是恋情受挫。这种交流重复的次数越多,她们的情绪就越负面。

7. 深静脉血栓　是指深静脉出现血凝块。其原因是长期静坐缺乏运动及身体缺水。长期上网的人群大多具有这样的生活方式,因此他们是深静脉血栓的高发人群。

8. 上肢紊乱症　包括颈部紧张综合征、腕关节综合征、肘关节综合征、腱炎(主要是手部和腕部)、腱鞘炎、黏液囊炎、重复性劳损及胸廓出口综合征。

9. 网络泄愤　本身可能并不会影响健康,但可以导致网络暴力行为。

10. 网络成瘾　具有渗透性,患者可能对任何网上活动上瘾,如访问聊天室、网上购物及多人游戏等。其中网络游戏成瘾的危害最大,这种成瘾如同吸食海洛因,一旦上瘾便很难戒掉。

第二节 大学生网络心理问题的表现

大学生有较强的好奇心和需求心理，面对家庭、社会、学习、情感方面的压力，可能对现实的挫折和困难有逃避倾向。而互联网是满足他们心理需求的最佳工具。在网上，他们可以了解到自己想要知道的东西，他们可以暂时放下生活的压力而获得短暂的乐趣。不可否认，网络逐渐成为大学生活的一个重要组成部分。大学生的世界观、人生观和价值观初步成型，可塑性强；有极强的自我意识和体现欲；思维不稳定，情绪起伏较大；交往需求增强。因此，消极的网络信息和网络行为容易对大学生心理状态产生一系列影响，从而引发心理冲突，出现某些不良的网络心理问题。从整体上了解大学生的网络心理行为问题的特点，是开展大学生网络心理健康教育的重要前提。

一、互联网的广容性导致认知冲突

网络的信息包罗万象，具有无限的空间。以前没接触过网络或接触得非常少的大学生，刚进入大学，面对信息量巨大、内容丰富的网络世界，容易处于不知所措的心理迷茫期。面对爆炸式释放的信息，很多大学生不知该从何入手，不知道该看什么，该学什么。这会对传统的学习方式产生冲击，需要重新组织思维来接受和调节。

有的大学生发现网络上言论混杂，与正确的世界观、人生观、价值观相违背，就产生了认知冲突。因为互联网的广容性，任何人公开发表的言论都可以被其他人看到。发表言论的人年龄、性别、文化水平、生活背景、价值观、动机等都不清楚，言论的立场不清晰，这就需要大学生自己去学会鉴别真假，保持冷静和清醒。另外，有的大学生搜集一些文化知识，但发现跟课本上介绍的不一致。这时候就需要去比对知识信息点的来源、发表者、时间等特点。也正是互联网的广容性，使过去的信息也可以被检索，现在的信息会被保存，未来的信息也会被纳入。因此，大学生要参照正规网站权威机构和个人新近发表的内容。

二、互联网的虚拟性导致人际冲突

网络构建的是一个虚拟的数字化的世界，若个体过分地沉溺于网络，很有可能将要或已经面临人际冲突。互联网的互动会减弱个人对现实社会活动的参与度和交往程度，很可能远离周围伙伴和朋友，慢慢地对丰富多彩的现实生活失去感受力、参与感和归属感，变得越来越孤僻，将自己封禁在网络世界中。主要表现为社交功能和交流技巧出现障碍甚至出现异常行为。

在虚拟的网络中，大学生们可以不计后果地表现自己内心的隐私和黑暗，追求宣泄与解脱，从而在网络中形成了一个放纵的或虚拟的自我，与现实中的自己性格特征、语言等都相差甚远，他们在这样的环境中可以完全放松，从而对使用网络产生很大的兴趣。但是，网络中的交流是“人-机-人”的模式，在现实中是“人-人”模式。长期专注于网络“人-机-人”的交往方式会使控制人类大脑神经的回路发生退化，在现实面对面交流时常常无法集中注意力，不能捕捉到对方的表情含义或曲解对方的语言信息，社交能力明显降低。因此，长期依赖于网络交流会使大学生产生现实的人际交往障碍，如对人冷漠、敷衍、不愿交往、人际疏远，并相伴产生孤独、苦闷、焦虑、压抑，甚至情绪低落、消沉、精神萎靡等。这些消极体验会使社会不适应感增强，人际冲突增加，由此引发的心理障碍更频繁、更严重，甚至会产生心理自闭，对社会、家庭和学校带来不稳定因素。

三、互联网的隐匿性导致情绪障碍

互联网信息的传递隐藏着发布者的个人信息，当有的大学生发现网络这一“世外桃源”般的存在后，会带着现实生活中的抑郁、不满和焦虑等情绪，在网络中尽情发泄消极情感。大学生选择在网络中发泄情感的方式中，最为常见的是对网络舆论事件发表个人看法、散发网络中的奇异论调、在论坛中发表攻击性言论等。

虽然网络可以为大学生提供一个情感宣泄的出口,但是如果使用不当,也会引发心理问题。有研究发现,部分大学生会选择利用网络宣泄自己的情绪,而这些言论可能会被其他大学生看到或交流沟通时听到,以至于80%以上的大学生认为网络对自己情绪产生了消极影响。

如果大学生在网络世界中投入过多精力,往往就会减少现实世界中学校或社会活动的参与,减少与同学、身边人的交往时间,易造成大学生情感的匮乏。大学生长时间面对着的是冷冰冰的网络终端的显示屏,会逐渐从现实中孤立出来,易产生各种情感冲突。因此,网络使人们的情感得到释放,但又容易使人迷失在网络中,变得更加孤独、冷漠、自卑,从而造成情感的异化和迷失。

四、互联网的去抑制性导致意志薄弱

长期不合理使用网络,经常浏览信息资源中的垃圾,往往会导致个体意志薄弱。具有虚拟性的网络既是一个交往的平台,又是一个交往的屏障。它为大学生展示自我提供了一个自由、开放、没有约束的空间,同时又掩盖了网络用户的真实身份。这种隐蔽性会导致个体降低对公共意识的关注,减弱对自己行为的约束。网络中垃圾信息泛滥,存在着诸多不良的诱惑。现实社会要求的道德规范和标准在虚拟世界中被隔离和冻结,易导致意志薄弱。自我约束力本来就不强的大学生可以任意放纵自我、表现自我,不必担心会受到社会现实的惩罚,因此大学生可以任意浏览暴力、黄色网站,在网上搞恶作剧甚至进行网上犯罪。

网络对大学生意志方面的影响还有其他表现。例如,有的大学生迷恋网络游戏,常常不知疲倦地追求取胜过关,显现意志增强的病态反应。依赖网络的大学生在离线时,表现为意志消沉,对学习、生活都提不起兴趣,并逐渐对生活失去信心。

五、网络成瘾

(一) 网络成瘾的概念

网络成瘾(internet addiction disorder, IAD)是指过度地使用网络(通常是与工作、学业无关的内容)而导致明显的社会、心理、生理损害的一种上网行为。网络成瘾这一术语是借用了美国精神病学会《诊断与统计手册-精神障碍》(DSM-Ⅳ)中关于药物依赖的判断标准,其提出网络成瘾障碍的概念,它主要是指作为一种应对机制的行为成瘾,后来发展出病态网络使用的概念,提出四个网络成瘾的症候:强迫行为、戒断行为、耐受性、沉迷的后续困扰。依据此四个维度,专家制订出一份含有八个题项的网络成瘾诊断问卷。

在信息爆炸的网络中,网民能体验到知晓新鲜事物的愉悦感、网络游戏带来的刺激感及网络聊天的自由、轻松和无约束。网络上的各种新闻、视频、小说吸引着网民,对于充满好奇心、自由时间充裕的青年大学生更具吸引力。一些大学生缺乏自我控制和约束能力,会过度依赖网络。有的大学生十几个小时甚至几天守在电脑面前,废寝忘食、精神亢奋;如有人劝止,则萎靡不振、烦躁不安。这就是一种网络心理的病态表现。而这些已经失去自我控制力的大学生,已经产生逃避现实、社会退缩、社会责任淡化。我国心理学家对北京12所高校近500名本科生的抽样调查结果表明,大学生中存在一定比例的网络成瘾者,在样本中约占6.4%。而因网络成瘾引发的学业问题屡屡发生。例如,2001年国内某大学237名退学的学生中,有80%的人是因沉迷网络而导致学习成绩太差从而无法完成学业;在另一所高校退学、试读或转学的205名学生中,有1/3的学生无法通过考试是与无节制上网有关。

(二) 网络成瘾的表现

网络成瘾表现为无成瘾物质作用下的上网行为冲动失控。诊断网络成瘾有十条标准:① 上网时全神贯注,下网后念念不忘"网事";② 总嫌上网时间太少而不满足;③ 无法控制自己的上网行为;④ 一旦减少上网时间就会烦躁不安;⑤ 一上网就能消除种种不愉快情绪,并且精神亢奋;⑥ 为了上网而荒废学业和事业;⑦ 因上网放弃重要的人际交往、工作等;⑧ 不惜支付巨额上网费用;⑨ 对亲友掩盖自己频频上网的行为;⑩ 有孤寂失落感。上述十种情况,在一年间只要有过四种以上,便可诊断为网络成瘾。

大学生患者的主要表现:① 上网时失控,上网时间不断延长,早上起床后有一种立即上网操作的渴望;② 有关网络上的情况反复出现在梦中或想象中,沉湎于网上自由说谈或网络互动游戏,而忽视现实生活的存在;③ 人际关系淡漠,出现孤独和忧伤、睡眠障碍、食欲下降、思维迟缓、精力不足;④ 更严重者会出现一些躯体症状，上网后精神极度亢奋，行为不能自制；⑤ 对现实生活无兴趣；⑥ 不上网时手指会不停地运动，有时全身颤抖、痉挛、紧张性头疼；⑦ 易暴躁愤怒，产生暴力行为，摔毁器物甚至形成反社会人格；⑧ 最严重的患者因陷得太深而不能自拔，最终走上自杀的道路。

（三）网络成瘾的类型

1. 网络色情成瘾　不自主、不受控制地总是想浏览色情网页，想看色情图片、色情视频，从中获得性快感和性幻想，导致性观念扭曲。

2. 网络交际成瘾　长期沉溺于网络聊天工具和网络聊天室。在虚拟世界中获得交友的自由，从而感受到愉悦的情感体验和正性的情感支持。但长此以往会迷失自我、丧失生活重心、现实生活中出现交际障碍等。

3. 网络游戏成瘾　将大量的时间花费在游戏中，通过游戏通关升级和击败对手获得成就感。从而荒废学业，虚度青春，回到现实环境中发现与同伴出现较大差异，产生挫败感，想回到虚拟的网络游戏中逃避现实。

4. 网络信息收集成瘾　强迫性地从网络中寻找收集无关紧要的、无时效性和实用性的信息，储存堆积传播这些信息。每天都将大量时间花在上网浏览信息上，一旦出现网络不畅，就会感觉极其不适应，变得焦虑、心情浮躁、没有安全感。

5. 网络制作成瘾　下载使用各种软件，以追求网页制作的美观性、复杂性和独特性，以此满足自身的网络形象展示，希望在网上吸引更多的网友关注，成为网络世界网民们关注的焦点。

6. 网络购物成瘾　通过重复地进行网络购物所形成的一种慢性或周期性的迷恋状态，并产生难以抗拒的上网购物的愿望。开始一天的学习前，首先要做的就是打开各类购物网站，有选择或毫无目的地花时间浏览选购商品，享受网络购物过程带来的满足感和等待快递时那份期待的心情。

（四）网络成瘾的原因

大学生的网络心理问题中出现频率最高的是网络成瘾。大学生网络成瘾产生的原因是多种多样的，总体来讲受到生物因素、心理因素和社会因素等方面的影响。

1. 生物因素　网络成瘾的生物学原因可追溯到婴儿期。婴儿通过哺乳得到生理和心理的满足，并在大脑中保留了母爱的温暖、关怀、安全等美好感觉的记忆痕迹，但随着生理的发展这种记忆慢慢消退。进入大学和社会后，遇到学业的失败、事业的失落、社会交往的挫折、恋爱关系的裂痕及家庭生活的打击时，为了寻求解脱而沉溺于网络之中，使这种消退的记忆得到苏醒。大学生通过上网，重新获得这种从婴儿期结束后就似乎消失而又隐藏在潜意识中的满足感。此外，生理心理理论认为大脑中有“快乐中枢”，每当大学生上网时，网络上丰富多样的资讯使得大脑“快乐中枢”持续处于高度兴奋状态，它会对大脑进行化学反应式的刺激，并释放多巴胺。多巴胺主要负责大脑的积极情绪，将兴奋及开心的信息传递，同时与上瘾行为密切相关。如果网络刺激是经常性的，大脑会强化自身的多巴胺产生的化学反应，进而产生网络成瘾，最终出现网络成瘾。

2. 心理因素　早在1997年，美国学者杨（Young K.）就自己的研究结果提出了网络成瘾ACE心理学模型。杨认为网络的匿名性、便利性和逃避现实性是导致用户成瘾的三个特点。另有加拿大学者提出“病态互联网使用的认知-行为”模型，指出病态行为包括有明确目的与无明确目的的上网行为，社会联系的需要与在网上获得的强化导致了现实中上网行为的增加。意思是，个体在现实生活中适应不良的认知，如自我怀疑、低自我效能、消极的自我评价、对自我存在的世界的认知歪曲，都容易使个体产生消极观念，而他们需要社会联系和社会支持，所以他们会利用网络从他人那里获得更多积极的反应。网络成瘾的易感群体是学生，除了与网络的吸引力有关外，还与他们的个体特点有关。有研究发现孤单感越强的个体，越可能通过网络交往调节情绪，从而过度依赖网络。自我管理和约束能力不强的大学生，面对网络丰富有趣的内容，会一味地放纵自己的行为，导致网络成瘾。个性孤僻、不善于交际的大学生更容易长时间在网上去寻求友谊和结交朋友，满足情感的需要，导致网络成瘾。追求流行、赶时髦的大学生，表现欲强、想象力丰富、追求新颖的刺激，上网的时尚性符合他们追逐流行的心理，当网络极大地满足了他们的自我表现、玩乐与猎奇心理时，他们则沉溺于虚拟的网络世界而无法解脱。

3. 社会因素　美国犯罪学家萨瑟兰（Sutherland）认为，成瘾是个体学习的产物，个体最亲近的社会主体，如家庭和同伴对个体行为的模仿学习具有最大的影响。研究表明,网络成瘾的大学生体验到的社会支持较低,可能反映出了家庭关系不良。父母溺爱孩子或者教育沟通方式粗暴武断会加剧亲子冲突和隔阂,使学生长时间在网络中释放压力和负面情绪,形成网络成瘾。75%以上网络成瘾的大学生有"父亲功能"不足甚至缺失的现象,如单亲家庭、幼年父亲不在身边、家长过于繁忙无暇顾及子女、父亲在子女教育中很少参与等。此外,大学时期青少年的视线开始从家庭转向外界,与同伴的关系对大学生的成长起着非常重要的作用。

如果同伴之间休闲活动主要是高频率使用网络,并且形成了大学生群体中一种亚文化,那么也可能使学生出现网络成瘾。

【案例 8-1】

男大学生沉迷网络游戏,实际是对现实生活的逃避

某高校大四男生小俊,在毕业前夕来心理咨询。小俊说自己很痛苦,痛苦的原因是临近毕业,还有四门课程需要补考,而这些课程的学习难度很大。他认为在以前时间充足的学期中,尚未能通过这些课程的考试,而目前毕业临近,时间紧促,还需要一下完成多门考试,深感压力巨大,心里非常痛苦。

小俊在倾诉中说到自己非常喜欢打网络游戏,但是不喜欢跟身边的人一起打游戏,只同网友一起。他起初在闲暇的时候打游戏,后来就逃课打游戏,再后来就在越需要忙碌的时候(如考试前夕)就越想打游戏,甚至会通宵达旦地打游戏。结果可想而知,学业荒废,多门挂科。如果毕业前补考不能通过,则无法拿到学位证书。小俊实在是躲不过去了,想到学校心理咨询室寻求心理咨询师的帮助。

在心理咨询中,小俊坦诚地讲,自己沉迷打网络游戏,但在打游戏中和打游戏后均不能体会到愉悦感,反而越发觉得空虚。他不是因"喜欢"而打游戏,放松自己的精神,而是在逃避现实生活中的诸多压力。通过心理咨询,小俊认识到自己是在逃避,借网络游戏来消磨时间,占据自己的心理阵地,不让自己真正面对现实生活中的困难(如学业困难和家庭困难)。在心理咨询师的帮助下,小俊重拾勇气,直面现实,决定尽自己最大努力准备补考。想清楚后,小俊觉得心里轻松多了。

第三节 大学生健康网络心理的培养

网络是一个信息传递的媒介,用好了可以造福人类,用不好则后患无穷,关键是看谁来用它、怎样用它。因此,与其说我们应该关注网络,不如说我们更应该关注网络使用者自身。作为高频率使用网络的主体,大学生处于精力旺盛阶段,成人感和独立意识增强,精力充沛,思维敏捷,朝气蓬勃。但是大学生的辨别能力和意志力还需要磨炼。面对网络给大学生心理带来的不良影响,家庭、学校和社会需要采取一系列科学有效的应对策略,充分发挥网络的积极功能,努力帮助大学生克服网络使用过程带来的消极影响,构建大学生健康网络心理。

一、培养正确的网络认知

作为最早接触网络的群体之一,当代大学生受网络的影响也较大。据资料统计表明,我国上网的人员中有一大半是大学生、中学生,其中又以大学生居多。在高等学校中,网络已走进了大学生的生活圈、学习圈和交际圈。大学生客观正确地认识网络世界,是培养其健康网络心理的第一步。

(一) 网络世界带来的欣欣向荣

1. 网络为大学生提供了求知学习的新渠道　网络是一个信息极其丰富的百科全书式的世界,信息量大,信息交流速度快,自由度强,实现了全球信息共享。大学生在网上图书馆和数据库可以随意获得自己需求的知识,了解世界最新的新闻信息和科技动态,极大地开阔了大学生在学术领域的视野,提高了大学生在专业方面的敏感性。例如，许多大学的图书馆都购买了荷兰阿姆斯特丹的爱思唯尔公司的电子数据库，这个数据库为全球三千多万科学家、研究人员、学生、医学及信息处理的专业人士提供一流的信息产品，其产品包括网络的数据库、搜索平台和印刷刊物，能够满足诸多行业的研究需要。这些产品涉及的领域包括宇宙航空、汽车、生物技术、化学、通信、国防、离散制造、电子、食品饮料、计算机、实验室器材和设备、医疗设备、金属和采矿、石油和天然气、药物、能源与动力等。

2. 网络为大学生提供了信息获得和沟通交流的新方式　大学生可以利用网络报名参加各类考试和应聘，并且通过网络查询分数和录取的情况。这样就可以不再像以前一样使用繁忙而且昂贵的声讯电话去报名查询了，也不用千里迢迢费尽周折地去各个招生招聘现场了解相关信息。通过网络的电子邮件系统，大学生可以用低廉的价格，以非常快速的方式与全球的朋友进行交流。交流方式也具有多样性，包括文字、图像、声音等，这些交流方式使交流更加自然、高效和生动。

3. 网络为大学生提供了展示自我的新平台　自我展示是指个体将个人信息、形象及同一性传达给他人的过程，是人为创造、修改和保持他人对自己的印象而进行自我包装和修饰的过程。以网络为媒介的沟通由于具有匿名性、沟通信息可编辑性等特点，网络自我展示的过程比面对面沟通更具有主观选择性。例如，博客是一种通常由个人管理、不定期张贴新的文章的网站。大学生可以以个人主页为载体从日志内容、文章数量、日志分类及人气指数等方面来展示自己的个性。同时，个人主页有利于大学生审视自我、激励自我，从而培养良好的生活方式。大学生在发表个人日志的过程中记录着自己成长的点点滴滴，博客文章转载的过程无疑也是大学生在成长过程中审视自我的过程。这有助于大学生自我反省、自我督促和激励，进而形成一种良性的发展，培养良好的生活方式。

（二）网络世界导致的累累伤痕

在网络技术还未完善的情况下，判断力、自控力和意志力不强的大学生受到网络上负性信息的影响，表现出失色、行为偏差。有的大学生沉迷于不良的网络信息而不能自拔，有的甚至行为偏离走上犯罪的道路。这不仅不能给社会增辉，还让亲朋好友担心。

1. 网络对大学生的世界观、人生观和价值观的正确形成构成潜在威胁　大学生的世界观、人生观、价值观正处在成形与发展阶段，稳定性较差，可塑性较强，非常容易受到外界因素的影响。传统媒体层层筛选，精华才得以展示，与正确价值观相违背的信息难以入侵。网络的资讯四通八达，网络监管尚未成熟。网络上内容五花八门，良莠不齐，很多内容鱼目混珠。各种文化类型、思想意识、价值观念、生活准则、道德规范都可以在网络中找到立足之地。充满好奇却又涉世不深的大学生对信息的辨别力较差，这些信息可能会导致其对世界、对人生、对价值的看法受到负性的影响，不能沿着健康的方向发展。

2. 网络垃圾信息会弱化大学生的思想道德意识　网络垃圾信息传播有几大特点：一是具有欺骗性，垃圾信息往往与游戏、电影、八卦新闻或恶意软件等捆绑在一起，使人不经意间就会浏览到；二是具有仿真性，一些不法分子利用现代信息技术手段，创造各种诱导性载体传播具有较强仿真性的色情垃圾信息；三是具有自主性，由于上网不受时间、空间限制，浏览的内容取决于用户道德素养和社会责任感，这就让垃圾色情传播者有可乘之机。网络垃圾色情信息对大学生的危害主要表现在以下三方面：一是使大学生道德滑坡、心理畸形、生活颓废甚至犯罪率上升；二是引发大学生网络成瘾、神经衰弱等问题，影响正常的学习和作息；三是严重腐蚀大学生的思想道德意识和心灵。

3. 网络交往会削弱现实交往中的信任感和责任感　在现实生活中，人际交往规则具有相对强大的约束力和规范性。而网络中的人际关系以互联网为中介，交往对象的身份往往虚拟化和多样化。网络的弱监控性使得大学生在网络的交往中免除了承担责任的重负。网络上的种种不良信息和行为泛化到现实生活中，就会使大学生降低关于“诚信”和“责任”的价值标准。

（三）网络是工具，不是生活

大学期间正是学习知识、获得技能、接触新鲜事物的阶段，此阶段大学生需要通过掌握大量的资讯来充实自己，而网络正是这些资讯的源泉，是获得这些信息的最佳工具。网络让大学生学到很多课本上学习不到的东西，帮助大学生深入理解课本上复杂的知识。大学生如果正确使用网络会受益无穷，但如果使用不当，就会产生不良甚至严重的后果。大学生不要把上网作为逃避现实生活问题的港湾，应该充分认识网络是工具,而不是生活。大学生使用网络应如同使用书籍、报刊、广播等媒体一样,它们是我们用来学习、工作和生活的辅助工具。大学生应该把握虚拟和现实之间的关系,在虚拟性和现实性之间以现实性为主导,合理使用网络,健康使用网络。

二、培养成熟的心理品质

(一) 缺乏成熟心理品质导致成瘾

心理学家发现,成熟的人往往都是意志坚定、永不服输的,再大的困难也压不倒他们;相反,他们会用坚定的意志克服眼前的困难,从逆境中走出来。由此可见,意志力是成熟心理品质的重要组成部分。心理学家称与意志力有关的品质为坚韧不拔。在宾夕法尼亚大学一系列研究中,研究人员发现,坚韧不拔的人更容易在学业、工作及其他方面获得成功。这也许是因为他们富有激情,忘我投入,克服了漫长道路上不可避免的绊脚石。

在对网络使用成瘾的大学生的调查中发现,他们明知过度上网危害重重,但意志力和自制力的缺乏使他们始终无法停止手中的鼠标,不分昼夜地沉醉于网络生活。因此,培养大学生意志力这种成熟的心理品质,对于提升大学生网络健康有重要作用。

(二) 循序渐进地培养成熟意志力

如果没有坚韧不拔的精神,除非你是天才,否则是不会胜出的。人的意志力不是与生俱来的,而是在社会实践活动中逐渐培养锻炼出来的。那么如何帮助有网络成瘾或网络迷恋问题的大学生来提高自身的意志力呢?

1. *要注意休息放松,劳逸结合* 研究表明,意志力是有限的心理认知资源。当一个人有意识地抑制自己的冲动或者想法,有意识地做出决定、抵制诱惑、全力以赴,就会逐渐有疲惫的感觉。这其实就是人的意志力在消耗,那么下一个阶段心理活动需要意志力时,就会感到力不从心。睡眠可以恢复人的心理能量,包括意志力。也有实验研究表明,运动和冥想也可提高人的意志力。所以,休息放松、运动健身和思绪沉淀都对保持和恢复人的意志力有很好的效果。

2. *合理转移注意力,建立丰富多彩的大学生活* 研究表明,对于过度使用网络的大学生来说,控制网络使用是很困难的一件事。很多时候大学生对网络的过度使用(成瘾和迷恋)是因为从网络游戏中能够得到成就感,从网络交友中获得归属感,而这样的情感体验是他们在现实生活中无法获得的。事实上,网络世界中的资讯和游戏并不是对大学生有不可估量的吸引力,只是大学生的物质文化生活和精神文化生活的匮乏,导致了他们用不健康的网络使用方法来弥补这一问题。大学生可以通过转移注意力的方法巧妙地使大学生活变得丰富多彩,从而达到降低网络使用频率的目的。大学生应积极参加社团活动,施展才能、才华,在现实生活中培养自己、发展自己、肯定自己,建立良好交际圈。

3. *培养好习惯,纠正坏习惯* 心理学研究显示,培养好的习惯,纠正一些不良的坏习惯,这个过程会考验并增强人的意志力。纠正大学生网络心理问题的同时,会增进大学生的意志力,意志力的加强又会进一步保证大学生网络心理健康,从而形成良性循环。纠正大学生网络心理问题要从以下方面入手:① 规定上网时间。自行制订每天上网时间和时限。当自己履行制订后,即时给自己奖励,如美食一顿。② 在适合的环境中学习。离开宿舍,到图书馆、自习室等学习氛围浓厚的地方去学习。如果需要上网查阅资料,就使用学校的网络计算机。如果有手机依赖,就在学习时不携带手机。可提前告知周围的人,自己正在度过摆脱网络依赖的艰难阶段,请大家谅解。

曾经有位大学生在毕业的总结里有段这样的话:大一时不知道自己不知道,大二时知道自己不知道,大三时不知道自己知道,大四时知道自己知道。可见,大学象牙塔的日子是大学生从迷茫到坚定的过程。在这个转变过程中,大学生的发展会因为其意志力的波动受到外界各种因素的影响。网络使用的情况就是这些影响因素之一。加强大学生意志力的锻炼,培养大学生成熟心理品质,才能使大学生抵御网络的消极影响,运用网络的积极因素引导自身全面健康的发展。

三、培养积极的自我认识

大学生在考入大学前都有明确的升学目标,然而一旦进入大学后,他们便在思想上放松自己,不再像原来那么努力。有的同学希望在大学弥补中学时失去的自由,有的同学在进入大学后发现用自己以前的学习、生活及人际交往的方法无法适应新环境,他们在心态上发生了很复杂的变化。大学生若不能处理好来自各方面的矛盾和冲突,则只能处于迷茫之中。大学的学习与生活很大程度依靠大学生的自主性,如果不能积极地认识自我,树立正确的世界观、人生观和价值观,就可能在无所适从中一直迷茫。若以网络作为消磨时间的工具,久而久之形成习惯则危害严重。因此,培养积极的自我认识是培养大学生健康网络心理的组成部分。

1. *客观地认识自己是建立积极的自我认识的基础* 古话说:"人贵有自知之明。"一个人真正伟大之处,就在于他能够认识自己。如果一个人对自己的智力、能力、个性及在社会、在他人心目中的地位有一个较全面、客观的认识和评价,就能扬长避短、取长补短、发展自己、完善自己,就能协调自己与他人的交往,提高自己参与社会活动的积极性。客观认识自我有三种途径,一是通过将自己与社会上其他人,尤其是与自己条件相类似的人作比较来了解自己,如大学生之间的相互比较;二是通过社会上其他人对自己的态度来了解自己;三是通过对自己活动成果的社会效应来了解自己,如大学生的学业成绩、综合考评成绩等。正确认识自我,理性分析自身优点和缺点,可防止无目的滥用网络。

2. *自我悦纳是建立积极的自我认识的关键所在* 自我悦纳首先要接纳自己,喜欢自己,欣赏自己,体会自我的独特性,体验这种独特性所带来价值感、幸福感、愉快感与满足感;其次是理智与客观地对待自己的长处与不足,冷静地看待得与失。在生活中运用积极的策略关注自我,将注意力集中在自我的优势及特长中,在行动中积累优势。每个人身上都有着无数的闪光点,重点在于寻找自己的闪光点并将其构成生活中的优势。自我悦纳,积极自我关注,使大学生将注意力从网络中分散。

3. *适度宣泄、尽早摆脱不良情绪是建立积极的自我认识的必要辅助* 大学生的心理承受力相对缺乏,如遇失败和挫折容易出现消极的自我认识。因此,如果心中苦闷,不妨适度宣泄、尽早摆脱,有利于建立积极的自我认识。合理宣泄情绪的方法包括尽情地放声大喊、投入地高声歌唱、放声大哭一场、痛痛快快地玩一次及和最信任的人畅聊等。

四、培养良好的沟通技巧

在信息化时代,网络为大学生提供了思考、交流、创造梦想的广阔空间,深刻地影响着他们的学习、生活和娱乐方式,改变着他们的成长和发展方式,但网络的虚拟性也给大学生的发展带来了不少消极影响。QQ、微信、飞信、微博、贴吧及论坛等各种各样的网上社交圈,使大学生的人际交往和沟通从现实延伸到了虚拟的网络世界。这样的沟通不拘于传统,更加自由,使一些言辞犀利另类的大学生成为网络社交圈的活跃分子。他们懂得各种网络有效沟通交流的方法,却经常在现实人际沟通中显得不知所措。现实人际沟通不顺利、不适应使大学生更加依赖和迷恋网络,以寻求归属和认同。通过培养大学生良好的沟通技巧来培养大学生健康网络心理十分重要。

首先,加入学校社团。刚开始的大一新生懵懂无知,社团不仅能让他们更快融入大学,还能让他们的沟通能力倍增。其次,为班级服务。为班级服务的大多是干部,在工作过程中需要协调同学间关系,替老师传达信息,沟通能力也会因此提升。再次,建立和谐的宿舍关系。如果说大学是一个大家,那么每个宿舍就是一个小家。家应该是温馨和舒适的。但是,宿舍中的每个同学都来自不同的地方,有不同的生活背景,脾气秉性也各不相同。打理好这些关系不但能够提高大学生沟通能力,而且能够使大学生活更快乐。总体而言,提高沟通能力使大学生活更加丰富多彩,能避免过分依赖和使用网络。

另外,情感沟通存在问题是大学生出现网络心理行为偏差的原因之一。研究表明,具有理解和民主情感沟通的大学生较少出现网络心理行为偏差,而具有网络心理偏差的大学生往往在生活中接受了家长和老师过度干涉、过度保护、偏爱或严厉、排斥和粗暴等对待方式。因此,家长和老师也需要注意与大学生的沟通技巧,要从家庭和学校两个方面为大学生提供温暖、理解和保护的情感支持,让他们感受到现实情感的温暖与充实,不因人际关系淡漠和情感支持不良而去网络中寻找虚幻的人际情感和归属感。

五、培养有效的压力管理能力

大学生面临着一系列重大的人生课题,如大学生活的适应、专业知识的学习、交友恋爱、择业考研等。但身心发展尚未完全成熟、自我调节和自我控制能力不强，以及复杂的自身和社会问题往往容易导致大学生产生强烈的心理冲突，从而形成较大的心理压力。面临如此压力，有些大学生选择了逃避，选择了网络，在这个虚拟世界中寻找着自己所需要的东西，产生网络依恋，形成了网络成瘾。因此，培养大学生有效管理压力的能力，避免网络成为大学生逃避压力的渠道，对大学生健康网络心理的形成有促进作用。

1. 努力学习，打好扎实的理论课基础　面对激烈的竞争，打好扎实的理论课基础是十分关键的。只有具备足够的专业知识和技能的实力，大学生在选择发展方向时，才能足够自信，才会有更多的选择机会。在大学期间，多学习积累专业知识，提高自己的专业技能，培养创新能力。努力学习，同时全面发展自己，是我们面对压力积极可靠的方法。

2. 培养主观幸福感和乐观人格　研究显示，幸福感高的人和乐观外向的人对内疚、耻辱、悲伤、愤怒、嫉妒等不愉悦情绪体验的感受强度较低，生活中感受到的压力较少。因为这类人可以比较全面辩证地看待逆境，化危机为生机。大学生怀着积极的态度和乐观的眼光看待问题，以相对轻松的状态来完成学业和工作，这种情况下通过网络逃避压力的行为也会减少。

3. 培养释放压力的技巧　同样的学业负担对不同的同学带来的压力强度不一样，其中重要的影响因素是释放压力的技巧。释放压力可以使大学生减小压力和负担，降低网络依赖。例如，在人际交往中出现压力挫折时，使用倾诉宣泄法，找一个自己信任的人谈谈，把所有担心的事情讲出来，即使不通过网络聊天也能使自己获得心理上的放松。在学业成绩出现波动时，使用注意力转移法，去运动或听听音乐，即使不通过网络游戏也能使紧张的情绪得到缓解。

【案例 8 - 2】

心理咨询帮助大学生戒掉网瘾

小凯，今年 19 岁，大学一年级新生。小凯说自己特别喜欢看网络小说，拿着手机整天刷屏，走着坐着躺着，只要是手里能拿着手机的时候都可以用来看小说。但是最近考试成绩公布，把自己吓了一跳，多门挂科的他感觉压力特别大，觉得无法向对自己寄予厚望的妈妈交代。无奈之下，他敲开了心理咨询室的门。小凯看到咨询师态度温和，非常可靠，就开始诉说压抑在心头很久的事情……原来是由于小凯来自单亲家庭，父亲早年去世，妈妈含辛茹苦一个人把他拉扯大，家庭经济条件贫困。他深知妈妈的不容易，决心一定要靠自己的本事出人头地。当他进入大学校园后，发现课程一个比一个难，如高等数学、有机化学、生理学、解剖学等，小凯看这些书简直如同看天书。有点胆小的他不敢问老师，也不敢问同学，生怕别人认为自己笨。对自己的高要求顿时变成一座大山一样压垮了他脆弱的心灵。于是，当有人在他面前提到或想讨论高等数学等相关内容，他就立马看手机，好像自己很忙的样子。结果后来，小凯是真的沉迷进去了。他觉得似乎只有不断地看手机、不断地刷小说，才能让自己舒服。他一天之内有时最多看十几部小说，并不是小说多么生动、引人入胜，而是就是想简单重复这样的行为，其他什么都不想。

心理咨询师知道小凯是压力太大，通过沉迷网络小说来逃避现实的困难，换来暂时的解脱。但是这样做只能使情况变得更加糟糕。心理咨询师和小凯商量制订了四次咨询计划，每周一次，每次一个小时。小凯也希望能够尽快缓解当前焦头烂额的状况，每次也如约而至。很快，经过心理咨询师的治疗，小凯逐渐恢复了往日的活力和斗志。虽然放下手机之后，面对的是沉甸甸的课本和步履维艰的学习攻坚，但是每前进一步，小凯的内心都增添了些许快乐，内心轻松很多。

【推荐读物】

应力，岳晓东.2008.E 海逃生：网络成瘾及其克除.北京：高等教育出版社.
杨雪梅，朱建军.2012.大学生心理咨询与治疗案例解析.北京：中央编译出版社.
凯利·麦格尼格尔.2012.自控力：斯坦福大学最受欢迎的心理学课程.王岑卉译.北京：印刷工业出版社.

(杨晶晶)

第九章

大学生挫折心理

本章要点

掌握：大学生心理挫折的主要表现，大学生心理挫折的应对策略。

熟悉：大学生心理挫折的原因。

了解：挫折的产生及类型。

"人生不如意事，十有八九"。在人的一生中，只要有追求、有欲望、有需求，就会有失败、有失望、有失落。每个人都享受过成功的喜悦，也都品尝过失败的沮丧。人们不仅要有迎接成功的准备，也要有面对挫折的勇气。随着社会的高速发展，竞争越来越激烈，人际关系越来越复杂，新兴事物也层出不穷，大学生面临着更加严峻的考验，挫折往往也随之而来。事实上，在生活中所遭遇的种种挫折就是加诸在受挫者身上的"泥沙"，它们也可能成为一块块"垫脚石"，只要受挫者锲而不舍地将它们抖落，然后站上去，那么即使是掉落到最深的井里，也能安然地脱困。当一个人以积极、沉着的态度面对挫折，助力往往就潜藏在挫折之中。因此，大学生不仅要认识挫折，还要学会积极地应对挫折。在这一章里，将针对大学生常见的挫折，探析其成因及类型，引导大学生客观、理性地认识挫折，掌握积极应对挫折的方法。

第一节　挫折的相关理论

挫折时时处处存在于人们的日常生活之中，挫折是客观环境和主观因素相互作用的产物。人的一生中会遭遇怎样的挫折，在何时会遭遇挫折都是难以预料的，在不同发展阶段，一个人遭遇的挫折也各有不同，在现实生活中，一个人甚至可能同时遭遇相互交叉渗透的几类挫折。

一、挫折的概念

挫折原指兵家在战争中失利，《辞海》将它解释为失利和挫败。因此，在日常生活用语中，常常是在挫败、挫伤、受阻、失意的意义上使用"挫折"一词。在心理学中，挫折被定义为个体在从事有目的的活动过程中，遇到障碍或干扰，致使个人目标不能实现，需要不能满足时的情绪状态。简单说来，它是一种对阻碍不能接受的主观感受和体验。

可以看出，挫折包含三个方面的含义：一是挫折情境，即指对人们的有动机、有目的的活动造成的内外障碍或干扰的各种因素。构成刺激情境的可能是人，也可能是各种自然、社会环境。情境可能是客观现实存在的，也可能是当事人想象的虚拟情境。二是挫折认知，即指对挫折情境的知觉、认识和评价。它是产生挫折最重要的因素，因为挫折认知代表了挫折情境被觉察的水平，也就是说即使存在挫折情境，如果没有挫折认知也就不会引发挫折感。三是挫折反应,即指由于目标得不到满足而产生的情绪反应及相应的行为表现。

二、挫折的产生

人们总是想方设法寻求幸福和快乐,避开痛苦和烦恼,挫折的产生不是自发的过程,只有存在一定的条件,人们才能产生所感受到的真实的挫折。

(一) 具有必要的需要、动机和目标

需要和动机受到阻碍,目标不能实现是产生挫折的根本条件。需要是制订目标的前提,动机是实现目标的条件。需要越迫切,动机越强烈,在实现目标的过程中遭受挫折时的反应及感受也越强烈。

【拓展学习 9-1】

马斯洛需要层次理论

美国人本主义心理学家马斯洛把人的需要分成由低到高五个层次,即生理需要、安全需要、归属与爱的需要、尊重的需要、自我实现的需要。五种需要一级比一级高,低一级的需要得到满足才能产生更高一级的需要。

1. 生理需要　是人们最原始、最基本的需要,如对食物、水、空气等的需要,只有这些维持生存所必需的基本需要得到满足后,其他的需要才能成为新的激励因素。

2. 安全需要　指个体追求自身安全、避免伤害和各种威胁的需要。

3. 归属与爱的需要　指个体与他人建立情感联结,以及隶属于某一群体的需要,并在群体中享有地位的需要。爱和归属的需要包括给他人的爱和接受他人的爱。

4. 尊重的需要　指自尊和受到他人尊重的需要。尊重需要得到满足,能使人对自己充满信心,对社会满腔热情,体验到自己活着的价值。

5. 自我实现的需要　指完整而丰满的人性的实现和个人潜能或特性的实现。

(二) 要有满足动机和实现目标的实际行为

目标再高远,动机再强烈,然而只是停留在空想上,即便有挫折感也只是想象中的。只有当满足动机和实现目标的实际行为受阻时,才会产生真实的挫折感。

(三) 要有挫折情境发生

在通向目标的道路上遇到不能克服的阻碍,就产生了挫折情境。这种阻碍一般来讲是真实的、实际存在的,对于有的人来说,也可能是想象中的困难或阻碍所产生的挫折情境。当然,如果目标实现的过程中一帆风顺,也就无所谓挫折。

(四) 挫折必须被知觉

这是指个体在实现目标的行为受到阻碍而产生挫折时,必须有所知觉,即挫折必须被感知。因为只有在挫折情境被知觉后人们才会产生挫折感,否则,即使挫折情境实际存在,只要不被知觉,人们也不会有挫折感。所以挫折认知是构成挫折的必要条件。简单来说,挫折作为一种主观感受,是否被觉察及其强弱,主要取决于当事人对挫折情境以及对需要、动机和目标之间关系的知觉。

挫折感产生的途径如图 9-1 所示。

一个人在实现满足自身需要的目标过程中,如果遇到阻碍或干扰,没有如期达到预定目标或预期效果,就会产生挫折。任何有意识的人都可能遭遇挫折,但挫折的强烈程度和持续时间与人的个性、目标期望值、知识、经验及自身修养有关。挫折事件或情境是否会最终影响到目标的实现,关键还要看如何应对挫折。其中最为核心的就是"挫折认知评价",即人们是如何看待和评价挫折的。个体对挫折所持有的信念及心态将会直接影响到他的应对行为,是战胜挫折还是被它打败。

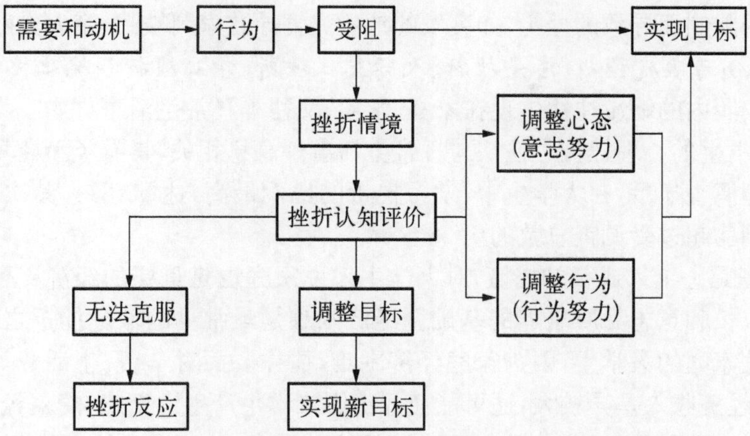

图 9-1 挫折感产生途径

三、挫折的类型

挫折从不同的角度有不同的划分方法。挫折主要有以下几种类型的划分。

（一）按现实性分为实质性挫折和想象性挫折

实质性挫折是指个体遭遇了现实生活中的某种挫折，是实实在在的挫折。例如，考试失利、寝室矛盾、恋爱分手等，这些挫折都实实在在地存在于现实生活中。想象性挫折是指个体在想象中对未来可能受到的挫折的预测或认知。例如，有的人在考试成绩尚未公布前，预判成绩一定很糟糕，感到焦虑烦躁，甚至产生了轻生的念头。

（二）按对其准备情况分为意料中挫折和突发性挫折

意料中挫折是指人们对所发生的挫折已经有所觉察，挫折的发生属意料之中的事。例如，家里亲人久病卧床，医生坦言无治疗可能，之后，病情日益加重最终病逝。突发性挫折是人们在没有任何思想准备、毫无意料的状态下遭遇的挫折。所谓“明枪易躲暗箭难防”，由于个体对突如其来的挫折没有任何思想准备，因此，它比意料中的挫折给人的压力要大得多，人们所受的打击也更重，如家人突然遭遇车祸而去世等。

（三）按程度分为一般性挫折和严重性挫折

一般性挫折是指在日常生活中的一些不太重要的事情上所遇到的挫折，如朋友之间偶尔的争吵、考试中偶尔的失利。严重性挫折则是指人们在那些与自己有密切关系和意义重大的问题上所遭遇的挫折，如高考落榜、亲人病故等。一般性挫折虽然会引起人们情绪上的波动，但持续的时间不会太长，对人们的影响也较小。而严重性挫折多与意义重大的事件相关，因此，对人们的内心会产生强烈的冲击，继而可能带来极大的精神困扰和压力。

（四）按内容分为事业性挫折和生活性挫折

事业性挫折是指与学业、工作等息息相关的事件导致的挫折。例如，有些学生在高考后盲目填报了志愿，到真正进入大学之后，专业学习和个人志向间的矛盾逐渐显露。当所学专业与理想志向相一致时，学生会感到满足和欣喜，充满学习和生活的动力；而当所学专业与理想志向不一致时，学生就容易感到苦恼、失落和迷惘。生活性挫折是指一般日常生活事件，如婚恋、家庭、健康等导致的挫折。例如，相恋许久的恋人提出了分手，另一方受到失恋的沉重打击。

（五）按持续时间的长短分为短暂性挫折和持续性挫折

短暂性挫折是指挫折持续的时间较短，挫折带来的紧张状态和挫折感的情境一般会随着事过境迁而逐渐消失。例如，在竞赛中没有取得好名次，在赛后较短的时间内会有失落、挫败等消极感受，但并不会一直持续。持续性挫折是指一种长期性、连续不断的挫折状态。这种挫折状态既可以是持续的，又可能是几个挫折的接续。持续性挫折会使人长期处在紧张和焦虑状态之中，还可能导致个体产生性格上的变化，对人的身心健康有着重大的影响，如久病未愈、人际关系持续恶化等会让人长期处于一种紧张焦虑的压力状态之中。

（六）按原因分为内部挫折和外部挫折

内部挫折是指因个体内部条件的限制而导致的挫折，如因为色盲不能报考医学类的某些专业。外部挫折是指由于外部条件的限制而导致的挫折,如突发的地质灾害导致家园被毁、亲人失散等。

(七)按事件类型分为家庭挫折、恋爱挫折、人际交往挫折、学业挫折和就业挫折

社会生活在大学校园内的缩影往往体现在家庭、学习、交往等日常生活事件中。大学生活内容具有单一性和稳定性的特征,大学生的心理挫折也往往与日常生活事件息息相关,具有类型化和稳定性的特点。一份针对大学生的挫折类型调查显示,在大学生中,学习挫折的比例最高,达53.8%,其次是就业挫折、人际交往挫折、恋爱挫折等,比例均超过受调查总数的1/3。

1. 家庭挫折　家庭是一个人成长的摇篮,对大学生来说家庭也是重要的经济支持来源,家庭氛围、家庭关系还是大学生心理成长和意志品质培养的基础。经济困难是最常见的家庭挫折之一。例如,有些来自边远地区、单亲家庭、失业家庭的大学生,因为家庭经济困难,往往要面对学费、生活费等现实的经济压力。如果同学之间家庭条件、经济收入差异较大,还可能使经济困难学生产生自卑感,羡慕经济条件较好的同学,希望也能过上“潇洒”生活,然而现实经济条件却无法满足这种需求,从而产生心理挫折感。另外,家庭关系的稳定性及家庭氛围的质量也容易对大学生产生影响。例如,父母下岗、亲人去世等突然的变故可能使学生长时间沉浸于悲伤和沮丧中,甚至性格也变得内向、多疑、封闭。

2. 恋爱挫折　大学生大多处于成年早期,根据埃里克森八阶段理论,人在成年早期阶段要经历亲密对孤独的冲突,该阶段的主要任务是发展亲密感,体验爱情,避免孤独感。大学生们大多都向往美好的爱情,希望能寻找到知心伴侣,无论是在期盼恋爱或者正处于恋爱进行时,由于缺乏正向积极的引导和自身心理发展不成熟等,大学生往往容易陷入单相思、失恋等问题中,心理挫折也随之而来。例如,有些同学对异性心生爱慕,但仅凭着冲动和对爱情的幻想,误认为对方对自己“有意”,把单纯的人际交往误认为是爱情来临,却迟迟得不到对方的回应,因此而陷入空虚、烦恼甚至绝望之中。

3. 人际交往挫折　人际交往是人的社会性发展的适应性需要。对于很多大学生来说,建立良好的人际关系常常是大学群体生活的第一课。正如卡耐基所说“一个人事业的成功,只有百分之十五是由于他的专业技术,另外百分之八十五要靠人际关系和处世技巧”。随着一个人兴趣的发展和人格的成熟,他的择友方法、标准和范围也在发生相应的变化。在人际交往中,大学生由于自我评价不恰当、语言表达能力欠佳、共情能力不足、性格自卑或孤僻等主客观条件的障碍与干扰,往往容易造成言语传递冲突、情感传递冲突、行为习惯冲突、包容冲突等,从而发生人际交往挫折。例如,有的学生因为自卑而行为退缩,觉得自己什么都不如别人,天生愚笨才疏学浅,情绪消极,缺乏信心,无论什么场合,跟什么人打交道,总是面红耳赤,局促不安,缺乏主动与人交往的欲望,久而久之,形成交往恐惧,进一步减弱了交往的欲望和行为。

4. 学业挫折　学习是大学生活中最重要的一环,从高中到大学,面临的是学习内容的改变、学习方式的调整、学习竞争的激烈程度等方面的变化,有的同学学习动机不足,对于学习困难则不想解决也无力解决;有的同学学习动机过强,难在学习和生活当中找到平衡。例如,对于有些“尖子生”来说,自我评价体系建立不成熟,一旦成绩落后,就觉得人生无望,有生命崩塌感。更有甚者由于过于追求成绩,一直埋头苦读,忽略其他校园生活内容,进而影响身体素质健康发展,严重的还容易导致身心疾病。而有的同学则可能无心学习,或者一直不得学习之法,陷入学习困难中。一般来说,低年级同学容易出现学习不适应,高年级同学容易出现学习效率低、考试焦虑和学习竞争等问题,这些都容易使大学生遭遇学业挫折。

5. 就业挫折　就业问题是当今社会关注的重要问题之一。当今社会高速发展,就业基数大、供需矛盾、区域发展不平衡等都是制约大学生就业的客观因素,加之大学生普遍存在的“精英意识”,都希望追求高待遇、好环境,在求职过程中“过于理想化”;一味追求个人价值的实现,忽略了供求匹配;缺乏明确的自我认知和合理定位;自身知识、能力、素质准备不足等主观因素造成了许多大学生都面临“毕业即失业”的困境。例如,有些同学在就业过程中,不结合供需情况进行分析研判,抱有较高就业期望值,不灵活调整求职计划,常常在各种求职过程中遭遇拒绝,陷入就业困惑,产生消极情绪。

以上关于挫折的分类,都是基于相对概念划分的,现实生活中遭遇的挫折往往是不同挫折类型的叠加或交叉。例如,某大学生遭遇了突发变故陷入贫困导致的家庭挫折,这既属于实质性挫折,又属于突发性挫折,同时还是生活性挫折,且还是外部挫折。

第二节　大学生常见的心理挫折

大学阶段是一个人一生当中心理发展变化最活跃的时期，也是一个人心理矛盾和心理压力的多发期。这与当前的社会环境有关，也与其所处年龄阶段的身心发展特点有关。不同的人，需要和动机的强度、对实现目标的评价标准、对自我的预期及对挫折的归因等都不尽相同，所以，即使面对同样的挫折，不同的人会有不同的认知和反应。例如，同样是考试不及格，有的学生痛不欲生，有的学生懊悔不已，有的学生则不以为然。也正因为人们对挫折的反应不同，挫折反应在不同的人身上的效应也有所不同。

一、大学生产生心理挫折的主要原因

造成大学生挫折的因素具有鲜明的时代特征，是当前社会状态的综合折射，也是个体与环境交互作用的结果。产生挫折的原因很多，也很复杂，既有客观的，又有主观的，很多时候是各种因素综合作用的结果。一般可概括为客观外部因素和主观内部因素。

（一）客观外部因素

客观外部因素包括自然环境因素和社会环境因素。自然环境因素是非人为性因素所造成的时空限制、自然灾害或事故，如恶劣的气候、火灾、水灾、地震等。社会环境因素是个体在社会环境中受到政治、经济、道德、风俗、习惯等条件的限制或影响，如社会道德规范对个体行为的约束等。当代社会，社会环境因素引起的挫折往往比自然环境因素所引起的挫折更多，影响也更深远。

家庭、学校和社会是影响大学生心理挫折的重要社会环境因素。首先，家庭环境方面。父母对子女的养育模式、父母对子女的期望值、家庭成员的亲密程度、父母的受教育程度、家庭的经济状况等都是容易导致大学生遭遇心理挫折的家庭环境因素。其次，学校环境方面。学校教育的方式和学校环境都对大学生的未来发展至关重要。例如，填鸭式、应试型的教育往往容易让大学生在踏入社会的道路上步履蹒跚；学生在学校的人际关系状况、教师的教育风格和人格特征等都可能影响学生的身心健康。再次，社会环境方面。社会的高速发展对大学生的发展既是机遇也是挑战。高学历人才与日俱增，致使大学生的社会竞争增大，往往面临更多成长中的挫折和挑战。同时，多元化的价值观也容易对大学生造成强烈的心理冲击，心智发展尚不健全的大学生也容易遭遇挫折的侵扰。

（二）主观内部因素

主观内部因素包括生理因素和心理因素。生理因素主要指先天素质所带来的限制，使人无法顺利达到目标，如色盲者难以从事医疗工作。面对这类受先天因素所制约且难以通过后天努力达到目标而导致的挫折，引导个体正确认识自己是非常重要的。

产生挫折的心理因素，归纳来说主要包括以下几个方面。

1. 人的能力、智力、知识经验的不足　大学阶段是一个人能力、智力丰富发展的时期，是人生观、世界观形成的关键期，大学生由于心智发展尚未健全，对社会缺乏充分认识和生活经验，往往容易表现出盲目性、从众性、冲动性、非适度性和重物质性等特点，面对复杂的社会生活，常常感到无所适从，容易遭遇各种挫折挑战。

【拓展学习 9－2】

碰不得的“校园贷”

“深圳大学生小陈从最初只借 6 000 元，到如今‘滚雪球’累计欠下多少债款，自己也说不清楚，面对放款人的暴力催收，小陈不得不找地方躲了起来；另一位学生从借 5 000 元开始，半年时间，欠债累计上百万元；陕西大学生借校园贷无力偿还，自杀后其父仍收到多个校园贷平台发来的催款信息甚至恐吓电

话”……类似的媒体报道层出不穷，这些借贷平台就是盯上了大学生社会经验不足、欠缺借贷意识的弱点。而“申请便利、手续简单、放款迅速”的校园贷也恰恰被没有经济来源的大学生所青睐，大学生也一步步深陷网贷泥潭。

借贷时鼓吹“安全、快捷、方便、小额贷款、随借随贷”，若不能及时归还贷款，放贷人会采用各种手段向学生讨债。由于在贷款时向借贷公司提供了身份信息、手机号码等重要个人信息，一旦学生不能按时还贷，放贷人可能会采取恐吓、威胁学生及其家人等手段，对学生人身安全和校园秩序造成严重危害。

一些不法分子还专门针对大学生推出了“求职贷”“培训贷”“创业贷”等借贷业务，脱去马甲之后，其实都是不法校园贷，《人民日报》也发声《警惕“校园贷”穿上新马甲》提醒大学生们远离各类校园贷。目前，国家各有关部门已相继出台了系列措施和文件来规范治理校园贷的问题，明确要求取缔校园贷业务。

大学生往往消费意愿强但消费能力弱，缺乏对校园贷的了解和风险认知，缺乏鉴别能力和防范意识，容易陷入校园贷的诈骗套路。加之社会经验不足，常常会被“熟人”利用，或者被高额的兼职回报所诱惑，不仅被动背负债务，还极易泄露个人信息甚至导致身陷骗局，蒙受巨大精神和财产损失。大学生应树立正确的消费观和金钱观，增加对信贷知识的了解，增强自我保护意识，警惕贷款骗局。

2. 抱负水平过高　抱负水平是指一个人对自己所要达到的目标规定的标准。抱负水平过高，容易因目标不容易达到而体验到挫折感。例如，两个同学考出了同样的80分，一个同学可能觉得“这跟我预料的差不多，我基本已经发挥出了自己的能力水平”而感到欣喜，另一个同学则觉得“这不是我要的结果，我要求自己在各方面表现都要比别人好，这是人生中的失败”而感到懊丧。大学生往往都对自己有较高的期望，可又缺乏行之有效的行为，抱负水平太高甚至超出个人实际水平，就容易产生挫折。

3. 动机冲突　在现实生活中，人们的需要是多种多样的，常常会因多种需要而产生多个动机，并指向多个目标。当这些并存的动机相互排斥，或者由于种种条件的限制不可能全部实现而必须有所选择取舍时，就形成了动机冲突，所谓“鱼与熊掌不可兼得”。动机冲突常常导致部分需要和目标不能满足和实现，于是就造成了挫折。动机冲突导致的挫折常使大学生感到左右为难，产生激烈的冲突和焦虑不安的情绪甚至还会为此寝食不安。一般而言，动机冲突主要有以下四种形式。

(1) 双趋冲突(approach-approach conflict)：又称正正冲突，指对个体同时存在两个具有同样吸引力的目标，而两者不可得兼、难以取舍的心态。双趋冲突是学生中最常见的心理冲突。当两个目标都符合需要，现实是“鱼和熊掌不可兼得”时，就出现了难以取舍的内心矛盾冲突。例如，大学生对先升学还是先就业，往往举棋不定，难以取舍。

(2) 双避冲突(avoidance-avoidance conflict)：又称负负冲突，指同时有两个可能对人具有威胁性、不利的事发生，两种都想躲避，但受条件限制，只能避开一种，接受一种，在抉择时内心产生矛盾和痛苦，处于“前有狼后有虎”的两难境地。例如，在大学之中，有的同学既不想用功读书，又怕考试不及格，于是出现“二者必居其一”的心理冲突。

(3) 趋避冲突(approach-avoidance conflict)：又称正负冲突，指人对同一目标同时具有趋近和逃避的心态，这一目标可以满足人的某些需求，但同时又会构成某些威胁，既有吸引力又有排斥力，使人陷入进退两难的心理困境。例如，有的大学生既想担任学生干部，使自己得到实际锻炼，又怕占用时间太多，影响学习。

(4) 双重趋避冲突(double approach-avoidance conflict)：又称双重正负冲突，指同时有两个目标，存在着两种选择，但两个目标各有所长、各有所短，人对这两个目标左顾右盼，难以抉择的心态。例如，择业时有两个单位可供选择，而每个单位又利弊相当，就有可能举棋不定而陷入这种冲突中。

随着社会的发展，大学生选择的自由度将会越来越大，由此带来的动机冲突也必然增加。

4. 不合理、不切实际的需要　挫折的发生与需要和目标息息相关。许多大学生在制订目标时，往往不从实际需求出发，过分高估自己的能力，缺少理性思考和合理的计划安排，最终因为目标无法达成而导致挫折。例如，大学校园的生活丰富多彩，有些大学生开始羡慕其他同学精彩的校园生活，出现攀比心态，不从实际情况出发，不结合自己的实际需求，别人有的自己都想要，别人参与的自己也都想体验，这可能影响到正常人际关系的发展、自我概念的整合，容易导致生活不适应，不合群等挫折。

5. *认知模式* 人们常说“所知决定所感，所感决定所行”，感受与行为往往是外显的，人们很容易捕捉到，而认知却是内隐的，它决定着人们的行为却不为人们所察觉。这也是挫折心理难以克服的最重要的因素之一。哲学家爱比克泰德有一句经典名言“人们不是被事情本身所困扰，而是被对事情的看法所困扰”。大学生的自我认知发展不成熟，对事物的认识发展也不成熟，可能存在过分概括化、消极化、完美主义等认知倾向，往往不能正视来自各方的压力，无法直面生活的挫折。

挫折的产生与对挫折事件的认知和评价息息相关。例如，面对同样的棘手任务需要解决，有的同学就觉得这是其他人故意对自己的刁难，觉得难以完成，还对别人怨恨在心，甚至觉得这个世界对自己太不公平。而有的同学却觉得这是对自己的锻炼和考验，乐于探索解决问题的捷径和方法，在挑战中找到了自我实现的乐趣。

6. *个性特征* 个性是个体在适应环境的过程中所表现出来的系统的独特的反应方式，它由个体在其遗传、环境、成熟、学习等因素交互作用下形成，具有独特性和稳定性。不同个性特征的人对待挫折的反应也不尽相同。例如，性格孤僻、内向的大学生，在人际交往中过于敏感，常常将他人无意的眼神、动作、话语误解为对自己的排斥和鄙视，进而产生畏缩、抑郁等不良反应，严重者可能会产生恐惧心理，难以与人相处。而这些在个性开朗、外向的同学眼中，则没有过多攻击性的内涵解读，挫折也就无从谈起。

个性特征有缺陷的人往往对周围环境的适应能力不强，遭遇挫折后，极容易产生消极影响。不良的个性特征如自私、偏执、多疑、以自我为中心、自负等，往往会加重挫折感，具有这些不良个性特征的人稍遇挫折就容易对生活失去信心，并且更多地使用攻击、逃避、否定等心理防御机制，采用消极的挫折应对方式甚至自杀。

二、大学生心理挫折的主要表现

人们在遭到挫折时会有各种各样的反应和表现，有些是强烈的内心体验，有些则表现为特定的行为，还会自觉或者不自觉地运用心理防御机制（self-defense mechanism），以减轻挫折感，达到心理平衡。一般来说，受挫后的表现往往具有非理智性，甚至会出现心理失调引发心理障碍或心理疾病，但非理智性的反应并不是绝对的，有些同学受挫后仍能奋发向上，理智地分析原因，从而战胜挫折，还有的同学会表现出妥协性反应以求心理平衡。因为个体间存在自我调节能力、生活态度和个性特征等差异，所以挫折的反应及表现也有较大的个体差异。总体来说，大学生的心理挫折表现有消极、积极和中性（缓和性）之分。

（一）消极的反应

1. *攻击* 指当人们遭受挫折后，为了将愤怒的情绪发泄出去，或者对构成挫折的对象进行报复而产生的行为。攻击是人们遇到挫折时最原始的反应，也是大学生中常见的挫折反应。1939 年耶鲁大学心理学家多拉德和米勒等发表了一本论述攻击的经典专著《挫折与攻击》，在这本著作中首次提出了“挫折-攻击”假说，认为“攻击行为的发生总是以挫折的存在为先决条件，反之，挫折的存在也总是导致某种形式的攻击”。虽然有大量的实验证明该理论的合理性，但事实上，不是每个人遭遇挫折时都会表现出攻击行为，也不是所有攻击行为都由挫折引起。1941 年，米勒对这一假说做了修正，“挫折可以产生或引起一系列不同类型反应的刺激，其中之一是引起某种形式的攻击的刺激”。1969 年，贝科威茨（Leonard Berkowitz）指出挫折所创造的仅仅是一种攻击行为的“准备状态”，这种准备状态还可以由他人的攻击和已经养成的攻击习惯等其他原因产生。

攻击性行为的对象可能是构成挫折的人或物，也可能是其他替代物，还有可能是受挫者自身。根据受挫者攻击的对象不同，攻击可分为直接攻击和转向攻击。直接攻击是指攻击行为直接指向引起挫折的对象，多以动作、表情、语言、文字等表达出来，如对使自己受挫的人采取嘲笑、谩骂、殴打等行为，直接攻击由于缺乏理智，往往不考虑后果，从而容易造成严重的后果。直接攻击行为多发生在那些缺乏生活经验、比较简单、鲁莽、易冲动的学生身上。转向攻击是指受挫者由于种种原因不能攻击使其受挫的对象，于是把愤怒的情绪指向自己（如轻生、自我折磨、自我虐待等）或与其挫折情境无关的对象（一般以“替罪羊”的形式出现，如背后抱怨、发牢骚、摔东西、向别人发泄怨气等）。转向攻击行为造成的后果同样严重。转向攻击行为多发生在自制力较弱、自信心较低的大学生身上。

2. 冷漠　指受挫后表现出的对挫折情境无动于衷和漠不关心的态度。它是由于一个人长期遭受挫折，既无法对引起挫折的对象进行攻击，又感到没有任何希望摆脱或消除困境时产生的一种悲观消极的应对方式。研究表明，以下情况容易出现冷漠反应：一是长期遭到挫折而无法摆脱；二是遭受挫折后无望无助；三是心理上恐惧不安和生理上痛苦难忍；四是进退两难，攻击和退缩之间冲突激烈。冷漠的反应比攻击更为复杂，对身心的危害更大。

3. 焦虑　是一种模糊的、紧张不安的综合性负性情绪，常伴随忧虑、恐惧等感受，甚至可能会出现出冷汗、恶心、心悸、手颤、失眠等神经生理反应。当人们面临心理冲突、情境压力、遇到挫折、预感到某种不祥的事情或不良的后果将要发生或感到需要付出努力的情境将要来临而又感到没有把握预防和解决时，一般都会产生焦虑情绪。人际交往和学习挫折常常是大学生焦虑的主要原因。持续、过度的焦虑对人们的身心健康是有害的，若不及时调整，设法尽快摆脱或降低焦虑，可能会导致心理障碍，如焦虑症等。另外，适度的焦虑也有积极作用，适度的焦虑常常有助于使人集中注意力，活跃思维，从而最大限度地调动身心资源，集中精力去应对挫折。

4. 固执　指个体在受到挫折后，不分析失败的原因，不总结经验教训，而是采取刻板的方式盲目地重复某种活动或坚持某种想法的行为，尽管这种重复或坚持并无什么成效，但仍要继续下去。固执不等于习惯，如果习惯性行为不能满足需要，人们就会改变它，而固执不仅不会改变，反而会愈演愈烈；固执也不等于意志坚强，意志坚强的人如果知道某种行为不能达到预定的目标，就会改变策略，再朝着目标努力。

5. 退行(regression)　指人们受到挫折时所表现出的与自己年龄和身份不相称的幼稚行为。巴克(R. Barker)等在儿童行为研究的基础上，提出了挫折-倒退理论，他们发现儿童在受到挫折后不仅仅表现出攻击性行为，有的儿童还表现出更加幼稚的现象，也就是所谓的“倒退”。在个体的成长过程中，每个人都逐渐学会了与自己年龄和发展阶段相适应的言行，但当个体受到挫折后，就可能会失去这种控制，退化到以低于自己年龄和发展阶段的幼稚的方式应对，以求得别人对自己的同情和照顾。有些表现为盲目服从，听取他人的意见，按照他人的安排，毫无主见。有些表现为无理取闹，不分场合，乱哭乱闹，丝毫不考虑对他人的影响。大学生遭遇挫折的退化表现常常令人啼笑皆非，这也是大学生心理发展不成熟的表现。

6. 逃避　指个体在遇到挫折或感到可能面临挫折时，采取回避、逃避行为来躲开挫折现实的一种挫折反应方式。有的逃避至现实生活中的其他事件，有些大学生学习成绩不理想，就把时间精力全放到打游戏、打球等与学习无关的事情当中；有的逃避至虚拟的幻想世界，在遭遇挫折后一直沉浸在不切实际的幻想之中，回避现实中存在的问题；有的逃避至心理疾病，有些大学生因害怕考试受挫，就在考试当天发热而使自己无法考试，这种逃避往往是无意识的，与装病不同。逃避可以使人降低因挫折产生的紧张感，或者避免再次受到挫折的伤害，但长期下去将大大降低大学生的适应能力和自信甚至可能会导致适应不良。

7. 幻想(fantasy)　指当人无力处理现实生活中的一些困难，或是无法忍受一些情绪的困扰时，使自己暂时离开现实，任意想象应如何处理困难，使自己存在于幻想世界，得以实现内心的平衡，达到在现实生活中无法经历的满足。个体在遇到挫折时会以自己想象的虚拟情境来应对挫折，借以摆脱现实的痛苦，然而长期处于幻想状态，或养成从幻想中实现生活中实现不了的目标的习惯，就会使人降低对生活的适应能力和严重脱离现实生活，甚至可能导致精神疾病。

8. 自杀　是一个人遭受挫折后的一种极端反应方式，也可以看作受挫后针对自身的一种典型的特殊的攻击行为。通常，自杀行为是在挫折的打击大大超出受挫折者对挫折的承受能力的情况下发生的，特别是当受挫折者将受挫的原因归结为自己，并对自己丧失信心，将自己作为迁怒的对象时更容易导致自杀行为。

(二)积极的反应

1. 升华(sublimation)　指把那些可能是不道德或违反伦理的强烈的潜意识欲念，以社会较能接受的形式表现出来，从而得到社会的认可和赞同的防御机制。一个人遭遇挫折后，将自己的情感和精力转移到有益的活动中去，从而将不良情绪和不为社会所允许的动机导向比较崇高的方面，以保持情绪的稳定和心理的平衡，这就是升华的作用。例如，有些大学生因失恋而极度悲伤，经疏导后，致力于学习，考上了研究生。升华不仅需要一个人创造性思考的能力，还要有坚强的意志和开阔的胸襟，它可以使原来的动机冲突和不良情绪得到宣泄，还能以更积极的方式实现目标，无疑是心理防御机制中最富有建设性的、积极的行为反应和应对挫折的方式。

2. 补偿(compensation) 指当个体所追求的理想、目标受到挫折，或者生理上、心理上存在某种缺陷时，通过以新的目标替代原有目标或选择其他能成功的方法来弥补缺陷，以减轻心理上的不适感和挫折感。补偿常通过两种途径实现目标：一是改变策略和行为方式，如"围魏救赵"就是一种补偿性的策略替代。有些大学生在实现目标的过程中，几经努力和尝试都失败后，他们就会冷静下来，认真客观地分析自己的策略方法，并进行适当的调整后再作尝试，以实现自己的愿望。二是替换新目标，所谓"失之东隅，收之桑榆"。例如，一个高度近视、身体瘦弱的大学生无法取得在体育成绩上与别人一争高低，但可以通过刻苦学习，让自己在学习上取得优异成绩。补偿对于缓解受挫后的损失感，防止心理压力具有积极作用。

3. 认同(identification) 又称表同、仿同。认同作为一种防御机制是指无意识地取他人之长归为己有，并作为自己行动的一部分加以表达。个体无意识有选择性地吸收、模仿或顺从另外一个人(一般是自己敬爱、尊崇的人，或者归属、认同的团体)的态度或行为的倾向。一个人在受到挫折后，会自觉效仿他人获得成功的经验和方法，使自己的思想、目标和言行更适应环境的要求，从而在主观上增强获得成功的信念与勇气；或者把别人具有的、使自己感到羡慕的品质加在自己头上，以提高自己的信心、声望、地位；或者迎合能满足自己需要的人，按照他们的希望去支配自己的思想和行为。例如，有些大学生将科学家、历史名人及某些歌星、球星甚至是自己的同学作为认同的对象，将他们那些自己所羡慕的品质加在自己身上，或将自己与所崇拜的人视为一体，从中获得信心、力量和勇气，奋发进取，从而减轻挫折感。认同可以使人从认同对象(榜样)那里获得积极的自我激励与暗示，鼓励自己奋发进取。

(三) 中性(缓和性)反应

1. 合理化(rationalization) 又称文饰，指个体无意识地用似乎合理的解释来为难以接受的情感、行为、动机辩护，使其可以接受，以求得心理平衡。当个体因挫折产生不良情绪时，为减轻精神上的苦恼和不快，维护个体的自尊和心理平衡，常常为自己遭受到的挫折寻找借口或作歪曲的解释。常见的合理化有"酸葡萄心理"和"甜柠檬心理"。

"酸葡萄心理"是指个体所追求的目标受到阻碍而无法实现时，便贬低甚至否定原来的目标，说"不值得追求"。就像《伊索寓言》里，那只摘不到葡萄的狐狸告诉自己："葡萄是酸的。"例如，有些同学考试成绩不理想，便说："为那几分读死书有什么意思。"

"甜柠檬心理"是指个体所追求的目标不能实现时，便淡化原来的目标与结果，而对自己的既得利益加大肯定，百般强调，以此减轻内心的失望与痛苦。例如，某同学做了充分准备参加文艺比赛，最终却只获得了鼓励奖，便说："其实这次比赛我并没有准备拿名次，我只要站在舞台上展示给大家就行了，拿个鼓励奖就够了。"

无论是"酸葡萄心理"还是"甜柠檬心理"，都是在个体遭受挫折无法达到目标和满足愿望时，用有利于自己的理由为自己辩解，找到一种"合理化"的解释，以减轻痛苦和焦虑，用某种借口、态度或行为来掩饰自己。然而真正应对挫折不能只停留在自圆其说的状态中，而是在情绪稳定后，冷静客观地分析真正的原因，以重新确定目标，或努力改进策略方法。

2. 潜抑(repression) 指个体把意识中对立的或现实中所不能接受的冲动、欲望、想法、情感或痛苦经历，不知不觉地压抑到潜意识中去，以致当事人不能察觉或回忆，使自己避免痛苦。潜抑作用是所有心理防御机制中最基础和最基本的方法(如梦、失语、失态、笔误等)。在正常情况下，潜抑能够使人正常地约束和管制自己的行为，保持良好的人际关系和社会秩序。大学生在运用该机制时最重要的是掌握潜抑的度，不良情绪或痛苦经历潜伏、压抑过多过久，都有可能造成心理问题和心理疾病的产生。

3. 否定(denial) 是一种原始又简单的自我防御，指个体无意识地拒绝承认或接受某些不愉快的现实。把已经发生的挫折和不愉快的情境加以否定，从根本上认为它从没发生过，"掩耳盗铃"以避免心理上的不安和痛苦，如否认亲人的死讯或考试成绩等。人们在遇到严重挫折的时候，总会自觉或不自觉地使用这种应对方式。这也就是为什么当人们听到一个突如其来的坏消息时，不少人都会有这样的念头，"不可能，事情不可能是这样的！""这怎么可能呢？"其实，就是人们正在使用"否定"来降低自己心理上所要承受的压力，或者至少是为了最终不得不接受事实而争取一些心理准备的时间。在一定的程度上，否定可以减缓突如其来的挫折所带来的压力，维护原有的心理平衡，或者使人们在心理上有一定的准备来接受不得不接受的痛苦现实，能起到一定的缓和作用。

4. 反向形成(reaction formation) 也称矫枉过正，指个体对内心难以接受的、不愉快的观念、情感、欲望、冲动夸张性地以相反的外在态度或行为表现出来。在性质上，反向行为也是一种压抑过程。例如，有些同学内心极度自卑，却总以骄傲自大、傲慢不羁的外在表现来掩盖自己的弱点；有些同学很在意荣誉，却害怕自己不够优秀，因此对外表现为不屑一顾，对荣誉成绩根本没有兴趣。反向行为虽然可以在一定程度上掩饰个体的真实动机，减轻内心的冲突和挫折感，但长期如此，容易歪曲自我认知，不利于自我意识的发展。

三、大学生心理挫折的效应

效应原指物理或化学作用所产生的效果，如光电效应、热效应等，在心理学上，效应是某种心理现象带来的效果及影响，心理挫折的效应即指心理挫折带来的效果及影响。挫折对大学生具有双向效应，一方面，挫折使学生吸取教训，重新审视需求和目标，调整战略方法，从逆境中重新奋起；另一方面，挫折也可使大学生一蹶不振，处于不良的身心状态甚至导致身心疾病的发生。

(一) 大学生挫折的负向效应

负向效应是指大学生在遭遇挫折之后，其挫折认知较为消极，挫折承受力较差，沉湎于消极的挫折情绪感受之中，采取消极的挫折应对方式，严重者更是影响生理健康和心理发展。

国外有心理学家曾采用访问谈话的方式研究挫折与紧张状态的身心反应。他们用可能激起人们挫折感和紧张状态的语言与受试者交谈，并观察他们的反应。结果发现，这样的访谈能引起偏头痛发作、鼻腔肿胀及分泌增多、支气管收缩等生理反应，还有受试者体验到发怒但又无可奈何等消极情绪。受挫者往往承受着极大的心理压力，若以往的经验和行事策略失效，无法应对当前的挫折，就容易陷入心理危机状态。情况严重得不到解决时，往往表现出应激状态，甚至还可能诱发精神疾病。挫折综合征是一种因对待挫折的适应能力和心理防御机制尚不成熟或尚不完善，导致人在挫折面前无所适从而出现的多种心理失调特征的心理异常。

结合大学生的身心发展特点，大学生如果经常遭遇挫折，往往容易出现以下负向效应。

1. 影响大学生的自我概念和自尊 自我概念(self-concept)即一个人对自身存在的体验。它包括一个人通过经验、反省和他人的反馈，逐步加深对自身的了解。自尊(self-esteem)是个人基于自我评价产生和形成的一种自重、自爱、自我尊重，并要求受到他人、集体和社会尊重的情感体验。青年期是“疾风怒涛”的时期，也常被称作“第二次诞生”“自我的发现”的时期。大学阶段恰好是对自我概念前所未有的关注时期。大学生们不断探索“我是谁”“我将走向何方”此类问题的答案。在此阶段遭遇挫折，往往对自我概念的形成和自尊的发展造成冲击。

哈佛大学积极心理学课程的主讲人泰勒·本-沙哈尔教授(Tal Ben-Shahar)在对人的自尊研究中发现，人在青少年时期，多表现出个人的自尊和价值依赖于他人对自己的评价和反映的依赖型自尊，成人一般也有这样的表现。依赖型自尊的人，喜欢在能力上与他人比较。例如，有些同学在进入大学之后，和周围的同学一比较，发现自己连简单的计算机操作和英语诵读都觉得很吃力，便由此开始怀疑自己的能力，总是担心受到别人的讥讽嘲笑，害怕别人看不起，自尊心遭到打击，难以形成合理的自我概念。尚处于依赖型自尊阶段，还未完全形成独立型自尊的大学生受挫后往往容易感到自卑，在应对挫折情境时，通常会习惯化地从自身缺点和劣势出发，出现猜忌、内向、回避、冷漠等现象。这样既不利于自尊发展又不利于自我概念的形成。

2. 影响大学生实现目标的积极性 遭遇挫折，有的人不敢面对现实，选择了逃避或放弃。经常遭遇挫折，往往还会让个人对成功的归因外化，即认为成功往往是偶然的，是被外在的因素决定的，只能靠命运和运气，而失去对自己的努力应有的信心，并且往往把失败的原因归于自己。逐渐变得对目标的达成缺乏信心，影响个体的抱负水平，甚至面对自己力所能及的目标也会丧失勇气，得过且过，无所作为。

例如，许多大学生求职受挫后，就走入了成败归因偏差的“死胡同”。总觉得自己时运不济，在求职这个卖方市场，没有“拼爹”的背景，求职者只能被用人单位挑挑拣拣，社会大环境不好，而自己又不是被上天偏爱的宠儿，做再多努力都是“竹篮打水——一场空”，逐渐对找工作失去兴趣，产生了“只要随便有个工作干，能养活自己就行”的想法，甚至是不再出门求职，有回家“啃老”的念头，从此颓废潦倒，沉浸在消极幻想之中。而不是去分析社会现实和环境因素，在供求需要上多思考，多关注自我能力的提升。

3. *影响大学生的身心健康* 个体在遭遇挫折后，会引起情绪紧张、苦恼、失望、侵犯、攻击等消极反应，如果是重大挫折，还会引起情绪状态的巨变，甚至直接影响心理健康发展，可能出现焦虑、抑郁、强迫等情感障碍，以及反社会性人格、攻击性人格等病态人格。同时，挫折还会危及身体健康。生理心理学研究表明，挫折所导致的应激状态对个体有威胁性的影响，应激状态的延续会有损个体生物化学保护机制，从而降低个体抵抗力，使其易受病菌侵袭。更有甚者为了摆脱挫折所带来的身心痛苦，希望在极度痛苦和绝望中求得解脱，选择自杀作为解决方式。然而这种选择并没有解决问题，反而给生者和亲人留下无限的遗憾和终身痛苦，带来了消极的社会影响。

（二）大学生挫折的正向效应

正向效应就是指大学生在遭遇挫折之后，能在逆境中奋发，从中学会积极的挫折认知态度，想方设法发掘潜力解决矛盾与冲突，从挫折中吸取经验，避免挫折的消极影响。

挫折造成的长期高度紧张的情绪状态和心理压力有害身心健康，但其并不是挫折必然导致有害结果，在一定条件下，适度的紧张和压力是有益的，压力与效率之间呈倒U形关系，适度的压力有利于提高工作效率。

20世纪50年代美国心理学家阿姆塞尔（A. Amsel）提出了挫折-奋进理论，也称挫折-效应理论，他对动物（白鼠）的实验研究显示，动物在遇到挫折后会出现反应率暂时提高的现象。他对儿童的挫折性无奖赏实验研究显示，儿童表现出无奖赏导致完成某项任务的力量增强或采取各种策略去对待无奖赏的情况，说明一个人在受到挫折后，把挫折作为行动的动力，可以出现努力奋进的结果。当然这并不意味着，挫折与奋进行为之间存在绝对化的关系，奋进行为的产生受到个体的人格特征、对挫折情境的认知、挫折承受力水平的影响。

中国古代有俗语说“艰难困苦，玉汝于成”，说的就是困厄的环境和条件能磨砺人的意志，最终实现目标，宋代散文家欧阳修有诗句“困有亨之理，穷当志益坚”，意指厄运、困境等挫折中本身就包含有奋发有为的意思。挫折的正向效应主要表现在以下几个方面。

1. *提高大学生对挫折的认知水平* 挫折的认知理论认为，刺激（S）与反应（R）之间，不是简单的S－R关系，而是S－C－R关系。S因素包括事件、情境、他人、人际关系及自我的行为表现等，R指各种心理行为反应，C是意识、经验因素。认知过程是依据认知者的过去经验及对有关信息的分析而进行的，它依赖于认知者的思维活动，包括信息加工、推理、分类与归纳等。大学生遭遇挫折在某个程度上来说提高了他们对挫折的认知水平。挫折会促使大学生分析造成挫折的内因与外因，认识排除挫折的客观和主观条件，反思自己的认知不足，考虑排除挫折的方案，及时采取措施。如此反复，有助于个体知识结构不断更新发展。同时，吸收经验教训，改变策略，提高了个体解决问题的水平。如果个体虽遇到挫折却无动于衷，没有任何压力和紧张，也就不能去探求排除挫折的方法和措施。

2. *磨炼大学生的意志力和耐受能力* 一个人的意志力不是天生的，而是在后天的磨炼中不断增强的。一次次遭遇挫折后不断调整挫折的应对措施，日积月累便奠定了大学生以后面对挫折的策略及心理准备。“应知天地宽，何处无风云；应知山水远，到处有不平”，我国当前正处在社会变革和转型时期，各种矛盾相互碰撞，这既为大学生提供了发展机遇，又增大了遭受挫折的概率。正确面对挫折，想办法跨越它、战胜它，是每个大学生的“必修课”，也是大学生成长成熟的重要标志。被“征服”的挫折越多，越有成就感，当下次再受挫时，受挫程度就会减弱一些，而对挫折的耐受能力也会相对增强。经历挫折能磨砺大学生的坚强意志，学会受挫后不放弃，保持信心，积极应对。

3. *激发内驱力促使大学生奋进努力* 挫折是一种内驱力，生活中的强者往往因挫折而激发出强大的身心力量。虽身处逆境，却百折不挠，为了实现目标，投入更多的时间和精力，挖掘潜能奋发努力，最终实现了目标与愿望。对行动目标不坚定的人遭遇挫折，往往陷入“习得性无助”的恶性循环之中，止步不前。正所谓“失败是成功之母”，现实中有许许多多虽遭遇挫折却发奋图强的故事，主人公没有被挫折击倒，反而在逆境中挖掘自身潜能，爆发出更强大的生命力。

第三节 大学生心理挫折的应对策略

孟子曰:“故天将降大任于斯人也,必先苦其心志,劳其筋骨,饿其体肤,空乏其身,行拂乱其所为。所以动心忍性,曾益其所不能。”挫折是对一个人情绪反应和容忍力的考验,正视这种考验能增强个体对挫折的容忍程度,提高个体对挫折的认识水平,推动个体为实现目标而做出更大的努力。所谓“吃一堑,长一智”。一个人生活在现实中不可能没有挫折。因此,正确认识挫折、掌握应对挫折的方法和技巧、提升挫折耐受能力,是成功战胜挫折的法宝。

一、正确认识心理挫折

从某种意义上讲,挫折是社会生活的组成部分。人们随时随地都可能遇到挫折。例如,数载寒窗苦读,梦想升入理想大学,却未能如愿;一个科学家,经过上百次、上千次甚至上万次的实验,仍未得到理想的结果;一个企业家在一夜之间倾家荡产;等等。正确地认识挫折是应对挫折的第一步。

(一)挫折的必然性和普遍性

人们常用“心想事成”“一帆风顺”表达对平顺生活的愿望和理想。实际上在现实生活中,总有一些事情不成功,总有失意与困惑的时候。可以说,挫折是我们生活的一部分,它的发生具有必然性,每个人都无法逃避,这是由于事物发展的不平衡性、偶然性及影响事物发展因素的多元性等决定的,不以人的意志为转移。世界上的一切事物都是在挫折中不断发展前进的,人们也是在与挫折抗争中不断走向成熟的。

同时,挫折也是普遍存在的,一个人在成长过程中,受环境变化、个性发展等的影响,在不同阶段可能会面临不同的困难与挫折。例如,学步时走路会摔跤;上学时成绩不理想,人际关系发生危机;就业时理想和现实的冲突;中年时会面临各种生活压力;老年时会面对病痛缠身与生活的孤独;等等。而在大学生活中,挫折也是普遍存在的,如学业的压力、人际关系的冲突等都是经常碰到的。

能够认识到挫折的必然性和普遍性,一旦遇到挫折,就会有较充分的心理准备,能做到在挫折面前不灰心、不后退,能把挫折作为前进的阶梯、成功的起点。鲁迅先生说“伟大的胸怀,应表现出这样的气概——用笑脸来迎接悲惨的命运,用百倍的勇气来应付自己的不幸。”

(二)挫折的两面性

有人说,挫折是一把双刃剑,既可以刺伤自己,也可以保护自己。即挫折具有两面性,既有消极的一面,又有积极的一面,它可以给人带来痛苦与不幸,也可以使人获得经验与信心。

【案例 9-1】

彭超 6 岁时遭高压电击失去双臂,造成肢体残疾 1 级,没有了手,必须要学会用脚写字、吃饭。刚开始时,脚根本夹不住笔,写一横都要写 10 多分钟,一天也只能坚持 20 min 左右,通过坚持不懈地练习,慢慢地,彭超可以用脚写全笔画了,一天也能写上 1 个小时。用脚写字之后,彭超又练习用脚吃饭、刷牙……

一件常人很容易做到的事,彭超要反复练习上千次,尽管如此,彭超仍坦然面对,想办法克服重重困难,并积极走出去面对生活。当坐进梦寐以求的教室,倔强的彭超几乎是每天第一个到教室,聚精会神听课,认真仔细完成作业。

坚持、自信、选择是彭超总结自己成长道路上的三大关键词。失去双臂的他并没有选择放弃,而是坚持到底,与逆境抗争,从挫折中奋起。2015 年彭超以 603 分的高分被四川大学法学院录取。

2016 年彭超在央视节目《中国诗词大会》中力压群芳,成为该节目首位擂主。并先后被评为四川省自强模范、感动四川大学十大人物、中国大学生自强之星标兵。

遭遇挫折之后，人们往往会陷入情绪低落、烦躁不安等消极状态中，降低个体的创造性水平，陷入困顿，从而影响目标的达成甚至危及生命。楚汉相争，刘邦败多胜少，项羽胜多败少，垓下之围项羽挫败，因无脸见江东父老，自刎于乌江。如果不能正确对待挫折，不论是英雄豪杰还是平凡世人都将难逃挫败命运。

然而挫折并不总是导致消极的结果，关键是怎样去认识和对待它，古希腊寓言作家伊索在他的《伊索寓言》中说："人们的灾祸常成为他的学问。"挫折固然使人受到打击，给人带来损失和痛苦，但是如果正确、积极地看待挫折，处理得当，往往能促使挫折从消极方面向积极方面转化，就可以给人激励，让人警觉和成熟，使人更加坚强。

挫折的两面性不是绝对的，二者在一定条件下可以互相转化。历史上有许许多多在挫折中磨砺意志，最终走向成功的故事。司马迁曾写道："盖西伯（文王）拘而演《周易》；仲尼厄而作《春秋》；屈原放逐，乃赋《离骚》；左丘失明，厥有《国语》；孙子膑脚，《兵法》修列；不韦迁蜀，世传《吕览》；韩非囚秦，《说难》《孤愤》；《诗》三百篇，大底圣贤发愤之所为作也。"而司马迁自己也在先贤的指引下，忍受巨大的精神和肉体的屈辱和痛苦，铸就了"史家之绝唱，无韵之离骚"的《史记》。

大学生要树立正确的挫折观，在挫折面前，不仅要看到主要矛盾和矛盾的主要方面，而且应兼顾次要矛盾和矛盾的次要方面，辩证地看待挫折，努力减少挫折消极因素的影响，促进消极因素向积极因素转化，从而把挫折带来的压力变为动力。

二、学习应对心理挫折的技巧

大学生要应对压力与挫折，必须发挥自身的主观能动性，掌握和运用一些行之有效的技巧和方法。

（一）正确归因法

归因（attribution）指人们如何解释自己和他人行为的原因，是人对影响或解释其行为的因素做出结论的一种认知过程。美国心理学家韦纳认为，尽管行为的原因多种多样，但还是可以归纳为几种不同的类型：内因和外因、稳定性和非稳定性、可控性和不可控性。不同的归因对个体的行为有不同的影响。例如，在挫折的归因上，如果归因于内因，则是稳定、不可控的，容易产生自卑、内疚、羞愧等体验，降低个体努力奋进的水平，可能面对挫折表现得无可奈何，不思进取。如果归因于外在，则是不稳定、可控的，可能有助于促进个体重新努力，即在他认识到完全依靠外在因素是不能解决问题时，反而会转向自我的努力。大学生应学习对挫折进行正确归因，避免归因的片面性和笼统性，要学会具体问题具体分析，准确把握，从能力、努力、任务难度、运气、身心状况、他人反应、周围环境等各方面进行恰当的归因。正确归因能激发大学生前进的动力，增强战胜挫折的勇气和信心。

（二）认知修正法

前面我们介绍了 ABC 理论，个体对客观事物的反应，很大程度上取决于认知态度。可以运用 ABC 理论，纠正错误认知，改变非理性思维。首先，弄清自己思维方式不合理与情绪、行为的关系；接下来，通过与不合理的信念辩论，放弃不合理的信念；最后，通过理性的自我认知来达到纠正错误认知的目的。人们通过认知修正的训练，可以改变消极的认知方式，以更客观、合理、积极的思维来看待挫折。

（三）积极暗示法

大学生应对压力与挫折，还可使用积极的自我暗示方法。常见的暗示法有以下几种：第一，语言暗示，使用肯定的语境应对困境。例如，当一个人遭遇挫折、受到打击时，要提醒自己："我要振作，我要成功，我一定能做到，我要下定成功的决心，失败就永远不会把我击垮。"第二，非语言的暗示。例如，某种姿态或手势可以获得心理上的安全感，以此振作精神。第三，利用时间、空间等各种外在环境中有利于积极心理暗示的线索增强信心。例如，对某种颜色有偏好并认为能带来好运气，就随身携带有"幸运色"的小物件，增强战胜挫折的信心。

（四）目标调整法

目标调整法指目标受挫后重新寻找方向，调整期望值，重新确立更切合实际的新目标。目标调整法既能抑制和阻止不符合目标的心理和行动，又能引发和推动人们采取达到目标所必需的行动。当大学生在通向目标的道路上受阻时，如经分析所追求的目标是现实的可达到的，就不要放弃，应战胜困难，实现目标。当行为主体由于自身条件或社会因素的限制,经多次努力达不到目标时,可调整目标或降低要求,改变行为方向,缓解心理上的冲突,增强勇气和信心,以达到更切合实际的新目标。

(五)合理宣泄法

大学生受挫后,会产生压抑、焦虑、愤怒和不安等消极情绪,如不妥善化解,会给社会和学生本人带来不良后果。因此,应采取合适的方式,选择适宜的场合和形式宣泄受挫后的情绪。常见的宣泄方式有向他人倾诉、哭喊发泄、运动、听音乐、转移注意力等。不论采取何种方式,都要以不损害他人、集体和社会的利益,合乎社会规范,不激化矛盾为原则。

【案例 9-2】

1984 年,在东京国际马拉松邀请赛上,名不见经传的日本选手山田本一出人意料地夺得了世界冠军。当记者问他凭什么取得如此取得惊人的成绩时,他说了这么一句话:"用智慧战胜对手!"

当时很多人都认为山田本一是在故弄玄虚,因为马拉松比赛主要是运动员体力和耐力的较量,爆发力、速度和技巧都还在其次,说智慧取胜确实有点勉强。

两年后,意大利国际马拉松邀请赛举行,山田本一代表日本参加比赛。这一次,他又获得了世界冠军。在接受记者采访时,他还是那句话:"用智慧战胜对手!"

10 年后,这个谜底终于被揭开了。山田本一在自传中这样写:"每次比赛之前,我都要乘车把比赛的路线仔细地看一遍,并把沿途比较醒目的标志画下来。例如,第一标志是银行;第二标志是一个古怪的大树;第三标志是一座高楼……这样一直画到赛程的终点。比赛开始后,我就以百米的速度奋力地向第一个目标冲去,到达第一个目标后,我又以同样的速度向第二个目标冲去。四十多千米的赛程,被我分解成几个小目标,跑起来就轻松多了。起初我把我的目标定在终点线的旗帜上,结果当我跑到十几千米的时候就疲惫不堪了,因为我被前面那段遥远的路吓到了。"

启示:如果在实现目标的道路上,能学会合理调整和分解目标,就不容易被挫折打倒。

(六)积极寻求心理咨询

心理咨询不仅为大学生提供一个倾诉内心困惑与消极情感的场所,更重要的是能以科学的方法指导大学生解决心理困扰、消除挫折所带来的焦虑和痛苦等不良情绪,有利于大学生的身心健康发展。因此,当大学生为挫折深感苦恼而自身又无法解决时,应该主动到专业的心理咨询机构进行心理咨询,在专业人员的指导下分析受挫原因,提高认识,找到摆脱困境的方法,进一步树立正确的挫折观,提高对挫折的耐受能力。

(七)自我放松法

大学生在面对挫折时最常见的表现是心理和肌肉的紧张,因此要学会自我放松,通过行之有效的方法让自己的身体或心理由紧张状态转向松弛,从而逐渐消除紧张状态的影响。常用的放松方法有游泳、做操、散步、听音乐等。当压力和挫折事件不断涌现时,持续数分钟的放松,对缓解不良情绪的作用相当显著。另外,还可以学习一些自我放松的压力应对技术,如深度呼吸训练、肌肉放松训练、静坐训练、意向训练、系统脱敏训练等。

(八)丰富生活法

课余生活占大学生活的 1/4。丰富、健康的课余生活可以愉悦身心、获得支持、增进友谊、减少因挫折导致的紧张感。大学生活中有丰富多彩的课外活动可供选择,如运动、阅读报刊书籍、社会实践、兴趣社团、学术讲座等,丰富多彩的课外活动既锻炼了能力,拓宽了知识面,又在一定程度上增强了个体应对挫折的信心和勇气。尤其是适当参加体育锻炼活动,其可以使身体健壮、精力充沛,增强挫折应对能力。

三、提高心理挫折耐受能力

人们常常用"玻璃心"形容饱受挫折情绪困扰的脆弱人群,他们往往还带有挫折易感人群的共性特征:喜欢被表扬,不喜欢被批评,只想得到,害怕失去,寻求被注意,憎恨被忽视,过分寻求快乐,偏执地害怕痛苦。所谓"好钢需要千锤百炼",如果不能耐住挫折的千锤百炼,就难坚硬如钢,反而如玻璃易碎。受挫—耐挫—抗挫是挫折应对的三个阶段,耐受了挫折的考验,就能从挫折当中汲取养分和力量,促进目标的实现。

(一) 挫折耐受能力的概念

挫折耐受能力又称挫折承受力，是指个体在遭遇挫折情境时摆脱和排解困境，从而使自己避免心理与行为失常的耐受能力，包括挫折耐受能力和挫折排解能力两个方面。挫折耐受力是指人们受到挫折时能够经受挫折的打击和压力，保持心理和行为正常的能力。挫折排解能力是指人们受到挫折后，对挫折进行直接调整和转变，积极改善挫折情境，解脱挫折状态的能力。耐受能力是对挫折被动地适应，表现为对挫折的负荷能力，为排解能力提供基础；而排解能力是适应的后一阶段，是对挫折的主动适应，表现为对挫折情境的改造能力，是对耐受能力的进一步发展。耐受能力是接受现实，能够减轻挫折情绪反应的强度；排解能力是改变现状，促使需要的满足和目标的实现。

(二) 挫折耐受能力的影响因素

生活中，有的人能忍受严重挫折，百折不挠，永不妥协，在逆境中奋起，直到重新获得成功；有的人稍遇挫折即意志消沉，一蹶不振；有的人能承受生活、学习、工作中的压力，却不能忍受自尊心受到点滴伤害；等等，这就是由于个体之间对挫折的耐受能力不同。挫折耐受能力与生理因素、过去受挫折的经验、对挫折的知觉判断和个性心理品质等因素有关。

1. 生理因素　一般来说，身体健康、发育正常的人，在生理上来说对挫折的耐受能力高于体弱多病的人。身体健康强壮的人比体弱多病的人更能承受挫折的打击。

2. 过去受挫折的经验　阅历广、经验丰富并历尽艰辛与磨难的人远比生活中一帆风顺、缺乏与斗争锻炼的人容忍力要高。饱经风霜、知识丰富的人较知识贫乏、生活安逸的人更能抵御挫折。如果从小娇生惯养，很少遇到挫折，或一遇挫折便逃避、失去学习处理挫折的机会，必然导致挫折的耐受能力较低。

3. 对挫折的知觉判断　同一挫折的客观情况相同，而因人、因时、因地会出现感受和判断不同，因此构成的挫折感也就不同。一个人认为是严重挫折，另一个人或许会认为无所谓。能对挫折做出客观评价、正确归因，就能恰当地应对挫折。此外，如果预先想到可能会出现挫折，心理有准备，当挫折来临时，更能经受得住挫折的考验。反之，突如其来的挫折往往使人难以承受，挫折耐受能力相对较低。

4. 个性心理品质　开朗豁达、意志坚定的人拿得起，放得下，遇到“千斤重担压心头”时也能把心理上的重压卸掉，使之轻松自如，因而更能积极、豁达地应对挫折。因此，是否具备优良的个性心理品质对于挫折耐受能力非常重要。此外，其他个人素质包括价值观、世界观、性格、兴趣、意志、耐心等都与挫折耐受能力密切相关。

【心理测验 9-1】

抗挫折能力测验

请结合自身的实际情况，选择相应的选项。

1. 在过去的一年当中，你自认为遭受挫折的次数(　　)
A. 2 次或 2 次以下　　B. 3～5 次　　C. 5 次以上

2. 你每次遇到挫折(　　)
A. 大部分都能自己解决　　B. 有一部分能靠自己解决　　C. 大部分自己无法解决

3. 你对自己才华和能力的自信程度如何(　　)
A. 十分自信　　B. 比较自信　　C. 不太自信

4. 在面临困境时，你通常(　　)
A. 知难而进　　B. 找人帮助　　C. 放弃目标

5. 如果有令你很担心的事发生，你通常(　　)
A. 无法安心工作　　B. 工作照样不误　　C. 介于 A、B 之间

6. 碰到令人讨厌的竞争对手时，你通常(　　)
A. 无法应付　　B. 应付自如　　C. 介于 A、B 之间

7. 面临失败时，你通常(　　)
A. 破罐破摔　B. 使失败转化为成功　C. 介于A、B之间
8. 工作进展太慢时，你会(　　)
A. 焦躁万分　B. 冷静地想办法　C. 介于A、B之间
9. 碰到难题时，你通常会(　　)
A. 失去自信　B. 为解决问题而费尽心思　C. 介于A、B之间
10. 工作或学习中感到疲劳时，你通常会(　　)
A. 总是想着疲劳，脑子也不好使了
B. 休息一段时间，就把疲劳给淡忘掉
C. 介于A、B之间
11. 工作或学习条件恶劣时，你通常(　　)
A. 无法干好工作　B. 能克服困难干好工作　C. 介于A、B之间
12. 因工作或学习而产生自卑感时，你会(　　)
A. 不想再干了　B. 立即振奋精神去工作或学习　C. 介于A、B之间
13. 上级交给你很难完成的任务时，你会(　　)
A. 竭力把任务顶回去　B. 千方百计干好　C. 介于A、B之间
14. 困难落到自己头上时，你往往会(　　)
A. 厌恶至极　B. 认为是个锻炼的机会　C. 介于A、B之间

【评分标准与结果分析】

1～4题，选择A、B、C分别得3、2、1分；5～14题，选择A、B、C分别得1、3、2分。
总分在31分以上：说明你的抗挫折能力很强。
总分在21～30分：说明你虽有一定的抗挫折能力，但对某些挫折的抵抗力薄弱。
总分在20分以下：说明你的抗挫折能力很弱。

(三) 提升挫折耐受能力的方法

1. 接受锻炼磨炼意志　个人对挫折的耐受能力，是可以在实践中不断磨炼而增强的。经历挫折磨炼的人比一帆风顺、阅历平淡的人更能经受得住挫折的考验。大学生要积极主动地将自己放入充满挑战或艰苦的环境中去锻炼，从“坐而论道”发展到“起而力行”，积极参加各种校内外的社会实践活动。例如，志愿者活动、三下乡、讲演竞赛、远足拉练、军训等，体验生活的艰辛，体验身体的劳累和困乏，体验挫折的磨难。这不仅可以增强身体素质，还能锻炼实践能力、增长才干，更好地应对未来可能出现的挫折。在经受锻炼、考验的过程中，我们应磨炼意志，主动培养自身积极的抗挫折应对方式，提升个体的适应能力。

【案例9-3】

张海迪5岁因患脊髓血管病，胸以下全部瘫痪，她因此失去了入学读书的机会，她便在家自学完了小学到高中的全部课程，自学大学英语，还自学日语、德语等，15岁时跟随父母，下放到农村，给孩子当起教书先生，还自学针灸医术，为乡亲们无偿治疗。

在残酷的命运面前，张海迪没有沮丧和沉沦，她以顽强的毅力和恒心与疾病做斗争，经受了严峻的考验，对人生充满了信心。她虽然没有机会走进校门，却努力学习。她先后翻译了《海边诊所》等数十万字的英语小说，编著了《向天空敞开的窗口》《生命的追问》《轮椅上的梦》等书籍，其中《轮椅上的梦》被评论家誉为“写出了经历磨难的一代，也是坚强的一代”。

在病痛、手术、身体缺损、入学无望这一次次挫折面前，张海迪没有被打倒，而是积极应对挫折，克服一切困难在轮椅上活出了精彩的人生，挫折磨砺了她坚强的意志，增强了挫折耐受能力，她也一次次地战胜挫折，最终实现了精彩人生。

2. 保持积极乐观的心态 积极乐观的心态是人们保持健康心理状态的首要条件。用积极乐观的态度看待事物，即从眼前不利的事态中看到未来光明的远景，从失败中看到成功，从黑暗中看到光明。所谓“塞翁失马，焉知非福”“失之东隅，收之桑榆”等处世格言正是对积极的心态的描述凝练。大学生遇到挫折时，要敢于正视现实，不畏惧，不逃避；要学会自我宽慰，心怀坦荡，乐观向上，做到失败不失志；面对挫折坚定信心、积极应对、自强不息、顽强拼搏，保持积极乐观的心态，最终一定能战胜挫折取得成功。

3. 学会分析挫折 当代大学生发展中普遍存在着理想与现实、自尊与自卑等多种心理的矛盾。因此，大学生应在全面认识自己的基础上，结合自身条件、环境因素、发展阶段等内外因素对遭遇的挫折进行分析，这对提升挫折耐受能力是至关重要的。例如，经济压力是来源于贫困，还是因过度开支？心理压力是自卑引起的，还是交往不适引起的？通过客观、全面的分析，及时找准挫折中的主要矛盾及矛盾的主要方面，然后有针对性地学习、努力提高，适时调整、解决心理压力和化解挫折情境，从而达到提高挫折耐受能力的目的。

4. 提高对挫折的预见性 生活中的压力与挫折的来源是多方面的。但对大学生来说，所遭遇的挫折很多时候是可以预见的。研究发现，大学生的挫折源第一位是学习，第二是社会竞争，第三位是社会交往，第四位是经济困难，第五位是就业问题，第六位是恋爱问题。大一新生因为环境转换更容易遭遇学习挫折；到大三、大四高年级面临就业压力和社会竞争就更容易遭遇就业挫折；大一学生因对异性关系好奇和乐于探索，以及大四阶段可能面临“毕业即分手”而更容易遭遇恋爱挫折；随着大一到大四社会交往阅历的增加，遭遇交往挫折的概率则逐渐下降；等等。大学生们可以充分预见在自己大学生活的不同阶段可能遭遇的挫折，提前做好挫折应对的准备，培养挫折的合理认知，学习挫折应对的策略方法，以至于真正遇到挫折时不会感到压力和恐慌。

5. 注重个性品质的培养和优化 一个人的成功不完全取决于他的学识，更取决于非智力因素。个性品质就是非理智因素中的关键。大学是人格塑造的关键时期，大学生要加强自我认知和自我探索，注重培养自己谦虚、勇敢、乐观、自信等优秀的性格品质，加强实践锻炼磨砺意志，注重培养自觉性、果断性、自制力、坚韧性等意志品质，还要注重兴趣爱好的培养，陶冶情操，丰富知识。优秀的个性品质可以帮助大学生从容、乐观地应对挫折，在挫折面前不畏惧，不紧张。

总之，挫折并不可怕，只要能正确认识挫折，并积极、冷静、客观地分析受挫的原因，采取恰当的方法来应对，人生之船就会战胜惊涛骇浪，驶过激流险滩，到达理想的彼岸。

【推荐读物】

保罗·史托兹.2019.逆商：我们该如何应对坏事情.石盼盼译.北京：中国人民大学出版社.

丹尼斯·穆蓝纳.2019.挫折复原力：成功者都具备的隐藏素质.王丹若译.北京：北京时代华文书局.

牧之.2017.恰到好处的挫折.北京：台海出版社.

谢丽尔·桑德伯格，亚当·格兰特.2017.另一种选择.田蓝，乐怡译.北京：中信出版社.

（罗 婷）

第十章

大学生常见异常心理与应对

本章要点

掌握：大学生异常心理的识别与处置。

熟悉：异常心理的概念，异常心理产生的原因，大学生常见异常心理。

了解：异常心理的分类。

现代人需要应付激烈的竞争、复杂的人际交往和社会需求，人们凭借自身的能力可以适应或承受这些刺激，维护心理健康。但如果长期过度紧张，超出了个体适应和应付能力就会引发异常心理，导致社会功能受损。大学生在生活中可能面临困难，经受挫折，饱受迷惘、压抑、痛苦等消极情绪，甚至可能出现异常心理。因此，大学生需要了解异常心理的有关知识，正确认识和判断异常心理，以便及早预防和正确应对异常心理。

第一节　异常心理概述

心理活动的正常与异常是相对的，其间没有截然的分界线，是一个由“正常”向“异常”的连续渐变过程。由于心理活动的复杂性，异常心理的表现形式复杂多样。异常心理是生物、心理、社会(文化)因素相互作用的结果。

一、正常心理与异常心理

对于异常心理的解释是以对正常心理的理解为前提。正常心理是指能够遵循人的心理现象及其活动规律的心理活动。正常心理活动具有三大功能：① 能保障个体顺利适应环境，健康地生存发展；② 能保障个体正常地进行人际交往，在家庭、社会团体、机构中正常地肩负责任，使人类赖以生存的社会组织正常运行；③ 能使个体正常、准确地反映和认识客观世界的本质及其规律性，以便创造性地改造世界，创造出更适合人类生存的环境条件。心理活动的完整性、心理活动与外界环境的统一性一旦遭到破坏，便会导致心理活动偏离正常，进而丧失正常心理活动的三大功能，从而出现异常的心理活动。

异常心理(abnormal psychology)又称变态心理，是指偏离正常人心理活动规律的心理现象及心理活动。异常心理的表现形式多样，程度也不尽相同，既可表现为某一心理过程的异常，又可表现为明显的行为偏离或严重的精神疾病。无论是何种表现形式，异常心理由于丧失了正常心理活动的功能，都会不同程度地影响个体与环境的协调统一，破坏个体适应环境的能力。

二、异常心理的分类

据世界卫生组织估计，在同一时期，人群中大约有20%的人存在着不同程度的心理异常。对数量如此巨大的异常心理，进行分类十分重要。异常心理的分类随时代的变迁而不断变化，但迄今，尚无统一的分类系统，许多分类方法都有各自的侧重，并仍在不断完善之中。

（一）现象学分类

1. **认知过程障碍** 包括感觉障碍、知觉障碍、思维障碍、注意障碍、记忆障碍、智能障碍、自知力障碍、定向力障碍等。

2. **情感过程障碍** 包括情感高涨、欣快、情感低落、情感脆弱、情感迟钝、情感淡漠、情感倒错、焦虑与抑郁性情感、矛盾情感、病理性激情和病理性心境恶劣等。

3. **意志行为障碍**

（1）意志障碍：意志增强、意志减退、意志缺乏、意向倒错和矛盾意向等。

（2）行为障碍：兴奋状态、木僵状态、违拗症、被动性服从、刻板动作、模仿症、离奇行为、持续动作、强制性动作和强迫动作等。

4. **意识障碍** 包括周围环境的意识障碍、自我意识障碍。

5. **人格障碍** 包括偏执型人格障碍、分裂型人格障碍、反社会型人格障碍、冲动型人格障碍、癔症型人格障碍、强迫型人格障碍、焦虑型人格障碍、依赖型人格障碍及其他人格障碍。

6. **性心理障碍** 包括性指向障碍、性偏好障碍、性身份障碍。

（二）症状和病因学分类

目前，国际上有两种较为权威的异常心理诊断和分类系统，一种是由世界卫生组织（2017 年）制定的《疾病和有关健康问题的统计分类》（*International Statistical Classification of Diseases and Related Health Problems*，ICD），另一种是由美国精神医学会（American Psychological Association，APA）推出的《精神障碍诊断和统计手册》（*Diagnostic and Statistical Manual of Mental Disorders*，DSM）。目前已经分别更新至第十一版和第五版，即 ICD－11 和 DSM－5。两种分类系统主要按照症状学分类原则，兼顾可能病因学、病理生理特征进行分类。目前我国疾病系统多采用 ICD 系统分类，研究系统多采用 DSM 系统的分类。现将 ICD－11、DSM－5 的主要分类见表 10－1。

表 10－1 IDC－11、DSM－5 的主要分类

ICD－11	DSM－5
1. 神经发育障碍	1. 神经发育障碍
2. 精神分裂症和其他原发性精神病性障碍	2. 精神分裂症谱系及其他精神病性障碍
3. 心境障碍	3. 双相及相关障碍
4. 焦虑和恐惧相关障碍	4. 抑郁障碍
5. 强迫及相关障碍	5. 焦虑障碍
6. 应激相关障碍	6. 强迫及相关障碍
7. 分离障碍	7. 创伤及应激相关障碍
8. 躯体忧虑障碍	8. 分离障碍
9. 喂食及进食障碍	9. 躯体症状及相关障碍
10. 排泄障碍	10. 喂食及进食障碍
11. 物质相关及成瘾障碍	11. 排泄障碍
12. 冲动控制障碍	12. 睡眠-觉醒障碍
13. 破坏性行为及品行障碍	13. 性功能失调
14. 人格障碍	14. 性别烦躁
15. 性欲倒错障碍	15. 破坏性、冲动控制及品行障碍
16. 做作性障碍	16. 物质相关及成瘾障碍
17. 神经认知障碍	17. 神经认知障碍
18. 与其他疾病相关的精神和行为障碍	18. 人格障碍
	19. 性欲倒错障碍
	20. 其他精神障碍
	21. 药物所致运动障碍及其他不良反应
	22. 可能成为临床关注焦点的其他状况

三、异常心理产生的原因

异常心理是生物、心理、社会(文化)因素相互作用所致。因此,要了解异常心理形成的原因,必须多侧面、多层次地进行考虑,全面分析生物、心理、社会等各种因素的作用。

(一) 生物学因素

遗传、脑损害、生物化学物质代谢等生物学因素通过生物学途径影响中枢神经系统的功能,导致异常心理。家系调查和遗传学研究揭示了遗传因素在异常心理发生发展中的重要作用,现已发现,精神分裂症、人格障碍、心境障碍等与染色体异常、基因异常有关。器质性心理异常则多与中枢神经系统感染(特别是慢性病毒的感染)、中毒和颅脑损伤有关。脑外伤后常常伴随较高的情绪障碍、精神病性症状。尽管脑外伤的严重程度与随后异常心理发生率的相关性研究结果不一致,但异常心理的出现与受伤前的精神健康状况、对神经系统的损伤程度等因素有关。研究显示,母亲妊娠期和分娩时的环境事件可增加子代异常心理的发生率,包括母亲妊娠期严重心理应激或创伤暴露、饥饿与贫困、产科并发症、感染、酒和药物使用等,这些因素均可能影响正常神经发育过程中特定区域发育并限制了神经可塑性的发展,从而导致异常心理的发生风险增加。例如,有许多证据表明,精神分裂症患者有妊娠期易感染、营养缺乏等问题。

(二) 心理因素

心理应激会促发异常心理已是共识。任何个体都不可避免地会遇到各种各样的生活事件,如学习、人际交往、恋爱是大学生心理应激的主要来源。尤其是负性或应激性生活事件常常会导致个体产生不同程度的应激反应,而且长时间负性体验的累积效应对正常心理活动的影响更为明显,如长期紧张繁忙的学习、学业受挫、人际关系冲突及家庭变故等生活事件所致的长期持久的负性体验得不到释放与消解,均可能使大学生出现心理障碍。

心理过程和人格不健全被称为易病性或易罹患性心理素质。神经科学和心理学研究均表明,个体心理特征与异常心理的发生发展有关,包括个体对某些事物的感知、思考和感觉方式,以及个人整体的个性特征、气质、应对方式及保护性因素(乐观、自控、寻求意义)等。例如,个性古板、严肃、多愁善感、焦虑、悲观、敏感、内向的人易患焦虑与恐惧相关障碍。有强迫人格的人易在心理压力下发展为强迫症。大学生的抑郁障碍、自杀意念与内向、孤僻、多疑、偏激、固执、嫉妒、压抑等个性特征相关。

(三) 社会因素

随着社会的发展和科学技术的不断进步,人们的欲求和压力不断增加,出现的心理问题也越来越多。可能引起异常心理的社会因素包括社会变迁、社会压力、社会文化及社会支持系统。社会生活中的重大变化、制度变革、激烈的竞争、贫富两极分化等社会问题都会增加异常心理发生的可能性,在强大的社会压力和激烈竞争中,一些人对自己缺乏正确的评价,迎接挑战的心理准备不足,对失败的心理承受力较差,易出现异常心理。此外,不同人群的社会地位、文化程度、性别、年龄、职业等的差别也影响着人们的心理健康和行为。

综上所述,生物、心理、社会等不良因素的共同作用导致了人异常心理的发生和发展。要预防异常心理的发生,也需要从改善上述各方面因素入手,其中对情绪、个性和行为的调节是自我保健的重要内容。

第二节　大学生常见的异常心理

大量调查研究表明,大学生面临着各种矛盾与压力,如学习适应、抑郁焦虑情绪的困扰、就业压力、人际交往困难等,这些因素均可能诱发大学生产生异常心理问题。焦虑与恐惧相关障碍、强迫障碍、抑郁障碍、失眠障碍等是大学生群体中常见的异常心理。

一、焦虑与恐惧相关障碍

(一) 焦虑与恐惧相关障碍概述

焦虑与恐惧相关障碍的特征包括过度的焦虑和恐惧,即没有明确客观对象和逻辑依据的过分担忧和恐惧不安的一种情绪状态，伴随相关行为紊乱。患者的焦虑与恐惧情绪并非由实际威胁引起，而是一种泛化的、没有明确危险目标和具体内容的恐惧，其紧张恐惧程度与现实情况不符，常伴有明显头晕、胸闷、心悸、呼吸急促、出汗、口干、尿频、震颤等自主神经系统功能紊乱症状。

值得注意的是，焦虑是大学生常见的情绪状态，多见学习焦虑、人际焦虑、自我形象焦虑、择业压力等。人们在面对潜在或真实的危险或威胁时都会产生焦虑，此时的焦虑是由一定原因引起的适度的焦虑，属于正常焦虑反应。适度的焦虑是有益的，可以使人保持适度的警觉状态，调动身心能量，积极促进学习、工作、生活的顺利开展。焦虑障碍中的焦虑是不正常的焦虑，换而言之，是病理性焦虑。病理性焦虑有三个特征：其一，焦虑来源指向未来实际并不存在的某种威胁或危险；其二，个体焦虑程度与现实事件的严重程度极不相称；其三，个体认识到这种焦虑是过度的和不恰当的，但无法控制。大学生如果对自己期望过高，压力过大，凡事患得患失，久而久之就会产生持续性焦虑、担心、恐慌不安，并伴有明显的运动性不安和各种躯体不适症状。患有焦虑障碍的大学生，有其个性基础，大多胆小、敏感、做事犹豫不决、对新事物、新环境适应能力差。

（二）焦虑与恐惧相关障碍的主要表现类型

1. 广泛性焦虑障碍（general anxiety disorder，GAD） 是焦虑障碍最常见的表现形式，以过度焦虑和担忧为主要临床表现。患者长期感到紧张不安，反复担心会有不利的事情发生，心烦意乱，但这些忧虑并非由客观存在的实际威胁所致，并不指向任何一个具体的事件，患者常常说不出具体担心的对象或内容，而只是一种不明原因的提心吊胆、惶惶不安的内心体验。常伴有自主神经功能失调的表现，如心动过速、呼吸急促、口干、便秘、出汗，以及肌肉紧张和运动性不安的症状等，表现为有一组或多组肌肉不舒服的紧张感，搓手顿足、来回走动、坐立不安、无目的的小动作增多等。患者往往能够认识到这些担忧是不恰当和过度的，但无法控制，因难以忍受而感到痛苦。由于紧张不安和高度警觉，患者对外界刺激易出现惊跳反应，注意力难以集中，易受干扰，难以入睡，易惊醒。

2. 惊恐障碍（panic disorder，PD） 又称急性焦虑障碍，患者常在无特殊恐惧性的处境中，突然感到一种突如其来的惊恐体验，伴濒死感、精神失控感、大难临头感；患者常有严重的自主神经功能紊乱症状。患者似乎感到死亡将至，遂惊恐万分、奔走、惊叫、四处呼救，伴胸闷、呼吸困难、心动过速、头痛、眩晕、四肢麻木、全身发抖等自主神经症状。惊恐发作常没有任何诱因，不局限于任何特定的情景。起病急骤，终止迅速，一般持续数分钟至数十分钟后自行缓解，很少超过 1 h，但不久又可突然再发，发作期间意识清楚，高度警觉。发作后仍心有余悸，担心再度发作而惴惴不安，有期待性焦虑，因而产生回避行为，如不敢单独出门、不敢到人多热闹的场所、回避学习或工作场所。

3. 社交焦虑障碍（social anxiety disorder，SAD） 又称社交恐惧症（social phobia），是以在社交场合持续紧张或恐惧、回避社交为主要表现。患者恐惧的对象主要为社交场合和人际接触。主要表现负性评价自己的社交行为，害怕被人注视，害怕自己在人前有丢面子的言谈举止、担心被别人嘲笑。在社交场合持续紧张和恐惧，表现为害羞、脸红、局促不安、尴尬感、笨拙、不敢抬头、不敢与人对视甚至觉得无地自容，因而患者会回避社交场合。患者害怕当众讲话，一旦必须当众发言时，常常会惊慌失措、语无伦次，甚至害怕在公众场所进食、饮水等，以致影响社会功能，在极端情形下可导致自我社会隔离。若患者被迫进入社交场合，则产生严重的焦虑反应。大学生产生社交焦虑障碍的一个重要原因，常常是胆怯、过分关注自己、对自己能力不自信，害怕自己言行不得体被人笑话。有学者认为，从羞怯到回避型人格障碍再到社交焦虑障碍是一症状连续谱。

【案例 10－1】

社交焦虑障碍

某女学生，20 岁。自诉从记事起就胆小、害羞、敏感，不敢在课堂上发言，也很少与同学交往。中小学时专心学习，对人际交往并不在意。进入大学后，学习压力减小，校园活动丰富，该女生希望能改善自己的人际关系，融入新的集体环境中。可在人际交往中，她总担心自己的表现不尽如人意，会被同学取笑。起初，与异性交往时或上课时有异性坐在身旁，该女生会感到不自然、脸红、手心出汗。后来，上课时不敢抬头看黑板,诉抬头看黑板会瞟到前面的男生,担心同学知道后会嘲笑她。不敢跟异性说话,一到男生面前就浑身僵硬,一句话也说不出来。最后,甚至在路上碰到男生也感到担心、紧张,于是只能待在寝室里,不去上课,吃饭也需同学帮忙从食堂带回。该女生知道自己的问题所在,曾想通过参加班集体活动的方式来改善自己的问题,但每次活动之前又总是找种种借口逃避,以致问题越来越严重。为此深感痛苦,迫切想改变自己以过上正常的生活。

诊断:社交焦虑障碍。

4. 场所恐惧障碍(agoraphobia) 主要表现为对某些特定场所或情境的恐惧,如广场、密闭的环境和拥挤的公共场所等(包括剧院、商场、车站、电梯、广场、乘坐公共交通工具等),患者自认为在这些场所发生危险时难以逃离、无法获得帮助,产生极度的恐惧和焦虑,因此刻意回避这些环境,或者需要家人、亲友的陪同。有些患者甚至把自己困在家里,不敢出门,严重影响日常生活。

5. 特殊恐惧障碍(specific phobia) 患者对某一特定的物体、情景或活动产生不合理的恐惧。特定恐惧障碍的症状恒定,多只限于某一特殊对象,既不改变,也不泛化,如特定的自然环境(高处、雷电、黑暗、风)、动物(如昆虫、猫、蛇等)、鲜血、尖锐锋利的物品、注射等,患者通常恐惧的不是物体或情景本身,而是随之可能带来的后果,如恐惧蜘蛛是害怕被咬伤。这些恐惧是过分、不合理和持久的,患者常因过度恐惧而回避,严重者不敢看到和听到与恐惧对象有关的事物。例如,对蛇的恐惧,普通人可能都会害怕蛇,但看到蛇的图片不会感觉害怕;恐蛇症的患者不敢看蛇的图片和"蛇"字,不敢听别人提到"蛇",甚至会因怕蛇而足不出户,自己明知不合理却无法控制。特殊恐惧障碍常起始于童年或成年早期,以女性多见。

(三)焦虑与恐惧相关障碍的干预

焦虑障碍常用药物治疗和心理治疗。常用的心理治疗有行为治疗和认知疗法。放松疗法对急、慢性焦虑均有效,全身松弛可有效降低生理唤醒水平,缓解因焦虑导致的自主神经系统症状,同时降低主观的恐慌不安感。认知疗法通过矫正患者不合理和歪曲的认知可有效缓解患者由于对威胁的过度估计而导致的惊恐不安感,从而缓解焦虑症状。同时,大学生要保持良好的自我心态,增加自信,通过自我疏导、自我放松缓解焦虑情绪。

恐惧障碍的治疗常用行为治疗和药物治疗。行为疗法是治疗恐惧障碍的首选方法,其中系统脱敏疗法或冲击疗法对恐惧障碍效果良好。其基本原则是消除恐惧对象与焦虑恐惧反应的条件联系及对抗回避反应,并在此过程中改变不合理认知。临床研究发现联合心理治疗和药物治疗是治疗恐惧障碍的最佳方法。

二、强迫障碍

(一)强迫障碍概述

强迫障碍(obsessive compulsive disorder, OCD)又称强迫症,是以反复出现强迫观念或强迫行为等强迫症状为主要表现的心理障碍。多数患者认为这些观念和行为没有必要或不正常,但无法摆脱,为此感到焦虑和痛苦。尽管如此,很多患者早期并不主动寻求治疗。

近年来大学生强迫障碍的发生有增长的趋势。强迫障碍大多由强烈而持久的精神因素及情绪体验促发,与患者的生活环境、精神创伤或童年时期的生活经历相关。患强迫障碍的大学生多有个性基础,如缺乏自信、过分谨小慎微、墨守成规、过分追求完美、责任心过重、拘谨呆板等。此外,大学生强迫障碍的发生可能与严重的学习就业压力和社会竞争的日益激烈有关。

(二)强迫障碍的主要表现

强迫观念是某些思想、表象、意向以刻板的形式不由自主地出现在患者的意识中,患者明知没有必要,但无法摆脱,如强迫怀疑、强迫性穷思竭虑、强迫回忆等。强迫行为是患者重复出现刻板的、单调的动作和行为,明知不合理,但不得不做,无法终止,如强迫检查、强迫洗涤、强迫询问、强迫计数、强迫性仪式动作。临床表现可以一种症状为主,也可几种症状兼而有之,但以强迫观念最多见,强迫行为多是为减轻强迫观念所致的焦虑而采取的顺应行为。强迫障碍主要特点是有意识的自我强迫和自我反强迫同时存在,二者的尖锐冲突使患者异常痛苦。患者体验到观念或冲动来源于自我本身，却违反自身意愿，遂极力抵抗和排斥，但无法控制。即患者明知强迫观念和行为的持续存在毫无意义且不合理，却无法克制或终止，越是希望克制，越是感到焦虑和痛苦。

值得注意的是，个体出现强迫倾向的观念和行为表现不一定是强迫障碍患者，带有强迫倾向的正常人和强迫障碍患者的鉴别需要考虑强迫症状的严重程度（强迫症状出现的频度、强度、持续时间），以及由此引起的心理冲突程度和对社会功能的损害程度。如有些人出门后忍不住回去检查门是否真的锁好，这其实只是一种小心谨慎的表现，但如果每次出门后，必须要反复检查数次，自己明知不必要却不能控制这种行为，严重影响了日常生活，就应当考虑强迫障碍的可能了。

（三）强迫障碍的干预

强迫障碍的治疗比较困难，对多数强迫障碍的患者，药物与心理治疗同时或相继进行比单独使用任一种治疗的效果更佳。认知行为疗法是治疗强迫障碍的有效心理治疗，其核心是暴露、反应预防和认知重建。暴露技术是使患者反复面对促发强迫症状的物品或环境，同时联合放松技术缓解患者的焦虑情绪；反应预防要求患者推迟、减少甚至放弃能减轻焦虑的强迫行为，如缩短洗手时间，减少洗手次数甚至放弃洗手，以打断强迫症状中的负强化，逐渐减少强迫症状出现的频度，重建正常的行为反应模式；认知重建是纠正患者对强迫症状的错误认知，从而改善患者的强迫症状。

三、抑郁障碍

（一）抑郁障碍概述

抑郁障碍(depressive disorder)是以显著而持久的情感低落为主要特征的一类心理障碍。其核心症状为与处境不相称的心境障碍和兴趣丧失，大部分患者有反复发作的倾向，女性多见。

抑郁障碍是一种持久的心境低落状态，患者愉快感丧失，兴趣减退甚至缺乏，常有自我感觉不良、自罪自责甚至自伤和自杀，并有其他的认知、行为和社会功能的异常，伴焦虑、躯体不适感和睡眠障碍等症状，严重者可出现幻觉、妄想等精神病性症状。抑郁障碍通常具有较强的隐蔽性，如“微笑型抑郁”患者可以面露笑容，在外人面前与常人无异，其实内心深处却有强烈的痛苦、悲哀。因此，抑郁障碍是最常见，但也是最不容易察觉和识别的心理障碍。

（二）抑郁障碍的主要表现

既往将抑郁障碍的表现概括为“三低症状”，即情绪低落、思维迟缓、意志减退，但这些重度抑郁发作时的典型症状不一定见于所有抑郁障碍患者身上。目前将抑郁障碍的表现归纳为核心症状、心理症状群、躯体症状群三个方面。发作应至少持续 2 周，并且不同程度地损害社会功能，或给本人造成痛苦或不良后果。

1. 核心症状　包括心境低落、兴趣减退、快感缺失，患者可能同时出现三种症状，也可能只以其中某一两种症状为突出表现。

(1) 心境低落：自我感受或他人观察到的显著而持久的情绪低落和抑郁悲观。患者可以从闷闷不乐到悲痛欲绝、悲观、对前途失望甚至绝望，许多患者常用“心情不好”“高兴不起来”“活着没有意思”“想死”等描述自己的体验，感到郁郁寡欢、痛苦难熬，整天愁眉苦脸、唉声叹气，有度日如年、生不如死之感。丧失自信或自尊，认为自己毫无价值，一无是处，十分消极，在悲观失望的基础上常感孤立无援，有明显无助感，他们认为世界充满无法克服的障碍。典型病例常有晨重夜轻的节律特点，即情绪低落在早晨较为严重，而傍晚时可有所减轻，如出现此特点则有助于诊断。部分患者可表现出无故的紧张恐惧、烦躁不安、易激惹、担心自己或家人的健康，偶尔出现冲动行为。

(2) 兴趣减退：患者自觉兴趣索然，任何事都提不起劲，生活中不再有乐趣，没有什么值得追求的目标，什么事都不愿意做。甚至以前自己非常爱好的活动，也会感到缺乏兴致，索然无味。

(3) 快感缺失：患者体验快乐的能力下降，在愉悦的氛围中或面对愉悦的事情高兴不起来，不能从日常的活动中体验到快乐，即使从事自己以前喜欢的事情和工作也体会不到快感。有些患者为缓解情绪或消磨时间，可能会勉强自己参加一些活动，但不能从其中感受快乐。

2. 心理症状群　主要有焦虑、认知症状、精神运动性迟缓或激越、自杀观念和行为等表现。

(1) 焦虑：与抑郁常常伴发，患者表现为莫名其妙的紧张、担心、坐立不安甚至恐惧，可伴发一些躯体症状，如心跳加速、胸闷、尿频、多汗等。

(2) 认知症状：如认知扭曲、思维迟缓、注意力和记忆力下降等症状。在心境低落的影响下，患者自我评价过低，以消极、否定的态度看待自己。许多患者有强烈的内疚感和自责感，严重时可出现罪恶妄想，毫无根据地认为自己是家庭和社会的累赘或自己犯下弥天大罪，为此不吃不喝。将所处的环境视为灾难性的，对未来没有信心和希望甚至悲观绝望。患者的思维联想速度缓慢，反应迟钝，思考问题困难，自觉"脑子好像生了锈的机器"，决断能力降低。记忆力明显下降，无法集中注意力，反应时间延长。部分患者的自知力受损。

(3) 精神运动性迟缓或激越：精神运动性迟缓表现为活动减少、动作缓慢、学习工作效率下降，严重者无法顾及个人卫生，甚至表现为木僵或亚木僵状态。患者面部表情贫乏甚至缺乏表情。精神运动性激越表现为动作行为和言语活动的显著增加，大脑过度活跃，反复思考一些没有意义、缺乏条理的事情，致使患者无法集中注意力，因此思维效率下降。在行为上表现为烦躁不安、搓手顿足、来回踱步等。

(4) 自杀观念和行为：抑郁障碍患者有自杀观念和行为的占50%以上，10%～15%的患者最终死于自杀。自杀行为是严重抑郁的一个标志。部分严重的抑郁障碍患者感到生活中的一切，甚至生活本身都没有意义，会认为"死是最好的归宿""结束自己的生命是一种解脱"或"活在世上是多余的人"，因而有自杀计划和行动，反复寻求自杀。有的患者会出现"扩大性自杀"，即患者有强烈的自杀意念，为免除亲人的痛苦和不幸的遭遇，常将自己的亲人杀死后再自杀，导致极其严重的后果。

3. 躯体症状群　躯体症状群主要有睡眠障碍、精力减退、胃肠功能紊乱、慢性疼痛等症状。

(1) 睡眠障碍：如不易入睡、睡眠浅、早醒等，早醒是特征性症状，一般比平时早醒 2～3 h，早醒后不能再入睡；有的表现为入睡困难，辗转反侧，即使睡着了也感到睡眠不深，非常小的刺激都可能使他们惊醒；少数患者表现为睡眠过多，但仍觉精疲力竭。

(2) 精力减退：抑郁障碍患者常诉说"太累了"或"完不成任务""缺乏动力"。表现为过度疲乏，意志活动显著持久的抑制，行动迟缓、语调低沉、生活被动懒散，自觉能力下降，不愿与人交往，常独坐一旁或整日卧床，严重者不语、不动、不食，可达木僵状态，即"抑郁性木僵"。

(3) 胃肠功能紊乱：许多抑郁障碍患者食欲下降，感食之无味，严重者甚至不愿听到"吃饭"这些词语，完全丧失进食欲望，体重明显下降。也有少数抑郁障碍患者可出现食欲异常增加等情况，过度饮食而导致体重增加。

(4) 慢性疼痛：为不明原因的头疼和全身疼痛。这些疼痛可以是固定的，也可以是游走的，有的疼痛较轻，有的难以忍受，相当一部分患者因疼痛而就诊于综合医院，但现有的医学检查不能发现能够解释患者症状的器质性改变。

(5) 其他非特异性症状：躯体不适的主诉可涉及全身各器官系统，如头痛、恶心、呕吐、心悸、胸闷、出汗、尿频、肢体沉重等。部分患者的抑郁症状可能被躯体症状掩盖，遂到综合医院各科就诊，但没有任何可证实的器质性病理基础，使用抗抑郁药物治疗对其有效。

综上所述，当我们发现自己或身边同学出现情绪低落、愁眉苦脸、表情呆滞、懒言少动，对周围事物没有兴趣达两周以上时，就应考虑是否患有抑郁障碍，及时寻求心理咨询或治疗的专业人员帮助，以便早期发现，及时接受专业的指导和治疗，避免发生意外。

【拓展学习 10-1】

抑郁情绪与抑郁障碍的区别

抑郁是一种常见的情绪，人们遇到心理压力、生活挫折等情况会产生抑郁情绪。抑郁障碍是以显著而持久的情感低落为主要特征的一种疾病。二者区别主要在以下几个方面。

1. 有无原因　抑郁情绪基于一定客观事件为背景，即"事出有因"；而抑郁障碍通常是不明原因的，缺乏客观心理应激的条件，或者虽有不良精神刺激因素，但是"小题大做"。

2. 持续时间 抑郁情绪有一定的时限性，通常是短期性的，通过自我调适可以缓解；而抑郁障碍是一种持久的心境低落状态，常持续两周以上，不经治疗难以自行缓解，且症状持续加重。

3. 严重程度 抑郁情绪的程度较轻；抑郁障碍程度严重，并且影响患者的工作、学习和生活，不同程度地损害社会功能，甚至出现自杀言语及行为。

4. 躯体症状 抑郁障碍常伴有明显的躯体症状，如持续的顽固失眠，同时体重、食欲下降，全身多处出现难以定位的躯体不适，检查又无异常。

5. 变化规律 典型抑郁障碍的症状具有节律性，表现为晨重夜轻的变化规律。

6. 发作倾向 抑郁障碍可反复发作，每次发作的基本症状大致相似，有既往史。

7. 家族病史 抑郁障碍的家族中常有精神病史或类似的情感障碍发作史。

（三）抑郁障碍的干预

抑郁障碍的治疗需要专业的临床治疗和心理干预，干预方案的选择应依据抑郁反应的严重程度而定。严重抑郁障碍患者，尤其是有自杀观念和行为的，除积极采取措施预防自杀外，应及时采取有效的药物治疗措施。对轻、中度抑郁的情况，尤其是有明显心理社会因素作用的抑郁发作患者可进行心理治疗，一般采用支持性心理治疗、认知行为疗法、家庭治疗等方法，帮助患者改变导致抑郁的认知和行为方式，以合理的方式应对生活中各种诱发抑郁情绪的事件。此外，及时观察患者的异常言谈和行为表现以了解患者的心理变化，加强安全监护，以防发生意外。

四、精神分裂症

（一）精神分裂症概述

精神分裂症（schizophrenia）是异常心理中最为严重的一种形式。至今病因未明，表现感知、思维、情感、行为等多方面的障碍，以精神活动与环境之间不协调为特征。患者一般意识清楚，智能正常。本病多起病于青壮年，发病缓慢、病程迁延，部分患者经治疗后可保持痊愈或者基本痊愈状态，而其他患者则最终出现精神衰退和精神残疾。

（二）精神分裂症的主要表现

在典型精神分裂症症状出现前，患者常表现出不寻常的行为和态度方面的变化，如敏感孤僻、回避社交、对人冷漠、与家人关系疏远等。精神分裂症由于变化缓慢，可持续数月甚至数年，直至症状充分展现方引起人们的重视。

精神分裂症的临床表现复杂多样，不同个体、不同疾病类型、不同疾病阶段其表现有很大差异，但均有感知觉、思维、情感、意志及行为障碍和自知力障碍的特点。

1. 感知觉障碍 精神分裂症最突出的感知觉障碍是幻觉，可出现幻听、幻视、幻嗅、幻味、幻触等，幻听最为常见。幻听内容可以是评论性的、争论性的或命令性的。患者的情绪与行为由于受到幻听的支配，可表现出违背本性、不合常理的举动。

2. 思维障碍 是精神分裂症最主要、最本质的症状。

(1) 思维形式障碍：又称联想障碍，主要表现为思维联想过程缺乏连贯性和逻辑性，这是精神分裂症最具特征性的症状。在与患者交谈时感到费劲和无法沟通，交谈中患者抓不住谈话要点。严重者，言语支离破碎，无法交谈。有的患者在并无外界因素影响的情况下思维突然停顿，或感到思维被抽走。有的患者脑内涌现大量联想并伴有明显的不自主感或强制感。有的患者会感到某种不属于自己的思想被强行塞入。有的患者会对事物做一些不必要的、过度具体化的描述，或用一些具体的词句或行为来表达某些抽象概念，这种概念只有患者本人才能理解。有的患者创造新的不存在的单词或符号来表示特殊的意义。

(2) 思维内容障碍：主要表现为妄想，最多见的妄想是被害妄想与关系妄想。妄想内容荒谬离奇，但患者却坚信不疑。疾病初期，患者对自己某些明显不合常理的想法将信将疑，但随着疾病的进展，则逐渐与病态信念融为一体，在妄想影响下常做出一些反常的行为。妄想对象泛化，涉及的对象可从最初有过矛盾的某个人逐渐扩展到同事、朋友、亲人,直至陌生人。严重者甚至认为报纸、杂志、广播、电视等的内容都与己有关。

3. 情感障碍　精神分裂症的情感障碍主要表现为患者情感体验的丧失,外在情感表现以及情感反应与内在思维或外界环境不协调。患者情感体验的丧失最早涉及的是较细腻的情感,如对亲人不体贴、对同事不关心。慢慢地发展成对周围事物的情感反应迟钝,对生活和学习的兴趣减少。随着疾病的恶化,患者的情感日益淡漠,最后患者可丧失与周围环境的任何情感联系。

4. 意志及行为障碍　患者从事有目的性活动的意愿和动机减退或丧失。轻者表现为安于现状、无所事事,对前途无打算、无追求,个人卫生懒于料理。重者终日卧床少动,孤僻离群,行为被动,甚至个人生活不能自理,本能欲望也缺乏。有的患者表现紧张综合征,包括紧张性木僵和紧张性兴奋两种状态,可以交替出现,木僵时以缄默、随意运动减少或缺失及精神运动无反应为特征,严重者保持一个固定姿势,不语不动、不进饮食、不自动排便,对任何刺激均不起反应。木僵患者有时可以突然出现冲动行为,即紧张性兴奋。

5. 自知力障碍　自知力是指患者对自己的躯体疾病或精神疾病的认识能力。自知力的完整程度及其变化是精神疾病发展和转归的重要指标之一,精神分裂症患者的自知力有不同程度的损害。大部分患者不承认自己存在精神方面的异常情况,并拒绝接受治疗(自知力丧失)。少数患者可存在部分自知力。

随着病情迁延,患者进入慢性期。此期患者主要表现思维贫乏、情感淡漠、意志活动减退或缺乏、社会行为退缩等,临床上表现出不同程度的残疾状态。病情不断加重,最终导致患者丧失社会功能,需要长期或反复住院治疗。

(三)精神分裂症的干预

精神分裂症的早发现和早治疗直接影响疗效和疾病复发的可能性,需要尽早实施有效的足量、足疗程的全病程药物治疗。针对疾病发展的不同阶段,治疗的侧重点有所不同。精神分裂症急性期以药物治疗为主,慢性期除药物控制症状和预防复发外,还应当重视社会心理康复治疗,以促进患者社会功能的恢复。精神症状消失,自知力恢复,仅为临床痊愈。为使患者尽早恢复原有的工作或学习能力,重建稳定的人际关系,尚需采取恰当的心理社会干预措施。如通过支持性心理治疗以缓解社会心理因素给患者造成的各种心理压力;通过家庭治疗以增进家庭成员间的情感联系;通过社会技能训练,提高患者适应能力和生存能力,促进患者身心的全面康复。

五、睡眠-觉醒障碍

(一)睡眠-觉醒障碍概述

睡眠-觉醒障碍主要表现为睡眠量不正常、睡眠中出现异常的行为,或睡眠和觉醒正常节律性交替紊乱。通常将睡眠-觉醒障碍分为四大类:睡眠启动和维持困难(失眠障碍);白天过度思睡及睡眠发作(嗜睡障碍);睡眠－觉醒周期紊乱(睡眠－觉醒节律障碍);异态睡眠(睡行症、睡惊症、梦魇障碍)。失眠障碍是大学生最常见的睡眠障碍。

(二)失眠障碍

失眠障碍(insomnia disorders)是以频繁而持续的入睡困难或睡眠维持困难为特征的睡眠障碍,患者对睡眠时间和(或)量不满足并影响白天社会功能的一种主观体验。失眠障碍女性尤为多见。作为一种原发或继发状态,失眠既是一种独立存在的原发性疾病,也可以是某种精神障碍或躯体疾病的症状之一。

1. 失眠障碍的主要表现　长时间的入睡困难,不能熟睡,频繁被惊醒,醒后不易再入睡。自感整夜在做噩梦,睡眠质量不佳,醒后缺乏清醒感,出现疲乏、困倦、全身不适、无精打采、反应迟缓、头痛、记忆力不集中等症状,导致精神活动效率下降以致影响社会功能。失眠可引起焦虑、抑郁、恐惧情绪,对失眠的恐惧和对失眠所致后果的过度担心会进一步加重失眠的困扰,失眠者常陷入"失眠—担心—焦虑—失眠"恶性循环:每天晚上睡觉时,都会因为焦虑"今天如何早一点入睡"而导致大脑的兴奋水平过高,从而更难入睡,久治不愈。有些患者失眠仅为主观感到睡眠不佳,有时旁人见其打鼾,醒后却称没睡,常伴有焦虑、抑郁情绪。长期失眠可导致情绪不稳、个性改变,显著降低患者的生活质量。

2. 失眠障碍的原因　失眠障碍可继发于心理障碍、身体因素和环境因素,原发性失眠障碍是因精神紧张、焦虑恐惧、担心失眠等心理因素而致的睡眠启动和维持困难。主要原因包括以下几项。

(1) 心理障碍：失眠是一些心理障碍的症状表现之一，如抑郁障碍、焦虑障碍、恐惧症、精神病性障碍等，焦虑障碍常表现为入睡困难，抑郁障碍常表现为早醒。

(2) 心理社会因素：思虑、精神紧张；过分关注自己的入睡困难引起兴奋不安或焦虑烦恼，进而导致难于入睡，此类失眠障碍约占失眠总数的 30%；某些个性特点，如敏感、高警觉、对健康要求过高、易激惹等；升学就业、晋升等问题；重大事件的心理创伤等。

(3) 反生理时钟：如通宵上网、时差等。

(4) 生活方式：一些不良的生活方式可导致失眠障碍，如睡前过度用脑、睡前进食、睡前剧烈的体力活动、上床时间不规律等。

(5) 某些药物(咖啡因、茶碱、甲状腺素等)、食物(茶、咖啡、酒等)和睡眠环境变化。

(6) 其他疾病：如一些躯体疾病和脑部疾患。

3. 失眠障碍的识别　判断失眠障碍时，不能把睡眠时间作为单一判断标准，因为有些人只需要很短时间的睡眠，而有些人睡眠时间在正常范围，却因睡眠质量痛苦不堪。失眠障碍的判断依据主要为入睡困难，或难以维持睡眠，或睡眠质量差；这种睡眠紊乱每周至少发生 3 次并持续一个月以上；日夜专注于失眠，过分担心失眠的后果；睡眠量或质的不满意引起了明显的苦恼或明显影响了社会功能。

4. 失眠障碍的干预　旨在改善夜间睡眠与日间症状。有人长期以镇静催眠药物来缓解失眠症状，有些药物虽然可以帮助夜间睡眠，但不一定给患者带来日间获益，长期使用还会引起药物依赖，一旦脱离药物，失眠的苦恼又会重新纠缠。因此，心理治疗是失眠障碍干预中不可或缺的手段，通常采用认知疗法和行为疗法。认知疗法主要提高患者对睡眠的正确认识及减少睡眠前焦虑和恐惧；行为疗法主要帮助患者建立有规律的睡眠节律，克服睡前焦虑。此外，森田疗法、音乐疗法等对失眠障碍也有一定疗效。

第三节　大学生异常心理的识别与处置

大学生异常心理严重阻碍了大学生成长、成才和发展，了解正常与异常心理的区分原则，做到及早识别，正确看待异常心理，及时寻求专业帮助，有利于更好地解决问题，提高大学生对环境的适应能力。

一、大学生异常心理的识别

大学生了解异常心理的判断标准，不是为了成为心理异常的专业诊断人员，仅仅是了解一些基本常识，识别自己和周围的人哪些表现是正常的？哪些表现可能是异常的？哪些需要专业人员帮助。这样就不会因为自己偶尔失眠怀疑有“焦虑症”而忧心忡忡，也不会因为对某些异常心理状态放任不管，而错过求治的最佳时机。

人的心理状态几乎每时每刻都随着外界环境的变化而不断改变，并且随着某些内在的生理和心理环境的变化而改变。正常心理和异常心理是一种相互交叉、相互转化和不断演变的动态过程，异常心理的形成是一个由“正常”逐渐向“异常”，由量变到质变，并且相互转化和依存的连续过程，故心理活动正常和异常是相对的，其间没有截然的分界线，而是连续的渐变过程。甄别心理活动正常与否的困难在于心理活动受诸多因素的影响，包括主观状态、心理素质、社会文化背景、人际关系等因素，无法用一种绝对的标准来度量错综复杂的异常心理现象。因此，判断一个人的心理是否异常，只有将其心理状态和行为表现放在当时的客观环境、社会文化背景中加以考察，通过与社会普遍认可的行为模式比较，以及和其本人一贯的心理状态、人格特征及行为方式相比较，多方面分析，才能得出较为可靠的结论。不同的学者会从不同角度、按照不同的标准看待心理正常和异常，因此，心理正常和异常各种区分方法和判断标准不尽相同。目前我国比较常用并为人们普遍接受的标准有如下两种。

(一) 心理正常与异常的区分原则

我国临床心理学家郭念锋根据心理学对心理活动的定义，即“心理是对客观现实的反应，是脑的功能”，提出区分心理正常与异常的三条原则。

1. 主观世界与客观世界的统一性原则　心理是对客观现实的反应,任何正常的心理活动或行为,在形式和内容上必须与客观环境(自然环境和社会环境)保持一致。如果一个人的感知觉和思维内容脱离现实,其精神和行为就与环境失去了统一性(或同一性),必然难以为人理解。例如,精神分裂症的幻觉、妄想等症状与客观现实不符,是主观世界与客观世界的统一性丧失;神经症性障碍的心理冲突与实际处境不相符合,并且长期持续,无法自拔。

2. 心理活动的内在协调性原则　人的心理活动是一个完整的统一体,认知、情绪情感、意志行为之间具有协调一致的关系,这种协调一致性确保个体能准确和有效地反映客观现实,具有良好的社会功能。例如,一个人遇到令人愉悦的事,会产生愉快的情绪体验和相应的表情,并以欢快的语调和行为表达内心体验,即可说这个人的认知、情绪情感、意志行为具有内在协调性,他的心理和行为处于正常状态。反之,如果一个人用低沉不快的语调诉说愉快的事,或者对痛苦的事做出愉快的反应,其心理过程则失去了协调一致性,即为异常状态。

3. 人格的相对稳定性原则　个体在长期的生活过程中,都会形成自己独特的人格心理特征。人格特征一旦形成,便具有相对的稳定性,在没有重大变故的情况下,一般是不易改变的。如果在没有明显外部原因的情况下,一个人的人格相对稳定性出现问题,即要考虑其心理活动是否出现异常。

(二)异常心理判断标准

1. 经验标准　是指判断者凭借自身的知识和经验去评价自己或他人心理活动是否正常,或以一般人的心理状态为标准判断他人心理活动正常与否。该标准简捷实用,是日常生活中和临床工作中最常用的方法。但该标准以经验为依据,有极大的主观性,容易受判断者的经验、知识水平、观察角度、态度倾向等因素的影响,判断结果存在个体差异,其可比性和一致性较差。

2. 社会适应标准　是以社会适应能力为标准判断人的心理状态。社会适应能力是指个体在社会活动中能否遵循社会伦理道德规范、社会准则和顺应社会风俗,与社会环境保持一致,以及当出现违背上述准则和规范的言行时,是否能做出为公众所理解和认可的解释等。具体表现为与周围社会环境的协调一致、人际关系的妥善处理、工作能力的正常发挥、社会道德规范的遵守和风俗习惯的顺应等方面。由于不同社会环境的民族文化和社会准则不一致,相应的社会适应标准也不尽相同,难以进行跨文化、跨地区的比较。

3. 症状与病因学标准　又称医学标准,是以是否存在临床症状和明显的病因为判断心理异常与否的标准。即运用医学检查手段及标准能找到异常心理症状的生物学病因,以此判断心理活动异常。如某种心理现象或行为可以找到病理解剖和病理生理的变化,则可判断为心理异常。这种判断标准源于医学诊断方法,具有科学性和说服力。然而,目前仅有 1/10 左右的异常心理能找到确切的生物学原因,如病因明确的脑器质性疾病、躯体疾病、药物中毒所致的异常心理,大部分异常心理尚无法找到相应的生物学指标。因此,该标准的应用范围比较局限和狭窄。

4. 统计学标准　统计学标准判断个体心理活动正常与否是以其心理特征偏离群体样本平均值的程度为依据。这一标准源于心理测量结果,反映出人群的心理特征呈正态分布,绝大多数人都在均值附近,远离均值的两端则被视为"异常"。统计学标准提供了心理特征的数量化结果,比较客观,便于比较和操作。但这种标准也存在缺陷,在某些情况下,心理测量的结果处在异常范围内未必都是异常心理,如智力超常的人尽管在人群中是极少数,但不被认为是病态。故统计学标准不是绝对的。

结合上述的区分原则和判断标准,我们在评估一个人是否有心理异常时需要考虑三个方面。首先要依据原则和标准判断是否有明显的行为或心理症状及其持续时间,个体有时因为求职择业、感情婚恋、社会适应等问题会出现一些心理困扰或情绪的波动,但因其程度轻、持续时间短、较易解决,不能把这种暂时的心理状态归于异常心理。其次,判断是否有强烈的主观痛苦感,重性精神病患者和某些人格障碍患者除外,因为这些患者自知力受损,无主观痛苦感。再次,判断是否有社会功能受损或有适应不良的行为。即心理状况是否影响到正常的学习、工作和人际交往等功能。如果一个人能够按照社会适宜的方式行动,其心理状态和行为模式能为常人所理解,即使有时出现轻度的抑郁和焦虑现象,也不能认为其心理活动出现了异常。就大学生而言,有异常心理的人学习能力会受到严重影响,不能胜任学习;在人际交往方面,其不能与他人恰当相处,与他人冲突增多或回避交往。

【拓展学习 10－2】

人类精神的区域

人的心理正常与否并无明确的界限，具体地说，如果将人的心理正常比作白色，心理不正常比作黑色，那么白色与黑色之间存在着一个巨大的缓冲区域，即灰色区，即非器质性精神痛苦的总和，包括心理不平衡、情绪障碍、行为问题等，这些均不同程度地干扰人们正常的生活。灰色区域又可进一步划分为浅灰色区与深灰色区两个区域。浅灰色区的人只有心理冲突而无人格变态，突出表现为失恋、丧亲、家庭不和、学习困难、工作不顺心、人际关系不和睦等各种矛盾带来的心理不平衡和精神压抑；深灰色区的人则有种种异常的人格和神经症性障碍，如强迫症、恐惧症、焦虑症等。人生是一个连续变化的过程，从个体来说，一个人的心理健康与否并非恒定不变。从群体来说，人类的心理健康不是黑白分明，而是两极小，中间大，因此，人们不要忽视了灰色区域的存在，应对心理问题做及时的矫正。浅灰色区的人应进行心理咨询，全面、深刻地认识影响正常生活的内外矛盾，积极地适应和解决，最终缓解由此产生的心理冲突与压抑，获得内心的和谐，增强自信心和自主能力，积极地适应生活，完善自己的人格。深灰色区的人应进行心理治疗，改变影响正常生活的行为与思维方式，以消除或减轻心理上的痛苦与压抑，控制或摆脱变态的行为，正常地生活。

二、大学生异常心理的处置

（一）及时寻求专业帮助

大学生如果心理上有痛苦，而自己又觉得无能为力，严重影响了正常的学习和生活，因而怀疑自己心理出现异常，或者存在发展成为异常心理的倾向时，一定要及时寻求专业人员的帮助。心理辅导老师、心理咨询师、心理治疗师和精神科医师不仅会保护隐私，还可运用专业的技术和方法进行心理评估和诊断，确定心理问题的严重程度，并及时采用专业的方法与途径进行适当的干预。专业人员的帮助会有利于大学生更好地解决问题，提高对环境的适应能力。

对精神病性障碍的大学生处理策略须周密而慎重：① 应当立即联系学生家长，由家长协同处理。与家长联系一方面可了解学生的既往史，另一方面患病学生的治疗也需要家长的认可和配合。② 患病学生及时送医院治疗，治疗越及时、系统、正规，预后越好。

（二）不要乱贴标签

对于异常心理的判断必须要注意两点：① 异常心理的结论必须由专业人员做出。正常心理和异常心理之间没有明确界限，异常心理的症状表现复杂多样，而且有些心理症状和异常行为没有特异性，因此判断一个人是否有异常心理，需要专业人员（心理治疗师、精神科医生）运用心理学和精神病学的理论、技术和方法，根据一定的诊断标准，按照严格的程序进行心理评估与诊断。一般人或多或少会出现一些不良心理症状，个人不能简单地仅仅依据一些心理症状做出盲目判断。切勿道听途说，或者盲目地从一些书籍和资讯上断章取义，寻找些许符合自己情况的只言片语，急于“对号入座”。现在网络信息丰富，网上有各种异常心理的相关信息，这些信息很多来自非专业人员，观点可能存在偏差，所以要对网上的信息要进行正确的判断，不要盲目地根据网络信息给自己“诊断”为某种异常心理，加重心理负担。② 进行心理诊断时，有时会运用到心理测验，切忌把心理测验的结果直接作为异常心理的诊断依据。目前专业领域对异常心理做出诊断是以专业人员的观察和访谈为主，心理测验结果只能是心理诊断的参考信息，作为辅助诊断依据。

（三）正确看待异常心理

对异常心理的不正确看法不仅会造成误解，也会对自己和他人带来伤害。比较常见的对异常心理的错误看法有两种表现。一种是把“心理有问题”或“异常心理”视为“不光彩的”，担心受到别人歧视，因而不敢告诉周围的人，也不敢走进咨询室寻求帮助，一味地讳疾忌医，搁置心理困扰，结果错过了干预的最佳时期，导致病情加重，增加了治疗难度。另一种则将“异常心理”看作难以治愈的顽疾，以为自己一辈子都难以摆脱

“异常心理”的阴影，从而陷入难以自拔的沮丧低沉。尽管异常心理的原因比较复杂，疗程比较复杂，起效比较慢，但是异常心理是可以治好的，不必对之恐惧。

事实上，异常心理是我们每个人在生命的某个阶段都有可能遭遇的困扰，既然能遭遇，也就能度过。异常心理同许多躯体疾病一样，并不是不治之症。电影《美丽心灵》中约翰·纳什(John Nash)是精神分裂症患者，可谁也无法抹杀他人生中的光辉。他在妻子艾丽西亚(Alicia Nash)的帮助下，与这种被认为是只能好转、无法治愈的疾病做斗争，一如既往地坚持工作，经过十几年的不懈努力，于1994年获得诺贝尔奖，他在博弈论方面颇具前瞻性的工作也成为20世纪最具影响力的理论，而纳什也成了一个不仅拥有美好情感，还具有美丽心灵的人。大多数异常心理都是可逆的，并没有达到精神分裂症的严重程度。

法国医生菲利普·皮内尔(Philippe Pinel)说：“心理异常不是一项罪恶，他们只是生病的人，他们的不幸状态值得我们以体贴和善意的态度对待之，以恢复他们的理性”。因此，对那些出现异常心理的学生，我们要给予尊重、理解、关心、帮助，真诚地关注和耐心倾听，给予适当的照顾，对于他们的进步，即便是很小的进步也要及时给予肯定和欣赏，帮助患病学生减轻压力，并协助当事人获取专业帮助。在此过程中，应尽可能地保护同学的隐私。请记住，没有人能全然对异常心理免疫，请不要歧视那些罹患心理疾病的人。

【推荐读物】

李兰妮.2008.旷野无人：一个抑郁症患者的精神档案.北京：人民文学出版社.

Helen K. 2000.战胜焦虑.施承孙，宫宇轩译.北京：中国轻工业出版社.

Paul G. 2000.走出抑郁.宫宇轩，施承孙译.北京：中国轻工业出版社.

Joseph J L. 2012.自我训练：改变焦虑和抑郁的习惯.曾早垒译.重庆：重庆大学出版社.

Richard O C. 2014.走出抑郁：让药物和心理治疗更有效.2版.张荣华译.北京：中国轻工业出版社.

(姚莉华，杨小丽)

第十一章

大学生心理危机及干预

本章要点

掌握：心理危机的概念与特征，大学生心理危机的表现及其干预。

熟悉：大学生心理危机及自杀风险的评估。

了解：大学生心理危机的成因及预防。

心理危机是指当人们遭遇突然或重大的应激事件，运用个人常规处理问题的方法无法解决，而出现的解体和混乱的暂时心理失衡状态。常见的心理危机有发展性危机、情境性危机、存在性危机等。危机伴随着人一生的发展，没有任何人能在他的一生中完全免除危机状况。突发的自然环境和社会环境事件等客观因素以及个性特征和对事件的认知评价等主观因素都有可能导致心理危机，并可能对心理危机反应带来影响。大学阶段正是个体知识获取及个性形成的关键时期。这一阶段，大学生的心理发展尚未成熟，人格尚未成型，情绪波动较大，更容易受到外在事件的影响。同时，这时期的大学生由于认知上正处于从僵硬到灵活的发展阶段，自我意识和反省意识较强，这使得大学生对心理危机的认识和体验会相较其他群体更深刻和长久，在经历心理危机时更容易采取一些极端的解决方式。因此，普及心理健康教育，建立快速、高效的心理危机预防与干预体系，及时准确地识别出大学生中的危险人群，并对他们给予关怀、支持以及使用一定的心理咨询与治疗方法予以心理援助，从而使大学生恢复心理平衡，安全地转“危”为“机”是大学生心理危机及干预的重要内容。

第一节　大学生心理危机概述

生活中的很多事件或因素都有可能导致个体内心失衡，从而诱发心理危机。例如，情绪、人际交往等个体因素；学业压力、就业压力等社会现象；以及地震、海啸等自然灾害引起的重大应激事件。而大学生作为一个特殊的群体，正处于埃里克森所谓的“自我同一性和角色混乱”的时期，也是人格特征形成的关键时期，在心理和生理巨大的压力下，更容易陷入危机状态。

一、心理危机的概念及特征

（一）心理危机的概念

心理危机（psychological crisis）是指当人们遭遇突然或重大的应激事件，运用个人常规处理问题的方法无法解决，而出现的解体和混乱的暂时心理失衡状态。从这个定义来看，心理危机概括起来有两种含义，第一种含义认为危机是困难和境遇。这些困难和境遇使得人们无能为力，不能有意识地主宰自己的生活；另一种则强调人们遭遇困难和境遇后的一种“解体状态”,个体在“解体状态”下会出现恐惧、害怕和悲伤的感觉,以及因失去对生活的希望而自杀的观念、行为。

1964年,凯普兰(Gerald Caplan)首次提出心理危机理论,并认为当一个人面临突然或重大生活困难情境时,他先前的危机处理方式和惯常的支持系统无以应对眼前的处境,即当他必须面对的困难情境超过了他的能力时,这个人就会产生暂时的心理困扰(psychological distress),这种暂时性的心理失衡状态就是心理危机。

卡奈尔(Cristi Kanel)认为不管哪种方式的定义,心理危机实质上都包括三方面的内容:其一,危机事件的发生;其二,对危机事件的感知导致当事人的主观痛苦;其三,惯常的应付方式失败,导致当事人的心理、情感和行为等方面的功能水平较突发事件发生前降低。因此,心理危机不是个体经历的事件本身,而是当个体面对危机事件时会产生一系列身心反应。这些反应主要表现在认知上解决问题能力与应对机制暂时受到打击;心理上暂时性的震惊状态后,随之而来的是否认、混乱、害怕、恐惧、沮丧、情绪麻木、怀疑、易怒与难以平静。这些反应会搅乱个体的心理平衡状态并在生理上出现一般性应激反应,如心跳与呼吸频率的改变、过度出汗等。

(二) 心理危机的特征

对于心理危机特征的理解,不同的学者基于不同的理论都持有不同的看法,但是其中也存在一些相同之处。通常认为比较有代表性的是吉里兰德(Gilliland)和詹姆士(James)的观点,他们认为危机有以下六个特征:

1. 危险与机遇并存 “危机”一词中,“危”字的含义是危险,“机”字的意思则是机会。正如埃里克森所认为的那样:“危机不再意味着是迫在眉睫的大灾难……而是生命中一个必要的转折点,即生命发展中所面临二选一的决定性时刻,它汇集了成长、复原与更进一步分化时所需的资源。”因此,一方面,危机是危险的,因为它可能导致个体严重的病态,包括杀人和自杀。但另一方面,危机也是一种机会机遇,因为它带来的困扰和痛苦可能会迫使当事人寻求帮助或者实现突破,促进个体成长。

2. 成长和变化的机缘 面对危机带来的不确定性,不同当事人会选择不同的应对方式。如果能够将危机视为蜕变的诱因和动力,积极寻求有效的化解途径,那么对于当事人而言,危机意味着成就一个更好的自己的契机。正如凤凰涅槃的神话故事所演绎的一样,生活危机的冲击会引发正向或负向的反应,而将危机视为自身蜕变契机的人而言,其所带来的正向反应具有改变一个人生活方向的潜在影响力。

3. 复杂的症状 危机所引起的症状非常复杂,不仅与个体自身及所处环境的各个方面存在千丝万缕的联系,而且对当事人的影响也会表现在身心的各个层次,此外这种影响也会继而波及当事人周围的人群。这些心理危机所带来的症状与影响都像一张复杂的网一样相互交叉在一起,因而,个体所处的环境越复杂,处理危机的难度也就越大。对危机的干预需要考虑到个体及周围环境的特殊性,其中家庭成员和同事是直接影响问题解决和恢复到稳定状态的重要因素。

4. 缺乏万能、完全或快速的解决方法 由于危机与内在个体相对稳定的特性、与外部环境有着复杂的影响,虽然帮助处于危机中的人的方法是多种多样的,但是依然缺乏万能或快速的解决方法,其中有些方法只能称为“短期治疗”。对于危机中长期存在的问题,想要完全或者快速解决并不容易。尽管通过药物等解决方法可以延缓极端反应的出现,但这种治标不治本的方法对造成危机的原因毫无作用,因此最后可能反而会加重危机导致的后果。所以对于危机的当事人及其周围人群,抑或是危机的干预者而言,都要对这一点进行充分的认识和理解。

5. 选择的必要性 生活总是一个个的危机和挑战交织在一起的过程。在危机领域中,不管我们是否愿意面对危机,都不得不面临着这样一个问题:“我们应作为出怎样的选择?”实际上,即便是我们不做任何选择,这种不选择本身也就是一种选择,而这种消极的选择最后总会导致更消极的结果,甚至变成消极毁灭性的。

6. 普遍性与特殊性 危机是一个普遍性与特殊性共存的事物。危机是普遍的,是因为在特定的情况下,没有人能够逃避危机,因为每一个危机都伴随着不平衡和解体,所以每个危机当事人也都伴随着不平衡和解体;危机同时又是特殊的,是因为即使在同样的情境下,每个危机当事人的具体境遇和反应可能不同。

二、大学生心理危机的表现

对于心理危机的表现形式的种类，不同学者从不同角度提出多种分类方法。例如，段鑫星认为，心理危机可以分为发展性危机、情境性危机、存在性危机和障碍性危机。存在性危机往往伴随人生的重要问题，如人生的目的、责任、自由、承诺、独立性等。障碍性危机又称病理性心理危机，是个体因为认识的存在性问题而产生的心理危机。在这类危机中，病理心理（如个体以抑郁、焦虑等情绪为主的某些心理障碍或心理疾病）是个体的主要特征，此外还包括品行障碍或违法犯罪等行为失调引发的危机等。有关资料表明，这类危机中有 2/3 左右是青少年家庭或社会危机的表现。

另外，也有学者按照危机出现的速度将危机分为三类：潜在危机、慢发危机和突然出现的危机。潜在危机往往由一系列事件预示着，但当事人并不认为它会形成危机。例如，忽视与员工的沟通可能引发员工工作满意度下降甚至大规模的离职，影响组织正常运转；夫妻持续争吵、冷战可能会导致婚姻的最终破裂；对某一企业产品的负面传闻会使企业业绩造成损害，甚至可能导致部分或全部业务中断等。另外，个体由于长期的不良嗜好或行为，如酒依赖或药物依赖，进行戒断时的不适应而形成的危机也被称为潜在危机。慢发危机则是有一些预先警告，并且这种情况造成了实际损害。例如，学生个性孤僻、不合群、敏感、多疑，导致环境不适应，人际关系紧张，持续时间较长慢慢可能演变为心理危机导致自杀。突然出现的危机多为已经发生损害，并且时间越久，情况可能越不乐观，需及时做出回应，如失业、诉讼、空难、恐怖袭击等社会突发事件，以及地震、火灾等自然突发事件等。

大学生正好处于埃里克森所说的青少年期（13～19 岁）和成年早期（20～24 岁）的重叠处，面临着“同一性对角色混乱”和“亲密对孤独”两对危机，因此，大学生所表现出的心理危机主要分为三类，即发展性危机、境遇性危机及存在性危机。

（一）发展性危机

发展性危机（developmental crisis）又称为内源性危机（endogenous crisis）、内部危机（internal crisis）。可界定为：“一个内在形成的情境，它可能源于生理的或心理的变化，再加上个体的发展、生物性转变与角色变迁等因素。”例如，受孕或不孕、妊娠、分娩、出生、婴儿时期与儿童早期、青少年时期、性别认同危机、中年危机、退休、老化、死亡等。

一方面，大学生已经进入青年期，正处于生理发育的基本成熟和部分心理发展相对滞后的特殊时期，人生观和世界观逐渐形成，心理状态不稳定，容易受到外界的各种影响而产生心理危机；另一方面，大学生性生理已经基本成熟，性意识增强，渴望异性的友谊和爱情。但大学生由于性心理还没有完全成熟，生活经验缺乏，常会产生一些不正当的行为而带来心理危机，从而给身心带来严重影响。

（二）境遇性危机

境遇性危机（situational crisis）主要指由生活环境中的事件所带来的危机。凯普兰根据危机产生的原因，进一步将境遇性危机分为三类：① 人类某方面的基本需求得不到满足。② 可能会遭遇丧失状况的威胁性或危险性。③ 超越个人能力的挑战。例如，性危机（强暴、近亲乱伦等）、堕胎、自杀、急性或慢性疾病、酗酒与滥用药物、离婚或分居、虐待、家庭危机、意外事件受害者、逃亡、文化冲击、工作方面的升迁、失业、职务调迁等。区别境遇性危机与其他心理危机的关键在于，境遇性危机是随机发生的、事出突然的、令人震惊的、情绪激动的与变动激烈的。

近几年来，由于社会竞争的加剧、高校的扩招、就业市场的不景气，大学生找工作或找比较理想的工作越来越困难。一些同学表现出严重的危机感，同时一些同学为了缓解就业带来的压力，不断给自己施压，长期处于紧张状态，一旦努力失败就会给自己带来严重的心理挫折感。大学毕业生供给增多，但社会的工作岗位需求变化似乎并没有与之相适应，部分大学生看不到自己的前途在哪里。特别是对那些学习成绩不好、能力又不出众的学生而言，就业就像一座大山压在他们的身上。他们努力增强自己日后的就业实力，给自己设置一些不合实际的目标，花费大量的财力和时间来学习热门实用的课程，这样就处于长期的紧张状态和高负荷压力下，一旦失败就会体验到严重的挫折感和失败感。

（三）存在性危机

存在性危机（existential crisis）则是指伴随着重要的人生问题，如关于人生目的、责任、独立性、自由和承诺等出现的内部冲突和焦虑所导致的危机。存在性危机可以是基于现实的,如一位 40 岁的人从没有做什么有意义的事,从未离开过父母,从没有过独立的生活,而到现在却永远丧失了机会;也可以基于一种压倒性的、持续的感觉,如一位 60 岁的人觉得自己的生活是毫无意义的,这种空虚永远无法以有意义的东西来填补。因此,中年危机或老化危机若是带着懊悔与不满意,便属于存在危机。

大学是大学生走向社会的一个过渡时期,他们在校期间除了要完成规定的课程学业之外,还不得不面临确定人生目标与选择人生方向的危机,不得不去考虑自己以后人生存在的意义。尤其是临近毕业的大学生,对他们而言,未来充满了无限可能性,他们能选择的道路千千万万条。然而正是这种无限可能性却往往会导致一种不确定性充斥着他们的整个世界,他们觉得世界没有什么是可靠的、确定的,因而选择放弃一切。换言之,危机具有的选择必要性的特征迫使他们此时做出选择,但他们不做任何选择,而不选择本身也是一种消极的选择,这种消极选择所导致的更消极的后果就是自杀。正如著名心理学家凯利所指出的:"对未来展望已经紧缩到极点的人而言,他的世界开始崩溃,而似乎唯有死亡是他可以掌握的、立即确定的。"

三、大学生心理危机的成因

凯普兰认为,每个人都在不断努力保持一种内心的稳定状态,保持自身与环境的平衡和协调,当重大问题或变化发生使个体感到难以解决、难以把握时,平衡就会打破,正常的生活受到干扰,内心的紧张不断积蓄,继而出现无所适从甚至思维和行为的紊乱,进入一种失衡状态,这就是危机状态。引发危机状态的原因可以是灾难性事件,如恐怖袭击、自然灾害等,其影响范围很广、刺激强度很大、涉及地区和人数很多;也可以是个人面临的内在外在的冲突,如失学、失恋、失业等。总体来说,引发心理危机的原因主要包括主观因素及客观因素两个大的方面。

(一)心理危机发生的主观因素

1. 人格特征　人格特征影响着个体的行为方式、生活方式和习惯,也影响着个体对心理社会刺激物的认知评价,决定了个体应对危机的方式和危机反应的类型和强度。神经质倾向、敏感内向的人格特征在面对危机事件时比他人更容易导致心理危机。内向性格者不容易及时地得到和利用社会支持。敏感内向性格的人往往把注意力指向自身,特别是自己所做出的无效应对反应上,这会加剧消极的情绪体验,从而使应对行为更加无效,增加生活事件的消极影响。因此在遭遇到相同的生活变故时,内向性格的人比外向性格的人更易产生持续性的和消极的心理应激反应。

2. 认知评价　人们对事物的心理反应在很大程度上依赖于对世界的知觉和解释,即认知评价。如果事件本身可能对大多数人具有威胁性,但未被当事人觉察,或被理解为是积极的或没有危险的,那么就不会产生危机反应。相反,如果事件不具有威胁性或者属于积极意义的,这个事件由于被错误判断为具有威胁性,也会使个体产生危机反应。因此,困扰人的不是事情本身,而是对事情的看法。生理学家塞里有着相似的看法"问题不在于发生了什么,而在于你如何对待它"。

3. 躯体疾病　脑血栓、心脏病等急性疾病及糖尿病、肾病、癌症等慢性疾病患者由于受到疾病病情、进展状况及预后的影响,焦虑、恐惧、抑郁等情绪问题格外突出。心理压力可导致人情绪低落、悲观绝望,对外界事物不感兴趣,言语减少,不愿与人交往,不思饮食,严重者甚至出现自杀观念或行为。同时,长期的疾病状态也可能会导致患者人际关系方面的困难,进一步加剧了心理危机的产生和不良影响。

(二)心理危机发生的客观因素

1. 自然环境　包括无法克服的自然条件的限制,它是那些给人们的生命和财产造成严重损失的自然状况的突变,包括干旱、洪水、山洪暴发、地震、台风或龙卷风、流行性传染病及其他自然灾害等。自然灾害不仅会造成严重的生命损失,更会严重影响农业产出,损害工商业的生产能力和其他各种组织功能的正常发挥,从而造成巨大的经济损失和生产能力的急剧倒退。

2. 社会环境　社会环境也会导致危机的产生,如遭遇到战争、革命、政变、武装冲突、大规模的政治变革、政府重要政策的变迁、大规模恐怖主义活动、民族分裂主义活动及其他政治骚乱等政治性危机事件;物价波动、股票市场的不确定性波动等宏观经济性危机事件;社会不安、社会骚乱、罢工、游行示威、小规模的恐怖主义行动、对相关价值的认同危机等社会性危机事件等。

第二节　大学生心理危机的预防与干预

大学生心理危机越来越普遍，如何普及大学生心理危机常识，推广心理筛查测试，建立危机预防及干预体系，降低大学生危机事件的发生是社会各界密切关心的问题。作为当代大学生，要不断提高自身的学习技能、情感沟通技能、问题解决技能、情绪管理技能等，使其在经历心理困境和心理危机边缘时，能够及时寻求专业的心理帮助，从而提高心理危机的自救能力。

一、大学生心理危机预防途径与策略

近些年来随着社会经济的发展，大学环境逐渐复杂化，对大学生心理素质的要求逐渐升高，然而大学生在这个阶段虽然已经生理发育成熟，但是其心理素质尚未成长完全。当前，媒体报道多起大学生因心理问题而自杀、犯罪、退学等，大学心理危机已成为各大高校和社会大众普遍关注的问题。与此同时，政府和教育部门也发布了《关于进一步加强和改进大学生心理健康教育的意见》等系列文件，要求各高校切实加强在校大学生心理健康教育工作。因此，这个过程中要严格把握好学生的心理发展规律，做好高校大学生心理危机的预防和干预，建立快速、高效地适应学校实际情况的大学生心理危机的预防与干预系统。

（一）全员心理健康教育，普及心理危机常识

在学校定期开展心理教育主题活动，普及心理危机常识。首先，针对学生群体，要利用选修课、讲座、心理辅导网站、热线电话等形式，宣传、普及心理危机应对的基本知识，有针对性地开展心理危机教育，提高大学生及时发现自己或他人的心理危机症状的能力，引导他们树立防范心理危机的意识，帮助他们提高应对心理危机的能力。其次，要对学校教师和管理人员进行专题培训。尤其要对学生干部、辅导员、教师进行预防心理危机的专题培训，使他们具备初步识别心理问题的能力。学生干部、辅导员、班主任要深入学生日常生活，及时了解学生的学习、生活、思想和心理状况。

（二）通过心理普查等渠道及时发现危机学生

高校应做好早期的监测工作，通过科学的心理测量工作，定期组织相关大学生开展心理普查和心理危机排查，了解他们的心理健康状况，建立大学生心理健康档案。通过心理普查识别出心理问题严重的学生，对这些可能发生或正在处于心理危机的大学生进行重点帮助，尤其是对心理应激障碍及有抑郁症、精神分裂症倾向和自杀倾向的大学生予以重点关注。

（三）建立心理危机的发现和报告制度

建立心理危机的发现和报告制度，建立大学生自我管理的防范网络，做到个人、宿舍、班级、院系、学校心理健康与咨询中心与专业心理治疗机构的紧密联结。完善危机应急联络数据库，事先制订各种类型和程度心理危机的报告层级和通报范围，根据发生的心理危机的严重程度及影响范围，确定心理危机应急处理中的快速支援部门和人员的到位时间和地点。积极协调和整合运用校内、外资源，高效、妥当地处理危机事件，保障危机处理后能够尽快恢复校园正常的学习生活。

（四）开展心理咨询及时解决心理问题

重视大学生心理危机处理，设立相应的心理咨询室，健全危机管理机构。首先，危机管理机构需配备具有专业性和责任心的专兼职教师，以便及时有效地对处于危机中的大学生进行干预。兼职教师可由具有相关资质的辅导员兼任，负责不定期地对所管理的学生进行情况摸查和心理疏导。其次，建立高校与专业医疗机构间的心理危机转介机制，借助心理治疗专业机构等社会医疗资源介入大学生的心理危机干预过程，为大学生提供专业的诊断和救助。

二、大学生心理危机的评估与干预

（一）大学生心理危机的评估

1. *心理危机评估的内容*　面对心理危机当事人，干预者一般要围绕认知、情绪和行为三个方面进行综合性的评估。

(1) 认知状态：是对心理危机当事人的认知过程评估，考察当事人在知觉、注意、记忆等方面是否有异常或者功能下降的现象。例如，是否有注意力过分集中于危机事件而导致记忆和识别能力下降的现象；是否存在着非理性的和自我否定的想法，如自责、无用感、夸大、以偏概全、非黑即白等。在急性情绪创伤或自杀准备阶段，心理危机者的注意力往往过分集中在悲伤反应或想“一死了之，一了百了”之中，从而出现记忆和认知能力方面的“缩小”或“变窄”，判断、分辨和做决定的能力下降，部分人会有记忆力减退、注意力不集中等表现。

(2) 情绪状态：干预双方交谈过程中，心理危机者可能表现出过度的情绪化和失控，或严重的退缩与孤立。干预者需要从这些情绪反应中判断出求助者对于危机的态度(回避、否认、积极解决等)、该反应的正常程度及系列情绪反应的一致性状况。情绪情感状态严重受损的心理危机当事人往往会表现出明显夸大的情绪情感体验，情感体验明显与环境不匹配，情绪波动不定且幅度较大，甚至会表现出当事人意志努力所不能控制的消极情绪爆发。常见的消极情绪有紧张焦虑、抑郁、悲伤和恐惧，部分人甚至会出现恼怒、敌对、烦躁、失望、过度兴奋和无助等情感反应。

(3) 行为反应：心理危机当事人往往会有痛苦悲伤的表情及哭泣或独居一隅等“反常”行为。危机干预者需要更多地注意当事人的行为状况及在假设情境下的计划与预期行为，以此了解当事人的主观能动性和自控能力。例如，心理危机者会表现出日常能力的下降，不能上班和做家务，兴趣减退，社交技能丧失，日趋孤单、不合群、郁郁寡欢，对周围环境漠不关心，对前途的悲观和失望，漠视他人帮助和关心，脾气暴怒或易冲动，甚至出现严重的攻击破坏行为(如酗酒、自杀等)。

另外，相当一部分心理危机者在危机阶段都会出现躯体不适现象，如心悸、失眠、多梦、早醒、食欲缺乏、头痛、呼吸困难等，部分当事人还会出现血压、心电生理及脑电生理等多方面的变化。

2. *心理危机评估的结论*　对心理危机的严重程度进行评估，有助于采取合适的措施来应对和干预心理危机。根据 Myer 等 1991 年编制的危机干预定式评估工具，危机严重程度评级主要从情感、认知和行为三方面进行，每方面又按照其严重程度由轻到重，由缓到急划分为六个级别。

(1) 认知方面：第一级，注意力集中，解决问题和做决定能力正常。求助者对危机事件的认识和感知与实际情况相符(无损害)。第二级，思维集中在危机事件上，但思想能受意志控制。解决问题和做决定能力轻微受损，对危机事件的认识和感知基本与现实相符(轻微损害)。第三级，注意力偶尔不集中，感到较难控制对危机事件的思考。解决问题和做决定的能力降低。对危机事件的认识和感知与现实情况所预计的在某些方面有偏差(轻度损害)。第四级，注意力时常不能集中，较多考虑危机事件而难以自拔。解决问题和做决定能力因为强迫性思维，自我怀疑而受到影响。对危机事件的认识和感知与现实情况可以有明显的不同(中等损害)。第五级，沉湎于对危机事件的思虑，因为强迫性思维、自我怀疑和犹豫而明显影响求助者解决问题和做决定的能力，对危机事件的认识和感知与现实有实质性差异(显著损害)。第六级，除了危机事件，不能集中精力。患者受强迫、自我怀疑和犹豫的影响而丧失了解决问题和做决定的能力，对危机事件的认识和感知与现实情况有明显差异从而影响了正常的生活(严重损害)。

(2) 情感方面：第一级，情感状态稳定，对日常活动情感表达恰当(无损害)。第二级，对环境的情感反应适切，对环境的变化只有短暂的负性情感流露，求助者完全能够控制情绪(轻微损害)。第三级，对环境的情感反应适切，但对环境变化有较长时间的负性情感流露，求助者能够意识到需要自我控制情绪(轻度损害)。第四级，情感反应与环境脱节，常表现出负性情感，对环境变化有较强烈的情绪波动。情感状态虽然稳定，但需要努力才能控制情绪(中等损害)。第五级，负性情感体验明显超出环境的影响，与环境明显不协调，心境波动明显。求助者意识到负性情绪，但不能控制(显著损害)。第六级，完全失控或极度悲伤(严重损害)。

(3) 行为方面：第一级，对危机事件应对行为恰当，能保持必要的日常功能(无损害)。第二级，偶尔有不恰当地应对行为，能保持必要的日常功能，但需努力(轻微损害)。第三级，偶尔出现不恰当的应对行为，有时有日常功能的减退，表现为效率降低(轻度损害)。第四级，有不恰当的应对行为且做事没有效率。需花很大精力才能维持日常功能(中等损害)。第五级，求助者的应对行为明显超出危机事件的反应，日常功能表现明显受到影响（显著损害）。第六级，行为异常难以预料，并且对自己或他人有伤害的危险（严重损害）。

（二）大学生心理危机的干预

1. 心理危机干预的概念　帕瑞德（Howard Parad）认为，危机干预就是在混乱不安的时期，一种积极主动地影响心理社会运作的历程，以减缓具破坏性的压力事件所带来的直接冲击，并协助受到危机直接影响的人们，激活其明显的与潜伏的心理能力及社会资源（而且通常是社会环境中的重要人物），以便能适当地应对压力事件所造成的结果。

大学生的心理危机干预是指针对处于心理危机状态的大学生及时给予适当的心理援助，使之尽快摆脱困难。它是一种依据大学生心理危机的预警指标进行综合判断，通过调动处于危机之中的个体自身潜能，确定心理危机的程度并采用适当的方法与途径进行适当的干预，来重新建立或恢复危机爆发前的心理平衡状态的心理咨询和治疗的技术。大学生心理危机干预的主要目标是降低急性剧烈的心理危机和创伤的风险，稳定和减少危机或创伤情境的直接严重后果，促进个体从危机和创伤事件中恢复或康复，帮助的及时性、迅速性是其突出特点，有效的行动是危机干预成败的关键。

2. 心理危机干预的目标　艾格里拉（Donna C. Aguilera）和麦斯克（Janice M. Messick）认为“危机干预的最低治疗目标是在心理上帮助患者解决危机，使其功能水平至少恢复到危机前水平，最高目标是提高患者的心理平衡能力，使其高于危机前的平衡状态”。艾维勒（Georage S. Everly）认为心理危机干预主要有三个目标：① 减少急性的、剧烈的危机和创伤的风险；② 稳定和减少危机事件或创伤情境的直接严重的后果；③ 促进个体从危机和创伤事件中恢复或康复。

一般来说，危机干预有三个层次的目标。最低目标是缓解危机者的心理压力，防止过激行为，如自杀、自伤或攻击行为等。中级目标是帮助来访者恢复以往的社会适应能力，使其重新面对自己的困境，采取积极而有建设性的对策。最高目标是帮助来访者把危机转化为一次成长的体验并提高来访者解决问题的能力。在危机干预的三个目标层次中，最低目标的核心是“劝阻”，中级目标的核心是“恢复”，最高目标的核心是“发展”。

3. 心理危机干预的方式

（1）电话危机干预：是指处于紧急情绪障碍、精神崩溃或企图自杀的个体，通过拨通专用电话，向干预人员求援。这种方式具有快速、方便、经济和匿名等优点。

（2）网络干预：是个体通过网络发帖求助，向干预人员寻求援求助方法。这种方法可以使得干预人员通过视频进行远程面对面的帮助。

（3）现场干预：是指心理咨询专业人士到达具有心理危机状态的个体所处环境中进行干预，是干预人员与求助者直接地面对面的会晤。其优点是能相对快速、详细、全面、准确地了解求助者的状况，从而及时、有针对性地对求助者实施解释、疏导及具体干预。

4. 心理危机干预的策略　心理危机干预不仅服务于已经发生心理危机的大学生，普通大学生、出现心理问题的大学生、处于心理危机边缘的大学生都属于心理危机干预的服务对象。生态系统观认为，危机不单单只是当下发生的情境，而是一种预期的潜在可能性，所以全方面有针对性地进行干预是保障大学生心理健康的必然要求。依据不同的对象，可以相应实施两条干预路径。

（1）一般性干预：适用于所有的大学生，目的是帮助大学生发展良好人际关系，维持学业成就，减少人际和学业压力。干预的内容是通过与学校心理健康相关的课程、活动统合，重点是提高学生的学习技能、情感沟通技能、问题解决技能、情绪管理技能等。同时，通过课程及活动加强学生的适应能力，构建积极的社会支持体系。

（2）专业性干预：适用于那些正在经历心理困境和心理危机边缘甚至心理危机中的大学生。该计划可以通过个体咨询、团体咨询和针对具体问题的专业辅导等进行，注重鼓励和强化，使得这种预防变得持续和综合，避免一次性干预在短期内失效，同时也强调教给大学生一些针对具体问题的替代性行为和处理技能。

第三节 大学生自杀的预防与干预

根据2019年WHO的数据,全球每40 s就有一个人自杀死亡,每年有近80万人死于自杀,超过死于疟疾、乳腺癌、战争和凶杀案的人数。自杀已成为严重的全球公共健康问题。WHO呼吁世界各国做出更多的努力,阻止这些可预防的死亡发生。

一、自杀概述

(一) 自杀的概念及分类

自杀(suicide)是指个体有意识地采取各种手段自愿结束自己生命的异常行为。一般将自杀分为自杀意念(suicide idea)、自杀未遂(attempted suicide)和自杀死亡(committed suicide)3类。自杀意念是指有寻死的愿望,但未采取任何实际行动;自杀未遂是指有自杀行为但未导致死亡,即决心自杀但未成功;自杀死亡是指有意采取毁灭自己的行为,并导致死亡。

(二) 自杀的相关因素

自杀可能是环境和个人因素相互作用的结果,其确切病理机制还不甚明了。

1. 生物学因素 包括性别、遗传、神经生物学因素。

(1) 性别因素:在世界范围内,自杀死亡者中男性比女性多。2019年WHO报道,每10万个女性中有7.5人自杀,而每10万个男性中有13.7人自杀。我国女性自杀率高于男性。

(2) 遗传因素:家系调查和双生子研究表明,自杀行为确有一定的遗传学基础。家系调查发现,自杀者的第一级亲属有较高的自杀或自杀未遂风险。双生子研究显示,单卵双生子自杀观念和自杀行为的一致率高于双卵双生子。

(3) 神经生物学因素:有研究发现,神经递质和神经内分泌的变化,如脑脊液中5-羟色胺、多巴胺、去甲肾上腺素、肾上腺素等的变化与自杀行为的发生有关。对自杀者死后的脑研究揭示,自杀者大脑前额叶皮质5-羟色胺活动降低,尤以腹侧前额最为明显。大量的研究结果显示,自杀未遂者脑脊液中5-羟色胺的代谢产物5-羟吲哚乙酸及前额叶5-羟色胺转运体密度降低,且下降程度与致死性或自杀未遂的严重性呈正相关。

2. 心理学因素 一般认为心理应激和心理特征与自杀相关。有学者提出,自杀行为的发生是心理应激与心理特征等因素共同作用的结果。

(1) 心理应激:重大的负性生活事件在诱发自杀上扮演重要的角色,常成为自杀的直接原因或诱因。自杀者由于生活中遭遇困境而产生激烈的心理冲突,陷入危机状态不能自拔,出现心理异常或难以承受的痛苦而产生自毁行为。有研究发现,自杀者在自杀行动前的3个月内,生活事件的发生频率明显多于常人,与1周内发生的生活事件的关系尤为密切。这些生活事件多具有“丧失”的特色,常引起个体明显的情绪反应,如人际冲突、被拒绝、工作或经济问题、社会地位改变、名誉受损及多重生活事件等。当个体处于某种慢性痛苦时期时,这些应激事件常起着“扳机”的作用,触发自杀。

(2) 心理特征:自杀者有无独特的心理特征目前尚无定论。有些学者提出以下心理特征可能与自杀有关:① 认知方式,自杀者一般存在不良的认知模式,如采用非此即彼和以偏概全的思维方式、易走极端等;在挫折和困难面前不能对自身和周围环境做出客观评价,夸大负性事件的危害性;易从宿命论的角度看待问题,相信问题所带来的痛苦是不能忍受的、无法解决的和不可避免的;对人、对事、对己、对社会均倾向于从阴暗面看待问题,自卑或自尊心过强,有戒备心理和敌意;缺乏洞察、分析、处理问题的能力。② 情绪情感,自杀者通常有各种慢性的痛苦、焦虑、抑郁、愤怒、厌倦和内疚的情绪特征,他们难以接受这种负性的情感情绪,缺乏精神支柱,绝望感尤为明显。多数自杀者有情绪不稳定的倾向。③ 意志行为,具有冲动性和盲目性,做事不计后果等特点,具有一定的攻击性。④ 人格不成熟,缺乏决断力,没有主见。⑤ 从思想上、感情上把自己与社会隔离开来，缺乏持久而广泛的人际交往，回避社交，难于获得较多的社会支持资源，适应性差，对新环境适应困难，缺乏归属感。

3. 社会学因素

(1) 年龄：14 岁以下儿童自杀死亡者少见，自杀率随年龄而增加，进入老年后上升更加明显。从年龄段分布上看，15～35 岁及 65 岁以上是自杀的高峰年龄段，老年男性是自杀率最高的人群。但近年来自杀有低龄化趋势，青少年自杀率明显增加，自杀成为青少年主要死亡原因之一。据 2019 年 WHO 数据，全球一半以上的自杀者不足 45 岁，自杀是 15～29 岁年轻人的第二大死因，仅次于道路交通伤害。

(2) 职业与社会阶层：失业者、贫困、无固定职业者及非技术工人、农牧业从业人员的自杀率较高。美国一项调查资料显示，蓝领工人的自杀率最低，而从事专门职业者，如医生、律师、作家、音乐家等自杀率较高。

(3) 婚姻与家庭关系：独身、离婚、丧偶者自杀率高于婚姻状况稳定者，家庭关系混乱或具有冲突性者自杀率高，反之，家庭关系和睦、融洽者自杀率低。在已婚者中，无子女者的自杀率高于有子女者。

(4) 地域：世界各国的自杀率具有一定的地域性。2016 年 WHO 报告显示，男性自杀率排前 3 位的是俄罗斯、乌克兰和韩国，女性自杀率排前 3 位的是印度、韩国和比利时。在城乡之间，一般情况下城市自杀率高于农村，我国农村自杀率高于城市。

(5)文化信仰：如宗教对死亡的认识态度会影响教徒的自杀行为等。

4. 疾病因素

(1) 躯体疾病：在自杀死亡者中患有各种躯体疾病者占 25%～75%。大量研究表明，慢性和(或)难治性的躯体疾病，如脑损伤、癫痫、帕金森病、癌症、艾滋病、糖尿病、慢性肾脏疾病、肝脏疾病等患者的自杀率明显高于一般人群。关于躯体疾病者自杀的原因，可能与下述因素有关：① 因疾病导致的功能受限，不能参加正常的职业和社交活动；② 疾病导致的难以忍受的痛苦；③ 毁容带来的痛苦；④ 因疾病系“不治之症”导致的悲观、绝望情绪；⑤ 其他如经济负担、累及他人等。

(2) 精神障碍：80%以上的自杀死亡者患有不同程度的精神障碍。其中，抑郁障碍患者自杀的可能性最大，是普通人群的 80 倍；其次为精神活性物质所致精神障碍、精神分裂症、人格障碍及应激性障碍患者等。

5. 其他因素　包括以往的自杀经历、社会支持系统及社会交往、教育年限、战争、移民、社会经济状况及社会认可度、媒体对自杀的报道等。

(三)自杀的心理动机和心理过程

1. 心理动机　调查发现，自杀者自杀前的心理动机表现为以下几方面：① 摆脱痛苦、逃避现实，实现精神重生；② 为了某种目的或信仰牺牲自己；③ 自我惩罚，即惩罚自己的罪恶行为，如学习成绩不好觉得对不起父母，在强烈的自罪、自责心理的驱使下采取自杀行为；④ 追求完美，通过自杀达到自己道德上和人格上的完满；⑤ 呼救求助，通过自杀来向外界寻求帮助和同情。

2. 心理过程　有的自杀是由爆发性激情引致，是在偶然事件引起的激愤、悔恨、内疚和羞愧等情绪失控状态下出现的冲动性行为，但有的自杀则并非突然发生的，而是经过长时间深思熟虑后做出的决定，其心理过程经历了如下 3 个阶段。

(1) 自杀观念或自杀动机形成阶段：对遇到的挫折和难以克服的困难发生了认知偏差，以绝对化的思维方式分析所面临的情境，产生悲观、沮丧、内疚自责、绝望厌世等消极情绪，得出“唯有一死才能解脱”的结论，从而产生自杀企图。

(2) 矛盾冲突阶段：虽然自杀者有了自杀念头，但求生的本能和对死亡的恐惧，使之处于极度矛盾的心理状态之中。他们常常会谈论与自杀有关的话题，暗示自杀或以自杀威胁相关的人，表现出明显的自杀意图，这实际上也是自杀者有意无意发出的引起别人注意的求助信号，若此时能及时得到帮助，他们很可能会打消或减轻自杀的企图，转而以积极的态度解决面临的困境。

(3) 自杀平静阶段：自杀者似乎从心理困扰中解脱出来，表现得异常平静，不再谈论或暗示自杀，情绪显得较为乐观，主动与人接触，有的人开始向好友分发心爱的纪念品，对有隔阂的人表示宽容或寻求谅解。有一种看透一切的感悟以及没有必要再为生与死的抉择而苦恼的体验。

二、自杀风险评估

WHO认为,降低全球自杀率的方法是限制人们获取杀虫剂(农药)的渠道,教育媒体负责任地对自杀进行报道,并在早期识别出有自杀风险的人,以帮助人们培养应对生活压力的技能。

(一) 了解危险因素

美国巴特尔(Batter)等通过研究确定了大量可预测自杀的危险因素发现,如果某人已具备危险因素中的4~5项,那么这个人可能正处在自杀的高危时期,应及时采取干预措施防止自杀行为的发生。这些危险因素有: ① 有自杀家族史;② 曾有自杀未遂史;③ 已经形成一个特别的自杀计划;④ 最近经历了心爱的人去世、离婚或分居等事件;⑤ 家庭出现大的经济损失;⑥ 陷入特别的创伤损失而难以自拔;⑦ 是精神病患者;⑧ 有药物和酒精滥用史;⑨ 最近有躯体和心理创伤;⑩ 有失败的医疗史;⑪ 与家庭或其他亲友失去了联系;⑫ 有抑郁症,或处于抑郁症的恢复期,或最近出现抑郁症的症状;⑬ 在给家人的书信中分配财产或安排后事;⑭ 有特别的行为或情绪特征改变,如冷漠、退缩、易激怒、焦虑、恐慌或社交、睡眠、饮食、学习、工作习惯的改变;⑮ 出现严重的绝望或无助感;⑯ 陷入以前经历过的躯体、心理或性虐待的情节中不能自拔;⑰ 显示一种或多种深刻的非正常的情感特征,如愤怒、孤独、攻击性、悲伤或失望、内疚、敌意等。

(二) 注意自杀线索及呼救信号

大多数自杀者在自杀前呈现出矛盾的心理状态,处于既想"结束生命、摆脱痛苦",又"恐惧死亡、眷恋人生"的矛盾之中,故常常会谈论与自杀有关的话题,有意无意地向周围人暗示自杀,发出求助信号。约2/3的自杀成功者由于没有得到应有的回应,继而发生了无可挽回的结局。

常见的自杀线索包括以下几个方面: ① 言谈中表现出严重的孤独、无助和失望;② 对未来失去兴趣,回避为未来做现实的计划,回避或拒绝讨论生活的意义;③ 表现出专注于死亡,包括用艺术、诗歌或故事描绘死亡;④ 向亲友、同学、同事或在个人作品中流露出消极、悲观厌世的情绪,表达自杀的意愿;⑤ 无理由、突然地将极有价值和纪念意义的个人物品赠送他人;⑥ 消极情绪突然改善,情绪显得很平静甚至较为乐观,主动与人接触,对有隔阂的人表示宽容或寻求谅解;⑦ 行为上出现戏剧性的变化,比如一向谨慎的人忽然对什么都不在乎,内向的人突然开朗起来或者无故与人争吵,毫不顾忌地发泄,过多吸烟、酗酒等;⑧ 制订自杀计划、购买自杀工具、寻找自杀场所等;⑨ 近期内有过自伤或自杀未遂的行为等。

三、大学生自杀预防与干预策略

2019年WHO总干事谭德塞·阿达诺姆博士(Dr Tedros Adhanom Ghebreyesus)说:"每一起死亡对家人、朋友和同事来说都是悲剧。然而,自杀是可以防止的。我们呼吁所有国家用可持续的方式将经过验证的自杀预防策略加入国民健康和教育计划中。"

(一) 培养大学生正确的生命价值观和人生观

加强对大学生的生命教育,培养学生尊重生命的态度,引领大学生建立积极的生命价值观,认识珍爱生命的价值,热爱生活,积极乐观,激发生命的潜力,不断追寻和实现生命的意义。此外,塑造和培养大学生正确的人生观,增强学生的生命责任感,培养学生对自己承担的多种角色的认同感及适应力,在计划、组织、实施活动中学习对自己负责、对他人负责的态度,提高自己承担责任的能力,开展亲情教育,体会对家长的亲情与责任,从而使大学生能以乐观负责的态度善待生命、珍爱生命。

(二) 提高大学生的耐挫折能力

压力会伴随人的一生,谁都不可能避免。在众多压力面前,每个人耐受压力和挫折的能力是不同的,有的人积极乐观,越挫越勇,不断成长;有的人却无所适从,怨天尤人,牢骚满腹,在惶惶然中一事无成。因此,应通过课堂教学、讲座、学生活动等心理健康教育形式加强大学生挫折教育,让学生知道学习、生活中的挫折和压力是在所难免的,提高自我认识水平,客观地看待自我和环境,对自己有恰当的期望,避免因高期望所致的失望和痛苦。学校也可举办心理训练活动,采用团体互动、模拟演练等方式让学生了解在压力打击下的恰当反应,鼓励学生改善人际关系,了解面临挫折时如何积极利用各种社会支持资源,以及出现情绪行为反应后知道如何求助。

（三）普及自杀预防知识

对大学生开展自杀预防的相关知识教育，使其对自杀有正确的认识，了解自杀想法的迹象，学习精神障碍的表现、危害和治疗的可能性，解释自杀的发展过程，消除他人对自杀者的歧视，宣传对自杀未遂者帮助的理念，做好预防工作，不必刻意避讳和学生讨论自杀问题，相反，对自杀问题适时适度的探讨可能会让学生意识到自杀并不是解决问题最好的方法。同时也要普及心理健康知识，提高学生的心理健康水平，宣传调节负面情绪的有效方法，教会学生正确认知和管理心理压力，预防心理障碍的发生。

（四）发现并关注高危人群

高危人群出现自杀的可能性大，需要及时发现并予以关注。有研究发现，大学生中的自杀高危人群主要是有学业困难、感情困扰、人际障碍、经济困境、突遭重大打击和罹患精神疾病等的学生。因此，应时常开展针对大学生高危人群的面谈，有利于及时掌握情况，无论学生是否出现危机，只要有考试不及格、失恋、经济困难等容易产生危机的情形，就应由辅导员进行约见，了解学生对事件的认知评价、情绪状况及学习生活状态。若学生对事件的评价恰当，反应适中，有较强的耐受压力和挫折的能力，则除了给予必要的支持外，应保持联系并持续关注；若学生对事件情绪和行为反应强烈，主观痛苦感明显，则需要特别关注，应动员同学、朋友予以支持和帮助，并建议学校心理咨询中心进行危机评估，由专业人员对其进行危机干预。

（五）及时解决诱发自杀的心理问题

自杀是多种原因诱发的一个结果，是当事人用既往方法无法应对、问题得不到解决时的无奈选择。预防自杀，首先要弄清楚学生诱发自杀的原因，究竟是经济困境、情感挫折还是人际障碍，在发现危机学生并确定危机的原因后，应针对不同原因采取相应措施来进行干预。

【推荐读物】

James R K, Gilliland B E. 2011.危机干预策略.7 版.肖水源，周亮，刘希光，等译.北京：中国轻工业出版社.

芭芭拉·鲁宾·韦恩瑞伯，艾琳·布罗契.2003.危机干预与创伤反应理论与实务.黄惠美，李巧双译.北京：世界图书出版公司.

孙宏伟.2018.心理危机干预.2 版.北京：人民卫生出版社.

（王艳郁，孙宏伟）

第十二章

大学生职业生涯规划与择业心理

本章要点

掌握：唐纳德·萨帕的职业生涯发展理论。

熟悉：大学生职业生涯规划中的常见心理困扰与调适；熟悉大学生职业生涯规划素养的培养。

了解：职业生涯规划的意义和内容。

案例 12－1

在刚刚从高中进入大学的心泽眼中，期盼已久的新生活终于开始了：宽松的大环境，丰富的课余生活，多彩的人际关系……她开始在课堂、学生会、社团和兼职中穿梭，她享受这种新鲜、自由和忙碌，心泽的心也逐渐安定下来。她依然享受大学的自由和忙碌，可是她又有了精力开始思考新的问题：自由的意义、忙碌的价值。

经过与同学、学长、老师、父母的交流和自己的潜心思考，心泽将各类说法不一的观点整合到了一个问题上：四年之后的她在哪里？在干什么？十年之后、二十年、三十年之后呢？她为发现这个新问题感到兴奋……

"长大后，我想成为……"也许每个人在童年时代都曾主动或被动地思考过这个问题。现在，请问已经成为大学生的你："毕业后，你想成为什么样的人？如何发挥自己的潜能，体现自己的价值？在你理想的生活状态中，职业扮演了怎样的角色？"本章围绕职业生涯规划及择业心理的相关内容展开，帮助同学们对自己的生涯发展进行理性的思考与实践。

第一节　职业生涯规划及发展理论

为帮助大学生正确认识职业生涯规划的重要性及明确职业生涯规划的影响因素，本节择取职业生涯规划领域较有代表性的理论观点，按照时间顺序进行简要介绍，为大学生规划自己的职业生涯提供参考。

一、人职匹配理论

最早的职业生涯发展理论被称作特质因素理论，该理论假定，个体的能力兴趣与大千世界的职业机会可以一一匹配，匹配一旦完成，个体的职业选择问题也就迎刃而解。美国波士顿大学教授弗兰克·帕森斯(Frank Parsons)是该流派的典型代表。

1909 年，帕森斯在其著作《选择一个职业》中提出"人与职业相匹配是职业选择的焦点"。他认为，每个人都有自己独特的人格模式，每种人格模式的个人都有其相适应的职业类型。人格模式包括能力倾向、兴趣、价值观和人格等，这些都可以通过心理测量工具来加以评定。

帕森斯的人职匹配理论具有较强的操作性，自提出以来经久不衰。其具体步骤如下：第一步是探究个人，即评价求职者的生理和心理特点。通过心理测量及其他测评手段，获得有关求职者的身体状况、能力倾向、兴趣爱好、气质与性格、家庭背景、优势和局限等方面的个人资料。第二步是分析各种职业对人的要求，了解相关职业信息，如职业描述、入职条件、发展前景、薪酬福利等，以及不同工作岗位的优势和不足。第三步是人职匹配，即职业指导人员整合个人和工作领域的信息，在了解求职者的特性和职业的各项指标的基础上，帮助求职者进行比较分析，以便选择一种适合其个人特点又有可能得到并可能取得成功的职业。

帕森斯的特质因素论第一次系统地阐述了科学的职业指导方法，是职业指导最基本的理论，至今仍对职业指导工作具有重要的意义。特质因素论注重在实际辅导中，借助心理测量工具的使用和解释，对咨询者进行指导。然而，由于测量工具本身存在信度与效度问题，加之特质因素论假定个人特质与工作特征是稳定不变的，而事实上，这二者都在不断发展变化。因此，静态测量的结果未必能真正反映个人的长处与内心深层次的冲突，有可能仅止于表面的帮助。

二、职业生涯发展理论

自 20 世纪 50 年代开始，美国职业管理专家唐纳德·萨帕(Donald Super)对发展心理学、差异心理学、社会心理学及人格发展理论进行了长期研究，系统地提出了有关职业生涯发展的观点，从而打破了特质因素论一统天下的局面，成为继帕森斯之后又一位里程碑式的人物。

萨帕对职业生涯的发展、测评、自我概念、生涯成熟等领域进行了大量、全面的研究，提出十二项基本命题，这十二项命题被看成是生涯发展理论的基本主张和框架基础。

命题 1：职业生涯发展是一连续不断、循序渐进且不可逆转的过程。

萨帕在职业生涯发展阶段及其相应发展任务的理论基础上，进一步提出了发展性任务的循环再循环，即不再单纯把成长、探索、确立、维持及衰退视为贯穿人生的发展阶段，而是个体在青年期、成年初期、成年中期、成年晚期等每个阶段都要循环完成的发展任务(表 12-1)。每一个阶段的发展，正如同时空无法倒转，过去了就永远过去了。

表 12-1　一生中发展性任务的循环与再循环

生命阶段	青年期 14～25 岁	成年初期 25～45 岁	成年中期 45～65 岁	成年晚期 65 岁以上
衰退	从事嗜好的时间减少	减少运动活动的参与	专心于必要的活动	减少工作时数
维持	确认目前的职业选择	使职位稳固	执着自我以对抗竞争	维持兴趣
确立	在选定领域中起步	在一个永久性职位上安定下来	发展新技能	做一直想做的事
探索	从许多机会学到更多	寻找心仪工作的机会	确认该处理的新问题	选择好的养老地点
成长	发展实际的自我概念	学习与他人建立关系	接受自身的限制	发展非职业性角色

命题 2：职业生涯发展是一个有次序、具有固定形态的过程，因此每阶段的发展都是可预测的。

生涯发展有着诸多未知的可能，但同时也遵循一定的发展规律，在什么时间做怎样的事情是一定的。因此虽然不能具体地知道下一刻将要发生什么，但下一刻将要发生的事情的意义却是清晰的。

命题 3：职业生涯发展是一个经过统整的动态过程。

生涯发展是阶段、角色和投入程度的整合。伴随着不同的发展阶段，各种角色及其投入程度的取舍也会有变化。

命题 4：一个人的自我概念在青春期以前就开始形成，至青春期较明朗，并于成人期由自我概念转化为职业生涯概念。

自我概念指人们思考自己的特定方式。到了成年期，个体开始尝试发展并验证自我概念，这种尝试直接表现在其对以工作者为主体的职业生涯的理解和践行上。职业自我概念指个人对职业与自身关系的认识及其定型。职业自我概念定型的时候，工作定向也就形成了。

命题5：从青少年期至成人期，个体实际的人格特质及社会的现实环境等，都会因年龄、时间的增长而增加对人的影响力。

随着年龄的增长，周边环境变得复杂，个体在应对的时候，往往以无意识的条件反射或习惯成自然居多。此时，这些条件反射、这些习惯成自然，就是一个人的遗传因素、生存发展环境、人格特点等的直接体现。

命题6：父母亲之间的互动关系，以及他们对职业计划结果的解释，会影响到下一代对自己职业角色的选择。

父母是孩子理解世界的一条重要通道，他们的行为方式必然会在很大程度上影响孩子对世界的理解。而一个成年人对世界的理解，很大程度上是通过职业生涯规划得到体现的。

命题7：一个人是否能由某一职业水平跳到另一职业水平，即是否有升迁发展机会，是由他的智慧能力、父母经济社会地位、本人对权势的需求，个人的价值观、兴趣，人际关系技巧及社会环境、经济的需求状况等共同决定的。

命题8：一个人会踏入某一类型的行业，也是由下列因素来决定的：个人的兴趣、能力，个人的价值观及需求，个人的学历、利用社会资源的程度及社会职业结构、趋势等。

以上两条命题都可以用职业自我的构成要素来解释。职业自我的构成要素具体包括表现自我、发展自我、动力自我、个性自我、品德自我和背景自我。

命题9：即使每一种职业对从业者都有特定的能力、人格特质及兴趣的要求，但在某种范围内，仍然允许不同类型的人来从事；同样地，一个人也可从事多种不同类型的行业。

确实，每一种职业都对从业者有特定要求。但与世界上的任何事物一样，职业也是立体的、多面的、动态的，它也需要从业者从不同的角度去满足其多方面的需求。同样，每个人都是一座宝藏，有着各种潜质等待被开发。事实上，少有人能找到完全符合个人特质的职业，或者说是一直符合的职业。对于个体而言，每一次选择都意味着放弃。

命题10：个人的工作满足感视个人是否能配合自己的人格特质，即是否能将能力、兴趣、价值观适当地发挥出来而定。

命题11：个人工作满足的程度，常决定于个人是否能将自我概念实现于工作中。

个体在多大程度上获得满足感，取决于其需要得到满足的程度。根据人本主义的观点，人都有自我实现的需要。在基本的生存需要、安全需要等较低层次的需要得到满足之后，作为个体身份的一个源泉，工作能否帮助其找到其生存的价值、能否帮助其从中获得对其世界观的支持，就显得重要起来。

命题12：对少部分人而言，家庭及社会因素是人格重整的中心；但对大部分的人，工作是人格重整的焦点，即经过工作过程，理想我与现实我之间会逐渐融合。

个体在社会化的过程中建立自我概念。不同的世界观使得个体社会化的途径有所差别。职业背景是绝大多数成人社会化的一个重要因素。对于现代社会中的绝大部分成年人而言，职业是其生活的重心，是认识自我、发现自我、发展自我的一个重要场所。

三、职业锚理论

锚是使船只停泊定位的铁制器具。职业锚是一个人在面临困难的职业选择时无论如何都不会放弃的内心深层次的价值观，实际就是人们选择和发展自己的职业时所围绕的中心。职业锚理论最早由美国麻省理工学院斯隆管理学院教授埃德加·H·施恩(Edgar. H. Schein)于20世纪70年代提出。

职业锚是个人同工作环境互动作用的产物。进入工作环境后，个人以习得的实际工作经验为基础，与其在经验中自省的动机、价值观、才干相互作用、逐步整合，从而达到自我满足和补偿的一种稳定的职业定位。

1978年，施恩在其职业锚理论中提出了五种类型的职业锚：技术/职能型(technical/functional competence)、管理型(general managerial competence)、自主/独立型(autonomy/independence)、安全/稳定型(security/stability)、创造/创业型(entrepreneurial/creativity)。到20世纪90年代，又增加了三种类型，即服务/奉献

型(service/dedication)、挑战型(pure challenge)和生活型(life),故将职业锚增加到八种类型。

(一) 技术/职能型

技术/职能型的人追求在技术/职能领域的成长,以及应用这种技术/职能的机会。他们对自己的认可来自他们的专业水平,他们喜欢面对来自专业领域的挑战。对技术/职能型的人来说,来自同行专业人士的认可比管理者的表扬更有价值。他们一般不喜欢从事管理工作,认为这意味着放弃他们在技术/职能领域的成就。

(二) 管理型

管理型的人追求并致力于工作晋升,倾心于全面管理,独自负责一个部分,可以跨部门整合其他人的努力成果,他们想去承担整个部分的责任,并将公司的成功与否看成自己的工作。具体的技术/职能工作仅仅被管理型的人视为通向更高、更全面管理层的必经之路。

(三) 自主/独立型

自主/独立型的人希望随心所欲安排自己的工作方式、工作习惯和生活方式,他们追求能施展个人能力的工作环境,最大限度地摆脱组织的限制和制约。自主/独立型的人倾向于基于以往成就晋升,希望从中获取更多的自主权。他们喜欢直接的表扬或认可,对他们而言,勋章、推荐信、奖品、证书等奖励方式比晋升和金钱更有吸引力。

(四) 安全/稳定型

安全/稳定型的人追求工作中的安全与稳定感,他们愿意从事可预见的职业。他们关心财务安全,如退休金和保险。安全/稳定型的人喜欢基于资历的提升方式,明确晋升周期的公开等级系统。他们希望因为忠诚和稳定的绩效而被认可,并希望得到稳定和连续雇佣的保证。尽管有时他们可以达到一个高的职位,但他们并不关心具体的职位和具体的工作内容。

(五) 创造/创业型

创造/创业型的人希望使用自己能力去创建属于自己的公司或创建完全属于自己的产品(或服务),而且愿意去冒风险,并克服面临的障碍。他们想向世界证明公司是他们靠自己的努力创建的。他们可能正在别人的公司工作,但同时他们在学习并评估将来的机会。一旦他们感觉时机到了,他们便会自己走出去创立自己的事业。

(六) 服务/奉献型

服务/奉献型的人希望职业允许他以自己的价值观(如帮助他人、改善人们的安全、通过新的产品消除疾病)影响雇用他的组织或社会。他们对组织忠诚,希望得到基于贡献的、公平的、方式简单的薪酬。对服务/奉献型的人而言,比金钱更重要的是认可他们的贡献,给他们更多的权力和自由来体现自己的价值。

(七) 挑战型

挑战型的人喜欢解决看上去无法解决的问题、战胜强硬的对手、克服难以克服的困难和障碍等。对他们而言,参加工作或职业的原因是工作允许他们去战胜各种不可能。新奇、变化和困难是他们的终极目标。如果事情非常容易,那么它马上变得非常令人厌烦。

(八) 生活型

生活型的人喜欢允许他们平衡并整合个人、家庭和职业三方需要的工作环境。他们希望将生活的各个主要方面整合为一个整体。因此,生活型的人需要一个能够提供足够有弹性的职业环境。

经过四十多年的发展,职业锚已成为许多个人职业生涯规划和公司人力资源管理的重要工具。个人在进行职业规划和定位时,可以运用职业锚理论思考自己已具有的能力,确定自己的发展方向,审视自己的价值观是否与当前的工作相匹配。只有个人的定位和需从事的职业相匹配,才能在工作中发挥自己的长处,实现自己的价值。尝试各种具有挑战性的工作,在不同的专业和领域中进行工作轮换,对自己的资质、能力、偏好进行客观的评价,是使个人的职业锚具体化的有效途径。企业通过雇员在不同的工作岗位之间的轮换,了解雇员的职业兴趣爱好、技能和价值观。将他们放到最合适的职业轨道上去可以实现企业和个人发展的双赢。

第二节　职业生涯规划概述

人终其一生都在选择、准备与实践个人的生涯形态与生活方式,包括学业、职业、家庭、休闲、社会参与及其他许多必须面对的课题,这些课题统合构成贯穿个体一生的发展历程。在这些课题中,职业课题尤为突出,它不仅关系到一个人安身立命的生计,更是个体在离开学校之后实现自我持续成长的重要途径。因此,无论是从就业的角度,还是自我发展的角度,职业生涯规划对大学生都有着非常重要的意义。

一、职业生涯规划的概念及特点

什么是"生涯"?"生"可以理解为生命,"涯"可以理解为边际,通俗地讲,可以将"生涯"视为人从出生到生命终结的全部历程,人的一辈子。台湾学者林清文认为:"'生涯'这两个字在词意上即暗示了生命的这两个端点,但是更强调的是在这两个端点之间的生活要如何充实,即两个端点之间的生活内涵。"《论语》中的一段话即有明显的生涯阶段的意味:"吾十有五而志于学,三十而立,四十而不惑,五十而知天命,六十而耳顺,七十而从心所欲不逾矩。"宋代洪迈的《容斋随笔》也曾提到"人生五计":小的时候要多吃、成长、活下去,是生存之计;在青壮之年,要思考到自己要如何在社会中立足,是立身之计;年岁渐长,成家立业,要维持家庭的温饱和家门和乐,是家计;白发渐增,心力犹在,颐养天年,怡然自得,是老死之计;去日无多,回顾人生,不应有恨,从容面对人生的结束,是好死之计。可以看出,人在每个人生阶段都有在这个阶段的特殊任务。

什么是职业生涯?萨帕指出,职业生涯是生活中各种事件的演进方向和历程,它统合了人一生中的各种职业和生活角色,由此表现出个人独特的自我发展组型,它也是人自青春期至退休以后,一连串有酬或无酬职位的综合,甚至包括了副业、家庭和公民的角色。可以看出,职业生涯不仅包含职业角色,还同时包含了职业以外的各种生活角色,而且"生涯"的内涵和外延仍在不断拓展中,不可否认,职业在很大程度上决定了一个人的自身发展和生活状态,因此常见以"职业生涯"指代整个生涯,此为广义的职业生涯。狭义的职业生涯(career)作为生涯的下位概念,是指个体一系列工作经验的总和,是有计划的职业发展历程,个体承担作为工作者的角色。本章讨论的重点在于狭义的职业生涯。

从字面意思上来看,职业生涯规划即是对个体的职业生涯发展制订计划,如此说来,这与新学期或者心血来潮时制订的计划没有本质上的不同,都是一种心理契约,完不成也不会受到惩罚,其最大的作用在于激励。那么,为什么当初心血来潮时制订的计划大多无疾而终呢?非常重要的原因是制订计划时没有从自身的主客观条件出发,可行性较低,这对于我们进行职业生涯规划很有借鉴意义。

简单来说,职业生涯规划是帮助个体发现自己喜欢并擅长的工作,然后力争得到这份工作,并获得在这个岗位上的长期职业发展。进行职业生涯规划的前提在于确定起点,也就是完成职业生涯发展初期的职业定位,这也是大学生亟待解决的问题,也是学校职业指导工作的重点。从整个生涯发展的角度来看,求职只是其中的一环,要注意实现职业角色与生涯其他角色的平衡。但这个平衡是随着个体不断探索和成长中逐步得以实现,因此进行职业生涯规划不可幻想一蹴而就。台湾学者林清文将大学生职业生涯发展归纳为下述十个目标:① 生涯自主与责任意识;② 系统性的自我探索;③ 发展暂定生涯目标;④ 以暂定生涯目标为主的生涯探索;⑤ 收集生涯资料的主动性;⑥ 整合个人特质与教育职业的关联;⑦ 从环境资源检视暂定生涯目标的可行性;⑧ 生涯决策的知识与能力;⑨ 形成在学期间的阶段目标;⑩ 增进生涯回馈与评估能力。这十个目标是层层递进的:从生涯自主意识的觉醒、对自我的探索,到职业世界的探索,再到社会资源的整合和决策,再到行动和反馈。在完成上述目标的过程中,切记的一点是:职业生涯是动态的、未知的,要对这种不确定性有一定的心理准备,相应的规划和行动也要有一定的弹性,实现原则的坚定性与策略的灵活性的统一。

二、职业生涯规划的意义

为什么要进行职业生涯规划?对这个问题的探索是职业指导的重要内容。不把这个问题搞清楚,进行职业生涯规划往往会成为一个被动的过程，既失之盲目，又难以保证质量。

不工作没饭吃，这是最基本的生存问题。依据马斯洛的需要层次理论来解释，工作对于处在不同需要层次上的个体具有不同的意义，或者说，工作能够满足我们不同层次的需要。再来想象一个日常情景。当我们跟陌生人聊天时，不出三句话必然会聊到：你是干什么的？在哪上班？据统计，美国15%的姓氏都与职业有关，如Smith、Cook、Carpenter、Tailor等。我们汉语里面很多姓氏也有这个特点，如陶、屠、史、司马等。

人生的大部分时间用在工作上，除睡眠、吃饭、休闲，假定我们工作30年，每年工作50周，每周工作5天，每天工作8 h，那么人的一生有60 000 h是在工作；同时，工作还与我们的收入、自我认同感、绝大部分的生理和心理幸福感密切相关。可见，工作占用了我们毕生最好的年华，让我们赖以为生，并且决定了我们大部分的生活风格和身心健康。然而，有的人愿意为买一件衣服逛上十几家店，仔细比较衣服颜色、款式、搭配、价格的差异，面对职业和人生的重要抉择，却不懂得应投入比买衣服更多的努力，这不得不令人叹息。职业生涯规划本应从娃娃抓起，但由于各种原因，很多大学生都是临近毕业才开始考虑求职的问题，而且其中相当一部分人并没有意识到求职与终其一生的职业生涯的关联。实际上，职业生涯规划不仅仅是求职的规划，更是职业发展与个人成长的规划，对个人的人生之路具有重要意义。

（一）明确职业生涯发展方向

扩展阅读12－1

朝着北斗星走，就能走出沙漠

比赛尔是西撒哈拉沙漠中的一颗明珠，每年有数以万计的旅游者来到这儿。可是在肯莱文发现它之前，这里还是一个封闭而落后的地方。这儿的人没有一个走出过大沙漠，据说不是他们不愿离开这块贫瘠的土地，而是尝试过很多次都没有走出去。肯莱文当然不相信这种说法。他用手语向这儿的人问原因，结果每个人的回答都一样：从这儿无论向哪个方向走，最后都还是转回出发的地方。为了证实这种说法，他做了一次试验，从比赛尔村向北走，结果三天半就走了出来。比赛尔人为什么走不出来呢？肯莱文非常纳闷，最后只得雇一个比赛尔人，让他带路，看看到底是为什么。他们带了半个月的水和食品，牵了两峰骆驼，肯莱文收起指南针等设备，只拄一根木棍跟在后面。

十天过去了，他们走了大约八百英里的路程，第十一天的早晨，他们果然又回到了比赛尔。这一次肯莱文终于明白了，比赛尔人之所以走不出大沙漠，是因为他们根本就不认识北斗星。在一望无际的沙漠里，一个人如果凭借感觉往前走，他会走出许多大小不一的圆圈，最后的足迹十有八九是一把卷尺的形状。比赛尔村处在浩瀚的沙漠中间，方圆上千公里没有一点参照物，若不认识北斗星又没指南针，想走出沙漠确实是不可能的。

肯莱文在离开比赛尔时，带了一位叫阿吉特尔的青年，就是上次和他合作的人。他告诉这位汉子，只要你白天休息，夜晚朝着北方那颗星走，就能走出沙漠。阿吉特尔照着去做，三天之后，果然来到了大漠的边缘。阿吉特尔因此成为比赛尔的开拓者，他的铜像被竖在小城的中央，铜像的底座上刻着一行字：新生活是从选定方向开始的。

明确方向，其意义首先在于引导。西谚有云："如果你不知道自己要去哪儿，那你哪儿也去不了。"只有明确了目标，才能够知道下一步走向哪里，才不会茫然，不至于慌不择路。否则，对于没有目标的航船，任何方向的风都是逆风。设定了目标，就可以规划每一步行程，每一步，都是朝向这个目标的。职业生涯发展也是如此，要实现职业生涯的成功，首先要知道职业生涯目标是什么，成功究竟意味着什么。然后，前瞻性的规划可以帮助我们从宏观上把握整个职业生涯发展的大概态势，通过少走不必要的弯路，最大限度地缩短实现目标的距离。

明确方向的第二个意义在于激励。在到达目的地之前的漫长旅程中，目标就是闪耀在无尽黑夜上空的北极星。无论逆顺，职业生涯发展的每一个阶段，都需要这样的引领和激励。

(二) 避免路径依赖

扩展阅读 12－2

永远的 4 英尺 8.5 英寸

美国铁路两条铁轨之间的标准距离是 4 英尺 8.5 英寸，这是一个很奇怪的标准，究竟是从何而来的呢？

原来这是英国的铁路标准，而美国的铁路原先是由英国人建的。为什么英国人用这个标准呢？原来英国的铁路是由电车轨道的设计者设计的，而这个正是电车所用的标准。电车的铁轨标准又是从哪里来的呢？原来最先造电车的人以前是造马车的，而他们沿用了马车的轮宽标准。

马车为什么要用这个一定的轮距标准呢？因为如果那时候的马车用任何其他轮距的话，马车的轮子很快会在英国的老路凹陷的路辙上撞坏的。为什么？因为这些路上的辙迹的宽度是 4 英尺 8.5 英寸。

这些辙迹又是从何而来的呢？答案是古罗马人所定的。因为在欧洲，包括英国的长途老路都是由罗马人为他们的军队所铺的，4 英尺 8.5 英寸正是罗马战车的宽度。如果任何人用不同的轮宽在这些路上行车的话，他轮子的寿命都不会长。

那么罗马人为什么以 4 英尺 8.5 英寸为战车的轮距宽度呢？原因很简单，这是战车的两匹马屁股的宽度。

当你老了，回顾一生，就会发觉：什么时候出国读书、什么时候决定做第一份职业、什么时候选定了对象而恋爱、什么时候结婚，其实都是命运的巨变。只是当时站在三岔路口，眼见风云千樯，你做出抉择的那一日，在日记上，相当的沉闷和平凡，当时还以为是生命中普通的一天。但一场巨变，已经发生了。地动山移，浑然不觉，当时只道是寻常(摘自陶杰《杀鹌鹑的少女》)。当初一个不经意的偶然，可能导致日后难以改变的必然，这就是路径依赖。看起来有几许悖谬，但却是事实。一旦做了某种选择，惯性的力量会使这一选择不断自我强化，人们就走上了一条不归之路，轻易走不出去。职业生涯发展亦是如此，我们选择的第一份工作在哪个领域、什么职业，很可能一生都跳不出这个领域、这份职业。

对正处于职业生涯发展初期阶段的大学生而言，如果设置的职业生涯发展预期是经过深思熟虑的有意识选择，如果在选择和行动时都能保持清醒，有的放矢地朝着目标一步步靠近，而非从一个阶段到下一个阶段的茫然随波逐流、走一步算一步，就可以有效地避免路径依赖。

(三) 降低机会成本

扩展阅读 12－3

"机会成本"的概念

机会成本最早是经济学中的概念，指一笔投资在专注于某一方面后所失去的在另外其他方面的投资获利机会。萨缪尔森在其《经济学》中曾用热狗公司的事例来说明机会成本的概念。热狗公司所有者每周投入 60 h，但不领取工资。到年末结算时公司获得了 22 000 美元的可观利润。但是如果这些所有者能够找到另外其他收入更高的工作，使他们所获年收入达 45 000 美元。那么这些人所从事的热狗工作就会产生一种机会成本，它表明因他们从事了热狗工作而不得不失去的其他获利更大的机会。对于此事，经济学家这样理解：如果用他们的实际盈利 22 000 美元减去他们失去的 45 000 美元的机会收益，那他们实际上是亏损的，亏损额是 45 000－22 000＝23 000 美元——虽然实际上他们是盈利了。

职业生涯发展中也涉及"机会成本"的问题。选择一个职位，另外一个可能的职位带来的效益就是机会成本；想跳槽转行，继续留在原来那个行业可能创造的价值就是机会成本。机会成本越高，权衡选择的难度就越大。

职业生涯的发展如同爬树一样，一旦发现树上所结的果实并非自己所需或上面的枝干已经腐朽时，唯一的选择就是退下来，换一棵树或者朝另一个方向继续爬。在旧树干上爬得越高的人，退下来的难度也就越大，而越是等待观望，所付出的代价就越大。

职业生涯规划可以帮助大学生明确自己想采摘怎样的果实，用望远镜看看"树"的顶端有没有这些果实，从而提前做出恰当的选择，降低个人的成本。

三、职业生涯规划的内容

我国学者顾雪英认为，职业生涯规划指个人在生涯发展历程中，对自身各种特质及外界进行探索，以逐渐形成职业生涯决策，并建立职业生涯目标，拟定实现目标的工作、教育、培训计划和行动方案的过程。顾雪英通过金字塔模型图阐释了职业生涯规划的内涵(图 12-1)。

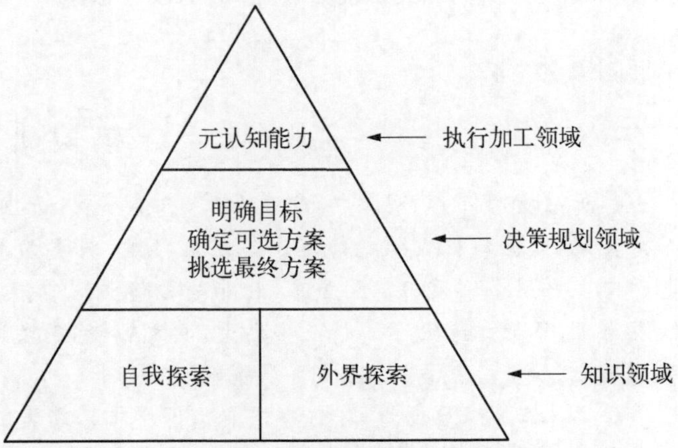

图 12-1 职业生涯规划的金字塔模型

金字塔的底层是知识领域。该领域包含了自我探索和外界探索。自我探索是个体对自身各种特质的探索，如兴趣、能力、性格、价值观等；外界探索是对毕业去路和成长资源的探索，包括职场、校园、家庭等。自我探索及外界探索是进行决策规划的基础，特别是对于大学生而言，一方面，从心理发展阶段看，大学生处于自我概念逐渐成熟的时期，对于我是谁、我能干什么等问题不一定清晰；另一方面，较之职场人士，大学生对外界的了解和体验较少，所以外界探索显得尤为重要。因此，在进行职业定位的过程中，或许 2/3 的时间和精力将用于此部分，探索得越充分，可利用的信息越多，越有利于理性的决策。因此，对于大学生来说，探索是最基础的工作，也是极为重要的部分。

金字塔的中层是决策规划领域，基于底层探索所获得的认知、体验等进行决策，指为达到一定的目标，从两个以上的可行方案中选择一个合理方案的分析判断过程，是决策者经过各种考虑和比较之后，对应作为什么和应当怎么做所做的决定。也就是说，职业决策由三部分构成：① 明确目标；② 确定可选方案；③ 挑选最终方案。对大学生来说，职业决策的核心在于根据自身特点和社会需要做出合理的职业方向抉择，即进行职业定位的问题。这个问题看似是一个点的选择，实际涉及对自我的了解、对职业世界的认识和体验，因此职业决策实际是一个整合过程。

金字塔的顶层则是执行加工领域。职业生涯规划的过程能否顺利、有效地进行，需要一个较好的指挥及调控中心，执行加工领域对职业生涯决策提供指导和调整，好比球队的主教练。执行加工中包含元认知能力，主宰着我们如何思考职业生涯问题和决策制订。

以上三个部分中，金字塔的底层(知识领域)是职业生涯规划的信息系统，中间层(决策规划领域)是进行职业生涯规划的信息处理系统，而顶层(执行加工领域)是整个规划过程的指挥系统。

第三节 大学生职业生涯规划及择业中常见的心理问题

职业生涯规划不是一蹴而就的，职业生涯规划的困境也是长期积累的结果。大学生在进行职业生涯规划时，会遭遇一些相似的心理困扰，如果不能得到及时恰当地调适这些心理困扰，那么其很可能会发展成为影响择业和成长的心理问题。

一、大学生职业生涯规划中常见的心理问题

(一) 规划意识淡薄，职业目标模糊

进入大学后，部分学生可能仍然沿袭了中学阶段的模式，只专注于专业课程的学习，尚未弄清大学学习

不仅要求学生高度自律，重视专业课课程的学习，同时，对于职业、职业目标、通往职业目标的道路选择等，也是大学阶段需要思考的重要问题。然而，由于各种原因，大学生往往没有给予职业规划充分的重视，职业规划意识淡薄，职业目标模糊。部分学生考虑过今后的职业道路，但大多停留在较浅层次上，对未来的成长缺乏规划和思考，抱着“车到山前必有路”的消极心态。

扩展阅读 12-4

南辕北辙

魏王欲攻邯郸，季梁闻之，中道而反，衣焦不申，头尘不去，往见王曰：“今者臣来，见人于大行，方北面而持其驾，告臣曰：‘我欲之楚。’臣曰：‘君之楚，将奚为北面？’曰：‘吾马良。’臣曰：‘马虽良，此非楚之路也。’曰：‘吾用多。’臣曰：‘用虽多，此非楚之路也。’曰：‘吾御者善。’此数者愈善，而离楚愈远耳。今王动欲成霸王，举欲信于天下。恃王国之大，兵之精锐，而攻邯郸，以广尊名。王之动愈数，而离王愈远耳。犹至楚而北行也。”(摘自《战国策·魏策》)

译文：魏王想要攻打邯郸(今河北省邯郸市)，季梁听说这件事后，半路返回，来不及抻平皱缩的衣服和去除头上的尘土，去拜见魏王说：“今天我来的时候，在路上遇见了一个人，正在面朝北面驾着他的车，他告诉我说：‘我想到楚国去。’我说：‘您到楚国去，为什么往北走呢？’他说：‘我的马很精良。’我说：‘您的马虽然很精良，可这不是去楚国的路。’他说：‘我的路费很多。’我说：‘您的路费虽然多，可这不是去楚国的路。’他说：‘我的马夫善于驾车。’这几个条件越是好，就离楚国越远了。大王的行动是想成为霸王，举止是想取信于天下。依仗魏国的强大和军队的精锐，而去攻打邯郸，以使土地扩展，有好的名声。大王这样的行动越多，那么(您)距离称王的事业就越来越远了。这就好像到楚国却向北走一样。”

背景：战国后期，一度称雄天下的魏国国力渐衰，可是国君魏安釐王仍想出兵攻伐赵国。谋臣季梁本已奉命出使邻邦，听到这个消息，立刻半途折回，风尘仆仆赶来求见安釐王，劝阻伐赵。

(二) 价值取向偏颇，自我认知不足

职业价值观即个体评价和选择职业的标准，这是个体在职业生涯规划中的一个重要问题。个体在进行职业生涯规划时，应当首先澄清自己内心深处的职业价值观，即进行职业选择时，你看重什么，什么是有价值的；然后审视自己对这个问题的回答。有人说：我理想的职业就是“钱多事儿少离家近”。虽是玩笑，却也折射出了当下对于职业价值观引导和塑造问题的紧迫性。

案例 12-2

一个美国商人坐在墨西哥海边一个小渔村的码头上，看一个渔夫划着一艘小船靠岸，船上有好几尾鱼。

这个商人问渔夫：“多少时间能抓这么多？”

渔夫说：“一会儿工夫就抓到了。”

商人接着问道：“你为什么不待久一点，多抓一些鱼？”

渔夫答：“这些鱼已经足够我一家人生活所需。”

商人又问：“那么你一天剩下时间干什么？”

渔夫解释：“我每天睡到自然醒，出海抓几条鱼，回来后跟孩子们玩一玩，再跟老婆睡个午觉，黄昏时晃到村子里喝点小酒，跟哥儿们玩玩吉他，我的日子可过得充实又忙碌。”

商人帮他出主意：“我是哈佛大学企业管理硕士，我可以帮你忙。你每天多花一些时间去抓鱼，到时候你就有钱去买条大一点的船，再买更多渔船，然后你就可以拥有一个渔船队，然后你可以自己开一家罐头工厂，你可以控制整个生产、加工处理和销售，然后你可以离开这个小渔村，搬到墨西哥城，再搬到洛杉矶，最后到纽约。”

渔夫问:“这要花多少时间呢?”

商人回答:“十五到二十年。”

渔夫问:“然后呢?”

商人“然后你就可以在家当皇帝啦,时机一到,你就可以宣布股票上市,把你的公司股份卖给投资大众,到时候你就发了,你可以几亿几亿地赚钱。”

渔夫问:“然后呢?”

商人回答:“你就可以退休啦,你可以搬到海边的小渔村去住,每天睡到自然醒,出海随便抓几条鱼,跟孩子们玩一玩,再跟老婆睡个午觉,黄昏时,晃到村子里喝点小酒,跟哥儿们玩玩吉他。”

渔夫很疑惑:“我现在不就是这样了吗?”

不同的人对这个故事有不同的感受。即便是同一个人,处于不同的生命阶段,其对这个故事的解读可能也会有所差异。职业价值观因人而异,因时而异。但无论怎样,职业价值观是一个不断澄清和抉择的过程,更是一个塑造的过程。

(三)职业准备不够,实践能力缺乏

案例 12-3

小张的大学生活非常忙碌。平时没课时在学校的“菜鸟驿站”兼职,周末去市里的一家大型超市做促销,还在一家酒店做婚宴的服务员,寒暑假还会去送快递。小张坦言:确实很辛苦,但是可以锻炼自己的能力,还可以赚钱,值得。

紧张的兼职使得小张的学习略显吃力,但小张努力做到不挂科。小张说:学习当然很重要,但求职简历上不会出现成绩,倒是这么丰富的实践经历可以为我加分。

实践能力是职业准备的重要内容,但从职业生涯规划的角度,需要考虑实践内容与专业的融合。许多大学生为了增加就业竞争力,会选择通过做兼职来增加实践经验,如家教、促销员、快递员等;还有大学生会通过“考证”来增加筹码,如营养师、物流师、育婴师等。上述固然是在进行职业准备,然而相对来说缺乏方向性和系统性,侧重于量而忽视了质,甚至会因此影响专业学习,本末倒置。

二、大学生择业中常见的心理问题

(一)从众心理

选择职业,就是选择未来的发展和走向,大学生若能正确地选择职业,就能为未来的成功奠定良好的基础。因此,大学生应该把握机遇,争取迈好走向社会的第一步。然而,大学生的择业期望水平易受到其他择业者的影响而采取不切合实际的从众行为,加之随着社会媒体的不当宣传,这些容易误导学生忽视自身的特点与自我的创造性,在选择工作单位时举棋不定,缺乏主见,常为家长同学所左右,随波逐流,看大多数人选择哪里,自己就选择哪里;大多数人往哪里去,自己就往哪里去,不假思索,人云亦云。

(二)虚荣心理

学成从业、服务社会、实现自身价值是每一名大学生的愿望。但是每个人的生活环境、家庭背景及能力和性格不同,所碰到的机遇不同,因此在择业目标、职业选择上并不具有可比性。然而,部分大学生虚荣心较强,攀比心理较重,在求职择业过程中,不从自身的特点、自身的能力和社会需要出发,而是盲目攀比,只把注意力集中在社会知名度高、地理位置优越、收入待遇较好的工作单位,不考虑所选单位是否适合自己,是否有利于自身的长远发展,不考虑自己的特点和专长,而只是为了找到一个让别人羡慕的职业。有的大学生不屑到基层工作,总想找到一份超过别人的“高大上”的工作,以为这样才能体现自身的价值,这种攀比心理使得不少毕业生迟迟不愿签约,“我不能比别人差”“我不能不如人”“这山望着那山高,这花看着那花俏”,只求得一时的心理平衡,却未能充分考虑到自身价值的实现和长远的发展,错失了很多好的就业机会。

(三) 自卑心理

自卑是大学生择业过程中常见的心理现象,是由于择业时遭受暂时性挫折而产生的轻视自己或低估自己能力的一种倾向,表现为畏惧择业、害怕面试等心理。大多数大学生在顺利地完成了学业以后,往往踌躇满志,跃跃欲试,总以为自己已具备了相当的实力,期盼着能在社会中大展宏图,一显身手。然而,长期处在学校环境中的大学生,对外部世界不甚了解,对求职中可能遭遇挫折并无心理准备,一旦投递的简历被拒,便极易产生自卑心理,感到空前的失落和愧疚,自惭形秽,总是过低估价自己,这个不行,那个也不行,对自己全盘否定,在择业中缺乏自信和勇气,不敢面对竞争。

(四) 依赖心理

在择业过程中,部分大学生表现出缺乏主动参与意识和竞争意识,信心和勇气不足,在社会为其提供的就业机会面前顾虑重重,不能主动地向用人单位展示自我、推销自我,依靠自身的努力去赢得竞争、赢得用人单位青睐,而是把希望寄托在"拉关系""走后门"上面,有的甚至由家长出面与用人单位洽谈,殊不知,这样的结果恰恰会让用人单位对其产生缺乏独立意识及能力较差的印象。这类同学往往有"车到山前必有路"的想法,等靠思想和依赖思想严重,总是依赖他人、依赖家长,不愿发挥主观能动性,不愿承担起作为一个大学生应该也必须承担的择业义务,久而久之必然会被优胜劣汰的市场所淘汰。

第四节 培养大学生职业生涯规划素养和健康择业心理

一、理性地认识自我

当具体到职业发展方面的问题时,最先想到的往往是"我喜欢什么? 不喜欢什么?"这个喜好是评估职业自我的重要方面,但并非唯一方面。我真的喜欢吗? 我为什么喜欢? 我是不是能做好自己喜欢的工作? 如此等等,都是进行职业自我评估时要慎重考虑的。职业自我的评估可以从六个方面进行(图 12-2)。

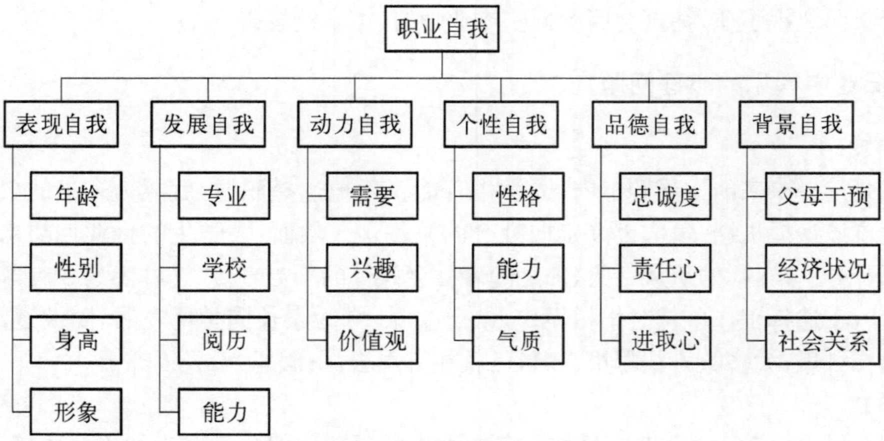

图 12-2 职业自我的六个方面

职业自我的这六个方面位于不同的层次。有的处在最上面一层,如表现自我,探索起来也比较容易;有的则是相对深层的,对它们的探索需要借助一些工具,如动力自我、个性自我。还有一些内容,尚未有相对成熟的探索工具,如品德自我,对于这些内容而言,在目前的条件下,要对之进行探索,需要一些探索的角度,需要一些时间,还需要一些阅历。可以看出,职业自我是一个内涵丰富、层次复杂的探索对象,因此需要综合多方面的探索手段。除了心理测量之外,职业实践、自省和他人评价也是理性认识自我的重要途径。

1. 职业实践　是指历时较长、较为系统的职场实地操作。职业实践不但可以帮助大学生对职场进行深入细致的了解，而且可以对职业自我的心理测量结果进行验证，还可能会发现一些之前未曾意识到的问题。例如，惊喜地发现自己的机械操作能力很强，而平时未曾有机会使用这样的能力；一直以为自己的人际交往能力不错，实际却发现并非如此。

职业实践中要积极地用脑用眼用心，在有限的时间内，尽可能体验更多、成长更多。实践出真知，斗争长才干。职业实践可以说是大学生探索职业自我的最为直接有效的方法。职业实践中的眼泪与欢笑日后都将成为刻骨铭心的财富。

2. *自省* “日三省吾身”讲的是君子修为，其实更是个体了解自我、完善自我的必然有效手段。用现代语言来讲，个体尽量清晰地还原事件的客观面貌，考察自己在整个事件发展过程中的角色和行为，从中总结自己的成败得失，这就是自省。具体到职业自我的探索，也是如此。

例如，记录自己关于职业的发展历程，可以从以下几个方面进行描述和分析：① 我当时有什么雄心大志？最想做什么？② 我会立下这种志向，最主要是受到哪些事情或经验的影响？③ 我当时最崇拜什么人，为什么？④ 我最后选择了什么？放弃了什么？⑤ 我原本希望朝哪个方面发展？为何不能如愿？⑥ 假如时光可以倒流，我要如何改写历史？⑦ 我还有哪些心愿和梦想，仍然未能实现？

在此基础上，可以特别地进行个人成就史的分析：① 请至少找出五件在学习、工作或生活上的成就，每件事例都要记载时空背景，包括人物、地点及大略的发生时间，并做以下分析：发生了什么事？遭遇到哪些挑战？出现了哪些机会？这件事跟我有什么关系？如果没有我，结果会如何？我怎么解决问题？经过我的努力，取得了哪些成果？我从中得到了怎样的满足？② 找出这些经历彼此是否都有共通之处——这才是重点所在。

自省的材料非常丰富，实际上，日常生活发生的每一件事情，如果你愿意，细究起来都很有意思。很多你无意识的选择、反应都是自我的真实、直接体现。但自省的关键之处在于，要时刻将其与职业、职业生涯、职业生涯发展联系起来，有针对性地思考、总结，从而达到探索职业自我的目的。

3. *他人评价* 我是个怎样的人？适合怎样的工作？如果我们用这个问题询问亲朋好友，结果可能会很有趣。我们可能会有吃惊的第一反应：他们一点儿都不了解我！平静下来，又觉得他们说的似乎也有点道理。这就在一定程度上应了那句老话——“当局者迷，旁观者清”，很多时候的确如此。然后，我们可能会发现，这些亲朋好友的话也不尽相同，这也是正常的——有多少双眼睛，就有多少个角度。

有意识地与他人多交流，听取不同的人对自己、对某一件事情的评价，兼听则明，借别人的阅历实现自己的成长，这也是职业自我探索的有效途径。

职业自我的探索是一个漫长的过程，我们会不断地成长、不断地发现，职业实践也会不断地修正我们的看法。我们能够做的就是坦然接受这一切——包括好的和不那么好的，然后积极地思考、行动。

二、客观认识工作世界

对工作世界的认识牵涉到很多细节问题。大家可能首先想到的是薪酬、业内排名、工作强度及求职信息的收集、劳动法规的了解等。而且越是深入思考，越会不断地发现更多评价维度。的确，认识工作世界是一个漫长艰辛却值得认真投入的过程。在此，让我们先摒弃细节，思考这样一个问题：世界上都有些怎样的职业？这是职业生涯规划的一个重要却常被忽视的问题——知道自己面临哪些潜在的选择是主动选择的第一步。

关于工作世界的职业领域，我们可以借助“工作世界地图”来了解。“工作世界地图”由美国大学入学考试(American College Test，ACT)开发，作为职业生涯规划的参考工具，用于评估个体的工作兴趣，使个体更清晰地发现自己感兴趣的职业领域。“工作世界地图”将500多种职业、23个工作系列划分为12个区域(表12-2)。尽管每个工作系列中的工作都有它们自己不同的位置，但大多数都接近所给出的某一点。

一个工作系列的位置是基于其首要的工作任务。总共有四种首要的工作任务：数据、观念、物、人。无论哪种职业，需要或多或少地与上述几类对象打交道。但是主要对象及对于主要对象所要完成的任务是有差异的。有的职业需要更多地与人打交道，而有的需要更多地接触物体。同样是与人打交道，有的职业需要更多地进行指导、教育，而有的职业需要更多地进行接待、服务。我们需要了解意向性职业与各类对象打交道的比例，看看工作的主要对象是人、物还是数据、观念，同时也要了解面对各类对象的不同工作任务，分析与自己的职业兴趣是否吻合、能否发挥自己的特长。

表 12-2 ACT的职业分类

1. 事务交际工作类别(business contact job cluster)
(1) 市场与销售(marketing and sales):商店店员、送报(牛奶等)人员、采买、推销员(房地产、保险业、股票经纪人)、农产品代理商、办公及医疗用品销售员 (2) 管理与规划(management and planning):商店、汽车旅馆、农产品之经销经理,办公室主管,买卖代理商,企业经理,休闲中心经理,医疗行政主管,都市计划者等
2. 事务操作工作类别(business operations job cluster)
(1) 记录与沟通(records and communications):办公室、图书馆、银行及邮局职员,接待员,图书馆计算机编目员,秘书,法院书记,医疗档案记录员 (2) 金融交易(financial transaction):记账员、会计、超市收银员、银行出纳员、证券交割员、保险担保人、经济分析师 (3) 储存与分派(storage and dispatching):海运报关员、邮差、快递员、货物代理商、行管人员 (4) 商业机械/计算机操作(business machine/computer operation):计算机终端机/打印机操作员、办公室设备操作员、打字员、文书处理设备操作员、统计职员
3. 技术工作类别(technical job cluster)
(1) 交通工具的操作与维修(vehicle operation and repair):卡车、出租车司机,汽车、巴士、飞机维修技师,堆高机操作员,商业海运船长,飞行员 (2) 建筑及维护(construction and maintenance):木匠、电力工程人员、油漆匠、警卫、铺路工人、起重机操作员、建筑监工 (3) 农业及自然资源(agriculture and natural resources):农夫,养殖业、畜牧业人员,景观设计、植物病虫害防治人员,宠物店员 (4) 手艺及相关服务(crafts and related services):厨师、屠夫、面包师傅、鞋匠、调音师、裁缝师、珠宝师傅 (5) 家庭/商业设备维修(home/business equipment repair):电视、家庭用具、打字机、电话、暖气系统、复印机维修员 (6) 工业设备的操作及维修(industrial equipment operation and repair):机械工,印刷工,缝纫工,编织工,工业机械维修人员,工厂、矿坑劳工,机械操作人员,消防队员
4. 科学工作类别(science job cluster)
(1) 工程及其他应用科技(engineering and other applied technology):不同领域工程师,生物、化学实验室的技术人员,程序设计师,计算机技术人员,制图人员,调查人员,食品技术人员,科技展示人员 (2) 医疗专业及科技(medical specialties and technologies):牙医助理、计算机断层扫描及心电仪操作员、验光师、义肢技术人员、X线操作员、牙医、药剂师、兽医 (3) 自然科学及数学(natural sciences and mathematics):农业经济学家、生物学家、化学家、生态学家、园艺学家、数学家、地理学家、地质学家 (4) 社会科学(social sciences):市场研究分析家、人类学家、经济学家、政治科学家、心理学家、社会学家
5. 艺术工作类别(art job cluster)
(1) 应用艺术——视觉(applied arts——visual):花艺设计、商品展示、商业艺术工作者,流行设计师,摄影师,室内设计师,建筑师,景观设计师 (2) 创意/表演艺术(creative/performing arts):演艺人员、舞者、音乐家、歌者、作曲家、作家、艺术、音乐教师 (3) 应用艺术——写作及演讲(applied arts——written and spoken):广告文案、法律助理、广告企划执行、翻译、记者、公关人员、律师、图书馆员、科技作家
6. 社会工作类别(social service job cluster)
(1) 一般医疗保健(general health care):护理助理、卫生人员、实习护士、物理治疗助理、专业护士、营养师、专业心理治疗师、内科医生、语言病理学家 (2) 教育及相关服务(education and related service):教师助理、幼儿园教师、运动教练、大学教师、辅导/职业咨询师、中小学教师、特殊教育教师 (3) 社会及政府服务(social and government service):安全警卫,经纪人,警察,医疗、安全、食物检查人员,儿童福利工作者,家庭计划者,残障就业咨询员,看护员,社会工作者 (4) 个人/顾客服务(personal/customer service):超市包装工、侍者、空少、空姐、美容师、理发师、管家

通过掌握职业世界的宏观分类,我们可以了解职业分布的大致情况。但是,对于具体的求职而言,还要知道这些职业的具体内涵、这些职业所在的组织的微观结构等更深入的内容。例如,我想做一名教师,那么教师究竟意味着什么?教师日常要做哪些事情?当一名教师有怎样的能力要求?大学、中学、小学、幼儿园、各类培训机构乃至企事业单位都可能会有教师,其区别是什么?这些问题实际涉及评价职业的维度和方法。此外,要具体了解某个职业,还要考虑相关组织及其具体职位,因为我们毕竟是在某个具体组织的特定职位上展开工作。

三、提高自身能力

积极进行内部和外部探索,抓住每一个机会去学习和成长,整合每一次经历和收获,这不仅是成长的必经之路，也是构建合理的职业能力结构的有效途径，更是在各项激烈的竞争中脱颖而出的法宝。

（一）一定的专业素质

具备一定的专业素质是获得工作的前提，也是职业生涯发展的重要基础。从内容上来看，专业素质可以分为专业知识和专业技能：专业知识主要是指专业学科的理论及相关知识；专业技能主要是指应用专业知识解决专业领域内实践问题的能力。部分大学生在专业素质的培养过程中，对于专业理论知识的掌握不牢，更忽视了专业知识与工作实践之间的联系，造成专业技能的欠缺。因此，注重自身专业素质的提高，是在求职准备阶段最重要和最核心的任务。

（二）良好的通用技能

英国早在20世纪70年代末就提出了核心技能的概念。英国的核心技能是指人们在教育或工作等各种不同的环境中学习和培养的通用的、可迁移的技能，是人们在职业生涯甚至日常生活中所必需的，并能体现在具体职业活动中的最基本的技能，具有普遍的可适用性和广泛的可迁移性。英国的核心技能分为六个模块：沟通技能、数字的运用、信息技术、与他人合作、提高学习能力与增进绩效、解决问题。其中前三种技能属于“主要的”或“硬的”核心技能，后三种属于“更广泛的”或“软的”核心技能。下面重点介绍沟通技能和与他人合作技能。

1. 沟通技能　指一个人与他人有效地进行沟通信息的能力，包括外在技巧和内在动因，其中最重要的是同感倾听和真诚表达。

同感倾听指一个人可以设身处地体验感受另一个人的内心活动，与之产生思想与情感上共鸣的能力。同感倾听要求一个人全神贯注地倾听对方讲话，竭力从对方的角度考虑问题，并领会其喜、怒、哀、乐，并予以复述、确认和反馈。运用同感倾听，要学会“停、看、听”，即当对方说话时，暂停手中正在进行的工作，注视对方，为对方提供表达感受的时间和空间；仔细观察对方说话时的面部表情和肢体动作；倾听对方的内容，不要急于评论和判断；待对方说完后将接收到的信息反馈给对方，这样既可以澄清是否存在误解，又可使对方感到被了解和尊重。

我们不仅需要同感倾听来表达对他人的接纳和尊重，还需要通过真诚的表达使对方了解我们的情感和思想。当别人的行为激起了我们的情绪时，我们可以采用“我的信息”的方式来与他人进行沟通。一般而言，表达“我的信息”的基本句式是“当你……我感到……因为……”。也就是说，真正表达即用理性的语言描述感情的内容，通常包括三部分：描述行为（只描述而不评价），指出行为的后果，说出对这个行为后果的感受。例如，你没有跟我打招呼就用了我的电脑，我觉得很不舒服，有一种不被尊重的感觉。这样，对方感受到的就不是责备，也不会忙于辩解，而是会体谅到你真实的处境和感受，从而自发产生消除问题的动机。

2. 与他人合作技能　在今天这样一个讲求合作和共赢的社会，如果不善于借他人之力赢得共同发展，就很难取得成功。因此，理解团队的重要性并知道如何在一个团队中工作是现代工作者的重要技能。大学生要掌握一定的团队工作技能。

（1）集中精力：和其他成员一起把精力集中于团队的基本问题上，为了共同目标而努力。团队工作中的个人需要认真履行团队赋予的职责，全力以赴完成团队给自己设定的目标，任何逃避个人职责的成员都是不受欢迎的。在此基础上，优秀的团队成员还会关心其他成员的工作，给予支持或反馈。当自己确实有重要的个人事情需要处理时，应提前和团队领导及其他成员坦诚交流，解释自己所面临的情况，并提出建设性意见。

（2）坦率处理冲突并愿意妥协：学习用建设性、双赢的方式处理冲突。要坚持自己认为十分重要的事情，但不必每次讨论都坚持自己的看法。必须用团队的目标和利益来考虑问题，在尊重自己也尊重他人的情况下解决冲突，既要有坚持性又要有开放性。

（3）既重视结果又重视过程：团队的目标固然重要，但团队建设的过程也同样重要。举例来说，如果我们没有经过适当的讨论或无视意见的分歧而做出一项决策，即便结果有利，也是不妥当的。从长远角度考虑，在团队建设初期，要更为重视团队建设的过程而不是结果。如果团队能够形成一种富有建设性、充满活力的运作模式，将会给团队的发展带来巨大的潜力，团队的效能能够充分发挥，团队的能量才会真正大于个体之和。

四、正确对待挫折

大学生是一个承载社会、家长及自身高期望值的特殊群体。自我定位比较高,成才期望强,这使得大学生在面临严峻的就业形势时遭遇到了前所未有的心理压力。这种压力随着年级的增高而日益积聚,在艰难的求职过程中爆发。如果不能及时恰当地进行调适,其可能影响择业和就业,可能影响正常的生活。因此,正确对待职业生涯规划中可能遇到的各种挫折,对于大学生健康成长、适应社会有着重要的现实意义。

首先,应有负责任的态度和担当的勇气。面对困难,不抛弃不放弃,迎难而上,才是一个成年人应有的负责任的态度。作为一个成年人,对自己负责,对自己的成长负责,不仅要做出选择,而且要承担各种选择带来的短期和长期后果。理性分析造成挫折的原因。如果是由于自己能力所限,那就及时调整目标;如果是策略失误,那就及时调整策略。客观结果已定,我们能够改变的只有主观的态度和行动。

其次,自我的调节与维护。陪伴、倾诉、休息和睡眠、自我放松与健康娱乐等这些都是我们常用的一些自我调节与维护的手段。在此重点分析两种自我调节策略:宽容和求助。

1. 宽容　严于律己、宽以待人是中华民族的传统美德。但宽容不仅包括宽容别人,也包括不苛求自己,不苛求自己只能取得成功,认可和接纳挫折的存在。如果从一开始就拒绝面对挫折、拒绝接受挫折的存在,就像一场看不到对手的战争,敌明我暗,想取胜很难。成长过程中遇到挫折很正常,有挫折有解决才有成长。

得失对错的界限并非如想象中泾渭分明。例如,我们感知到的黑夜与白昼是不会同时出现的,但当我们的视觉跳出自我感觉,立即就能知道,地球的黑夜和白昼是同时性的;如果我们的视觉跳得更远一些,又会发现并没有黑夜白昼,只能看到一片蔚蓝。因而,大多数我们自以为是的真实,也许只是我们的心智和观察系统发明的。生命中的每一个挫折都有意义,一切都是最好的安排。

2. 求助　天行健,君子以自强不息。面对成长过程中总会遇到的困惑和困难,我们必须迎上前去解决和处理。但如果我们的能力不足以解决问题,就要学会求助。当然,此处的求助不是投机,不是一遇到问题就请别人帮忙而自己无所作为;求助也不只是索取,在自己力所能及之时也要积极回应他人的求助。总之,自力更生的同时,也要学会及时求助,借助他人和团队的力量,直面挫折,超越挫折。

【推荐读物】

理查德·迪克·鲍利斯.2014.你的降落伞是什么颜色? 李春雨,王鹏程,陈雁译.北京:中国华侨出版社.
钟谷兰,杨开.2016.大学生职业生涯发展与规划.2版.上海:华东师范大学出版社.

(王胜男)

主要参考文献

阿比盖尔·A.贝尔德.2014.心理学.宋玉萍译.北京：中国人民大学出版社.

埃米尔·库艾.2013.心理暗示力.方舟译.北京：中国华侨出版社.

安德鲁 J.杜布林.2014.人际关系：职业发展与个人成功心理学.姚翔，陆昌勤译.北京：机械工业出版社.

柏格.2010.人格心理学.7 版.陈会昌译.北京：中国轻工业出版社.

博克，袁著，蒋永强.2009.拖延心理学.陆正芳译.北京：中国人民大学出版社.

陈良，张大均.2014.情绪调节策略对大学生职业决策的影响.北京：科学出版社.

陈琦，刘儒德.2019.当代教育心理学.3 版.北京：北京师范大学出版社.

陈选华，王军.2008.放飞理想——大学生心理健康教育课程.合肥：中国科学技术大学出版社.

陈泽河，苗成彦.2007.创造个性教育.北京：中国石油大学出版社.

程玮.2008.大学生心理教育与发展.北京：科学出版社.

戴维·迈尔斯.2006.社会心理学.11 版.侯玉波.乐国安，张智勇，等译.北京：人民邮电出版社.

顾雪英.2011.当代大学生职业生涯规划.北京：高等教育出版社.

郝伟，陆林.2018.精神病学.8 版.北京：人民卫生出版社.

郝伟，于欣.2013.精神病学.7 版.北京：人民卫生出版社.

胡谊，张亚，朱虹.2019.大学生心理健康教育.上海：华东师范大学出版社.

黄希庭.2010.健全人格与心理和谐.重庆：重庆出版社.

霍华德·S.弗里德曼，米利亚姆·W.舒斯塔克.2011.人格心理学：经典理论和当代研究.许燕，王芳，等译.北京：机械工业出版社.

乐国安.2017.社会心理学.3 版.北京：中国人民大学出版社.

理查德·格里格，菲利普·津巴多.2016.心理学与生活.19 版.王垒，万方，周晓林译.北京：人民邮电出版社.

理查德·K.詹姆斯，伯尔·E.吉利兰.2018.万千心理：危机干预策略.7 版.肖水源，周亮，等译.北京：中国轻工业出版社.

李小薇.2017.大学生心理健康教育.北京：北京师范大学出版社.

李小薇，潘亚姝，朱丽芬.2017.大学生心理健康教育.北京：北京师范大学出版社.

李占江.2014.临床心理学.北京：人民卫生出版社.

李中斌.2015.情绪管理.大连：东北财经大学出版社.

励骅.2011.大学生心理学.合肥：合肥工业大学出版社.

刘苍劲.2017.新时期大学生心理健康教育实效性研究.北京：北京师范大学出版社.

刘国秋.2013.大学生心理健康教育.济南：山东人民出版社.

刘盛贤，赵岚.2012.大学生心理调适与发展.北京：高等教育出版社.

刘新民.2013.变态心理学.2 版.北京：人民卫生出版社.

刘志国.2015.身边的心理故事：大学生心理健康教育读本.重庆：重庆大学出版社.

陆卫明，李红.2013.现代人际关系心理学.西安：西安交通大学出版社.

罗伯特·斯莱文.2016.教育心理学：理论与实践.10 版.吕红梅，姚梅林，等译.北京：人民邮电出版社.

洛克.2006.把握你的职业发展方向.钟谷兰，曾垂凯，时勘，等译.北京：中国轻工业出版社.

马丁·塞利格曼.2010.真实的幸福.洪兰译.沈阳：北方联合出版传媒(集团)股份有限公司.

马伟娜，姚雨佳.2016.自动情绪调节的理论与实证研究.上海：华东师范大学出版社.

梅宪宾.2011.大学生心理健康教育.长春：吉林大学出版社.

彭聃龄.2012.普通心理学.4 版.北京：北京师范大学出版社.

皮连生.2011.教育心理学.4 版.上海：上海教育出版社.

全国高等学校学生信息咨询与就业指导中心.2009.大学生职业发展与就业指导.北京：高等教育出版社.
圣达洛克.2008.心理调适.王建中,等译.北京：高等教育出版社.
宋宝萍.2018.大学生积极心理健康教育——理论与实践.西安：西安电子科技大学出版社.
孙宏伟.2018.心理危机干预.2 版.北京：人民卫生出版社.
王伟.2013.人格心理学.2 版.北京：人民卫生出版社.
王哲,贾楠.2012.现代大学生心理健康教育.北京：机械工业出版社.
王高亮,李侠.2010.大学生心理健康教育.北京：北京工业大学出版社.
王丽焕,张录全,肖建伟.2012.大学生心理健康教育教程.北京：对外经济贸易大学出版社.
王淑兰.2008.大学生心理健康教程.西安：世界图书出版社.
王文科.2008.生命教育概论.广州：广东高等教育出版社.
王秀阁.2012.大学生人际交往理论与方法.北京：人民出版社.
伍尔福克.2008.教育心理学.10 版.何先友,等译.北京：中国轻工业出版社.
吴增强.2006.学习心理辅导.上海：上海教育出版社.
武成莉,王淑敏.2016.大学生人际关系心理学.西安：西安电子科技大学出版社.
向群英,唐雪梅,赖芳.2010.大学生心理素质教育与训练.北京：科学出版社.
谢弗尔.2009.压力管理心理学.方双虎,等译.北京：中国人民大学出版社.
许国彬.2012.高校学生心理教育与咨询.北京：科学出版社.
严万森,王加好.2015.大学生心理健康教育.北京：北京大学医学出版社.
杨世昌.2011.大学生心理健康教程.北京：科学出版社.
杨小丽,孙宏伟.2017.大学生心理健康教育.2 版.北京：科学出版社.
杨秀君.2010.心理素质训练.上海：上海交通大学出版社.
姚本先,王道阳.2019.大学生心理健康教育.3 版.合肥：安徽大学出版社.
姚萍.2010.大学生心理健康与咨询.北京：北京大学出版社.
姚树桥,杨彦春.2013.医学心理学.6 版.北京：人民卫生出版社.
俞国良.2016.社会心理学前沿.3 版.北京：人民卫生出版社.
约翰·麦克劳德.2019.心理咨询导论.4 版.夏颖,等译.上海：上海社会科学院出版社.
曾红媛,何进军,陈龙图.2013.大学生心理健康教育.上海：复旦大学出版社.
张强,杨惠琴,赵文,等.2015.心动力、新起点——大学新生心理适应.北京：科学出版社.
张松.2012.大学生心理健康教育.武汉：武汉大学出版社.
张大均.2011.教育心理学.北京：人民教育出版社.
张大均.2010.学生心理健康教育.北京：科学出版社.
张纪梅.2010.大学生心理健康教育.北京：人民卫生出版社.
张俊主.2008.大学生情绪智力与心理健康.太原：山西人民出版社.
张连云.2006.大学生心理健康教育研究.成都：西南财经大学出版社.
张信容.2011.当代大学生心理健康教育.北京：中国铁道出版社.
张雪琴.2011.大学生心理发展与调试.北京：中央编译出版社.
章志光.2007.社会心理学.北京：人民教育出版社.
赵丽琴.2010.大学生心理健康指南.北京：高等教育出版社.
郑日昌.2015.心理与教育测量.3 版.北京：人民教育出版社.
中共重庆市委教育工委.2016.让心灵追上人生的脚步——大学生心理成长导引.重庆：西南师范大学出版社.
钟谷兰,杨开.2016.大学生职业生涯发展与规划.2 版.上海：华东师范大学出版社.
周文生,唐磊.2010.大学生心理健康教程.北京：化学工业出版社.

附录 1

常见的心理效应

1. “破窗理论”与启示

美国心理学家詹巴斗(Philip Zimbardo)曾经做过一个“偷车实验”，将两辆一模一样的轿车分别放在一个环境很好的中产阶级社区和环境比较脏乱的贫民区，结果发现贫民区的车很快被偷走了，而另一辆几天后仍完好无损；如果将中产阶级社区的那辆车的天窗玻璃打破，几个小时后，那辆车也被偷了。

在此实验基础上，美国政治学家詹姆斯・威尔逊(James Q Wilson)和犯罪学家乔治・凯林(George L. Kelling)提出著名的“破窗理论”：若有人打破了一栋建筑上的一块玻璃而没有及时修好，他人就可能受某些暗示性的影响，去打碎更多的玻璃。“破窗理论”提示细节对人的暗示效应，以及细节对事件结果不容忽视的作用。

现实生活中“破窗效应”广泛存在。18 世纪的纽约以脏乱差闻名，环境恶劣，犯罪猖獗，地铁是整个纽约的缩影。平均每 7 个逃票的人中就有一个通缉犯，每 20 个逃票的人中有一个携带武器者。1994 年，新任警察局长布拉顿(William Bratton)开始治理纽约。他从地铁的车厢开始治理：车厢干净了，跟着站台变干净了，随后阶梯也整洁了，街道干净了，继而旁边的街道也干净了，整个社区干净了，最后整个纽约变了样，整洁漂亮了，成为全美国治理最出色的都市之一，这件事被称为“纽约引爆点”。

“破窗效应”对教育工作者有警示意义。如果一名学生因为成绩不好或有些不良的行为习惯，就给他贴上一个“差生”或“坏学生”的标签，那么人们就会戴上有色眼镜看他，只要他犯一点小错，就抓住不放，乱扣帽子，因为既然是“破”的东西，就无妨让他再破一点。但这样的结果，却让“差生”产生严重的逆反心理，“反正不被当作好人，索性就对着干，坏就坏到底，破罐子破摔!”因此，教育工作者不应轻易认定哪扇窗破损了，而要注意保护学生的自尊心，及时修好被打碎的窗户玻璃才是明智之举。

2. “罗森塔尔效应”

“罗森塔尔效应”源于美国心理学家罗森塔尔(Robert Rosenthal)的一次著名的实验：他和助手来到一所小学，声称要进行一个“未来发展趋势测验”，并煞有介事地以赞赏的口吻，将一份“最有发展前途者”的名单交给了校长和相关教师，叮嘱他们务必要保密，以免影响实验的正确性。其实他撒了个谎，名单中的学生完全是随机挑选出来的。然而，8 个月后，不可思议现象发生了：凡是上了名单的学生，个个成绩都有了较大的进步，且各方面都很优秀。

显然，罗森塔尔的“权威性谎言”发挥了作用。罗森塔尔的话对教师产生了强烈的暗示作用，左右了教师对名单上学生的能力评价；同时教师又通过自己有意或无意情绪、语言和行为传递给了学生，使他们强烈地感受到来自教师的热爱和期望，变得更加自尊、自信和自强，从而在各方面都取得了异乎寻常的进步。

“罗森塔尔效应”是很多教师都非常熟悉的心理学中的一个典型现象。不少教师已开始在教学实践中尝试对其加以运用,注意在教学活动的各个环节中表现出对学生的充分信任,并给予学生更多的肯定与鼓励,使学生树立起学习信心,从而获得理想的教育效果。

“罗森塔尔效应”的核心理念是期望和赞美能产生奇迹;应用要诀是维护自尊和自信,多用鼓励和赞美;应用领域涉及社会生活、教育、组织管理。

3.“鲶鱼效应”

挪威人爱吃沙丁鱼,但沙丁鱼非常娇贵,极不适应离开大海后的环境。当渔民们把刚捕捞上来的沙丁鱼放入鱼槽运回码头后,用不了多久沙丁鱼就会死去。而死掉的沙丁鱼味道不好,销量也差。倘若抵港时沙丁鱼还活着,鱼的卖价就比死鱼高出若干倍。为了延长沙丁鱼的存活期,渔民们想了许多方法。后来渔民想出了一个法子,将几条沙丁鱼的天敌鲶鱼放在运输容器里。因为鲶鱼是食肉鱼,放进鱼槽后,鲶鱼便会四处游动寻找小鱼吃。为了躲避天敌的吞食,沙丁鱼自然加速游动,从而保证了旺盛的生命力。如此一来,沙丁鱼就一条条活蹦乱跳地回到渔港。这就是著名的“鲶鱼效应”。

“鲶鱼效应”在管理心理学中说明了人员流动的必要性和重要性。对于个人来讲,人员流动有助于激发人的干劲和潜力。一个人老是局限在一个单位,难免闭目塞听,思想僵化,盲目自满,长期停留在一个水平上,甚至会产生“磨”“疲”“油”。流动则会逼人开创新局面,做出新的成绩。许多人都是带着开拓精神流动到另一个单位去的,到了新单位以后往往会大显身手,充分展示自己的才能。对于群体来说,人员流动有助于激发群体成员的活力和竞争意识,从而提高工作效率。一个单位如果人员长期固定,就少了新鲜感和活力,容易产生惰性。加入一些“鲶鱼”、制造一种紧张空气,自然就生机勃勃了。“鲶鱼效应”对我们的企业管理及打破传统的用人观念大有启迪。

“鲶鱼效应”在教育中的作用也是非常明显的。对孩子而言,适当的压力会激发起他的斗志。美国人在教育、培养孩子独立、自立的优良品质和个性方面,有许多值得我们借鉴的做法与经验。例如,让婴幼儿从小单独睡觉,无父母陪护;一些年轻父母把几个月的婴儿赤身裸体扔进水中,让其学会游泳;孩子跌跤,父母不管,让他自己爬起来;父母要几岁的孩子做家务劳动,如洗碗、扫地、洗衣服等;即使家庭经济状况很好,也鼓励孩子用自己的双手劳动挣钱,让孩子自己支付部分学习费用及其他费用;绝大多数 18 岁以上的孩子,都靠自己挣钱读书。有的人把钱赚够了才进学校读书,也有人一边打工,一边读书,有的用了十几年时间拿个博士学位。

科学家计算过,倘若地球上的鱼一年之内产的鱼仔都能成活,都能顺利长成鱼,可以把地球上江河湖海都塞满,然而事实却不是这样,从鱼仔到成鱼,要经历千百次的自然和自身的淘汰。最优秀的和最适应的才能留下来。自然界要维持其自身的平衡功能,都是在各种压力下完成的,否则生物就会逐步退化。孩子的成长也应该如此,适当、适时的压力也是孩子成长的强大动力。

4.“苏东坡效应”

古代有则笑话:一位解差押解一位和尚去府城。住店时和尚将解差灌醉,并剃光他的头发后逃走。解差醒时发现少了一个人,大吃一惊,继而一摸光头转惊为喜:“幸而和尚还在。”可随之又困惑不解:“我在哪里呢?”这则笑话一定程度上印证了诗人苏东坡的两句诗:“不识庐山真面目,只缘身在此山中。”即人们对“自我”往往难以有正确的认识。从某种意义上讲,认识“自我”比认识客观现实更为困难。所以,鲁迅有一句人们都认可的名言:“人贵有自知之明”。社会心理学家将人们难以正确认识“自我”的这种心理现象称为“苏东坡效应”。

5. “过度理由效应”

曾有一位老人在一个小乡村里休养，但附近却住着一些十分顽皮的孩子，他们天天互相追逐打闹，喧哗的吵闹声使老人无法好好休息，在屡禁不止的情况下，老人想出了一个办法。他把孩子们都叫到一起，告诉他们谁叫的声音越大，谁得到的报酬就越多，他每次都根据孩子们吵闹的情况给予不同的奖励。到孩子们已经习惯于获取奖励的时候，老人开始逐渐减少所给的奖励，最后无论孩子们怎么吵，老人一分钱也不给。结果，孩子们认为受到的待遇越来越不公正，认为“不给钱了谁还给你叫”，再也不到老人所住的房子附近大声吵闹。

这就是“过度理由效应”。每个人都力图使自己和别人的行为看起来合理，因而总是为行为寻找原因，一旦找到足够的原因，人们就很少再继续找下去，而且，在寻找原因时，总是先找那些显而易见的外在原因，因此，如果外部原因足以对行为做出解释时，人们一般就不再去寻找内部的原因了。

行为如果只用外在理由来解释，那么，一旦外在理由不再存在，这种行为也将趋于终止，因此，如果我们希望某种行为得以保持，就不要给它足够的外部理由。希望孩子努力学习的家长，不能用太多的金钱和奖品去奖励孩子的好成绩，而要让孩子觉得自己喜欢学习，学习是有趣的事。

6. “超限效应”

美国著名作家马克·吐温(Mark Twain)一次在教堂听牧师演讲，最初觉得牧师讲得很好，使人感动，准备捐款。过了10 min，牧师还没讲完，他有些不耐烦了，决定只捐一些零钱。又过了10 min，牧师还没有讲完，于是他决定1分钱也不捐了。到牧师终于结束了冗长的演讲开始募捐时，马克·吐温因气愤不仅未捐钱，还从盘子里拿了2元钱。这个故事说明刺激过多、过强和作用时间过久，会引起人们心理的不耐烦或反抗，这种现象被称为“超限效应”。

“超限效应”在学生教育过程中尤其在家庭教育中时常发生。当孩子不用心而没考好时，父母会一次、两次甚至多次重复对一件事的批评，导致孩子从内疚不安到不耐烦最后到反感厌恶，甚至出现“我偏要这样”的反抗心理和行为。人们常说“磨刀不费砍柴工”，但如果每天都磨，甚至每节课都磨，不仅占用了砍柴的时间，而且会将砍刀磨成薄片，失去砍柴的功能。

附录 2

大学生常用的心理测验

1. A型行为问卷

【指导语】请回答下列问题，凡是符合您的情况的答“是”，凡是不符合您的情况就答“否”。每个问题必须回答，答案无所谓对与不对、好与不好。请尽快回答，不要在每道题上过多思索。回答时不要考虑“应该怎样”，只回答您平时“是怎样的”就行了。

1. 我常力图说服别人同意我的观点。
2. 即使没有什么要紧事，我走路也很快。
3. 我经常感到应该做的事情很多，有压力。
4. 即使是已经决定了的事，别人也很容易使我改变主意。
5. 我常常因为一些事大发脾气或和人争吵。
6. 遇到买东西排长队时，我宁愿不买。
7. 有些工作我根本安排不过来，只是临时挤时间去做。
8. 我上班或赴约会时，从来不迟到。
9. 当我正在做事时，谁要是打扰我，不管有意无意，我都非常恼火。
10. 我总看不惯那些慢条斯理、不紧不慢的人。
11. 有时我简直忙得透不过气来，因为该做的事情太多了。
12. 即使跟别人合作，我也总想单独完成一些更重要的部分。
13. 有时我真想骂人。
14. 做事喜欢慢慢来，而且总是思前想后。
15. 排队买东西，要是有人加塞，我就忍不住指责他或出来干涉。
16. 我觉得自己是一个无忧无虑、逍遥自在的人。
17. 有时连我自己都觉得，我所操心的事远远超过我应该操心的范围。
18. 无论做什么事，即使比别人差，我也无所谓。
19. 我总不能像有些人那样，做事不紧不慢。
20. 我从来没想过要按照自己的想法办事。
21. 每天的事情都使我的神经高度紧张。
22. 在公园里赏花、观鱼等，我总是先看完，等着同来的人。
23. 对别人的缺点和毛病，我常常不能宽容。
24. 在我认识的人里，个个我都喜欢。
25. 听到别人发表不正确见解，我总想立即就去纠正他。
26. 无论做什么事，我都比别人快一些。
27. 当别人对我无礼时，我会立即以牙还牙。
28. 我觉得我有能力把一件事情办好。

29. 聊天时，我也总是急于说出自己的想法，甚至打断别人的话。
30. 人们认为我是一个相当安静、沉着的人。
31. 我觉得世界上值得我信任的人实在不多。
32. 对未来我有许多想法，并总想一下子都能实现。
33. 有时我也会说人家的闲话。
34. 尽管时间很宽裕，我吃饭也快。
35. 听人讲话或报告时我常替讲话人着急，我想还不如我来讲！
36. 即使有人冤枉了我，我也能够忍受。
37. 我有时会把今天该做的事拖到明天去做。
38. 人们认为我是一个干脆、利落、高效率的人。
39. 有人对我或我的工作吹毛求疵时，很容易挫伤我的积极性。
40. 我常常感到时间晚了，可一看表还早呢。
41. 我觉得我是一个非常敏感的人。
42. 我做事总是匆匆忙忙的，力图用最少的时间办尽量多的事情。
43. 如果犯错误，我每次全都愿意承认。
44. 坐公共汽车时，我总觉得司机开车太慢。
45. 无论做什么事，即使看着别人做不好我也不想拿来替他做。
46. 我常常为工作没做完一天又过去了而感到忧虑。
47. 很多事情如果由我来负责，情况要比现在好得多。
48. 有时我会想到一些坏得说不出口的事。
49. 即使受工作能力和水平很差的人所领导，我也无所谓。
50. 必须等待什么的时候，我总是心急如焚，“像热锅上的蚂蚁”。
51. 当事情不顺利时我就想放弃，因为我觉得自己能力不够。
52. 假如我可以不买票白看电影，而且不会被发觉，我可能会这样。
53. 别人托我办的事，只要答应了，我从不拖延。
54. 人们认为我做事很有耐性，干什么都不会着急。
55. 约会或乘车、船，我从不迟到，如果对方耽误了，我就恼火。
56. 我每天看电影，不然心里不舒服。
57. 许多事本来可以大家分担，可我喜欢一个人去干。
58. 我觉得别人对我的话理解太慢，甚至理解不了我的意思似的。
59. 我是一个性子暴躁的人。
60. 我常常比较容易看到别人的缺点而不大容易看到别人的优点。

【计分及评估方法】

A型行为问卷60题分三类：TH为时间紧迫感，CH为无端敌意，各25问；L为掩饰分10问，若L得分过高则应考虑问卷无效。

L=　　　　　TH=　　　　　CH=

L10问，即答8，20，24，43，52的“是”和13，33，37，48，56的“否”记分。

TH25问，即答2，3，6，7，10，11，21，22，26，27，32，34，40，42，44，46，50，53，55，58的“是”和1，14，19，30，54的“否”记分。

CH25问，即答4，5，9，12，15，16，17，23，25，28，29，31，35，38，39，41，47，57，59，60的“是”和18，36，45，49，51的“否”记分。

CH＋TH＞28分者为A型行为倾向。

2. 气质类型问卷

【指导语】下面60题可大致确定人的气质类型,在回答下列问题时,若与自己的情况“很符合”记2分,“较符合”记1分,“一般”记0分,“较不符合”记-1分,“很不符合”记-2分。

1. 做事力求稳妥,不做无把握的事。
2. 遇到可气的事就怒不可遏,把心里话全说出来才痛快。
3. 宁肯一个人干事,不愿很多人在一起。
4. 到一个新环境,很快就能适应。
5. 厌恶那些强烈的刺激,如尖叫、噪声、危险镜头等。
6. 和人争吵时,总是先发制人,喜欢挑衅。
7. 喜欢安静的环境。
8. 善于和人交往。
9. 羡慕那种善于克制自己感情的人。
10. 生活有规律,很少违反作息制度。
11. 在多数情况下情绪是乐观的。
12. 碰到陌生人感觉很拘束。
13. 遇到令人气愤的事,能很好地自我克制。
14. 做事总是有旺盛的精力。
15. 遇到问题常常举棋不定,优柔寡断。
16. 在人群中从不觉得过分拘束。
17. 情绪高昂时,觉得什么都有趣;情绪低落时,又觉得什么都没有意思。
18. 当注意力集中于一事物时,别的事情很难使我分心。
19. 理解问题总是比别人快。
20. 碰到危险情景时,常有一种极度恐慌感。
21. 对学习、工作、事业怀有很高的热情。
22. 能够长时间做枯燥、单调的工作。
23. 符合兴趣的事情,干起来劲头十足,否则就不想干。
24. 一点小事就能引起情绪波动。
25. 讨厌做那种需要耐心、细致的工作。
26. 与人交往不卑不亢。
27. 喜欢参加热烈的活动。
28. 爱看感情细腻、描写人物内心活动的文学作品。
29. 工作学习时间长了,常感到厌倦。
30. 不喜欢长时间谈论一个问题,愿意实际动手干。
31. 宁愿侃侃而谈,不愿窃窃私语。
32. 别人说我总是闷闷不乐。
33. 理解问题常比别人慢些。
34. 疲倦时只要短暂休息就能精神抖擞,重新投入工作。
35. 心里有话,宁愿自己想,也不愿说出来。
36. 认准一个目标就希望尽快实现,不达目的,誓不罢休。
37. 同样和别人学习、工作一段时间后,常比别人更疲倦。

38. 做事有些莽撞,常常不考虑后果。
39. 老师或师傅讲授新知识、技术时,总是希望他慢些,多重复几遍。
40. 能够很快地忘记那些不愉快的事情。
41. 做作业或完成一件工作总比别人花的时间多。
42. 喜欢运动量大的剧烈体育活动,或参加各种文艺活动。
43. 不能很快地忘记那些不愉快的事情。
44. 接受一个任务后,就希望把它迅速解决。
45. 认为墨守成规比冒风险强些。
46. 能够同时注意几件事物。
47. 当我烦闷的时候,别人很难使我高兴起来。
48. 爱看情节起伏跌宕、激动人心的小说。
49. 对工作抱有认真严谨、始终一贯的态度。
50. 和周围的人们关系总是相处不好。
51. 喜欢复习学过的知识,重复做已经掌握的工作。
52. 希望做变化大、花样多的工作。
53. 小时候会背的歌词,我似乎比别人记得清楚。
54. 别人说我"出语伤人",可是我并不觉得这样。
55. 在体育活动中,常因反应慢而落后。
56. 反应敏捷,头脑机智。
57. 喜欢有条理而不甚麻烦的工作。
58. 兴奋的事常常使我失眠。
59. 教师讲新概念,常常听不懂,但是弄懂以后就很难忘记。
60. 假如工作枯燥无味,马上就会情绪低落。

【确定气质类型的方法】

1. 将每题得分填入下表相应"得分"栏内。
2. 计算每种气质类型的总得分数。
3. 气质类型的确定(附表1)。

(1) 如果每类气质分明显高出其他三种,均高出4分以上,则可定为该类气质。此外,如果该类气质得分超过20分,则为典型类型,如果该类得分为10~20分,则为一般类型。

(2) 两种气质类型得分接近,甚至差异低于3分,而且又明显高于其他两种,高出4分以上,则可定为这两种气质的混合型。

(3) 三种气质得分均高于第四种,而且接近,则为三种气质的混合型。

附表1 四种气质类型得分栏

胆汁质	题号	2	6	9	14	17	21	27	31	36	38	42	48	50	54	58	总分
	得分																
多血质	题号	4	8	11	16	19	23	25	29	34	40	44	46	52	56	60	总分
	得分																
黏液质	题号	1	7	10	13	18	22	26	30	33	39	43	45	49	55	57	总分
	得分																
抑郁质	题号	3	5	12	15	20	24	28	32	35	37	41	47	51	53	59	总分
	得分																

3. 内外向性格类型测定

【指导语】请回答下列问题。如果问题内容适合于您的情况,就选择 A;如果不适合,就选择 B;如果介于适合和不适合之间,就选择 C。回答时不要考虑应该怎样,而只回答你平时是怎样的。每个答案无所谓正确与错误,因而没有对你不利的题目。请尽快回答,不要在每道题目上太多思索。

内外向性格类型测定:A 是;B 否;C 不确定。

1. 对细小的事情也忧虑不已。
2. 能当机立断。
3. 处理重大的事情很啰唆费时。
4. 能中途改变决心。
5. 比起想,更喜欢做。
6. 忧郁。
7. 对失败耿耿于怀。
8. 从容不迫。
9. 不爱说话。
10. 爱动感情。
11. 喜欢热闹。
12. 情绪容易变化。
13. 热衷于事情。
14. 忍耐力强。
15. 爱讲小道理。
16. 议论问题容易过激。
17. 小心谨慎。
18. 动作敏捷。
19. 工作细致。
20. 喜欢做引人注目的事。
21. 不顾一切地工作(对工作入迷)。
22. 是空想家。
23. 过于洁癖。
24. 乱扔物品。
25. 浪费多。
26. 说话过多。
27. 性情不随和。
28. 喜欢开玩笑。
29. 容易受别人怂恿。
30. 固执。
31. 经常感到不满。
32. 担心别人对自己的评论。
33. 敢于批评别人。
34. 自己的事情能放心托别人办。
35. 不愿接受别人指导。

36. 居于人上时能很好地管理自己和别人。
37. 能老老实实地听取别人的意见。
38. 机灵。
39. 爱隐瞒。
40. 同情别人。
41. 过于信任别人。
42. 不忘记怨恨。
43. 腼腆羞怯。
44. 喜欢孤独。
45. 交朋友尽心尽力。
46. 在别人面前能随便地说话。
47. 在惹人注目的地方退缩不前。
48. 和意见不同的人也能随便地交往。
49. 爱管闲事。
50. 慷慨地给别人东西。

【内外向性格类型测定计分方法】

该量表外向性题的编号是：2,4,5,8,10,11,12,18,20,21,24,25,26,28,29,34,36,37,38,40,41,46,48,49,50。

外向性指数＝(外向性反应总数＋1/2 回答“不确定”的总数)×4。

外向性反应总数是指所有作外向反应的题数。

外向性指数＞115,则性格类型属于外向型。

外向性指数＜95,则性格类型属于内向型。

外向性指数为 95～115,则属于中间型。

4. 创造力测验

【指导语】美国普林斯顿创造力研究所对招聘科技人员有一整套测试方法。以下是从中选出的 45 个问题，只要求按题真实、坦率地在 5 个选项中做出你的选择，全部答毕，再看后面每题的得分，将总分相加。

5 个选项：A. 非常同意；B. 一般同意；C. 模棱两可；D. 不同意；E. 强烈反对。

【开始测验】

1. 我在学习、工作时总是用正确的方法解决问题。
2. 如果知道提出问题没有希望得到答案而依然提出问题，这是浪费时间。
3. 我认为解决问题的最好途径是循序渐进。
4. 有时我明知我的有些意见提出之后别人会不感兴趣，我仍然要提出我的看法。
5. 我花费很多时间考虑别人对我的看法。
6. 我认为做一件事主要是自己觉得应该去做，而不是为了赢得别人的赞同。
7. 我能长期盯住困难问题不放。
8. 有时我会对某些事物显得过分热情。
9. 我经常在无所事事之时获得灵感。
10. 解决问题的过程中，分析问题很快，而综合得到的信息却很慢。
11. 我有搜集某些物品的嗜好。

12. 幻想是我的许多设想的源泉。
13. 如果现在让我在医生和勘察人员两种职业中任选一种,我会选择前者。
14. 我在同行面前比在其他人面前显得更为自信。
15. 我具有高度的美感。
16. 直觉的预感对解决问题并不可靠。
17. 我对提出新的设想比兜售它更感兴趣。
18. 我力图避免处于对自己可能不利的场合。
19. 在评价信息时,我着重研究它的来源,而不是内容本身。
20. 一个人的自尊远比别人对他的尊重重要。
21. 我认为追求尽善尽美的人是不明智的。
22. 我喜欢做对他人有一定影响的工作。
23. 我认为每件事各得其所是很重要的。
24. 我认为那些愿意考虑"古怪念头"的人是不切实际的。
25. 我愿在一些新的设想上花时间,即使实际上会毫无收获。
26. 如果思考某一问题的进展停步不前,我能很快把我的思想转变方向。
27. 我不愿意提出显得自己无知的问题。
28. 转变志趣方向的能力比转向适合自己工作的能力强。
29. 不能解决问题往往是由于提错问题。
30. 我能经常预见问题的答案。
31. 分析失败的原因,这是浪费时间。
32. 只有糊涂的思想家才会求助于隐喻和比拟。
33. 在某些工作刚开始时,我往往只能朦胧预感到一些,还不能说出什么。
34. 我会经常忘记人的姓名、街道、公路及小镇的名字。
35. 我认为成功之路在于刻苦工作。
36. 我有约束自己内心冲动的能力。
37. 我感到自己对事业可以做出很大的贡献。
38. 我厌恶那些变化不定和无法预测的事情。
39. 我在工作中愿意和别人一起干,不喜欢独闯。
40. 许多人之所以烦恼,主要是他们过于认真。
41. 我经常被问题迷住而不能自拔。
42. 我能为了最终目标而很快地放弃暂时的收益。
43. 如果我现在是大学教授,我宁可讲授一些实际性的课程,而不是讲理论性的课程。
44. 我寄望于直观性的预感或感觉上的"好""坏"来逐步解决问题。
45. 我对人生充满信心。

【计分方法】

凡 4,6,7,8,9,12,15,17,20,25,26,29,30,33,34,35,37,40,41,42,43,45 题选答 A 者得+2 分,B 者得+1 分,C 者 0 分,D 者−1 分,E 者−2 分。

其余各题答 A 者得−2 分,B 者得−1 分,C 者 0 分,D 者得+1 分,E 者得+2 分。

请统计一下你的总分。

【答案与分析】

总分为 70~90 分,恭喜你!你非常富有创造力,你的思路非常独特而且想象力丰富,遇到问题能想很多解决的方法。你一定被朋友们认为是非常聪明的人。

总分为 50~69 分,很不错,你已超过了平均创造力水平;你一般不为生活中的难题吓倒,总是能想出解决之道。

总分为30～49分，还可以，你已经达到了创造力的平均水平；你具有一般人对事物的正常反应。

如果你的总分为10～29分，比较糟糕，你低于平均的创造水平；不过没关系，只要加强努力，就能提高自己的创造性，而你的生活将受益匪浅。

如果得分在10分以下，很不幸，你要好好加强改善你的创造力。笨鸟先飞，勤能补拙。只要加强这方面的训练，就能改善眼下这种落后的局面。

总之，人的性格、爱好、才能都是后天培养的，这个小测验，只是为了帮助你分析自己的不足和指明今后努力的方向。只有当你发扬了长处，并不断克服了自己的短处之后，创造的才能才会不断增强。

5. 挫折承受力测试

1. 在过去的一年中，你自认为遭受挫折的次数(　　)
A. 0～2次　　B. 3～4次　　C. 5次以上
2. 你每次遇到挫折(　　)
A. 大部分都能自己解决　　B. 有一部分能解决　　C. 大部分解决不了
3. 你对自己才华和能力的自信程度如何(　　)
A. 十分自信　　B. 比较自信　　C. 不太自信
4. 你对问题经常采用的方法是(　　)
A. 知难而进　　B. 找人帮助　　C. 放弃目标
5. 有非常令人担心的事时，你(　　)
A. 无法工作　　B. 工作照样不误　　C. 介于A、B之间
6. 碰到讨厌的对手时，你(　　)
A. 无法应付　　B. 应付自如　　C. 介于A、B之间
7. 面临失败时，你(　　)
A. 破罐破摔　　B. 使失败转化为成功　　C. 介于A、B之间
8. 工作进展不快时，你(　　)
A. 焦躁万分　　B. 冷静地想办法　　C. 介于A、B之间
9. 碰到难题时，你(　　)
A. 失去自信　　B. 为解决问题而动脑筋　　C. 介于A、B之间
10. 工作中感到疲劳时(　　)
A. 总是想着疲劳，脑子不好使了　　B. 休息一段时间，就忘了疲劳
C. 介于A、B之间
11. 工作条件恶劣时，你(　　)
A. 无法工作　　B. 能克服困难干好工作　　C. 介于A、B之间
12. 产生自卑感时，你(　　)
A. 不想再干工作　　B. 立即振奋精神去干工作　　C. 介于A、B之间
13. 上级给了你很难完成的任务时，你会(　　)
A. 顶回去了事　　B. 千方百计干好　　C. 介于A、B之间
14. 困难落到自己头上时，你(　　)
A. 厌恶之极　　B. 认为是个锻炼　　C. 介于A、B之间

【评分分析】

1～4题，选择A、B、C分别得2、1、0分。

5～14题，选择A、B、C分别得0、2、1分。

19 分以上：说明你的抗挫折能力很强。

9～18 分：说明你虽有一定的抗挫折能力，但对某些挫折的抵抗力薄弱。

8 分以下：说明你的抗挫折能力很弱。